"十三五"国家重点出版物出版规划项目

经济科学译丛

现代经济学原理

（第六版）

罗伯特·J.凯伯（Robert J. Carbaugh） 著

郝延伟 译

CONTEMPORARY ECONOMICS:
AN APPLICATIONS APPROACH
(SIXTH EDITION)

中国人民大学出版社
·北京·

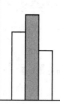

《经济科学译丛》总序

中国是一个文明古国，有着几千年的辉煌历史。鸦片战争后，中国由盛而衰，一度成为世界上最贫穷、落后的国家之一。中国共产党领导的革命把中国从饥饿、贫困、被欺侮、被奴役的境地中解放出来，1949 年中华人民共和国成立，中国人民从此当家做主。1978 年以来的改革开放，使中国真正走上了通向繁荣富强的道路。

中国改革开放的目标是建立一个有效的社会主义市场经济体制，加速发展经济，提高人民生活水平。但是，要完成这一历史使命绝非易事，我们不仅需要从自己的实践中总结教训，也要从别人的实践中获取经验，还要用理论来指导我们的改革。市场经济虽然对我们这个共和国来说是全新的，但市场经济的运行在发达国家已有几百年的历史，市场经济的理论亦在不断发展完善，并形成了一个现代经济学理论体系。虽然许多经济学名著出自西方学者之手，研究的是西方国家的经济问题，但他们归纳出来的许多经济学理论反映的是人类社会的普遍行为，这些理论是全人类的共同财富。要想迅速稳定地改革和发展我国的经济，我们必须学习和借鉴世界各国包括西方国家在内的先进经济学的理论与知识。

本着这一目的，我们组织翻译了这套经济学教科书系列。这套译丛的特点是：第一，全面系统。除了经济学、宏观经济学、微观经济学等基本原理之外，这套译丛还包括了产业组织理论、国际经济学、发展经济学、货币金融学、财政学、劳动经济学、计量经济学等重要领域。第二，简明通俗。与经济学的经典名著不同，这套丛书都是国外大学通用的经济学教科书，大部分都已发行了几版或十几版。作者尽可能地用简明通俗的语言来阐述深奥的经济学原理，并附有案例与习题，对于初学者来说，更容易理解与掌握。

经济学是一门社会科学，许多基本原理的应用受各种不同的社会、政治或经济体制的影响，许多经济学理论是建立在一定的假设条件上的，假设条件不同，结论也就不一定成立。因此，正确理解并掌握经济分析的方法而不是生搬硬套某些不同条件下产生的结论，才是我们学习当代经济学的正确方法。

本套译丛于 1995 年春由中国人民大学出版社发起筹备并成立了由许多经济学专家学者组成的编辑委员会。中国留美经济学会的许多学者参与了原著的推荐工作。中国人民大学出版社向所有原著的出版社购买了翻译版权。北京大学、中国人民大学、复旦大学以及中国社会科学院的许多专家教授参与了翻译工作。前任策划编辑梁晶女士为本套译丛的出版做出了重要贡献，在此表示衷心的感谢。在构建高水平社会主义市场经济体制时期，我们把这套译丛献给读者，希望为中国经济的深入改革与发展做出贡献。

《经济科学译丛》编辑委员会

前　言

作为一名大学老师，我给本科生讲授一学期的"经济学原理"课程，这件事已经持续超过 25 年了。这些学生主修商务管理、经济学以及其他学科。大部分学生在学习这门课程的时候还处于青少年时期，他们对经济学或多或少已经有了一定程度的了解。他们对这门课的好奇主要是因为想了解经济学与他们日常生活的联系。可单就经济学理论而言，大部分同学都只学到些皮毛。所以他们经常问我："经济学理论不能帮助我找到工作，或者增加收入，那这些理论有什么用呢？"

为了使课堂更加活跃，我尝试将微观经济学和宏观经济学理论的应用价值尽量清晰简明地阐释出来。每一个理论模型，我会尽量关联到时报、杂志、政府报告和经济学学术刊物上的现实案例。另外，我也会向我的学生播放关于诸如社会保障改革、统一税率建议和欧洲货币联盟等社会热点问题的视频。为帮助学生成为见多识广的消费者，我还会讨论诸如用固定利率或可变利率获得抵押贷款的优势和劣势，以及权衡开车与乘坐公共交通工具各自的成本等话题。

通过有趣、幽默的方式展示经济学理论的应用价值逐渐成为我所讲课程的特色。我所收到的积极反馈表明，自己已经形成了一套使学生感到经济学生动有趣的教学方法。

这些教学方法和内容经过整合，编入了我的这本教材《现代经济学原理（第六版）》。本书前五版的畅销使我相信我提出的方法满足了相当一部分学生和院系的需要，所以我非常开心能够准备这本教材的第六版。

满足学生需求

"经济学原理"课程的老师们经常面临的一个挑战便是许多学生将继续学习中级与高级微观经济学和宏观经济学。为使这些学生学有所得，该课程应该在不重复理论课程的前提下介绍微观经济学和宏观经济学。

《现代经济学原理（第六版）》的一个优势在于它满足了这样一种需求：我的教材将少部分的理论工具和丰富的现代实践相结合，不再是一种简化型的理论教科书，而是为经济学专业和非经济学专业学生撰写的一部专门讲述经济学原理的教科书。经济学专业学生希望在学习更加理论化的微观经济学和宏观经济学课程之前学习这一经济学入门课程，非经济学专业的学生只是希望学习一门经济学领域课程。

《现代经济学原理（第六版）》主要为四年制专科生和本科生编写，包括社区大学生。然而，这本教材也将高度吸引开设经济学入门课程的高中。

■ 突出特征

经济学理论清晰、阐释简明，每章都有全球化视角下的案例，通过基础理论介绍热点问题以及与消费者日常生活密切相关的各种经济话题，都是这本教材的突出特征。

□ 理论展示

这本教材的基础在于运用一种简明易懂的方法展示经济学理论。选择一些可以吸引拥有不同背景与能力的学生的现实案例，这样学生们可以很容易地将这些现实案例与经济学理论联系起来。例如，光盘市场的需求–供给分析，打印机的生产成本，普吉特海湾渔业公司（Puget Sound Fishing）的自由竞争，戴比尔斯（De Beers）的垄断，波音公司（Boeing）和空中客车公司（Airbus）的寡头垄断。这些案例被现实世界一些其他的例子所强化，而且后者多取自诸如《华尔街日报》（*Wall Street Journal*）、《商业周刊》（*Business Week*）和《纽约时报》（*New York Times*）之类的出版物。

例如，第5章讨论了造成有线电视收费标准高的原因。分析讨论了诸如进入壁垒、自然垄断和有线电视定价的潜在竞争等理论性话题。因为学生们对有线电视十分熟悉，所以他们能够轻易地辨别出价格暗示。

有学生在阅读过我的教材后，评论不仅书中的陈述清晰易懂，而且他们能够记住书中用来说明理论的特定案例。此外，书中所有的图都将数字（例如，10张唱片的价格为10美元）标注在图轴上，使阅读本书的学生对案例更加清楚。其他许多教材将字母标注在图轴上（例如，OA 份产品 X 的价格是 OY），这会让学生觉得远离了他们的日常生活。另外，我的教材强调经济学模型对经济学的初步了解最重要，这些经济学模型包括：生产可能性分析、单一市场供求、生产与生产成本、自由竞争和垄断、总需求和总供给。

□ 全球内容

没有一本经济学原理教材会忽略世界经济。《现代经济学原理（第六版）》运用辩证法处理这个问题。每章的内容都与全球接轨，学生们阅读本书时便不会孤立地思考美国经济。

比如，第7章讨论了美国公司的工作外包对于美国工人来说是威胁还是机遇的话题。这个话题曾经由新闻媒体广泛宣传，学生对此都十分熟悉。在这里，他们将学习美国劳动市场是如何与印度和中国等其他国家的劳动市场相关联的。

在其他章中，我也将介绍包括国际贸易、国际金融和发展方面的全球内容。第16章"美国经济与世界经济"探讨了比较优势原理、自由贸易效应和保护主义。第17章"国际金融"介绍了美国的国际收支、外汇市场以及造成美元汇率波动的因素。第18章"经济体制与发展中国家"探讨了多种经济体制以及发展中国家在全球经济中的作用。

□ 现实应用

《现代经济学原理（第六版）》尽可能充分强调应用和政策问题，在这一点上本书确实名副其实。此书主要是面向初次学习经济学的学生，而且我向学生强调应该主动发现学习经济学的乐趣。因此，我重视学生从新闻和生活中了解到的应用和政策问题。

例如，第9章讨论了美国社会保障制度的未来。学生们便会明白，当依法纳税的劳动者数量低于受益者数量时，即时支付的社会保障是如何受到影响的。更有意思的是，美国人是否应当被允许将他们的一部分工资税存入个人退休账户。

本书不仅引入了最前沿的应用，而且这些应用也考虑到了学生之间的差异性。我在书中尽可能多地列举学生们所熟悉的案例：苹果公司音乐播放器（iPod）、微软（Microsoft）、西北航空（Northwest Airlines）、温迪公司（Wendy's）、票务专家公司（Ticketmaster）等等。值得一提的是，教材第六版包括了很多现实应用：

- 扬基队为填补新球场空座大幅降低一等票价格——第2章
- 如过山车一般的油价——第2章
- 州政府为增加税收提高卷烟消费税——第3章
- 戴尔通过卖掉工厂来削减成本——第4章
- 酿酒行业英博安海斯-布希公司并购事件以及企业文化的巨大变化——第6章
- 酸雨排放许可的配额与交易——第8章
- 经济不景气期间麦当劳仍然保持其汉堡销量——第11章
- 社会保障生活成本津贴：不增加每月费用则很难保障老年人生活——第11章
- 通货紧缩是好是坏？——第12章
- 经济学家呼吁国会保持美联储的独立地位——第15章
- 期限拍卖便利——第15章

当然，第六版也广泛涉及了美国2007—2009年的经济衰退。第11章讲述了衰退的本质以及衰退全球化的过程，第13章探讨了为应对衰退所制定的财政政策，第15章探讨了在经济衰退时期联邦储备系统为稳定经济所做出的努力。

□ 日常消费实例

为帮助学生们成为见多识广的消费者，《现代经济学原理（第六版）》包括了消费者经济方面的应用。例如，抵押贷款购物、计算复利、在个人支票上验证电子代码以及信用卡购物。我把这些话题融入经济学原理课堂中，学生们会发现它们十分有趣，而且对生活非常有帮助。

例如，第4章讨论了开车的成本问题，学生们可以了解开车的固定成本和可变成本，知道如何以每英里为基础计算开车成本，这些概念为讨论生产成本提供了一个很好的引例。

■ 补充资料 *

为帮助学生们掌握经济学分析技巧，中央华盛顿大学（Central Washington University）的科希克·戈谢（Koushik Ghosh）准备了十分有用的在线学习指导（www. mesharpe-student. com，点击相应封面文字）。每章都设有重点总结和学习目标、知识点回顾、单项选择、判断题和应用练习。

布里奇沃特州立学院（Bridgewater State College）的玛格丽特·布鲁克斯（Margaret Brooks）利用考试题库写了一份电子版的《教师手册》。第一部分包括了学习目标、讲课提示、讨论开始和章末的问答与应用。第二部分则包括了一个含有单项选择、判断题和问答题的丰富试题库。

■ 致谢

本教材的撰写和出版离不开许多人的帮助和支持，我在这里衷心感谢为本书提供有益建议和给出详尽评阅的人：

- John Olienyk，Colorado State University
- Koushik Ghosh，Central Washington University
- John Adams，Texas A & M International University
- Bruce Pietrykowski，University of Michigan-Dearborn
- Tesa Stegner，Idaho State University
- Clifford Hawley，West Virginia University
- Rolando Santos，Lakeland Community College
- Karin Steffens，Northern Michigan University
- Pam Whalley，Western Washington University
- Margaret Landman，Bridgewater State College
- Barry Kotlove，Edmonds Community College
- R. Edward Chatterton，Lock Haven University
- Dea Ochs，Jesuit College Prep
- Z. Edward O'Relley，North Dakota State University
- Laurence Malone，Hartwick College
- Vicki Rostedt，University of Akron
- Kishore Kulkami，Metropolitan State College
- David Hammers，University of Hawaii at Hilo
- Gary Galles，Pepperdine University
- Bruce Billings，University of Arizona

＊ 中国人民大学出版社未购买补充资料相关内容版权。——出版者注

- Barry Goodwin，North Carolina State University
- Mike Walden，North Carolina State University
- Joseph Samprone，Georgia College and State University
- Robert Grafstein，University of Georgia
- Mark Healy，William Rainey Harper College
- Vani Kotcherlakota，University of Nebraska
- Donald A. Coffin，Indiana University Northwest
- Naga Pulikonda，Indiana University Kokomo
- F. P. Biggs，Principia College
- Ken Harrison，Richard Stockton College of New Jersey
- Donald Bumpass，Sam Houston State College
- Sandra Peart，Baldwin-Wallace College
- Michael Rosen，Milwaukee Area Technical College
- Nicholas Karatjas，Indiana University of Pennsylvania
- Ernest Diedrich，St. John's University
- Arthur Janssen，Emporia State University
- Ralph Gray，De Pauw University
- Maria V. Gamba-Riedel，University of Findlay
- Anthony Patrick O'Brien，Lehigh University
- Charles W. Smith，Lincoln Land Community College
- Paul Comoli，University of Kansas
- Walton Padelford，Union University
- David Gillette，Truman State University

同时我也非常感谢中央华盛顿大学的同事们：Shirley Hood, Tim Dittmer, Koushik Ghosh, David Hedrick, Richard Mack, Tyler Prante, Peter Saunders, Thomas Tenerelli 和 Chad Wassell——感谢他们在我准备初稿时给予的建议和帮助。

能够与协调本书撰写计划的 Lynn Taylor（M. E. Sharpe 公司执行编辑）和准备初稿的编辑助理 Erin Coakley 一起工作，我感到非常荣幸。非常感谢精心安排本书制作的 Angela Piliouras 和组织审稿的 Deborah Ring。同样也非常感谢负责排版的 Nancy Connick 和最终发行的 Tony Viggiani, Jim Wright 和 Diana McDermott。另外，我对评价底稿的同学们和全体教员们深表感谢！

非常期待教员们和同学们提出的任何批评、指正或建议！我希望以后能够继续提升本书的质量。若有问题，请与我联系！非常感谢大家对本书的支持！

罗伯特·J. 凯伯
中央华盛顿大学经济学系
电话：(509) 963-3443
传真：(509) 963-3443
电子邮箱：carbaugh@cwu.edu

目　录

现代经济学原理（第六版）

目
录

现代经济学原理（第六版）

目
录

第一部分

概论

第1章

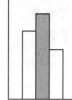

稀缺性与选择

本章目标

通过本章的学习，你应该能够：

1. 探讨经济学本质与经济学思维方式。
2. 解释稀缺性与机会成本的相关性。
3. 了解经济增长与经济下滑的原因。
4. 了解国家安全的机会成本。
5. 阐述经济制裁的目的与效应。

背景资料

　　第二次世界大战之后，美国为了应对苏联造成的威胁，付出高昂的成本整备国防。数万亿美元被投入战斗机、坦克、导弹、潜艇以及其他军事装备的制造上。事实上，美国当时的资源紧缺，增加国防装备制造就意味着用于建造图书馆、学校、高尔夫球场等其他民用设施的可利用资源减少。简而言之，就是减少民用设施生产以生产更多军事装备。

　　美国每次建成一套新的军事系统，苏联就会开发一套成本更高的系统。如果资源充足，苏联可能会生产更多的民用品和军需品。但由于资源的稀缺，苏联不得不缩减居民日用必需品的生产。同时，苏联的生产效率要比美国和其他国家低，这就导致了苏联存在民用品短缺与劣质问题，由此引发了苏联人民的不满。1992年，苏联在那些不再对自己抱有幻想的公民的压力之下宣布解体。全世界似乎瞬间都冷静下来，开始变得相对安全与和谐。

然而，2001年9月11日，这份宁静瞬间被恐怖分子袭击美国的事件打破了，这次袭击导致了美国军队入侵阿富汗和伊拉克。为了保障国家安全，美国又一次增加了在军事装备上的开销。但是制造的军事装备越多，就意味着像警察、消防、医院、公路等民用设施所能利用的资源更少了。究竟如何利用有限的资源是全社会讨论的焦点问题。本章，我们将探讨每一个社会根据资源的稀缺性所做出的经济选择。

■ 什么是经济学？

　　经济学对于不同的人来说有不同的意义。对一些人来说，经济学意味着通过股票、债券和不动产等赚钱，而对于有些人来说，经济学意味着懂得怎么去拥有和经营一家公司。但对于美国总统来说，经济学可能就意味着施行一套新的联邦预算或者规划社会保障体系的改革计划。尽管以上这些都是经济学的一部分，但是这门学科的广度远不止于此。**经济学**（economics），首先是一门研究在资源稀缺条件下如何做出选择的学科。每个人甚至整个社会都在努力尝试得到更好的选择机会。因为人和资源都是有限的，而生产电话、电脑、汽车、唱片以及我们想要的其他商品和服务都需要资源。

　　利用资源获取最大价值是经济选择的目标。在个人层面上，我们把有限的收入花费在许多我们想做的事情上，比如，我们可能会为了支付西北大学（Northwestern University）的学费而放弃买一辆大切诺基。公司也面临着选择，公司是否应该用它有限的资金来更换复印机而不是购置新电脑？同样，政府也面临着选择，税收应该用来买坦克、导弹还是修建一套新的公路系统？

　　经济学领域很广，从个人问题——为什么一磅黄油比一磅人造黄油要贵，延展到国家甚至全球问题——亚洲的大幅经济下滑是否会影响美国经济。总的来说，经济学领域可以划分为两类：微观经济学和宏观经济学。

□ 微观经济学

　　微观经济学（microeconomics）是经济学的分支，主要研究家庭或厂商以及它们在特定市场的选择。我们可以通过微观经济学来了解市场运作，做出个体决定或者管理者决定，分析政府政策的影响。考虑一下这些微观问题：

- 卷烟的高税收如何影响青少年的消费？
- 为什么便利店通常会在几年之后关闭？
- 一项莫斯科的移民禁令如何影响美国的苹果果农？
- 我应该把我的储蓄存入银行还是投资到股票市场上？
- 联邦最低工资水平的提高会不会对贫穷的工人们有所帮助？

□ 宏观经济学

　　经济学的另一分支是**宏观经济学**（macroeconomics），宏观经济学关心整个经济体的经济行为。它不把重心放在家庭、厂商和市场上，而是重点研究经济本身的行为。比如总产出的决定、就业率水平、价格水平等问题。

通过学习宏观经济学，我们能了解整个经济体如何运作，并理解经济政策上的一些论战。以下是宏观经济学方面的几个问题：

- 为什么有些经济体比其他经济体发展得更快？
- 什么导致了失业和通货膨胀？
- 政府是否应该采取一些措施来增加储蓄和投资？
- 美国政府是否应该限制将一些工作外包给其他国家？
- 利率降低会给经济带来什么影响？

宏观、微观经济学这两个分支共同构成了现代经济学的研究领域。

经济学思维方式

经济学的应用通常要求有对复杂问题的分析能力，尽管经济学家的观点可能有所不同，但他们共同发展了经济学思维方式，这套方法论有几个原则。

□ 每项选择都存在成本

由于人与资源都具有稀缺性，个人和社会必须选择如何更好地利用人与资源。但是，为了做出一个周全的选择，往往需要牺牲一种东西来换取另一种。经济学的精髓是"天下没有免费的午餐"，你的朋友可能会买你的看似"免费的"午餐，但实际上可能对于某些人乃至最终对于社会来讲，还是存在成本的。这种观念传达出了经济学最基本的原则：每项选择都存在成本。

选择的成本就是为了实现最优选择，所要放弃的其他选择的价值。比如，你会选择继续读完大学还是辍学？如果选择辍学，你可能会在伯明翰找份工作，挣到钱后可以去买几条李维斯（Levis）品牌的牛仔裤、租些光碟、打高尔夫球或者滑冰，也可以陪朋友们闲逛。如果选择继续读完大学，你现在可能负担不起这些东西。但是，相对辍学而言，你所拥有的知识和学历可能会帮助你在毕业之后找到更好的工作，这样你可能会得到更多。

□ 人们通过思考"边际"因素做出更好的选择

经济学主张人们通过思考"边际"因素来做出更好的选择。在边际做出选择的意思是：决定一件事是多做一点还是少做一点。作为一个学生，你可以把你接下来的一小时分配给学习或者睡觉。在做这个决定时，你可以比较一下多学一个小时的收益和多睡一个小时的成本。

再举一个这样的例子，思考一下美国联合航空公司（United Airlines）应该如何向待机乘客收取费用。假设一架有 300 个座位的喷气式客机从西雅图飞往纽约要花费 90 000 美元，因此每个座位的平均成本是 300 美元，你可能会得出结论，联合航空公司对于每张票至少要收 300 美元。但有时，航空公司可以通过"边际"票价来增加收益。假设一架喷气式客机将要带着一个空座位起飞，一位待机乘客在登机口处等待，但是他只打算花

200 美元从西雅图飞往纽约。你认为联合航空公司是否应该按照这个价格卖给他机票呢？答案显然是应该，因为此时飞机增加一位乘客的成本是微不足道的，尽管每位乘客的平均成本是 300 美元，但此时的**边际成本**（marginal cost）只是一罐雪碧、一包卷饼和一个鸡肉三明治。只要航空公司从他身上赚到的钱高于边际成本，增加一位乘客就是获利的。

□ 理性利己主义

经济学是建立在理性利己主义之上的，意思是说在获利机会面前，人们的行为总是不出意料地表现出像是受利己主义驱动。换句话说，人们在任何情况下都试图做到最好。通常，要在一种情形下做到最好需要将某些变量的价值最大化。作为一名学生，获得高分或许算是一个努力学习的激励，因为它能帮助你找到好工作或者进入有名气的研究生院。

纵观全书，我们都假定经济激励是做出理性决策的前提。我们假设企业所有者会为了增加个人财富而追求利润最大化，家庭则希望从商品和服务的消费中实现效用最大化。由于收入有限，且商品都有一定的价格，我们不可能购买所有我们想要的东西。因此，我们会选择一个可行的商品组合来尽可能使其达到效用最大化。当然，利己主义不单单是指一味地增加用金钱表示的个人财富，提高从商品消费中得到的效用，还有其他的经济动机，比如一些关于友谊、爱情、利他主义和创造等方面的目标。

□ 经济学模型

与其他科学一样，经济学也要使用模型。在化学书上，你可能会见到用蓝球、绿球和红球分别表示中子、电子和质子的原子模型；在建造摩天大楼之前建筑师也会用到摩天大楼的纸板模型。但经济学模型不是用塑料或者纸板构建的，而是用文字、图表或者数学方程构建的。

经济学**模型**（models）或者**理论**（theories），是帮助我们理解、解释甚至预测真实世界的一些经济现象的简化模型。经济学模型可以解释通货膨胀、失业、工资率、汇率以及更多的经济现象。例如，一个经济学模型可能会告诉我们，如果唱片价格提高，消费者的消费数量将会发生的变化。还有些模型解释了利率变动如何影响商业投资。纵观整本书，我们都将利用经济学模型来帮助我们理解当代的经济问题。

□ 实证经济学与规范经济学

能意识到经济学不总是随意判断价值至关重要。在思考经济学问题时，我们必须要把现实问题与公平问题区分开。

实证经济学（positive economics）描述的是经济事实，它研究的是如何处理经济问题。实证经济学经常思考这样的问题，比如"为什么计算机科学家的收入要高于清洁工的收入？""缩减税收会带来什么样的经济影响？""自由贸易是否会导致技术不够纯熟的工人们失去工作？"尽管这些问题很难回答，但都可以通过经济分析和实证证据来回答。

规范经济学（normative economics）包含了还未经过实证检验的价值判断。道德标准以及公平标准都是规范经济学的基础。比如，美国是否应该因为印度违反了美国专利与版权法而对它进行处罚？是否应该为了鼓励失业者积极寻找工作而降低社会福利？是否应该让所有的美国人都享有平等的卫生保健？因为这些问题包含了很多价值判断而非事实，因此没有对错之分。实证经济学与规范经济学都很重要，在整本书中都会涉及。

为什么经济学家们经常会给政策制定者提出相互冲突的建议呢？因为经济学家们也无法完全弄清楚经济的运作，他们经常会因实际的成因与影响的关系产生分歧。而且经济学家们还有着不同的价值判断，并因此就经济政策试图要达成的目标形成不同的规范化观点。

本章第一部分主要是就经济学和经济学思维方式进行了一个整体的介绍。接下来我们将探讨稀缺性问题。

稀缺性

不论你是单修一门经济学课程还是主修经济学专业，你将学到的一个最重要的规则就是**稀缺性**（scarcity）。稀缺性是指商品和服务不能且永远不能满足每个人的欲望与需求。不妨考虑一下你个人的情形：你能负担起你最想上的学校的学费或者你能买得起你最想拥有的汽车吗？你是否有充足的资金来满足你对服装、电脑、音乐会以及运动项目等方面的所有需求？社会也同样面对着稀缺性问题，比如，把钱投入国防，同时用于教育及食品救济券的钱就减少了。

稀缺性问题的来源是有限的资源难以满足无穷的物质需求。资源，也可以称为**生产要素**（factors of production），是指被用来生产我们所需的产品和服务的投入品，比如我们所需要的课本和唱片。一个经济体在一段时间内的资源总量决定了这个经济体的产出量。生产要素具体可以分为以下几类：

1. 土地（land）。土地资源包括所有的自然资源，比如生产过程涉及的原材料、土地、矿物、森林、水以及气候。

2. 劳动（labor）。这种资源包含了人们付出的用于生产的体力和脑力劳动。专业棒球运动员、会计师、教师以及汽车工人提供的服务都包含在这一概念之下。

3. 资本（capital）。资本，又称为投资品，是指用来生产其他产品和服务的产品。包括机器、工具、电脑、软件、建筑甚至公路等。经济学家们并不认为货币是资本，因为它并不能直接投入生产中。

4. 企业家才能（entrepreneurship）。这项生产要素实际上是劳动的一种特殊类型。企业家是指组织、管理并负责收集其他生产要素的人。企业家通过从事有风险的活动来寻求利润，比如创业、开发新产品或者新渠道。比尔·盖茨（Bill Gates，微软创始人）、李维·施特劳斯（Levi Strauss，李维斯的创始人）以及亨利·福特（Henry Ford，福特创始人），他们都是最成功的企业家的代表。

▶ **经典案例**　　　　**弗雷德里克·史密斯：企业家才能**

弗雷德里克·史密斯（Frederick Smith），联邦快递公司（FedEx）创始人，是美国最成功的企业家之一。家中有从事运输行业的传统，他的祖父是一名汽船船长，他的父亲创建了一个地区性的公共汽车公司，为灰狗公车系统（Greyhound Bus System）奠定了基石。20世纪60年代，在耶鲁大学（Yale University）攻读经济学学位时，青少年时期的史密斯学习飞行，在周末做包租飞行员。

当带领教员和其他乘客在全国各地飞行时，史密斯萌生了一个想法：终有一天他将彻底改变运输业。他发现除了带人飞行，他还可以经常为那些等不及靠美国联合航空公司或其他运输公司给顾客运输重要物件的公司运送货物。1965年，在经济学课程的学期论文中，他正式形成了快递运送服务的想法。虽然在知识学习方面，史密斯仅获得了C的中等成绩，后来他回忆这件事时他认为自己其实可以做得更好。在完成美国海军陆战队（U. S. Marines）在越南的服役后，史密斯开始追求自己的梦想。1971年，他凭借家庭资助的4 000 000美元和投资者的80 000 000美元成立联邦快递公司。该公司承诺：对于美国任何两个地方间的快递，保证一天交货。

然而，联邦快递公司并非一夜成功，第一天运营时公司仅仅承揽了7个包裹。因此，史密斯雇用了更多的销售人员来提高销量。然而，订单短缺并非唯一的问题。到20世纪70年代后期，美国邮政署（U. S. Postal Service，USPS）利用自身的垄断力量阻碍联邦快递公司运送文件。并且，严格的航空规定最初也限制联邦快递公司只能靠小型飞机空运物品，而不能进行更大、更有效的飞机运送。史密斯是如此迫切需要资金，以致他去拉斯维加斯赌博，并将赢得的27 000美元投入了公司。

史密斯的毅力使他最终成功。到1980年，美国人开始相信联邦快递公司第二天送达货物的承诺。虽然联邦快递公司现在有很多竞争者，但是它仍然以快递市场44％的份额占据主导地位。它所拥有的650架飞机和71 000辆卡车每天能够运送5 500 000件包裹。所有的这些都是因为他大学时期主修的经济学专业可以洞察其他专业无法洞察到的机遇！

资料来源："Frederick Smith：Father of Overnight Delivery Service," Academy of Achievement, February 2005，参见 http://www. achievement. org，也可见 Dean Foust, "No Overnight Success," *Business Week*, September 20, 2004, p. 18；以及联邦快递公司的首页，http://www. fedex. com.

这些生产要素有一个共同的特征：它们的供应有限。矿藏、资本设备、耕地和劳动（时间）等虽然很多，但是可以利用的却十分有限。由于资源稀缺以及这种稀缺导致的对生产活动的限制，产量也受到了影响。

有限的资源与无限的欲望产生了冲突。人类的欲望是无限的，因为无论人们拥有什么，他们总是想要更多的东西。因为并非所有的欲望都可以得到满足，所以人们便会选择利用有限的资源来满足部分欲望。在稀缺性的世界里，每一个被满足的欲望都会带来一个甚至更多的等待被实现的欲望。

稀缺性和机会成本

稀缺性的现实迫使我们做出选择，包括放弃一个机会或者利用其他的选择。例如，去看芝加哥公牛队（Chicago Bulls）篮球比赛的成本包括为参加球赛所要放弃的总价值。经济学家使用**机会成本**（opportunity cost）这个词表示所要牺牲的最优替代选择带来的价值。观看公牛队篮球比赛的部分成本是票价。这个价格表示你可以用相同的钱购买其他的货物或者服务。另外，观看比赛中最有价值的是时间成本，因为你本可以利用这个时间去准备即将到来的经济学考试。所以，观看比赛的机会成本等于票价加上额外的学习时间可能提高的考试分数。我们来思考一下机会成本的几种应用。

□ 读大学的机会成本

另外一个例子是读大学的机会成本，它并非简单列入你大学时期消费账单中的美元数目。你花费在学费、教材和生活必需品上的费用仅仅是机会成本的一部分，在上课的时间里你可能赚取的收入也是机会成本的一部分。

表 1-1 表明了在 2008—2009 年对于普通学生来说读一年大学需大致支付的零星费用。例如，表格第三列表明一个普通州内居民在 4 年制公立大学的年平均花费是 18 326 美元，这个数目中包括 6 585 美元的学费，1 077 美元的书籍和生活必需品支出，7 748 美元的住宿和伙食费，1 010 美元的交通费和 1 906 美元的其他费用。

学生读一年大学的机会成本是 18 326 美元吗？不是。无论学生是否读大学，这里的一部分成本是一定会产生的。例如，你仍然会承担住宿和伙食费用——假定居住在公寓——即使你不读大学。即使你住在家里，这个成本也会存在，因为你的家人可以把你的房间出租给其他人。这个理由同样适用于交通费和其他费用，如果你不上大学，至少适用于你要承担的那部分。无论你是否读大学，假设这些支出都是一样的，那么读大学的部分机会成本便包括学费（6 585 美元），书籍和生活必需品支出（1 077 美元），总共是 7 662 美元。

另外，大学一年的机会成本还包括放弃的收入。假设在大学一年 32 周的时间里，你每小时赚取 12 美元，在大学期间你每周的工作时间减少 30 小时，表明你为读大学每年将要放弃的收入为 11 520 美元（12×30×32）。应该指出，大部分学生将利用接受的教育去增加未来的收入，那些收入将远远抵消这一成本。尽管如此，11 520 美元仍然代表着读大学的机会成本。

因此大学一年的机会成本包括学费（6 585 美元）、书籍和生活必需品支出（1 077 美元），以及放弃的 11 520 美元收入，总计是 19 182 美元。我们要注意这个数目已经远远超出了表 1-1 中估计的 18 326 美元的零星支出。

表 1-1	2008—2009 年大学的年平均成本		单位：美元
组成类型	2 年制公立学校（乘车往返）	4 年制公立学校（本地居住）	4 年制私立学校（本地居住）
学费	2 402	6 585	25 143
书籍和生活必需品支出	1 036	1 077	1 054
住宿和伙食费	7 341	7 748	8 989
交通费	1 380	1 010	807
其他费用	1 895	1 906	1 397
总计	14 054	18 326	37 390

资料来源：*Trends in College Pricing*：*2008—2009*，pp.1-20，The College Board，参见 http://www.collegeboard.com。

一些学生发现其实读大学的机会成本很高。假定你是一个有天分的棒球运动员或网球运动员，高中毕业之后就能参加专业赛，那么你读一年大学的机会成本很容易就会超过 100 000 美元。一位专业的高尔夫球选手，例如老虎·伍兹（Tiger Woods），在斯坦福大学读两年书后就面临着这样的难题。在连续赢得了他的第三个业余高尔夫球赛冠军后，他选择放弃在斯坦福大学的学习转而成为职业选手。之后他迅速成为千万富翁，手持与耐克（Nike）和泰特利斯（Titleist）的价值 40 000 000 美元的合同。难怪很多有天分的运动员常常认为他们读大学的机会成本太高而辍学以转向职业生涯。

□ 机会成本与选择

假定你所在的学生社团提倡举办一场募捐活动，每一个成员都同意花费 8 个小时参加周六洗车活动，当地服务部门提供停车位和水，社团提供清洁布和清洁剂。社团成员们负责向过往司机挥动牌子以招揽生意。

在洗了几辆汽车之后，成员们确定在一个小时内他们能洗 10 辆小汽车或者 5 辆小货车。大家工作 8 个小时，总共能洗 80 辆小汽车或者 40 辆小货车。

图 1-1 说明了在 8 个小时内能够完成的小汽车与小货车的组合。如果全天都用来洗小汽车，能够洗 80 辆，在图中用 A 点表示。相反地，全天都用来洗小货车，能够洗 40 辆，在图中表示为 E 点。我们连接 A、E 两点，其他组合（B、C、D）均位于这条线上。因此线段 AE 就表示在一天 8 小时的劳动中，能够清洗的小汽车与小货车的所有组合。

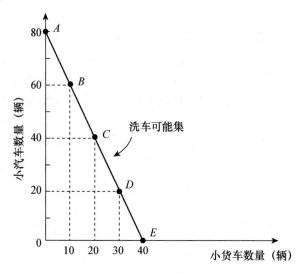

图 1-1 机会成本与选择

图 1-1 表示在 8 小时的工作中，一个学生社团能清洗的小货车与小汽车的多种组合。线段 AE 表示假定一天都用来洗车时的所有组合。这条线段是向下倾斜的，说明清洗小汽车的数量与清洗小货车的数量之间存在权衡。沿着线段 AE，每清洗一辆小货车就会有两辆小汽车不能被清洗。

沿着线段 AE，我们可以看到清洗小货车的机会成本。每清洗 10 辆小货车，就会牺牲清洗 20 辆小汽车的机会。因此每额外清洗一辆小货车的机会成本等于两辆不能被清洗的小汽车（20/10＝2）。为什么会存在这样的权衡呢？因为 8 个小时的工作是固定的，花费越多的时间来清洗小货车，清洗小汽车的时间就会越少。这个时间有限的 8 小时洗车活动让社团不得不做出选择：究竟要怎样合理安排清洗小货车和小汽车的数量？（表格及图形关系将在本章最后的附录 1.1 中进行解释。）

知识点回顾

1. 什么是经济学？
2. 宏观经济学与微观经济学的区别。
3. 了解经济学最主要的思维方式。
4. 稀缺性如何迫使个人承担机会成本。
5. 你读大学的机会成本是什么？

生产可能性曲线与机会成本

正如稀缺性能够影响学生社团的洗车选择一样，它也能影响一个国家的生产选择。一个国家所面对的稀缺性与选择的关系可以用**生产可能性曲线**（production possibilities curve）来说明。一条生产可能性曲线生动地表示了一个经济体在既定资源与技术条件下，能够生产的两种产品的最大组合集。用生产可能性曲线描述生产组合需要注意以下几点假设：

1. 资源固定。所有资源或者说所有生产要素的数量是保持不变的。意思是说，在这个经济体中，劳动、机器等数量都是不会发生变化的。现存的资源只能由一种产品的生产转化为另一种产品的生产。

2. 充分就业。每个想要就业的人都有工作，其他所有资源都被利用了，所有资源尽可能实现最大产量。

3. 技术不变。现存技术不变，没有新的变革或发明出现。

资源与技术不变的假定意味着我们是在某个特定时间或者一个很短的时间段内观察一个经济体的情况。在一个相对比较长的时间段里，资源和技术都有可能会发生变化。

图 1-2 说明假设存在一个经济体，它能够选择 DVD 机与电脑的多种生产组合。如果所有资源都被用来生产电脑，那么一年能生产 6 000 000 台电脑，在图中用 A 点表示。如果所有资源都被用来生产 DVD 机，每年将会生产出 3 000 000 台 DVD 机，图中用 D 点表示。在 A 点与 D 点之间，是两种产品的其他生产组合，可用 B 点、C 点表示。通过连接这些点，我们能看到整个经济体的生产可能性曲线。

在图 1-2（a）中，由于资源稀缺，生产可能性曲线向下倾斜，在每个时间点，土地、劳动、资本和企业家才能的数量都是有限且不变的。在一个充分就业的经济体中，如果资源被更多地投入 DVD 机的生产中，那么留给电脑的资源就会更少，为了生产更多 DVD 机，就要以减少电脑的生产为代价。因此图 1-2 说明了一个基本经济学定理：所有的选择都存在机会成本。

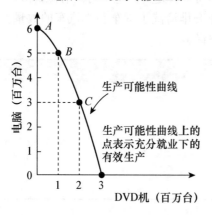
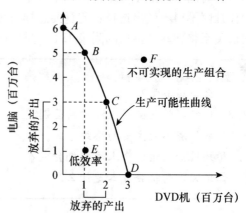

图 1-2 生产可能性曲线

一条生产可能性曲线反映了在充分就业、资源固定、技术不变的条件下，一个经济体能够生产的两种商品的不同组合。生产可能性曲线之内的点表示经济效率低下，生产可能性曲线之外的点表示该经济体在既定的资源与技术条件下无法实现的生产组合。

□ 经济低效率

由于生产可能性曲线上的所有点都代表在既定资源与技术条件下的最大产出，因此当一个经济体的生产集沿着该曲线运动时，说明该经济体实现了经济**效率**（efficiency）。那如果一个经济体不能利用资源实现产出最大，又会发生什么？举个例子，在经济低迷期，一些工人可能找不到工作，一些工厂、设备也许不能得到充分利用。在这种情况下，经济体就难以实现其生产可能性曲线上的潜在产出，也就发生了经济**低效率**（inefficiency）。

在图 1-2（b）中，E 点表示一个就业不充分或资源未能被充分利用的经济体的低效率的生产组合。这个经济体仅仅生产了 1 000 000 台 DVD 机和 1 000 000 台电脑。而在充分就业条件下，该经济体其实能够有一个产出更大的生产组合——图中 C 点所表示的 2 000 000 台 DVD 机和 3 000 000 台电脑。对比这两点，我们可以发现，不充分就业导致产出减少 1 000 000 台 DVD 机和 2 000 000 台电脑。总的来说，不充分就业的状态可以用图中生产可能性曲线下方的点表示。这些生产组合点可以实现，但是不一定让人满意。

然而，某些生产组合是不可能实现的，即使该经济体能充分利用它的所有资源实现产出最大化。如图 1-2（b），生产可能性曲线外的任何一点，比如 F 点，由于超过了经济体现有的生产力，是不可能实现的。该经济体利用它现有资源和技术很难实现该生产组合。稀缺性使得一个经济体的生产组合点只能位于生产可能性曲线上，或者处于它的下方。

但在现实生活中经济体会沿着生产可能性曲线上的生产组合生产吗？严格来说是不会的。经济体经常会遇到一定程度的失业与生产不足，导致它们的生产往往在生产可能性曲线之下。因此一条生产可能性曲线往往被视为一种标准，根据这种标准来衡量一个经济体的生产力。

那么美国究竟能多大程度地利用其行业生产力呢？**产能利用率**（capacity utilization rate）就是一种测量产能利用程度的指标。根据这种测量方式，一个行业如果充分利用了全部的生产力，那么其产能利用率就是100%，低于100%的产能利用率就意味着有一些工厂或者设备被闲置。

表1-2表示美国一些主要行业的产能利用率。我们可以看到，1972—2008年，全美国所有行业组合的平均产能利用率为80.9%，其中比较有代表性的制造业、矿业、公共事业部门产能利用率分别为79.6%、87.6%、86.8%。该表也展示了美国其他部分特殊制造业的产能利用率。

表1-2　　　　　　　　1972—2008年美国主要行业的平均产能利用率

总体	80.9%
制造业	79.6%
机动车	77.8%
钢铁	80.6%
航空航天	72.4%
化学	85.2%
石油	86.7%
矿业	87.6%
公共事业	86.8%

资料来源：Federal Reserve Board，Statistical Release G.17，*Industrial Production and Capacity Utilization*，参见 http://www.federalreserve.gov/。

□ 机会成本递增规律

图1-3表示的是假想经济体的一条生产可能性曲线。我们注意到这条生产可能性曲线向外弯曲，或者说是凹的。这是因为当生产更多的DVD机时，其机会成本也相应提高。生产可能性组合由生产可能性曲线上的A点移动到B点，生产1台DVD机的机会成本是1台电脑，B点与C点之间，机会成本是2台电脑，C点与D点之间，机会成本是3台电脑。这些机会成本代表着现实世界中大多数商品的情况：某一种商品产量越大，机会成本就越大。这种关系就是所谓的**机会成本递增规律**（law of increasing opportunity cost）。

但是为什么我们生产某一产品越多，机会成本就越大？答案是资源并不能够完全适应所选择的用途。比如，在生产DVD机时，一些工人比其他工人更加熟练。当工厂刚刚开始生产DVD机时，会雇用生产DVD机技术更熟练的工人，生产DVD机技术最熟练的工人生产DVD机的机会成本比其他人低得多。但是当工厂开始生产更多DVD机时，会发现它们已经雇用完技术最熟练的工人，因此，为了继续生产，它们不得不开始雇用技术略差一点的工人。这些工人生产DVD机存在一个较高的机会成本。如果2个技术熟练的工人一天能生产1台DVD机，在相同时间内生产1台DVD机需要5个技术不熟练的工人。因此，生产的DVD机越多，生产DVD机的机会成本越大。

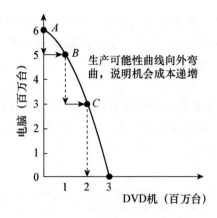

图 1-3 机会成本递增规律

在现实世界中，大多数生产可能性曲线是向外弯曲的（凹形曲线），这意味着对于大多数商品来说，产量越大，机会成本越大。当资源不能完全适应所选择的用途时，机会成本增加。

经济增长

在任何时间内，一个经济体都不可能在生产可能性曲线之外进行生产。然而，随着时间变化，一个经济体有可能会扩大其生产潜力。这种情况一般发生在**经济增长**（economic growth）时期，在经济增长期一个经济体可能会因为资源增加或技术进步而进一步提高生产能力。

经济增长导致经济体的生产可能性曲线向外移动，这就意味着可以生产更多的产品。图 1-4 表示了一条生产可能性曲线向外移动的意义。假定在经济增长发生之前，一个经济体能够生产 2 000 000 台 DVD 机和 3 000 000 台电脑，用曲线 PPC_0 上的 C 点表示。由于经济体资源增长或技术进步，生产可能性曲线向外移动到一个更高的水平，在图中用 PPC_1 表示。经济增长使得一个经济体能生产更多的电脑（移动到 E 点）、更多的 DVD 机（移动到 G 点），或者电脑和 DVD 机都更多（移动到 F 点）。先前很多不能实现的生产组合也因为经济增长而能够实现了。简而言之，经济增长使得经济体所有产品的产量都能有所提高。然而，经济增长并不能保证经济体一定会在更高的生产可能性曲线上进行生产，扩大其生产可能集的愿望也可能难以实现。

获取额外资源是一个经济体提高生产力的方式之一。更多（或者接受更好的培训）的工人，更多（或者更先进）的工厂和设备都能增加一个国家的潜在产量。基础设施的投资也能为工人生产提供便利，比如公路、桥梁、机场以及其他公共事业。另一个实现经济增长的方式是研究和开发新技术。技术进步能让相同数量的资源所生产的产品数量有所增加。一台更快捷的图片打印机、一条更加流畅的生产线，或者新一代的电脑系统，这些都是技术进步的例子。

20 世纪，农业是美国经济体系的一个高产出部门。1910 年，美国大约有农民 32 000 000 人，占美国人口的 35%。2009 年，美国大约有农民 5 000 000 人，占美国人口的比例不到 2%。在这期间，农业总产出有了较大增长。为什么农民数量减少那么多

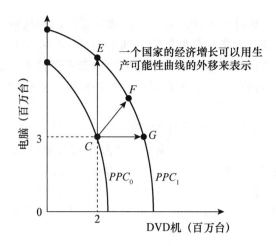

图 1-4　经济增长对生产可能性曲线的影响

经济增长使生产可能性曲线向外移动，从而经济体能够生产更多的商品。经济增长之前，C 点在 PPC_0 曲线上，此时 E 点、F 点、G 点都是难以实现的。经济增长之后，生产可能性曲线为 PPC_1，E 点、F 点、G 点（许多之前不能实现的生产组合）都可以实现。

总产出反而会增加呢？这是因为技术提高了。从前，农民种地基本不用什么设备，如今，他们用上现代化的拖拉机、电脑和手机等等。因此，虽然农民数量减少了，但生产的粮食却不断增加。农民离开农田进入制造业和服务业，比如从事计算机、汽车制造、航空、会计以及工程行业等。农业的技术进步使经济体的其他部门都能够生产更多的产品。这个结果就是美国的生产可能性曲线向外移动。

经济下滑

正如一个经济体资源的增长会带来生产可能性增大，资源的减少也同样会减少一个经济体的潜在产出。例如，在第二次世界大战期间，欧洲和日本的生产可能性减小。战争打乱了人们的生活，导致许多人死亡。工厂、公路、桥、铁路系统、电力设施以及其他各类设施遭到严重破坏，造成欧洲和日本的生产可能性曲线向内移动。

第二次世界大战期间，欧洲和日本所遭受的物理破坏对其自身经济产生了比较矛盾的影响。因为它们的大部分资本品都被战争所破坏，所以它们必须从废墟中重新建立它们的工业。因为用的是最先进的工厂和设备，生产力大大提高，这些国家的生产可能性超过了战前。相反，那些免受战争破坏，保持原有技术不变的国家，经济增长速度与那些大量生产资料被破坏，并更新了现代技术的国家相比要慢很多。

例如，二战刚刚结束时美国是世界上最大的钢铁生产国。由于美国的钢铁工业平平安安地度过战争期，致使美国钢铁产量几乎占世界总产量的一半。当时美国生产的钢铁比全欧洲加起来的还要多，几乎是日本的 20 倍！但是到了 20 世纪 50—60 年代，因为缺少来自国外的竞争，美国的钢铁工厂开始自满。当时美国钢铁业工人的薪水几乎是其他制造业部门平均水平的 2 倍，但这些钢铁工厂没去投资新的工厂，还是使用旧式的工厂和过时的技术。相反地，欧洲和日本淘汰了那些因为战争而受到破坏的旧式工厂，建立起许多配备高效设备的新型工厂。到了 20 世纪 70 年代，欧洲和日本钢铁工厂的生产力相对于美国增长，而美国工厂的竞争力却有所降低。20 世纪 80 年代，来自国外的竞争威胁让美国不得不关掉许多过时的钢铁厂，重新建立起拥有现代化设备的新型工厂。

自然灾害也同样会降低一个经济体的潜在产出。比如，2005 年，亚拉巴马州、路易斯安那州和密西西比州遭遇了两次大飓风（卡特里娜和丽塔飓风），美国的经济生产力受到了破坏。这两次飓风途经石油和天然气站集中的近海地区，又冲击了从事石油提炼和天然气加工的沿海地区。它们除了给人民生活和个人财产造成了损失，也破坏了能源设备及能源结构，导致美国 28％的工厂被迫停工。大多数产出损失都是因为石油和天然气加工受到破坏。①

经济增长：当前与未来消费的权衡

生产可能性曲线和经济增长可以被用来研究当前消费与未来消费的权衡。这种权衡可以用国家生产的消费资料和生产资料加以说明。

消费资料（consumer goods）是指像食物、电力和衣服等能够当即被家庭使用的资源。它们对经济体将来的生产没有任何贡献。**生产资料**（capital goods）是像工厂、机器等能够在将来用于生产其他商品和服务的资源。生产资料是经济增长的潜在源泉，而不是用于当前消费。

一个高瞻远瞩的国家通常会牺牲当前的消费而把更多资源投入生产资料中去，增强国家未来生产消费资料的能力，而不是从生产资料的生产中获取短暂的满足。这跟同学们读大学很相似，同学们都把本来可以用来工作、赚钱，以及满足更高水平消费的时间花费在了学习上。大多数同学选择延缓他们的消费，因为他们希望通过接受教育能增加他们的产出和收入，让他们在将来能获得更高的消费。

图 1-5 表示美国和日本的生产可能性曲线，曲线两轴分别表示消费资料（当期商品）和生产资料（未来商品）。假设这两个国家情况相同，美国选择沿着生产可能性曲线更加偏好于消费资料的一端，在图 1-5（a）中用点 A 表示，而日本选择沿着生产可能性曲线更加偏好于生产资料的一端，在图 1-5（b）中用 A′表示。

生产资料相对于美国更多的积累让日本的经济增长快于美国。在图 1-5 中，日本的生产可能性曲线比美国的生产可能性曲线向外移动的距离更大。随着时间的流逝，日本较高的经济增长率会导致其比美国生产更多的消费资料。但是，这个未来生产力的提高是以牺牲日本家庭当期消费为代价的。

① "Economic Impact of the 2005 Hurricanes," *Economic Report of the President*，2006，pp. 26 and 239－240，参见 http：//www.gpoaccess.gov/eop/index.html。

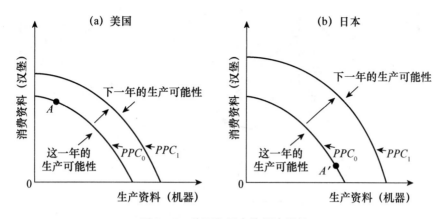

图 1-5　美国和日本的经济增长

　　如图（a）所示，美国的当期选择更加倾向于消费资料，导致生产可能性曲线小幅向外移动。如图（b）所示，日本的当期选择更加倾向于生产资料，导致生产可能性曲线大幅向外移动。经济增长使日本获得生产更多商品的可能性，从而提高其生活水平。

生产可能性的应用

　　生产可能性的概念可以应用到国家安全上。让我们用生产可能性的概念来思考2001年的"9·11"恐怖袭击事件以及1990年美国对伊拉克的经济制裁。

□ 国家安全的机会成本

　　"9·11"恐怖袭击事件造成了数千名无辜的美国人失去生命。这次事件动摇了美国繁荣发展的黄金时代，也打破了美国在20世纪90年代对世界经济增长做出的承诺。由于受到恐怖分子的威胁，美国开始更加关注国家安全问题。

　　在恐怖袭击发生后不久，企业和政府为提高自身安全做出了更大的努力。例如，美国最大的化学品运送公司——质量运输公司（Quality Carriers）在它新泽西纽瓦克的油轮码头，以一个月5 000美元的价格重新雇用之前遣散的日夜交替安全护卫队。该公司还花了1 200美元让两个司机在任何车辆装载化学品时都要在平面视角及安全灯下重新打包。对于质量运输公司来说，要满足公司安全需求就需要使用更多的资源，从而留给为顾客运输化学品的资源就减少了。在"9·11"事件后，安全性问题在发电厂、通信公司、机场以及政府大楼等都同样被强调了。

　　简单地说，提供国家安全也会产生机会成本。当我们为了安全而使用土地、劳动以及资本时，我们就放弃了原本可以用这些资源来生产的其他产品。我们通过图1-6来说明这一点，图1-6给出了一条假设的美国生产可能性曲线，纵轴表示安全性产品（比如金属探测器、X光透视仪）的年产量，而横轴表示直接用于生活的非安全性产品（比如电视机、汽车等）的年产量。由于技术进步、国家工厂和设备的更新，生产可能性曲线向外移动，如图1-6所示，由PPC_0移动到PPC_1。

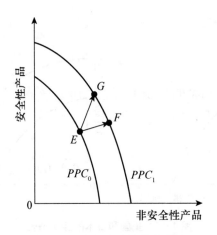

图1-6　国家安全的机会成本

提供国家安全也会产生机会成本，当我们使用土地、劳动以及资本来生产安全性产品时，我们就放弃了生产其他产品的机会。

假定在"9·11"事件之前，美国的生产组合点位于曲线 PPC_0 上的 E 点，如果在普通的一年，其生产组合点会由 PPC_0 的 E 点变到 PPC_1 的 F 点，这意味着国家的安全性产品年产量只会有一个较小幅度的增加，而经济增长带来的更多机会主要用于汽车、电视等人们喜欢的商品的生产上。但由于发生了"9·11"事件，其生产组合点不得不从 E 点移动到 G 点。注意，尽管国家还生产日用消费品，但是远没有未发生恐怖袭击事件时生产得多。这就降低了人们的经济福利，因此，提供国家安全需要以人们喜欢的其他商品为机会成本。

□ 经济制裁与经济下滑

在我们的世界里，国家之间经常互不认同彼此的政策。比如，21世纪初，美国反对朝鲜和伊朗尝试生产具有较大破坏力的核武器的政策。

除了战争威胁，有没有其他方法去说服一个外国政府修改有关本国的核扩散、人权等方面的国内政策？一种选择是**经济制裁**（economic sanctions），即在两国之间的贸易或金融关系方面进行政府强加限制或者实行全面禁令。发起制裁的国家即行动国，其希望削弱相应目标国的经济实力。经济制裁的目标是促使目标国的人民向他们的政府施压以改变本国政策。我们一起思考一下1990年美国对伊拉克所施加的经济制裁。

1990年，伊拉克的总统萨达姆·侯赛因（Saddam Hussein）命令他的军队进入科威特并攻占这个国家。为应对伊拉克的侵略，联合国的解决方案是号召针对伊拉克实施经济制裁。几乎所有的联合国成员国都对伊拉克实施了贸易和金融抵制。在该制裁行动中，行动国停止向伊拉克的出口，终止了对伊拉克的石油采购，并且暂停向伊拉克的投资和贷款。它们希望这些制裁能够给伊拉克施加足够的经济压力，从而使它退出科威特。

图1-7说明了联合国对伊拉克实施经济制裁的目标。该图表明了伊拉克有关机器和石油的假设性生产可能性曲线。在实施制裁之前，假设伊拉克能够实现最高效的生产，正如沿着 A 点所在的 PPC_0 生产可能性曲线。在制裁行动中，行动国拒绝购买伊拉

克的石油导致伊拉克油池、精炼厂的闲置和剩余工人的增加。因此未利用的生产力迫使伊拉克的生产可能性曲线内移到 PPC_1。如果行动国也针对生产要素投入，减少对伊拉克的设备销售，那么伊拉克的生产潜力便会下降。这也会导致伊拉克生产可能性曲线内移到 PPC_1 的位置。经济制裁所带来的经济低效率以及生产可能性锐减都会给伊拉克人民和政府造成困难。

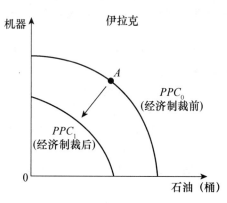

图 1-7　经济制裁效应

贸易和金融管制迫使目标国只能在生产可能性曲线之内开展业务。经济制裁也会造成目标国的生产可能性曲线向左（向内）移动。

虽然制裁确实给伊拉克人民带来了苦难，在 20 世纪 90 年代早期，即使伊拉克的大部分人民遭受了巨大的经济困难，但是因为萨达姆·侯赛因的铁腕统治，他也没有被免职或被迫改变他的扩张政策。因此，乔治·H. W. 布什总统（George H. W. Bush）认为制裁不会成功，有必要利用军事干预（沙漠风暴行动）迫使伊拉克从科威特退兵。

1991 年将伊拉克军队驱逐出科威特之后，联合国继续对伊拉克实施制裁。除非伊拉克同意放弃它的核武器和生化武器计划，否则经济制裁将会持续下去。然而，萨达姆·侯赛因却寸步不让并且拒绝做出妥协。因此，制裁行动持续到了 2003 年，美国和英国入侵伊拉克后该制裁才被解除。

该制裁摧毁了伊拉克。分析家估计，由于这项制裁，伊拉克的经济缩减超过 2/3。工厂和商店完全关闭，人民失业。同时，由于这项制裁，伊拉克的人民遭受了食品和药品的匮乏。事实上，这项制裁无时无刻不在影响着所有伊拉克人的生活。

我们在本章中分析了，由于稀缺性，每个社会都必须做出经济选择。在下一章中，我们将会学习在分析市场交易时需求和供给的作用。

知识点回顾

1. 我们如何运用生产可能性曲线说明一个国家的机会成本？

2. 经济把更多的资源投入与消费资料生产相对的生产资料的生产中是否会对经济增长产生影响？

3. 识别国家安全的机会成本。

4. 当一个国家被实施经济制裁时，该制裁会如何影响这个国家的生产可能性？

本章小结

1. 经济稀缺性问题的根源在于人们利用有限的资源去满足他们无限的物质需求。

2. 资源或者生产要素是在货物和服务生产中需要的投入物，包括土地、劳动、资本和企业家才能。

3. 稀缺性的现实迫使我们做出选择，包括放弃一个机会去做一件事或者利用其他的东西。经济学家使用机会成本一词表示所牺牲的最佳替代选择的价值。

4. 考虑到可用资源和技术因素，生产可能性曲线说明了经济体所能创造的两种货物的最大生产组合。沿着生产可能性曲线，经济体所在的位置便是它的最大效率。

5. 当我们沿着向外弯曲的生产可能性曲线，随着产量的增加，机会成本也在增加。当资源不能完全地适应其他用途时，机会成本增加的情况便会发生。

6. 经济增长带来了生产可能性曲线的外移，以至于生产出更多的产品。当经济体资源增加或者技术进步时，这种情况是很有可能发生的。

7. 2001 年 9 月 11 日的恐怖袭击迫使美国加强了国防安全。然而，对国防安全的过度资源投入造成了以美国人可以消费的其他商品衡量的机会成本。

8. 经济制裁是两国之间在贸易和金融关系方面施行的政府限制。发起制裁的国家，即行动国，希望制裁造成的经济困难能够促使目标国改变本国政治或军事政策。经济制裁能够使目标国的生产力处于生产可能性曲线之下，甚至可以造成目标国生产可能性曲线内移。

关键术语

经济学	低效率
微观经济学	产能利用率
宏观经济学	机会成本递增规律
模型	经济增长
理论	消费资料
实证经济学	生产资料
规范经济学	经济制裁
稀缺性	自变量
生产要素	因变量
机会成本	正相关关系
生产可能性曲线	负相关关系
效率	斜率

自测 （单项选择）

1. 生产可能性曲线向外弯曲说明（　　）。

a. 机会成本增加

b. 机会成本不变

c. 机会成本降低

d. 机会成本为零

2. 假如（　　），美国的生产可能性曲线将会向外移动。

a. 低效率利用资源

b. 失业和供不应求情况消除

c. 美国发现了更多的资源

d. 美国人对商品和服务的需求增加

3. 对目标国的经济制裁意在造成（　　）。

a. 目标国沿着生产可能性曲线下滑

b. 目标国在机会成本增加的条件下生产

c. 目标国移动到生产可能性曲线之内

d. 目标国的生产可能性曲线向外移动

4. 作为一个学科，经济学多与（　　）相关。

a. 在股票、债券和不动产方面赚钱

b. 明白如何拥有和经营企业

c. 稀缺性条件下的选择研究

d. 在人们有限的欲望中的无尽资源配给

5. 下列哪一项与宏观经济学最密切相关？（　　）

a. 烟草税如何影响青少年的消费

b. 墨西哥的移民工人禁令如何影响美国的苹果种植者

c. 加拿大贫瘠的种植条件如何影响小麦的价格

d. 全国产量和就业如何应对政府支出的变化

6. 实证经济学与下列问题相关，除了（　　）。

a. 为什么工程师比图书馆管理员赚得多

b. 进口关税保护了国内工人的工作吗

c. 所得税的减少会造成人们工作更长时间吗

d. 是否应该增加福利金以帮助穷人

7. 生产要素包括以下内容，除了（　　）。

a. 金钱

b. 企业家才能

c. 资本

d. 劳动和土地

8. 如果（　　），美国将从它的生产可能性曲线上的一点移向曲线内侧的一点。

a. 失业率提高

b. 通货膨胀水平提高

c. 劳动生产率下降

d. 出生率下降

9. 如果一条直线的斜率是−2，那么图中的两个变量（　　）。

a. 正相关

b. 负相关

c. 交叉相关

d. 无关

10. 在一个表示经济学课程学习时间和成绩关系的图表中，（　　　）。

a. 一般认为学习时间和成绩是负相关的

b. 学习时间是自变量，成绩是因变量

c. 一般认为图中曲线的斜率是负的

d. 一般认为图中的曲线是一条向下倾斜的直线

问答与应用

1. 假设你每周的收入为 100 美元，全部花费在了昂贵的比萨和汉堡上。比萨的价格是 10 美元，汉堡的价格是 5 美元。在图中，画出你的消费可能性曲线。汉堡的机会成本是什么？如果比萨和汉堡的价格减半，汉堡的机会成本会改变吗？针对下面每一个变化，计算出比萨和汉堡的机会成本：

a. 比萨的价格升至 20 美元。

b. 汉堡的价格升至 10 美元。

c. 每周的收入降至 80 美元。

d. 每周的收入升至 120 美元。

2. 表 1-3 表示钢铁和铝的生产可能性。

a. 将这些生产可能性数据画在图中。你的生产可能性是基于何种假设？

b. 第一吨钢铁的机会成本是什么？在哪两点之间一吨钢铁的机会成本达到最大？

c. 解释这条曲线是如何反映机会成本递增规律的。

d. 将 G 点标在曲线内侧，为什么这个点是无效的？将 H 点标在曲线外侧，为什么这个点是无法实现的？

e. 为什么生产可能性曲线可能向内移动？为什么它可能向外移动？

表 1-3　　　　　　　　　　　　　生产可能性表

生产可供选择的组合						
产品	A	B	C	D	E	F
钢铁（吨）	0	1	2	3	4	5
铝（吨）	20	18	15	11	6	0

3. 下列选项内容是如何影响经济的生产可能性曲线位置的？

a. 战争造成了文职人员伤亡。

b. 新科技帮助经济体从油井中抽出更多的石油。

c. 失业率从 4% 升至 6%。

d. 经济体决定生产更多的 CD 唱片和更少的录音机。

4. 2011 年，利比亚爆发了内战。战争破坏了自然资源和资产，造成了人员伤亡，减少了可用于生产消费资料和生产资料的劳动力供给。请说明战争对利比亚消费资料和生产资料生产可能性曲线的影响。

5. 绘出一个经济体的汽车和飞机的生产可能性曲线。假设技术性突破使得汽车工人而非飞机工人劳动生产率提高，画一条新的生产可能性曲线。假设技术性突破使得飞机工人而非汽车工人劳动生产率提高，画一条新的生产可能性曲线。

6. 1990 年，为应对伊拉克对科威特的侵略，美国和它的联盟国对伊拉克实施贸易和金融制裁，停止进口伊拉克石油，也停止向伊拉克出口机械、零部件等等，向伊拉克银行提供的贷款和对伊拉克的商业投资也被削减，请说明经济制裁对伊拉克纺织品和石油生产可能性曲线的影响。究竟什么条件的经济制裁最可能使伊拉克撤出科威特？

附录 1.1　图表指南

当你浏览这本书时，你会发现许多图表，它们能够帮助你形象化和理解经济关系。为了明白图表是如何构成的，我们一起看一个大家熟知的例子：大学课程中成绩和学习时间之间的关系。

假设我们进行一个关于所有学生最近完成经济学课程的调查，主要是询问他们每周学习的小时数和课程成绩。表1-4展示了结果。根据这张表，完全没有学习的同学在这门课中得了 F（0.0）。每周学习 4 小时的同学得了 C（2.0），每周学习 8 小时的同学得了 A（4.0）。在这张表中，所有成绩都与学习时间紧密相关。

表 1-4　　　　　　　　　　经济学课程的学习回报

成绩	平均绩点	每周学习时长
F	0.0	0
D	1.0	2
C	2.0	4
B	3.0	6
A	4.0	8

现在，我们一起用表格里的数据制作图1-8。我们想要形象地表示成绩是如何随着学习时间变化而变化的。学习时间是决定性因素，它是**自变量**（independent variable），位于横轴上。成绩是**因变量**（dependent variable）——取决于学习时间——位于纵轴上。

若把一个学习时间和成绩组合点标注在图上，则从轴线交汇的原点出发，在横轴上向右数 2 个单位，然后在与纵轴平行的方向向上数 1 个单位，标注这个点。我们把现在的这个点标为 H，即学习时间 2 小时，获得的平均绩点为 1.0（D）。标注下一个点时，我们从 H 点向右移动 2 个单位，然后向上移动 1 个单位，到达 I 点，即学习时间 4 小时，获得的平均绩点为 2.0（C）。运用相同的方式，我们可以标注出表1-4中剩余的所有数据，例如 J 点和 K 点。一旦我们标注了所有表示成绩和学习时间之间关系的点，就可以把它们连成一条直线（或者曲线）。这条线表明了成绩和学习时间是如何相关的。因为图形是一条直线，我们便可以说成绩和学习时间之间存在线性关系。

图1-8（a）中的学习时间-成绩直线向右上方倾斜，说明成绩和学习时间之间存在一种**正相关关系**（direct relationship）。也就是说，学习时间越长，成绩越高；学习时间越短，成绩越低。如果学习时间越短，成绩越高，图中的直线则会向右下方倾斜，然后因为成绩和学习时间之间在相反方向变化，我们便会得出一种**负相关关系**（inverse relationship）。

□ 沿学习时间-成绩直线运动

在图1-8（a）中，一个点为什么会沿着固定的学习时间-成绩直线移向另一个点？改变的原因主要是学习经济学的时间不同。学习时间的增加会使一个点沿着这条直线向上运动，学习时间的减少会使它向下运动。

为了说明这样的运动，当学习时间从 4 小时增至 6 小时的情况下，I 点向上移至 J 点，平均绩点也从 2.0（C）达到 3.0（B）。反之，学习时间从 6 小时减至 4 小时会使得 J 点沿着学习时间-成绩直线向下方运动，平均绩点也会从 3.0（B）降至 2.0（C）。简单地说，学习时间的变化会使平均绩点沿着一条固定的学习时间-成绩直线运动。

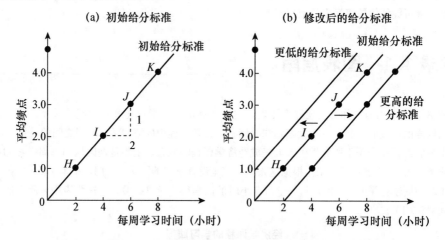

图1-8 经济学课程的学习时间与成绩的关系

上图描述了学习时间与成绩之间的关系。因为学习时间和成绩的数值沿着同一个方向变化，所以它们是正相关关系，直线向右上方倾斜。直线的斜率是任意两点之间纵轴变化值与横轴变化值的比率。除了学习时间，当其他因素也在变化时，表达学习时间和成绩关系的图形将会向一个新的位置变化。

学习时间-成绩直线的斜率

仔细观察图1-8，你会发现学习时间每增加2个小时，成绩便会上升一个等级或者平均绩点增加1.0。例如，当学习时间从2小时增加到4小时，平均绩点便会从1.0（D）升至2.0（C）。因此，我们总结出，学习时间每增加2个小时，成绩便会增加1个绩点。

学习时间-成绩直线上 I 和 J 两点之间的**斜率**（slope）取决于两点之间的纵向距离（即平移）除以横向距离（即上升）所得的值。在 I 点和 J 点之间，横轴上学习时间增加2个小时，纵轴上成绩便增加1个绩点。因此，

$$斜率 = \frac{纵轴变化距离}{横轴变化距离} = \frac{1}{2} = 0.5$$

因为成绩和学习时间在相同的方向上变化，我们可以看到0.5的斜率是正的，也就是说，成绩和学习时间是正相关。0.5的斜率表明学习时间每增加2个小时，便会增加1个绩点。同理，它也表明学习时间每减少2个小时，便会减少1个绩点。因为每多2个小时用于学习，便会提高1个绩点，我们的图形是一条直线，简单地说，由这些点组成的直线的斜率保持不变。

或者，如果学习时间越少，成绩越高，学习时间-成绩直线会向右下方倾斜，因此，直线的斜率便是负值。

学习时间-成绩直线的变化

到目前为止，我们一直在关注经济学课程成绩与一个变量，即学习时间之间的关系。然而，我们发现成绩并非仅仅受学习时间长短的影响，还受更多其他因素的影响，例如老师的给分标准、学生的学术能力和课程的导师安排等等。当成绩同时受到学习时间和一些其他的变量影响时，其他变量的变化通常会引起学习时间-成绩直线的变化。这是因为无论我们什么时候画学习时间-成绩直线，我们都假设可能影响成绩的每个其他变量都是持续不变的。

假如经济学课程的老师决定提高她的给分标准，每个人的成绩都在F之上便变得更加困难了。为了达到2.0（C）的成绩，学生现在必须每周学习6小时而不是4小时了。此外，学生原来可以通过每

周学习 6 小时来获得 3.0（B）的成绩，现在他们必须学习 8 小时以获得 3.0（B）的成绩。

图 1-8（b）表明了较高给分标准的影响。在图中，我们根据图 1-8（a），重画了学习时间-成绩直线，将这次的直线标注为更高的给分标准。我们发现新的直线位于原始直线的右侧，这就意味着学习时间和成绩之间的潜在关系已经发生了改变：除了 F 级成绩，现在学生必须花费更多的时间去学习以达到每一个成绩级别。相应地，如果老师降低了给分标准，学生获得课程成绩将变得更加容易，正如图中所示的更低的给分标准直线，学习时间-成绩直线将会向左移动。

除了给分标准变化之外，我们一起回想一下，学习时间-成绩直线也会因为其他因素变化而变化。例如，如果学生的学术能力提高，他们能够在更短时间内掌握经济学基本原理，这条直线便会向左移动。类似地，分配大量的优秀导师也会导致直线向左移动。

在这一部分，我们运用经济学课程学习时间和成绩的例子说明了一些概念：

- 自变量和因变量；
- 正相关和负相关；
- 沿着直线运动；
- 直线斜率；
- 直线移动。

我们发现这些概念同样适用于经济关系，你在读本书时会学习到供给和需求、投资和消费等概念。熟悉、掌握这些概念，并在以后章节所包含的图表中熟练运用这些概念。

第二部分

微观经济学

第2章

市场交易：需求与供给分析

本章目标

通过本章的学习，你应该能够：

1. 了解需求的主要影响因素。
2. 了解供给的主要影响因素。
3. 解释竞争市场上价格和数量的决定。
4. 解释价格为什么有时下降有时上涨。
5. 预测需求与供给变化时价格和数量如何变化。

背景资料

  勒布朗·詹姆斯（LeBron James）并不是第一个进入美国男子职业篮球联赛（National Basketball Association，NBA）的高中生，但他应该是其中最好的一个。在高中时，他曾三次被选为"俄亥俄先生"，并且全国媒体把他视为一位未来的NBA超级巨星，用"詹姆斯王"的称号给予了他高度评价，而那时，他还只是文特森-玛丽高中（St. Vincent-St. Mary's）的一名高二学生。18岁时，他在2003年NBA选秀上以最拔尖的身份被克利夫兰骑士队（Cleveland Cavaliers）选中，并且他在进行第一次专业比赛之前就与耐克签署了一份价值9 000万美元的合同。从那以后，詹姆斯一直是NBA公认的全能明星。他的篮球天赋几乎达到了天才的水平，体格能力也打破世界纪录，堪称无敌。虽然是联盟里最年轻的球员，但他所展示出的非凡的领导才能可以与总冠军级别球队的老手相提并论。

  思考一下，为什么像勒布朗·詹姆斯和老虎·伍兹这样的运动员挣到的钱会比当地的话务员多？这是需求与供给的影响。为什么医生一年能挣15万美元甚至更多，而小学老师一年只能挣3.5万美元？这是需求与供给的影响。为什么在7月份购买一磅新鲜西瓜只需花费 20 便士而在 4 月份要花 50 便士？这是需求与供给的影响。为什么 CD 机价格从 1983 年刚被引入时的 800 美元下降到了现在的 200 美元以下？你猜对了。还是需求与供给的影响。需求与供给能够解释许多经济学问题，事实上，需求与供给也是你从这本书中能够学到的最基础且最有用的经济学工具。

本章将介绍市场交易的需求与供给分析，并说明消费者和生产者在商品与服务中的竞争如何决定价格。在解决稀缺性问题时，市场扮演了一个重要的角色，因为它能为消费者分配一定数量可用的商品或服务。

市场

市场（market）是消费者（需求者）和生产者（供给者）进行商品与服务交易的场所。当地的农贸市场、咖啡店、杂货店、理发店等都是我们熟悉的市场。华盛顿州西雅图的派克市场以其新鲜的鱼、水果和蔬菜而闻名；纽约证券交易所（New York Stock Exchange）是股票和债券交易者沟通或交易的全国性市场。在国际交易水平上，大通银行（Chase Manhattan Bank）、日本富士银行（Fuji Bank）等大银行在外汇市场上进行外汇交易。这些市场都与潜在的消费者和生产者相关。

本章的内容主要关注竞争性市场。在竞争性市场上，许多卖家为争取更多买家相互竞争，反过来，许多买家为了得到某一产品相互竞争。在这样的市场上，单个卖家对市场价格没有影响，因为还有许多卖家提供相似的产品。单个卖家没有降价的动机，而且如果他抬高价格，消费者就会选择其他卖家的产品。同样地，单个买家也不会影响市场价格，因为单个买家所购买的商品数量相对于整个市场来说几乎可以忽略。想要理解市场的运作，我们必须先学习需求与供给定理。

需求

一年究竟能卖出多少辆劳斯莱斯（Rolls-Royce）？在解释消费者行为时，经济学家们强调商品与服务的需求。**需求**（demand）是指在一个特定时期内，在每一个可能的价格下消费者愿意并且能够购买的一种商品或服务的数量。

如果一个人只是想要买一辆劳斯莱斯，并不意味着他就拥有对劳斯莱斯的需求。要称得上是劳斯莱斯的需求者，他必须能够支付得起 25 万美元的价格并且必须有购买劳斯莱斯而不是梅赛德斯-奔驰（Mercedes Benz）或者宝马（BMW）等其他汽车的意愿。

如下所示，一种产品的需求量由许多因素决定：

- 产品价格；
- 相关商品的价格；
- 消费者收入；
- 对未来价格变动的预期；

- 消费者偏好；
- 消费者数量。

在分析消费者行为时，我们要重点关注一种商品价格与需求量的关系。要研究这种关系，我们需要保证所有影响消费者行为的其他因素不变。

另外我们需要区分个人需求和市场需求。其中个人需求是指单个特定消费者的需求，而市场需求是指市场上所有单个消费者需求的加总。在大多数市场中，会有许多消费者，有时候甚至成千上万。除了特殊说明外，我们一般所说的需求指的是市场需求。

□ 需求曲线与需求定理

图 2-1（a）表示市场上 CD 唱片的需求情况。表格第一列表示唱片的可能价格，第二列表示在不同价格下唱片每周的需求量。假定影响消费者购买行为的其他因素均保持不变，当唱片的单价是 25 美元时，消费者每周的需求量是 1 000 张，单价是 20 美元时，消费者每周的需求量是 2 000 张，依此类推。

一个市场的**需求曲线**（demand curve）形象地表示这个市场的需求计划表。图 2-1（b）其实就是将图 2-1（a）中的数据描绘成了一条需求曲线，其中纵轴代表价格，横轴代表需求量。

注意市场需求曲线是向下倾斜的，这一点印证了**需求定理**（law of demand）：假定影响需求的其他所有因素不变，商品的价格与需求负相关。当价格上升时，需求量减少；当价格下降时，需求量增加。我们把它称为需求定理是因为这个"定理"能够广泛运用到需求者的购买行为中去。例如，当福特公司发现它的汽车库存过剩时，它就可能采取促销措施，期待以较低的价格鼓励消费者购买更多的福特汽车。

再列举一个体现需求定理的例子——玛氏（Mars）公司的糖果定价。玛氏公司曾为它的 M&M 豆进行过一次定价实验。在一个一年周期中，它选出全国 150 家零售店，让每包 M&M 豆的价格保持不变，而重量增加，也就是说每盎司糖果的单价降低了。在这些价格降低的零售店中，销售额不久之后提高了 20%～30%。这个结果与需求定理的预期相吻合。

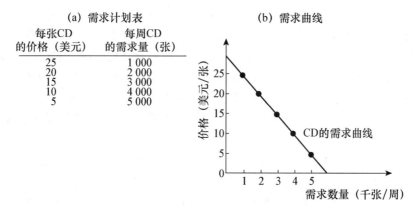

图 2-1　CD 唱片的需求计划表与需求曲线

市场需求计划表表示对于全体消费者而言，不同价格水平下唱片的消费需求量。市场需求曲线是需求计划表的一种图形表示。市场需求曲线向下倾斜，说明当价格下降时需求量增加。这种需求与价格的负相关关系就是我们所熟知的需求定理。

对于一条特定的需求曲线，价格的变动将会导致沿着需求曲线发生的移动。如图 2-1 (b)所示，如果唱片的单价从 15 美元下降到 10 美元，那么唱片每周的消费量将会从 3 000 张增加到 4 000 张。我们把这种由价格变动带来的沿着需求曲线发生的移动叫作**需求量变化**（change in quantity demanded）。值得注意的是，这里所说的需求量变化是沿着需求曲线所发生的移动，而不是需求曲线本身发生的移动。

□ 如何理解需求定理?

对于大多数商品而言，价格越低，消费者愿意购买的数量越多。需求定理的概念准确地解释了消费者的消费行为。经济学家们利用替代效应、收入效应以及边际效用递减等原理对需求定理做出了解释。

替代效应（substitution effect）是指在其他决定因素保持不变时，唱片价格下降，所有其他同类商品的价格也将受到影响，比如录音带。唱片价格的降低导致录音带相对更加昂贵，消费者更加倾向于用相对便宜的唱片代替原来对录音带的需求，从而导致唱片的需求量增加。

收入效应（income effect）也同样能解释需求定理。一张唱片的价格降低，会提高消费者现有收入的购买力，因此消费者能够用同样的钱买到更多的唱片。一般而言，消费者购买力的提高会激励他们增加对某种商品的购买量，通过这种方式，唱片的价格降低会带来需求量的增加。

最后，我们还可以用**边际效用递减**（diminishing marginal utility）的原理进行解释。根据这一原理，消费者每多消费一单位的某种产品，一单位的该产品所带来的效用递减。我们仍通过唱片的例子进行理解，当一个人一张唱片都没有时，购买第一张唱片的欲望会很强烈，而购买第二张唱片的欲望相对就没那么强烈了，依此类推。因此，消费者会认为"不值得"额外购买一张唱片，除非它的价格下降了，这就正好解释了需求定理。

□ 需求变化: 需求曲线的移动

前面提到过，一种商品的价格与其在特定时间段内需求量的关系还会受到其他决定因素的影响，比如消费者偏好、相关商品的价格、消费者预期、市场上消费者数量以及消费者收入等。对于一条特定的需求曲线，我们一般假定其他影响因素保持不变。如果其他任何一种影响因素发生变化，需求曲线就会发生移动，要么向外移动到右侧，要么向内移动到左侧。因此，我们把某种可变因素导致需求曲线发生的变动叫作**需求曲线的移动**（demand shifter），把需求曲线的移动导致的需求曲线的变化量叫作**需求变化**（change in demand）。

图 2-2 表示了唱片的需求变化，由于需求决定因素的变化，消费者在每个可能价格下，与之前相比更加愿意并且能够购买额外的唱片，这就导致需求的增加。在图中我们可以看到，需求曲线从原来的位置向右移动到新的位置。如果某种需求决定因素的改变导致消费者在每种可能价格下愿意并且能够购买的商品数量减少，那么唱片的需求将会下降，具体表现为需求曲线向左移动。接下来让我们分析一下需求的每个影响因素分别是如何影响需求曲线的。

1. 消费者偏好。改变消费者偏好对需求有着重要的影响。如果消费者偏好的改变使得某种产品更受欢迎，那么需求曲线就会向右移动。例如，随着菲丝·希尔（Faith Hill，一位美国女歌手）越来越火，消费者对她的唱片需求增加；相反，如果纽约扬基队（New York Yankees）进入输球季，不再像从前那么受粉丝欢迎，则其棒球比赛门票的需求曲线就会向左移动。

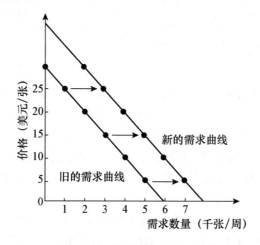

图 2-2 需求的增加

需求的增加表示为需求曲线的整体右移，说明在每个可能价格下，商品的需求量都相应增加。一种商品需求的增加通常受以下几种因素影响：更受消费者偏好；如果是正常商品，消费者收入增加会使需求增加；如果是低档商品，消费者收入下降会使需求增加；替代品价格上升；互补品价格下降；消费者预期未来价格上涨；市场上消费者数量增加。

▶ **经典案例**　　　**扬基队为填补新球场空座大幅降低一等票价格**

需求定理在现实生活中应用广泛。比如美国职业棒球大联盟纽约扬基队，2009 年建成了印有其标志的新体育场，从此淘汰了建于 1923 年的旧体育场，并且骄傲地在新体育场拉开了这一年的新赛季。这个新体育场能够容纳 52 325 个座位，总共投资 15 亿美元，成为世界上第二昂贵的体育场。

扬基队原本以为球迷们到时候会大量涌入主场，商业团体也会花高价够买最好的体育及娱乐场地，因此大幅提高新赛季的门票。然而，在扬基队本赛季第一次主场连续赛结束之后，却尴尬地发现数千张高价票没有销售出去。在这些没有销售出去的票中，有的票价高达每张 2 500 美元。于是在新体育场出现了一种奇怪的现象：在扬基队打主场时，体育场休息区人满为患，而挨着场地的好座位却空了一大片。这引起了批评者的无情嘲笑，他们认为扬基队过于功利，无视那些为他们建造新体育场而纳税的球迷。

面对一排排如幽灵般的空座，扬基队终于承认，即使是按照扬基队的标准，价格也确实定得过高了。因此，在第 25 届世锦赛上，扬基队为了提高上座率降低了票价，以前 2 500 美元一张的门票下降到了 1 250 美元一张，以前 1 000 美元一张的门票也下降到了 650 美元，等等。并且为了不让那些先前按高价买入季票的球迷感到不公平，扬基队向他们提供退款和抵免票价的选择。甚至为了让从电视上能看到的本垒板后的空位被坐满，扬基队还赠送了一些门票。

扬基队管理者事后才意识到，过高的票价让大多数球迷难以接受，尤其还是在2009年的经济低迷期。简而言之，最初的高票价导致了赛季开始时门票的需求骤减，这样的结果对于一个过去一贯以关心球迷的形象示人的球队来说，成了今后的一个营销难题。

资料来源：Matthew Futterman and Darren Everson, "Yankees Slash Prices to Fill Costly Seats at New Park," *The Wall Street Journal*, April 29, 2009, pp. B1—B2; and Richard Sandomir, "Yankees Slash the Price of Top Tickets," *The New York Times*, April 28, 2009, 参见 http://www.nytimes.com/2009/04/29/sports/baseball/29tickets,html。

2. 消费者数量。回忆前面曾经学过的，市场需求是市场上所有个人需求的加总。如果市场上消费者数量增多，市场需求曲线就会向右移动，如果市场上消费者数量减少，市场需求曲线就会向左移动。比如，在俄勒冈州尤金市，商人们非常盼望9月份俄勒冈州大学的学生消费者们开学，因为这时候他们所出售的商品的需求量将大幅度上升，而到12月份，家在其他城市的学生们离校回家，他们的商品需求量就会减少。

3. 消费者收入水平。大学生应该更加清楚收入的变化会影响到消费需求。我们根据商品消费需求受收入的变化而变化的情况把商品分成两大类。**正常商品**（normal goods）的需求会随着收入的增加而增加，随着收入的减少而减少。这类商品占多数，比如滑雪带或者新车等。而像公共交通、廉价衣服、二手商品、低价肉食品、劣质花生酱等**低档商品**（inferior goods），当收入增加时，消费者会转而增加对新车或高档牛排等正常商品的需求，而对低档商品的需求相对减少。相反，随着收入减少，对低档商品的需求会增加。

4. 相关商品的价格。相关商品的价格变化也会影响到某一特定商品的需求曲线。当我们画一条百事可乐的需求曲线时，我们假定可口可乐和其他可乐的价格是保持不变的。但是如果我们放松了这个假设，允许可口可乐的价格发生变化：当可口可乐的价格忽然从5美元一瓶降到4美元一瓶，就会促使原本选择百事可乐的消费者转而选择可口可乐。毕竟百事可乐与可口可乐是一对**替代品**（substitute goods）。对于一对替代品来说，一种商品的价格下降，就意味着另一种商品的需求减少。相反，一种商品的价格上涨意味着另一种商品的需求增加。

相关商品的第二种类型是**互补品**（complementary goods）。互补品是与另一种商品结合使用的商品。比如，CD唱片与CD机，花生酱与果冻，汉堡与薯条，牛奶与饼干，意大利面与肉酱等。如果CD机的价格下降，我们将会购买更多的CD机，相应地，我们也会购买更多的CD唱片，所以CD唱片的需求也增加了。相反地，花生酱的价格上涨将会导致对花生酱的需求减少从而导致对果冻的需求也减少了。对于一对互补品来说，一种商品价格下降将会导致对另一种商品的需求增加，而一种商品的价格上涨会减少对另一种商品的需求。

5. 对未来价格变动的预期。像汽油这种商品，需求的变化仅仅是因为人们对未来汽油价格的预期发生了变化。1990年萨达姆下令让伊拉克军队进攻科威特时，许多人预期石油供应会因为战争而中断。由于预期石油短缺会导致汽油价格上涨，许多人每次都把自己的油箱加满，因此导致对汽油的需求增加。通过这种途径，消费者预期的价格变动会影响到该商品需求曲线的移动。

再举另一个例子，2002 年，在俄勒冈州每包香烟多征收 60 美分税额的政策施行之前，俄勒冈州的吸烟者们疯狂购买香烟，一次所购买的数量用两只手臂都抱不住。该州在以 2：1 投票通过提高税额之后，香烟价格由原来每包 68 美分提高到了 1.28 美元。在税额提高之后，一个每天吸一包香烟的吸烟者每年要多支付 219 美元，一年要为自己的这个习惯缴纳 467.2 美元的税。

知识点回顾

1. 描述并解释需求定理。

2. 区分需求量变化与需求变化的不同，并了解它们各自的变化原因以及每次变化如何用图形表示。

3. 什么因素造成需求曲线的移动？如果这些因素发生变化，需求曲线会如何移动？

供给

市场模型的另一方面包含生产者为市场所提供的商品或服务的数量。**供给**（supply）是指能够体现出在一个特定时期内，在每种可能价格下，厂商或家庭愿意并且能够提供的商品或服务数量的计划表。在经济学中，供给既可以指一家杂货店愿意售卖的冰激凌的数量，也可以指一个工人愿意花费在工作上的时间。

供给者计划出售的商品和服务的数量也受到许多因素的影响：

- 商品价格；
- 资源价格；
- 技术水平；
- 其他商品的价格；
- 未来价格预期；
- 税收与补助；
- 供给者数量。

在分析供给者行为时，我们要强调一种商品的供给量与价格的关系。因此，我们要保证影响供给的其他因素保持不变。

另外，我们同样要清楚个人供给与市场供给的区别。个人供给指的是一个特定卖家所提供的商品数量，而市场供给指的是市场中所有卖家所提供的商品数量的总和。除特殊说明外，我们一般所说的供给指的是市场供给。

□ 供给曲线与供给定理

供给向我们展示了不同价格下卖家所提供的用于销售的商品或服务数量。供给反映的是相关价格与数量的计划表，该表被叫作供给计划表，可用供给曲线表示。图 2-3（a）表示了 CD 唱片的市场供给计划表。表格第一列代表 CD 唱片的可能价格，第二列代表在其他影响因素不变时，不同价格下的唱片一周的供给数量，我们把这个数量叫作**供给量**（quantity supplied）。供给量在一个供给计划表内表现为一个点：随着价格的变化，供给量发生变化，但整体的供给计划表不变。如表中所示：当 CD 唱片的单价为 5 美元时，生产者一周能提供 1 000 张 CD 唱片。当单价为 10 美元时，生产者一周将提供 2 000 张 CD 唱片，依此类推。

一个市场的供给计划表在图中可用一条**供给曲线**（supply curve）表示。图 2-3（b）中的供给曲线是左侧表格中数据的图形表示。纵轴上的点表示价格，横轴上的点表示供给量。供给曲线向上倾斜，代表价格与供给量之间存在正相关关系。当 CD 唱片的价格上涨时，供给量增加，当 CD 唱片的价格下降时，供给量减少。我们把这种关系叫作**供给定理**（law of supply）。通常，供给定理表述为：假定影响供给的其他因素保持不变，在一个较高的价格水平下，生产者愿意并且能够提供的商品数量要高于在一个较低价格水平下提供的商品数量。

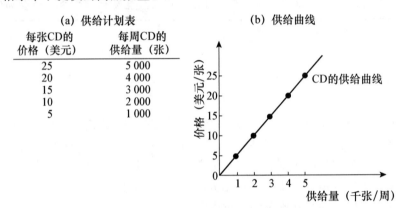

图 2-3　CD 唱片的供给计划表与供给曲线

市场供给计划表表示在不同价格水平下，所有卖家所提供的 CD 唱片数量。市场供给曲线是市场供给计划表的图形表示。市场供给曲线是向上倾斜的，表示随着价格上涨，供给量增加。这种商品价格变化与供给量变化的关系被称为供给定理。

我们还可以用边际成本递增规律解释供给定理。具体解释为：生产第二个单位产品的成本要高于生产第一个单位产品的成本。同样生产第三个单位产品的成本要高于生产第二个单位产品的成本。假定制造商想要生产更多的 CD 唱片，就不得不雇用更多的劳动者，购买更多的原材料。假定这些资源相对短缺，制造商就必须为它们支付更高的价格，因此造成了成本的增加。在其他因素保持不变的情况下，制造商只会在 CD 唱片价格上涨的激励下增加该商品产量。因此一个更高的价格会带来市场上产品供给水平的提高。

□ 石油公司从油井开采更多的原油

供给定理也适用于石油产品吗？答案是肯定的。较大的石油公司，比如壳牌（Shell）和埃克森-美孚（ExxonMobil）。它们意识到，在开采完现有的油井后，为保证持续的石油生产，需要更广泛地勘探新油田。由于这些活动增加了生产者的成本，它们需要更高的市场价格，因为石油公司不会从生产更多的石油中获得更高的净利润，除非石油价格上涨。考虑下面的案例：

尽管地下仍然有充足的石油可供开采，但是多数容易开采的供应点已经得到了充分的开采。因此，石油公司必须转向开采成本更高的油田。重油的稠度相当于糖蜜，甚至比糖蜜还要浓稠，把重油带到地表的成本要高于轻油。

从阿拉斯加北坡油田到墨西哥湾，石油生产商为提高石油开采率已经投资了数十亿美元，为了从现有油井中开采更多的原油，他们开发出了一些新技术。传统的钻井方法最多只能开采一个典型油井潜在产量的15%，剩余的85%依旧被埋在地下。提高采油技术增加了石油的开采量，有些采油技术能实现高达80%的开采率，因此延长了油田的开采期。

石油公司深刻地认识到，通过引入一些物质深入地下岩层，它们能够从现有油田中开采出更多原油来。例如，将水冲入地下岩层裂缝能够冲出石油，并且因为石油比水轻，水会将其推入附近的油井。此外，向地下鼓入蒸汽会让受阻的原油变得稀薄，二氧化碳和天然气也能被用来冲出顽固的石油。甚至为了在围岩中形成裂缝从而吸引更多的石油进入油井，它们还把砾石和胡桃壳送入井中。

然而，这些物质需要额外的成本。比如，需要额外花费天然气来制造鼓入油井的蒸汽。提高采油技术的成本范围较大，多数常用方法成本范围大致在每桶5～10美元。而能源资源在哪个价格点开始产生利润呢？以下是2008年的一些估价[①]：

- 沙特阿拉伯石油：10美元/桶；
- 北海石油：25美元/桶；
- 油砂与现有设施：25美元/桶；
- 委内瑞拉重油：25～30美元/桶；
- 油砂与网络设施：50美元/桶；
- 乙醇：每桶50美元以上。

原油价格很高，足以填补石油公司长期来为了尽可能提取每桶原油而提高采油技术所投入的额外成本。尤其是，高价石油激发了美国、加拿大以及中东地区对超重型油田的开发。

□ 供给变化：供给曲线的移动

前面提到，当其他影响因素保持不变时，供给曲线能够表示一种商品的价格与供给量的全部关系。而当这些影响因素发生变化时，供给曲线要么会向外移动到右侧，要么会向内移动到左侧。因此，我们把供给曲线发生的变动叫作**供给曲线的移动**（supply shifter）。供给曲线的移动导致的供给曲线的变化量，叫作**供给变化**（change in supply）。

图2-4表示了CD唱片的供给变化。由于供给决定因素的变化，如果生产者在每个可能的价格水平下，愿意并且能够生产更多的CD唱片，就会造成供给增加。在图中，我们能看到供给曲线从旧的供给曲线向右移动到新的供给曲线。然而，如果供给决

① Simmons and Co. International，Energy Statistics，http://www. simmonsco-intl. com/research_upstream. aspx/.

定因素的改变导致生产者在每个可能价格下愿意并且能够生产的商品数量减少，那么CD唱片的供给就会减少，也就是说，供给曲线将向左移动。下面，我们来分析一下影响供给的各种变动因素如何影响供给曲线的位置。

1. 资源价格。每个特定商品价格下可能的利润取决于供给者为生产商品或服务的资源所支付的价格。

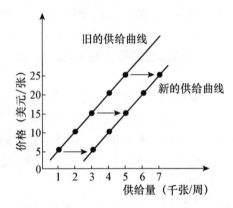

图 2-4　供给的增加

供给的增加在图中通过供给曲线整体右移来表示，即每个价格下所供给的 CD 唱片数量均增加。商品供给的增加可以由以下几种原因造成：用于生产该商品的原材料价格下降；新技术降低了生产成本；预期该商品未来价格下降，造成生产者增加当前市场供给；所销售商品的消费税降低；所生产商品的补助提高。

比如，用于生产 CD 唱片的劳动和原材料的价格下降降低了 CD 唱片的生产成本，导致在销售特定数量的 CD 唱片时所获得的利润增加。这种情况将会增加 CD 唱片的供给。相反地，原材料价格的提高会导致利润降低、供给减少。

2. 技术水平。技术的提高减少了在既定产出水平下的资源投入，从而带来一个较低的成本，增加了供给。例如，得州仪器公司（Texas Instruments）开发的一项新技术降低了它生产计算器的成本，从而提高了计算器的供给量。

3. 其他商品的价格。如果一条克莱斯勒（Chrysler）的生产线既能生产货车又能生产卡车，则货车的生产数量取决于卡车的价格，而卡车的生产数量取决于货车的价格。给定货车的价格，卡车的价格下降将导致克莱斯勒转向生产相对来说价格更高、所创利润更高的货车，结果就是货车的供给增加。

4. 未来价格预期。预期能够影响生产者的现有产出。例如，1990 年伊拉克入侵科威特，石油公司预期石油价格将会显著上涨，它们的第一反应就是从市场上撤回部分石油产品，因为它们意识到等石油价格上涨时会获得更大的利润。这种情况表现在供给曲线上，意味着供给曲线向左移动。

5. 税收与补助。像消费税等特定的税种对供给的影响与资源价格上涨对供给的影响相似。天然气消费税的增加给天然气站造成了额外的成本，因此供给曲线向左移动。相反地，补助会产生相反的影响。华盛顿州对西雅图海鹰队（Seattle Seahawks）建设新体育场给予了很大的财政支持，这就降低了海鹰队的比赛成本，从而增加了其供给。

6. 供给者数量。由于市场供给是市场上所有卖方提供的商品数量的加总，因此商品的供给量取决于市场上的供给者数量。如果卖方数量增加，则供给曲线向右移动。例如，美国国家冰球联盟扩大它的会员数，明尼阿波利斯市和圣保罗等加入联盟，因此导致市场供给曲线向右移动。

关于供给变化的另一个例子是平板电视机。当平板电视机在 1990 年刚刚被引入时，每台大约要花费 20 000 美元。到 2009 年，42 寸平板电视机的价格降到了 900 美元。价格下降是因为供给增加了。造成供给增加的原因有很多，比如生产技术的提高降低了它们的生产成本，在中国、马来西亚以及亚洲其他国家大量投资建立新工厂，以及新产品进入市场等。供给的增加带来价格的下降，因此又带来需求增加。

知识点回顾

1. 描述供给定理并解释为什么供给曲线是向右上方倾斜的。

2. 区分供给量的变化与供给变化的不同，了解它们各自变化的原因。

3. 什么因素造成了供给曲线的移动？当这些因素各自发生变化时，供给曲线将如何表现？

需求、供给和均衡

由于买方付钱、卖方收钱，买方和卖方对商品的价格往往持有不同的观点。因此，卖方更希望高价卖出而买方更希望价格降低。当价格上涨时，卖方增加供给量，而买方则会减少需求量。通过供给和需求的相互作用，我们会找到一个价格，可以使买方购买的数量和卖方销售的数量相同。

当一个产品的价格调整到足以使消费者想要以该价格购买的数量和供货商想要以该价格销售的数量相同时，**市场均衡**（market equilibrium）便发生了。在这个市场均衡点上，供、需力量的平衡使得这个市场价格在一个给定的时期内没有改变的趋势。

图 2-5 将图 2-1 的需求曲线和图 2-3 的供给曲线组合在一起。

参照图 2-5（a），我们发现两条曲线在每张唱片 15 美元的价格点处相交。在这个价格点，买方想要购买的数量（3 000 张）等于卖方想要销售的数量（3 000 张）。所以，CD 唱片市场在该点处于均衡状态，意味着价格不会变化，除非需求曲线或者供给曲线发生变化。买方期望的价格和卖方期望的价格相同时，这个价格被称为**均衡价格**（equilibrium price）。我们发现均衡价格总是有足够的配给量，所以每个想要购买这个产品的人会发现它始终有库存，每个想要销售这个产品的人都可以成功售出自己想要销售的产品量。

如果市场原来没有建立起一个均衡价格，那么销售该产品的供货商之间的竞争与购买该产品的买方之间的竞争就会使得价格趋向均衡水平。图 2-5（b）画出了我们在图 2-5（a）中分析过的供需曲线图，但是这次的原始价格是每张唱片 25 美元。我们在这个价位观察供给曲线，发现供货商想要每周销售 5 000 张 CD 唱片，观察需求曲线，发

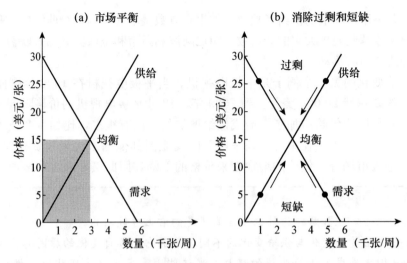

图 2-5　CD 市场的平衡

　　CD 唱片市场的供、需计划表代表着 CD 唱片市场的状况。市场供给曲线与市场需求曲线的交点表示每周以 15 美元的平均价格买卖 3 000 张 CD 唱片。只要价格高于 15 美元，CD 唱片将出现持续性过剩，然后迫于压力降价。同样，只要价格低于 15 美元，CD 唱片将出现持续性短缺，然后迫于压力提价。价格调整通过影响供需数量，实现市场均衡。

　　现买方打算每周购买 1 000 张 CD 唱片。供给量超过需求量的部分（4 000 张 CD 唱片）被称为**过剩**（surplus），或者多余供给。然而，市场过剩不是永久的。为了处理市场上未销售的 CD 唱片，卖方会降低价格。降价会造成供给量的减少和需求量的增加，以此消除过剩。当价格降到 15 美元，即供需曲线的交点时，唱片市场的周期性过剩便会被消除。

　　当价格高于均衡价格时会造成过剩，价格低于均衡价格时会造成短缺。根据图 2-5（b），假设原始价格是每张唱片 5 美元，在这个价位上我们来观察供给曲线，发现卖方想要每周供给 1 000 张 CD 唱片；观察需求曲线，我们又发现买方每周希望购买 5 000 张 CD 唱片。那么，需求量超出供给量的部分（4 000 张 CD 唱片）被称为**短缺**（shortage）或超额需求。当发生短缺时，买方之间的竞相出价推动了价格上涨。价格上涨会造成供给量的增加和需求量的减少，直到均衡价格再次回到每张唱片 15 美元。

▶ 经典案例　　　　　　　　　**恐怖高峰期：堵车收费**

　　大部分人都经历过交通堵塞，当我们受交通所困时往往会满腹牢骚。长时间乘车花费的不仅仅是时间，也包括金钱。堵车意味着燃料效率的降低、车辆和道路磨损的增加。虽然我们一直在铺建新的马路，但是当越来越多的人选择开汽车而非其他交通工具时，最终造成了堵车的局面。我们可以新建大量的公共运输系统，但是想让人们主动乘坐这些交通工具却十分困难。那么这时我们还能做些什么呢？

　　经济学家们认为这种窘境是典型的经济学问题，就像要决定一英亩土地值多少钱，这些问题都有类似的解决办法——市场力量。土地、道路等都属于稀缺资源，我们的市场体系能够利用价格来对其进行有效分配。价格调整也有助于消除市场供需失衡的问题。

当过多的司机想要使用具有固定承受能力且价格便宜的道路时，便会发生堵车。但如果当前基本为零的公路使用费上涨后，对道路的需求量就会减少，这样就能够更好地分配有限的空间。

政府通常会利用税费所得来铺设道路，并以此支付道路的建设和维修费用。因此，司机们认为他们已经通过燃油税和牌照费支付了道路和高速公路使用费。然而，司机们实际支付的是他们对道路的直接使用费。当一个人选择开汽车时，他就给交通流额外增加了一辆汽车，这会增加所有司机的交通费用。而这个额外增加的"成本"，会因为一个人选择开汽车而单独产生，它是一种开车的社会成本，而且一般不通过税费支付。

许多经济学家认为，应对司机们进行评估收费以减少高峰期的汽车数量。在这个制度下，在高峰期开车的人将不得不为此缴纳一定费用。这会迫使司机重新考虑到底选择为了自驾出行支付一定的费用还是选择换乘其他的交通工具。从车内的小型预付费转发器处读取信号的电子计量装置现在随处可见，这些装置不仅能够保证交通运行，而且可以根据一天中不同的时间段自动提高或者降低收费。

在该收费制度下，一些司机由于在高峰期被要求支付的单独成本很高，因此可能会选择拼车，通过改变他们的出行时间表或者乘坐公共交通工具等方式来减少缴费或者避免缴费。司机们意识到了上下班的实际成本，就会改变他们的出行习惯。经过一段时间之后，公路和高速公路的实际需求将会得以显现，同时更好地改善了基础设施决策并促进公路、时间和金钱的合理使用。

在美国加利福尼亚州的奥兰治县、圣迭戈以及纽约州和新泽西州交汇处的哈德逊河流域，道路合理使用定价已经得以落实。新加坡也用此方法减少高峰期的交通拥堵。与其他措施配合控制交通，新加坡中心地带的收费措施在高峰期有效减少了 45% 的交通拥堵。然而，也产生了一些不良副作用。例如，在中心商务区之外的地方，因为骑摩托车的人不需要缴费，他们在路上驾驶加剧了交通拥堵。其他的城市如伦敦（英国）、奥斯陆和卑尔根（挪威）也同样采取了拥堵收费措施。

我们已经看到了价格调整是如何协调买卖双方的需求的。如果价格高于均衡价格，过剩会推动价格和数量重回均衡水平。如果价格低于均衡价格，短缺会使价格和数量重回均衡水平。通过规定供需量，价格调整更加有利于促进市场均衡。

供给与需求变化

市场均衡是买卖双方的计划同时实现时价格与数量的组合。一旦市场达到均衡，价格与数量的组合将会保持不变，直到供给或需求变化的影响因素（决定因素）发生改变。决定因素的变化会造成供给曲线或需求曲线的变化；均衡状态下的价格和数量也会随之发生改变。

图 2-6 说明了 CD 唱片供需变化的影响。在这四个案例中，市场供给曲线（S_0）和市场需求曲线（D_0）的交点处发生了最初均衡。在每张 CD 唱片 15 美元的均衡价

处，平均每周的供给量与需求量为 3 000 张。

首先，假设供给保持不变，我们来思考一下需求变化的影响。参照图 2-6（a），假如 CD 唱片越来越受欢迎导致市场需求增加，需求曲线（D_0）向上移动至新的需求曲线（D_1）。当需求增加时，使得供需量相等的价格是每张 CD 唱片 20 美元。在这个价格上，每周可以买卖 4 000 张 CD 唱片。因此，产品需求的增加会同时造成均衡价格的提高和均衡数量的增加。

其次，假如 CD 唱片的欢迎度下降造成市场需求下降，需求曲线（D_0）向下移动至新的需求曲线（D_1），如图 2-6（b）所示。由于需求下降，均衡价格降至每张 CD 唱片 10 美元，均衡数量降至每周 2 000 张。因此，产品需求的降低会同时造成均衡价格的降低和均衡数量的减少。

再次，假设需求保持不变，我们思考一下供给变化的影响。参照图 2-6（c），假设 CD 唱片生产商引进了新型节约成本的技术，造成 CD 唱片的市场供给增加，供给曲线（S_0）向右移动至新的供给曲线（S_1）。随着供给增加，新的均衡价格是每张 CD 唱片 10 美元，新的均衡数量是 4 000 张。因此，供给增加会造成均衡价格下降，均衡数量增加。

最后，假如工资增加促使 CD 唱片市场供给减少，供给曲线（S_0）向左移动至新的供给曲线（S_1），正如图 2-6（d）所示。在新的市场供给曲线中，均衡价格是每张 CD 唱片 20 美元，均衡数量是 2 000 张。因此，当供给减少时，均衡价格上升，均衡数量下降。

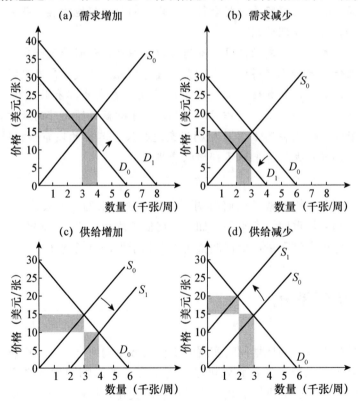

图 2-6 供需变化：对价格和数量的影响

需求或供给的变化会影响市场中的均衡价格和均衡数量。图（a）和图（b）分别表示需求增加和减少的影响；图（c）和图（d）分别表示供给增加和减少的影响。

现代经济学原理（第六版）

现在我们可以做出以下预测，在所有其他因素保持不变的情况下：

- 当需求增加时，均衡价格上升，均衡数量增加。
- 当需求减少时，均衡价格下降，均衡数量减少。
- 当供给增加时，均衡价格下降，均衡数量增加。
- 当供给减少时，均衡价格上升，均衡数量减少。

在先前的每一个例子中，仅是需求或者供给发生变化。然而，在现实生活中，经常会发生供需同时改变的复杂情况。例如，天然气的供需可能同时减少。虽然本章没有讲述供需同时变化的情况，但是你要尝试将技巧运用到表 2 - 1 的例子中，看看你能否验证每个例子的结论。

表 2 - 1　　　　　　　　　　　　　供需变化的影响

需求变化	供给变化	对均衡价格的影响	对均衡数量的影响
减少	减少	无限制*	减少
增加	增加	无限制*	增加
减少	增加	减少	无限制*
增加	减少	增加	无限制*

* 无限制指价格（数量）可能增加、减少或保持不变。

知识点回顾

1. 解释供需力量是如何推动价格趋向均衡的。

2. 画图说明短缺是如何使价格上涨趋向均衡的，以及过剩是如何使价格下降趋向均衡的。

3. 在以下情况中，竞争性市场的均衡价格和均衡数量会发生什么变化？

（a）供给增加；（b）供给减少；（c）需求增加；（d）需求减少。

供给与需求的现代应用

既然我们已经学习了供需变化的影响，接下来我们一起将这些原理应用于现实生活中。思考以下具体应用。

□ 自行车竞争对施文自行车公司的阻碍

竞争增强如何导致公司产品需求减少？施文自行车公司（Schwinn Bicycle）是一个典型例子。1895 年施文自行车公司在芝加哥正式成立，随着该公司的逐渐发展，其生产的自行车成为行业的标准。虽然经济大萧条迫使大多数自行车公司倒闭，但是该公司通过生产、销售高质量自行车而存活下来。施文自行车公司强调持续创新，并在其生产的自行车上不断创新，如低压轮胎、内置的支架、头尾灯和镀铬挡泥板等。到 20 世纪 60 年代，施文自行车公司 Sting-Ray 自行车被公认为是每个孩子都想拥有的自行车。在电视的商业广告上，诸如罗纳德·里根（Ronald Reagan）和袋鼠船长（Captain Kangaroo）之类的名人也曾宣传，"施文自行车是最好的"。

虽然施文自行车公司在 20 世纪 40—60 年代主导了美国的自行车行业，但是市场在不断变化。厚重耐用一直是施文自行车的质量保证，但自行车车手们开始想要这些特征之外的一些东西。竞争者纷纷出现，如 Trek 公司专门生产山地自行车，Mongoose 公司专门为自行车越野赛生产自行车。这些公司恶意低价销售它们的自行车，以此来吸引关注施文自行车的消费者。同时，自行车的进口关税促使美国人从韩国、日本和中国的一些低成本公司购买自行车。

随着竞争加剧，1981 年施文自行车公司将生产重新转移到了密西西比河的格林威尔。和美国其他公司一样，为了低薪雇用无工会组织的工人，施文自行车公司将生产地转移到南方。施文自行车公司也获得了由国外低薪工人生产的零件。然而，低效率和参差不齐的产品质量限制了格林威尔工厂的生产，其生产的自行车也没有从国外进口的好。随着损失不断加剧，施文自行车公司于 1993 年申请破产。

最终施文自行车公司被太平洋自行车有限公司（Pacific Cycle）收购，太平洋自行车有限公司将施文自行车公司自行车的生产外包给了中国的低薪工人。今天，大部分施文自行车产自中国的工厂，并由沃尔玛和其他折扣商家销售。在太平洋自行车有限公司的管理下，自行车车手购买新的施文自行车确实支付的价格更低。它可能不是先前的老牌施文自行车，但是它的价格为 180 美元，以现在的美元计算是原来价格的 1/3。

分析： 参照图 2-7，假设施文自行车公司是自行车竞争市场上的一家代表性公司，假如消费者视施文自行车公司和其他公司销售的自行车互为替代品，且一辆施文自行车的价格是 400 美元。当其他公司大肆降低自行车的价格时，人们对自行车的需求量会增加。施文自行车的需求曲线因此会从 D_0 降至 D_1，导致销量下降。为提升自身的竞争力，施文自行车公司用低薪无工会的工人取代高薪有工会的工人来降低成本，导致它的供给曲线从 S_0 右移至 S_1。虽然仍不足以避免破产，但是这种做法可以使公司降低价格，提升销量。

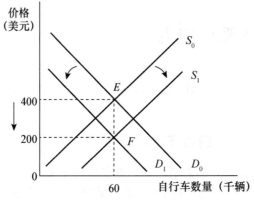

图 2-7 施文自行车市场

□ 医疗保健成本增加家庭负担

医疗保健的高成本给出了关于供需的另一个现实应用。虽然美国人寿命更长，生活更健康，但是在医疗保健方面投入的财政成本也在急剧增加。医疗保健成本的上升和对保险的有限了解越来越受到关注，这导致了医疗保健改革提案的进步。

医疗保健服务市场需求曲线的移动速度超过了市场供给曲线的移动速度，因此医疗保健服务的成本在逐渐增加。图2-8表示的是医疗保健服务市场。假设这些服务的均衡价格是200美元——供给曲线（S_0）与需求曲线（D_0）的交点，再假设医疗保健服务的供给曲线右移至S_1，需求曲线大幅度右移至D_1。因为需求增加推动了医疗保健服务价格上升，且增幅超过供给增加使价格下降的幅度，医疗保健服务的价格升至250美元。我们再深入研究一下医疗保健服务供需曲线的特征。

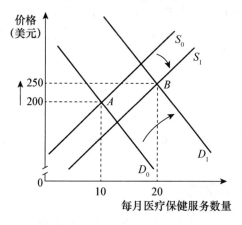

图2-8 增加的医疗保健成本

医疗保健服务需求的增量大于供给的增量。因为需求增加推动了医疗保健服务价格上升，且增幅超过供给增加使医疗保健服务价格下降的幅度，所以医疗保健服务的价格上升。

医疗保健服务需求。消费者一般对医疗保健服务的价格变化反应非常灵敏，如医生和医院服务。这是因为人们认为医疗保健是必需品而非奢侈品。经济学家估计，医疗保健服务价格提高10%，需求量仅仅减少2%。部分价格变化缺乏阻力，这可以解释为什么医生和医院有强烈的动机去提高价格。另外，医疗保健服务需求曲线逐渐向右移动，会增加价格的上行压力。以下是医疗保健服务需求增加的一些原因。

● **收入增加。**美国的家庭收入增加导致医疗保健服务需求曲线右移。经济学家估计医疗保健方面的人均消费增加大致与人均收入的增加成比例。

● **人口老龄化。**因为老年人生病更加频繁且生病时间很长，随着老年人增多，医疗保健服务需求便会增加。

● **医疗保险。**因为有医疗保险的人可以报销重大疾病的全部花费，他们看医生的频率更高，会选择更多复杂的程序，因此导致医疗保健服务需求的增加。

● **医生激励。**因为医生通常比病人更加了解医疗保健，他们会指定需要消费的医疗测试与程序的类型和数量。当医生对其提供的每项服务分别收费时，他们更容易去指定那些不重要的测试与程序。此外，因为每一个病人都代表着医疗事故诉讼的潜在根源，为了保护自己免于医疗事故诉讼，医生推荐的服务往往比做出医学判断需要的更多。

医疗保健服务供给。医疗保健服务供给的缓慢增加也会导致价格上升。例如，美国医生的供给量从1980年的435 000名增至2009年的超过700 000名，大约增加了60%。然而，供给的增加远远比不上需求的增加，医生提供的服务的价格也在这一时期有所上涨。医生供给的缓慢增加有相当多的原因，比如金融资源和培训医生的时间，以及将人力资源排除在医疗领域之外存在的障碍等。批评家认为，为了提高医生的能力从而提升他们的服务价格，美国医药协会（American Medical Association）控制医学院人员的准入资格——因此医生的供给被人为地降低了。最近几年，这些问题有所缓解。

医疗保健服务价格上升的另一个原因是医疗保健行业按照一个缓慢的生产效率增长。医疗保健是一种劳动密集型服务，提高服务生产效率比提高商品生产效率更难。例如，在医院的分娩室，你如何让护士的效率明显提高？

我们还必须考虑技术因素。先进的科技，如心脏直视手术和全身扫描仪，增加了医院服务的数量并提高了医院服务的质量。近年来，先进的外科技术得到了广泛运用，虽然外科技术的提升可能会延长很多美国人的生命，但是发展和管理它们需要花费成本，因此增加了医疗保健成本。

"那很简单。"当你阅读之前那些教你如何将供需原理应用于现代问题的例子时，你很有可能会这样说。但你能独自进行经济学分析吗？当你阅读到下面的应用时，尝试画出供需图并以此来解释市场条件变化的影响。你能在这些应用中区别出需求变化的影响因素和供给变化的影响因素吗？

□ 解决美国的石油需求

在美国人看来，没有什么事情比石油和汽油价格更能引起人们关注和焦虑的了。在供给紧缩和物价上涨的时代，媒体对其高度关注，消费者质疑其原因和影响。

美国的石油进口规模不仅超过全球其他国家的石油消费，而且与20世纪70年代33％的进口量相比，石油进口量增加到60％左右，这主要是国内供给紧缩与石油需求增加共同作用的结果。例如，随着道路交通工具数量的增加，且人们开车次数更多，人们对汽油的需求激增。另外，人们开始购买更大更沉的轿车、小型货车和运动型多功能汽车，这也导致更多的油耗。而且，很多人坚持在高速公路上开车，每小时行驶70～80英里，每小时超过55英里便要支付10％～15％的油耗罚金。

减少石油进口将会给美国人带来重要的好处。减少美元外流数量，有利于稳定世界石油市场的油价，当下一次事故，如卡特里娜飓风、国内石油供给混乱等爆发时也会提高美国人的安全系数。此外，通过减少对不稳定的中东地区石油供应商的依赖，也将使得美国的外交政策更加强硬。

对于美国来说，减少石油进口的一个途径便是增加石油供给或者寻找替代能源。这可能只有靠石油公司在深海或美国的土地（实为阿拉斯加的荒野）上钻探才能实现，因为在那些地方才有可能发现石油。但是如果荒野被破坏了会发生什么？谁来承担后果？获得更多石油的另一个办法是建立更多的工厂，将原油提炼和加工成可用产品，比如汽油和燃用油。然而，建立更多提炼厂必然会受到环境的限制，而且石油公司也不愿意将一大笔钱投资到一个可有可无的提炼厂上。除此之外，美国已经发明了替代燃料，例如生物柴油和乙醇，然而增加其产量是一个漫长的过程。简单地说，单独的供给学派政策无法轻易地解决美国的石油依赖问题。

二者择其一，如果美国人减少石油消费，石油进口的数量便会下降。迫使美国人节约使用石油的最强硬的手段就是政府实施免费石油定量配给制度。例如，在第二次世界大战期间，美国政府制定了一个汽油（和其他产品，如肉、糖、轮胎）目标消费水平，并向每个家庭提供定量的不可转让配给券。每购买 1 加仑汽油，车主必须按政府定价付款，并向汽油站上交 1 张配给券。通过定量发行配给券，政府限制了汽油的购买量。每个注册汽车的车主都会收到能够满足最低需求的配给，即每周 4 加仑汽油。其余配给券则由其他人获得，比如医生和军人能够说服当地的定量配给中心，更多的配给券对他们很重要。1942—1944 年期间，定量配给制度成功地减少了 24% 的汽油消费量。然而，这个制度在实施过程中出现了配给券失窃和伪造的情况、政府机构运行项目的高成本以及汽油价格如何定价才能满足特殊消费者的"需求"问题。直到战争结束，美国人已经不再对免费石油定量配给制度抱有幻想。

▶ **经典案例**　　　　　　　　**如过山车一般的油价**

2008—2009 年期间，油价变得极其反复无常，从每桶 147 美元急降至 40 美元以下。什么原因导致了价格如此易变？供给与需求定理有助于我们解决这个问题。

2008 年，供给紧缩成为世界石油市场的主要特征。由于投资延误以及设备、人力和工程技术的短缺，供给扩张受限导致当时的石油成本是 2004—2008 年的两倍。

随着油价上涨至每桶 100 美元，其他因素也开始日益重要。为了避免中东地区通货膨胀和政策不稳定造成的影响，未来油价上涨的预期导致石油和其他商品遭到抢购。价格上涨带来的投机买卖影响是一个自我强化的过程，使得投机活动高涨和油价上升。此外，需求对价格的变化反应不灵敏，尽管价格上涨，需求几乎保持不变。而且，中国和印度等发展中国家的石油消费量被认为仍会以较快的速度增长。简单地说，强烈的需求和紧缩的供给使得油价急剧上升。

2008 年，当油价突升至每桶 147 美元时，价格已经达到了极限，油价上涨的基础被破坏了。虽然比预期花费的时间要长，油价的突升最终的确造成了需求量的减少。油价升至每加仑 4 美元时，需求量每天减少 100 多万桶。此外，汽车购买者也逐渐转向节能型汽车，关注追求能源高效方法的公司。后来全球金融危机造成了严重的经济大衰退，因为全球经济萎缩，石油需求也大大减少。这样的逆转导致在 4 个月内每桶油价降低了 100 美元。

然而，未来的一个关键问题是石油供给会发生什么变化。如果价格持续低迷，对新的石油生产能力的投资也会持续低迷。当世界经济恢复时，不断升级的石油价格周期会再次发生吗？

资料来源：Daniel Yergin and David Hobbs，"Recession Shock：The Oil Market and the Global Economy," *The Wall Street Journal*，February 10，2009，p. A7.

针对 21 世纪的石油配给，我们会想：为什么不用数字形式的新版借记卡来取代第二次世界大战时的配给券呢？这里所说的这种类型的配给叫作**可交易的汽油权**（tradable gasoline rights，TGR）。要施行这个制度，需要对当前只能够读取信用卡和借记卡的加油站加以改造，使它们也能够读取 TGR 卡。另外，这个制度的一个主要特征是汽油权是可以交易的。在一个月内，如果用不完所有的汽油配给，人们拥有支配多余汽油的权利，将它们卖给其他汽油短缺的人。第二次世界大战期间，开汽车的人只能使用分配给他们的汽油券，与这种配给方法相比，对于那些需要行驶更长时间和使用更多汽油的人来说，TGR 灵活性较高。然而，他们也要请求政府机构批准汽油消费的目标水平，并使政府承担运行该制度所带来的相对较高的成本。

然而，与其利用 TGR 限制汽油购买量，为什么不用较高的汽油税作为配给工具呢？如表 2-2 所示，欧洲政府规定每销售 1 加仑汽油，应征收大约 4 美元的消费税，导致汽油价格为每加仑大约 5.50 美元，而美国的消费税（联邦税＋州税）仅仅为每加仑 40 美分。因为较高的消费税，再加上汽油站的经营成本，汽油的市场供给曲线向左移动，导致油价上涨，需求量下降。

表 2-2　　　　　　　　　　汽油的消费税和零售价，2009 年 7 月

国家	零售价（不含税，美元/加仑）	税额（美元/加仑）	零售价（含税，美元/加仑）	税额占总零售价格的百分比（%）
德国	1.57	4.08	5.65	72
英国	1.31	3.43	4.74	72
法国	1.63	3.85	5.48	70
比利时	1.70	3.80	5.50	69
荷兰	1.99	4.39	6.38	69
意大利	1.89	3.67	5.56	66
美国	1.73	0.40	2.13	19

资料来源：U. S. Department of Energy，Energy Information Administration，参见 http://www. eia. doe. gov/，"Petroleum，" "World Crude Oil Prices，" "Prices，" "International Petroleum Prices，" and "Weekly Retail Gasoline Prices：Selected Countries"。

汽油税得到支持是因为它的征收相对容易，政府可以以较低的成本征收，大部分美国人开车，很少人可以避免纳税。然而，批判者认为，为了使消费量大幅度下降，油价必须实质性上涨，因为对于大多数家庭来说，汽油是必需品。例如，经济学家预测若使汽油消费量在短期内下降 20%，油价必须上涨 100%。[1] 议员很有可能认为这种油价增长方式使得很多美国人尤其是穷人难以承担。尽管如此，欧洲人认为美国人应该通过大幅度提高汽油税来节约汽油，并指出欧洲人的汽车拥有量比美国人少 40%，他们的汽车与美国人所偏爱的高油耗运动型多功能汽车相比，更小且更加节约能源。

此外，提高联邦政府批准的燃料经济标准也有利于石油资源的保护。据估计，自 1987 年开始，如果新车的汽油消耗定额为每加仑行驶 1 英里，轻型载货汽车的消耗定额为每加仑行驶半英里，现在美国每天将会节约 1 300 000 桶石油。[2] 然而，提高燃料经济标准的想法遭到汽车生产商的反对，他们认为这种政策会导致生产成本的增加。

实际上，对美国人来说，采取以上任何一种措施都是比较困难的选择，这就是美国很难制定一项能源政策的原因。

在本章中，我们进行了市场交易的供需分析，下一章将会通过思考这些原理的现代应用，进一步加强对供给和需求的理解。

① Dahl，C.，and T. Sterner，"Analyzing Gasoline Demand Elasticities：A Survey，" *Energy Economics*，Vol. 13，No. 3，1991，pp. 203-210.

② Natural Resources Defense Council，*Strong，Safe，and Secure：Reducing America's Energy Dependence*，2005，参见 http://www. nrdc. org。

本章小结

1. 市场是一个买卖双方进行商品与服务交易的场所。通过价格机制，市场将潜在的交易双方联系起来。

2. 需求是在一个特定时期内，在每一个可能价格下买方愿意并能够购买的商品或服务的数量。需求曲线是需求数据的图形展现，这些数据构成了需求计划表。价格变化导致的沿着需求曲线的移动，称为需求量的变化。

3. 根据需求定理，假如所有影响需求量的其他因素保持不变，价格和数量是负相关的。经济学家大多从替代效应、收入效应和边际效用递减原理等方面解释需求定理。

4. 影响需求的变动因素改变引起了需求曲线的移动。影响需求的变动因素包括消费者偏好、消费者数量、消费者收入、相关商品的价格和对未来价格变动的预期等。当一个需求变化的影响因素导致需求增加时，需求曲线会向右移动，需求减少会导致需求曲线向左移动。

5. 供给是在一个特定时期在每种可能价格下，展现厂商或家庭愿意并能够提供的商品或服务数量的计划表或曲线。供给量是供给曲线上的一个点，产品价格的变化会导致供给量的改变。

6. 根据供给定理，当供给的其他所有决定因素保持不变时，卖方愿意且能够让他们的商品以高价出售而非低价出售。边际成本递增规律充分说明了供给定理。

7. 影响供给的变动因素改变引起了供给曲线的移动。影响供给的变动因素主要包括资源价格、技术水平、其他商品的价格、未来价格预期、税收和补助以及供给者的数量等。当供给变化的影响因素造成供给增加时，供给曲线会向右移动，供给减少会导致供给曲线向左移动。

8. 在一种商品的竞争市场中，当商品的价格调整到足以使消费者想要以该价格购买的数量和供应商想要以该价格销售的数量一致时，市场均衡现象便发生了。买方期望的价格和卖方期望的价格一样时，这个价格被称为均衡价格。产品过剩导致价格低于均衡水平；产品短缺会导致价格高于均衡水平。

9. 当其他因素保持不变时，可以从供给曲线与需求曲线中预测到以下几点：

- 当需求增加时，均衡价格上升，均衡数量增加。
- 当需求减少时，均衡价格下降，均衡数量减少。
- 当供给增加时，均衡价格下降，均衡数量增加。
- 当供给减少时，均衡价格上升，均衡数量减少。

关键术语

市场	互补品
需求	供给
需求曲线	供给量
需求定理	供给曲线
需求量变化	供给定理
替代效应	供给曲线的移动
收入效应	供给变化
边际效用递减	市场均衡
需求曲线的移动	均衡价格

需求变化 过剩

正常商品 短缺

低档商品 可交易的汽油权（TGR）

替代品

■ 自测 （单项选择）

1. 在市场均衡价格处，（ ）。

a. 供给量等于需求量

b. 供给量最大限度地超过了需求量

c. 需求量最大限度地超过了供给量

d. 供给量和需求量等于零

2. 如果汽车价格上涨，很有可能出现无论汽车蓄电池的价格多低也很少有人购买的情况，这是因为汽车和蓄电池是（ ）。

a. 低档商品

b. 正常商品

c. 替代品

d. 互补品

3. 假如收入增加导致消费者购买更多的橘子，并且假设橘子大丰收导致价格普遍降低，造成消费者购买更多的橘子。这种情形主要是因为（ ）。

a. 需求量增加——需求减少

b. 需求量减少——需求增加

c. 需求增加——需求量增加

d. 需求减少——需求量增加

4. 计算器价格降低伴随着销量的增加，主要是因为（ ）。

a. 需求减少

b. 需求增加

c. 供给减少

d. 供给增加

5. 收入增加会使得（ ）。

a. 低档商品需求增加，正常商品需求减少

b. 正常商品需求增加，低档商品需求减少

c. 低档商品需求增加，正常商品需求不变

d. 正常商品需求增加，低档商品需求不变

6. 如果市场价格低于均衡价格，（ ）。

a. 价格上涨，需求量增加，供给量减少

b. 价格上涨，需求量减少，供给量增加

c. 价格下降，需求量增加，供给量减少

d. 价格下降，需求量减少，供给量增加

7. 汽油的供给曲线将会因为以下因素向右移动，除了（ ）。

a. 汽油生产中原油的增加

b. 卖方对节油汽车发展的预期

c. 汽油生产的技术进步

d. 汽油生产中更低的劳动力价格和资本价格

8. 在一定时期内，假如西柚的价格和数量都提高，这主要是因为（　　）。

a. 西柚供给的增加

b. 西柚供给的减少

c. 西柚需求的增加

d. 西柚需求的减少

9. 当商品价格上涨时，消费者倾向于购买它的替代品，而不再购买该商品。这解释了为什么这种商品的需求曲线（　　）。

a. 是垂直的

b. 是水平的

c. 向左上方倾斜

d. 向右下方倾斜

10. 当（　　）时，玉米短缺现象会发生。

a. 玉米的需求量超过了供给量

b. 玉米的供给量超过了需求量

c. 今年玉米产量比去年高

d. 今年玉米产量比去年低

▊ 问答与应用

1. 20 世纪 80 年代，个人电脑首次问世，其价格超过了 5 000 美元。从那之后，电脑价格便开始急剧下降。用供给和需求分析解释电脑价格下降的原因。价格下降对电脑的需求量有什么影响？

2. 到 20 世纪 70 年代，战后"婴儿潮"的孩子已经达到工作年龄，有孩子的已婚女人在外工作已经被广为接受。利用供给和需求分析解释女性工作者的增加是如何影响均衡工资和就业的。

3. 假如波音 777 客机需求的减少导致波音工程师需求的急剧下降。用供给和需求分析解释这种现象对工程师工资的影响，以及对其劳动供给量的影响。

4. 1994 年，一场严重的霜冻毁坏了巴西 25％的咖啡作物。用供给和需求分析解释霜冻对咖啡价格的影响和对咖啡需求量的影响。

5. 许多美国消费者的口味从牛肉转向了鸡肉。用供给和需求分析解释这种变化会如何影响鸡肉和牛肉市场的均衡价格和均衡数量。

6. 假如《北美自由贸易协定》（NAFTA）允许墨西哥生产的低成本衬衫进入美国的衬衫市场。画图表示其对美国公司供给的衬衫的价格和数量的影响。

7. 下列哪些商品最可能被划分为正常商品或服务？（　　）

a. 滑雪

b. 国外旅游

c. 利马豆

d. 电脑

e. 二手车

8. 下列哪一类商品最可能被划分为替代品？互补品呢？（　　）

a. 饼干和牛奶

b. 必胜客比萨和达美乐比萨

第 2 章　市场交易：需求与供给分析

c. 汽车和蓄电池

d. 电子邮件和航空邮件

e. 小麦和麦片

9. 假如下列事件发生，会如何影响汽油的需求量或需求曲线？

a. 市场人口减少

b. 汽油价格下降

c. 买方收入减少

d. 买方预期汽油价格在未来会下降

e. 汽车价格提高

f. 汽油价格提高

10. 假如下列事件发生，会如何影响音频磁带的供给量或供给曲线？

a. 音频磁带的价格上涨

b. 生产音频磁带的资源价格上涨

c. 生产商预期音频磁带的价格在未来会下降

d. 生产音频磁带时有了新的成本节约型技术

e. 音频磁带生产商数量增加

f. 音频磁带的价格下降

11. 依据表2-3的数据画出电脑市场的需求曲线和供给曲线。

a. 电脑的均衡价格和均衡数量是多少？

b. 当存在40台电脑的过剩时，找出此时的电脑价格，并在图上标明。供需力量是如何促使价格重回均衡状态的？

c. 当存在60台电脑的短缺时，找出此时的电脑价格，并在图上标明。供需力量是如何促使价格重回均衡状态的？

d. 假如新的成本节约型技术使得生产商在每个价格下都可以多生产20台电脑。画一条新的供给曲线来说明这种情况。电脑新的均衡价格是多少？新的均衡数量是多少？

e. 假如生产电脑的资源价格上涨，迫使生产商在每个价格下少生产了20台电脑。画一条新的供给曲线来说明这种情况。电脑新的均衡价格是多少？新的均衡数量是多少？

f. 假如收入增加导致消费者在每个价格下都多需要20台电脑。画一条新的需求曲线来说明这种情况。电脑新的均衡价格是多少？新的均衡数量是多少？

g. 假如爱好严重变化使得消费者在每个价格下对电脑的需求都减少了20台。画一条新的需求曲线来说明这种情况。电脑新的均衡价格是多少？新的均衡数量是多少？

现代经济学原理（第六版）

表2-3　　　　　　　　　　　　电脑供需表

价格（美元）	每周需求数量（台）	每周供给数量（台）
400	90	10
800	80	20
1 200	70	30
1 600	60	40
2 000	50	50
2 400	40	60
2 800	30	70
3 200	20	80

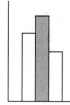

第3章

需求与供给的应用

本章目标

通过本章的学习，你应该能够：

1. 解释价格的变动会引起需求量发生什么样的变化。
2. 描述价格变化对企业总收入的影响机制。
3. 分析政府针对单一市场制定价格上限与价格下限的优缺点。
4. 评估政府制定农产品价格下限的优缺点。

背景资料

经济学一贯主张"天下没有免费的午餐"，就算真的免费提供给你一顿午餐，也总会有人要为种植的原材料、食物的制作与服务等买单。

加利福尼亚州的居民在美国是最富有的，但在过去很长一段时间，他们也同样追求更廉价的电力服务、更便宜的租金以及免费的大学教育机会。为了得到这些东西，他们选举出忽视了市场供求规律，主张保持物价水平低于市场均衡价格的政府官员。然而在2001年，加利福尼亚州为此付出了代价。电力短缺导致许多企业关门，千家万户陷入一片黑暗。

过去，加利福尼亚州的政府官员为了保证居民得到廉价的电力供应，批准了电力零售价的上限。2001年，强劲的经济形势以及反常的冷天气导致电力需求的快速增长超过了供给水平。加利福尼亚州的公共事业公司不得不从其他州的公共事业公司以高价买入电力，再以一个受加利福尼亚州政府控制的低价格卖给加利福尼亚州居民。如果没有价格上限，电力的短缺会导致电力价格上升，直到供给和需求达到新的均衡，这时企业和家庭会为了应对较高的电价自动进行生产重组或关掉供暖器和电灯。而在价格上限的情况下，产生的供电不足将给加利福尼亚州的居民带来更大的困难与不便。

在上一章，我们介绍了市场交易的需求与供给分析，了解到竞争性市场能够引导用来生产人们需要的商品与服务的资源进行合理分配。本章将会加深我们对需求与供给分析的理解。在本章，我们将思考消费者与生产者究竟对价格的变化有多敏感，分析针对生产者的税负升降是否会带来价格的变化。此外，作为需求与供给定理的应用，我们将分析政府所规定的价格上限和价格下限对单一市场会产生怎样的潜在影响。

需求价格弹性

假如你是职业篮球队洛杉矶湖人队（Los Angeles Lakers）的票务经理，你正在关注球票价格上涨的问题，那么你最想知道球迷们将对价格上涨做出何种反应。我们知道，根据需求定理，价格上涨会带来需求量的减少。但是需求量相对于价格的上涨具体会有多大的变动幅度呢？这个问题需要用需求价格弹性概念来回答。

需求价格弹性（price elasticity of demand）衡量的是消费者对于价格变化的反应程度或者敏感度。它关注的是需求量变化百分比与价格变化百分比的比值。具体表达式为：

$$E_d = \frac{需求量变化的百分比}{价格变化的百分比}$$

其中，E_d 是弹性系数。[①]

假定湖人队比赛的票价每上涨 5%，观众减少 10%，那么其需求价格弹性是 2，即：

$$E_d = \frac{10\%}{5\%}$$
$$= 2$$

弹性系数值 2 表明，球赛票价每变化 1%，观众人数变化 2%。

实际上，你可能会注意到：E_d 的值应该是 -2 而不应该是 2。因为根据需求定理，我们知道价格与需求量成反比。在上述例子中，观众数量减少导致公式中的分子为负（-10%），票价上涨导致分母为正（5%）。因此，E_d 应该是一个负值。按照惯例，在计算需求价格弹性时，经济学家们将负号去掉，默认价格与需求量的反向变化。

根据消费者对价格变化的反应程度，需求可分为以下几种特征：弹性、刚性以及单位弹性。

● **弹性。**当需求量变化的百分比大于价格变化的百分比时，我们称需求是具有**弹性**

---

① 通常计算一条需求曲线（或供给曲线）上两点之间的弹性时要用到中点公式。该公式将要考虑的两点所表示的需求量与价格的平均值作为参考值。根据中点公式，需求量变化的百分比等于两点之间需求量的变化与两个需求量的平均值之比，价格变化的百分比等于价格的变化与两个价格的平均值之比。因此，需求价格弹性也可表示为：

$$E_d = \frac{需求量的变化}{需求量的平均值} \div \frac{价格的变化}{价格的平均值}$$

现代经济学原理（第六版）

(elastic) 的。也就是说，E_d 大于 1。例如：百事可乐的价格降低 20% 会导致需求量增加 30%。那么在这个例子中，E_d 是 1.5（30%/20%＝1.5）。

● **刚性。**当需求量变化的百分比小于价格变化的百分比时，我们称需求是具有**刚性**（inelastic）的。也就是说，E_d 小于 1。例如：李维斯牛仔裤的价格上涨 30% 会导致其需求量减少 10%。那么在这个例子中，E_d 是 0.33（10%/30%＝0.33）。

● **单位弹性。**当需求量变化的百分比等于价格变化的百分比时，我们称需求是具有**单位弹性**（unit elastic）的。也就是说，E_d 的值为 1。例如：天美时（Timex）手表价格下降 8% 会导致其需求量增加 8%（8%/8%＝1）。

表 3-1 表示了某些商品经评估的需求价格弹性。在进行这样的评估时，经济学家们将短期和长期分开评估。短期内，消费者们没有充足的时间针对价格的变化做出调整，而长期内，消费者有充足的时间对价格的变化做出调整。从表中我们看到，医疗保健服务的短期需求价格弹性为 0.3，意味着医疗保健服务的需求是具有刚性的。我们的弹性评估结果表示，如果医疗保健服务的价格变化 10%，需求量将会变化 3%。从表中还可以看到，汽车的短期需求价格弹性是 1.9。说明汽车的需求是具有弹性的。这个弹性系数表明：汽车的价格变化 10% 会导致其需求量变化 19%。

表 3-1　　　　　　　　　　　需求价格弹性评估表

项目	弹性系数	
	短期	长期
航空	0.1	2.4
医疗保健	0.3	0.9
汽车轮胎	0.9	1.2
汽油	0.2	0.7
房地产	0.3	1.9
汽车	1.9	2.2
电影	0.9	3.7
天然气	1.4	2.1

资料来源：Robert Archibald and Robert Gillingham，"An Analysis of the Short-Run Consumer Demand for Gasoline Using Household Survey Data," *Review of Economics and Statistics*，November 1980，pp. 622-628；and Hendrik Houthakker and Lester Taylor, *Consumer Demand in the United States* (Cambridge，MA：Harvard University Press，1970)，pp. 56-149.

需求价格弹性的决定因素

如表 3-1 所示，汽车的需求具有弹性，而房地产和汽油的需求是具有刚性的。那么究竟是什么因素导致了其需求价格弹性的不同？

□ 替代品的可用性

如果一种商品拥有许多可供使用的替代品，那么它的需求价格弹性就会更大。因为当一种商品有了非常多可用的替代品之后，当该商品价格上升时，消费者能够很轻易地决定购买相应的替代品。例如，假定壳牌汽油价格上升，由于存在像大陆石油（Conoco）、阿科（Arco）、德士古（Texaco）等公司生产的可用的替代品，车主将在壳牌汽油价格上升时转而选择其他公司的汽油。因此我们能预测：当壳牌汽油价格上升时，其需求量将显著下降。

如果一种商品的替代品很少，那么它的需求就更加趋向于刚性。例如，医疗保健服务没有相似的替代品，估计其短期的需求价格弹性为 0.3，它的弹性很小，需求具有刚性。

有许多公司花钱请明星来为自己的产品代言。比如已经退休的篮球巨星迈克尔·乔丹（Michael Jordan）为耐克鞋代言。那么请这些明星是想要传达一种什么样的信息呢？对于耐克来说，它想要让大家知道，耐克鞋是乔丹的"唯一"选择，其他所有鞋子都比不上耐克。如果消费者们非常喜欢乔丹并且接收了他所传达的信息，他们就会觉得耐克鞋没有替代品。因此，耐克鞋的需求将不再那么有弹性。

职业篮球队的所有者在制定票价时也会考虑到需求的弹性问题。例如 1997 年，迈阿密热火队（Miami Heat）在东部附加赛第二场中战胜纽约尼克斯队（New York Knicks），鼓舞了很多球迷去购买下一场比赛的门票，但当他们买票时却被吓了一跳。美航中心球馆中比较便宜的座位在第一场和第二场比赛中只需花费 20 美元，而在第五场比赛中已经出人意料地涨到了 50 美元。原来 90 美元的座位也涨到了 130 美元。热火队的经理解释说，第五场对于他们来说很重要，为了球队将来的成功，他们一定会努力打赢第五场比赛。经理显然是觉察到了球迷们肯定无法忍受不去观看第五场球赛，因此他们愿意承担票价的上涨。最终与经理预想的一样，即使票价上涨了许多，美航中心球馆依旧座无虚席。

□ 消费占收入的比重

大多数消费者将收入的很大比重花费在了汽车和房子上。如果这些商品价格上涨 10%，可能会导致其价格上涨 2 000 美元和 15 000 美元。这些商品的价格上涨显然给消费者购买力带来了很大压力，从而导致其需求量显著减少。因此，消费一种商品的资金占个人收入的比重越大，其需求价格弹性就越大。

□ 时间

假如普吉特海湾能源公司（Puget Sound Energy）宣布提高天然气价格，那么华盛顿州的居民们会做出什么样的反应呢？这个答案部分取决于我们允许居民们做出反应的时间有多长。如果我们只考虑到明天为止居民对价格上涨所做出的反应，那么结果就是反应会很小。由于居民家中现有的燃气锅炉和炉灶，天然气价格上涨并不能使天然气的需求量明显减少。

然而，如果我们给居民一年的时间做出相应的反应，该反应就会很明显。一些家庭可能会将家里的燃气锅炉改为燃油锅炉，还有一些家庭可能会放弃使用天然气炉灶而改用电磁炉。通常情况下需求价格弹性会随着时间延长逐渐增大，因为在长期，消费者能够找到更多的替代品。这就解释了为什么表 3-1 中天然气的短期弹性系数 1.4 要小于长期弹性系数 2.1。这也同样适用于表 3-1 中的其他商品。

航空公司未能将10%的票价税全数转嫁给乘客

需求价格弹性的概念被广泛应用在现实案例中，例如，它能够帮助我们确定提高价格会让消费者承担多少消费税。让我们一起来研究一下消费税对机票销售的影响。

1997年，美国政府针对国内机票征收10%的消费税。达美航空公司（Delta Airlines）以及西北航空公司（Northwest Airlines）等都试图按照征收的全额税款提高票价。然而由于市场条件的影响，最终票价只能提高4%。我们知道，可以用需求价格弹性来解释这个现象。

假定机票的均衡价格是500美元，在图3-1中用点A表示。现在假定政府征收10%的消费税，也就是说每售出一张机票要征收50美元税款，由于征税增加了航空公司的运营成本，它们的供给曲线向上移动10%，从S_0移动到S_1。

假定需求是完全刚性的，在图3-1（a）中表示为D_0。也就是说，乘坐飞机对于旅客来说至关重要，他们愿意在任何价格下购买固定数量的机票。由于旅客对票价一点都不敏感，航空公司能够涨价10%，由原价500美元变为550美元。这就造成了以下的结果：航空公司的乘客以支付更高的价格承担了所有的税收。

(a) 将所有税收转嫁给消费者　　　　**(b) 将部分税收转嫁给消费者**

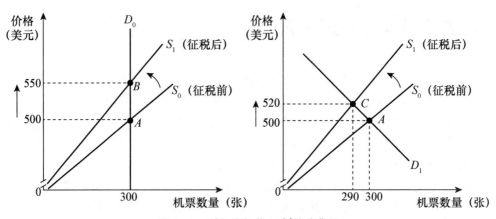

图3-1　对机票征收10%的消费税

对机票征收10%的消费税后，供给曲线从S_0变为S_1，如果需求是完全刚性的（用D_0表示），那么所有的税负将会转嫁到消费者身上。但是，如果需求在一定程度上具有弹性（用D_1表示），那么税负的一部分将转嫁给消费者，剩余部分由航空公司承担。因此，需求的价格弹性越大，转嫁给消费者的税负比例就越小。

在实际生活中，随着机票价格的升高，需求量会相应地减少。这意味着机票的需求曲线能够表现出一定的价格弹性。在图3-1（b）中，用曲线表示，当征收10%的消费税后，机票的供给曲线从S_0变为S_1，均衡价格由500美元变为520美元，只上涨了20美元，比总税额要少。因此，航空公司承担了剩余部分的税额。通常情况下，给定供给曲线，商品的需求曲线越有弹性，转嫁给消费者的税负越少。①

---

① 关于税收负担的一个更加完整的分析还包括商品供给的价格弹性，这个概念将会在更高级的教材里具体阐述，这里不做讨论。

在美国政府对机票价格征收 10％的消费税后，各航空公司尽可能地提高机票价格，导致票价参差不齐。美国航空（American Airlines）、达美航空以及其他一些航空公司在征税之后大多数航线的机票都提高了 10％。然而，西北航空公司并没有这么做，导致以上航空公司也犹豫了。西北航空公司只是提高了 4％的价格，这个幅度适用于大多数航线。随后，联合航空公司（United Airlines）与大陆航空公司（Continental Airlines）都将它们 10％的增长幅度降低到 4％。还有少数航空公司，如西南航空（Southwest Airlines），则自己完全承担了 10％的税负，丝毫没有提高机票的价格。

西北航空公司解释，如果按照税负全额提价 10％，旅客减少带来的损失将会远远大于提价所带来的好处。一位公司发言人指出：4％的增幅对于当时的市场条件来说是最适合的。显然，西北航空公司意识到了，由于机票的需求价格弹性比较大，若按照全部税额提价，它将会失去许多消费者。

知识点回顾

1. 什么是需求价格弹性？
2. 怎么衡量需求价格弹性？
3. 弹性需求、刚性需求与单位弹性需求的区别是什么？
4. 为什么有些商品的需求更趋向于弹性，而有些则更趋向于刚性？

需求价格弹性和总收入

需求价格弹性对公司管理层决定是否要改变价格从而提高销售收入也有帮助。例如，1991 年，苹果电脑（Apple Computer）公司为了刺激需求量，将某些型号的麦金托什电脑价格降低了 50％之多。市场对降价的反应十分强烈。当年年末，苹果电脑公司宣布，麦金托什电脑的销售额增加了 85％，公司收入也大幅增加。1992 年，苹果电脑公司再次大降价，增加了销售额和总收入。显然，这两次降价对苹果电脑公司都是有益的。

确定价格变化对总收入的影响对很多经济问题的分析都十分关键。**总收入**（total revenue，TR）是指产品销售商所获得的金额。总收入（*TR*）的数值等于一定时期销售数量（*Q*）与价格（*P*）的乘积。

$$TR = P \times Q$$

比如，假设戴尔电脑（Dell Computer）公司定价一台电脑 3 000 美元，上一个月共卖出 10 000 台。那电脑的总销售收入为 3 000 万美元（3 000×10 000＝30 000 000）。这个金额还等于消费者在一定时间内的总支出。

如果戴尔电脑的价格降低 10％，尽管需求量增加了，公司的总收入一定会增加吗？确定电脑价格变化对总收入影响的困难在于：价格与需求量是反方向变化的。价格降低会带来需求量增加，价格上涨又带来需求量下降，而总收入是价格与数量的乘积。因此，我们很难判断在价格与数量朝相反方向变化下戴尔电脑公司的总收入水平。

要确定价格变化给总收入带来的影响，我们必须弄清楚消费者对价格变化的反应程度，而这个反应程度可以用需求价格弹性来衡量。思考以下几种情况：

● **弹性需求**（elastic demand）。假定戴尔电脑的需求价格弹性系数是 2。如果戴尔电脑公司将电脑价格降低 10%，其需求量能够增加 20%。由于需求量增加的比例大于价格降低的比例，即使价格降低，公司的总收入仍会增加。相反，价格提高 10%，其需求量减少 20%，公司总收入反而减少。通常情况下，当需求具有弹性时，总收入与价格反方向变化。

● **刚性需求**（inelastic demand）。假定戴尔电脑的需求价格弹性系数是 0.5。如果戴尔电脑公司将电脑价格降低 10%，其需求量只增加 5%，那么总收入减少。相反，价格上涨 10%，需求量减少 5%，导致总收入增加。通常情况下，当需求具有刚性时，总收入与价格同方向变化。

● **单位弹性需求**（unit elastic demand）。假定戴尔电脑的需求价格弹性系数是 1。如果戴尔电脑公司将电脑价格降低 10%，需求量相应增加 10%，总收入将保持不变。同样，价格上涨 10%，总收入仍不会改变。通常情况下，当需求具有单位弹性时，价格的变化并不能引起总收入发生变化。

需求价格弹性与总收入的应用

所有的商人都面临着如何为自己的产品定价的问题，但人们并不能为这个问题做出明确回答。提高一种商品的价格会导致对价格敏感的消费者寻求可选择的替代品或者干脆放弃这种商品，从而造成销量降低。对于每种产品来说，敏感度是不同的。确实，定价是一件非常棘手的事情，要求对需求曲线和弹性都有一个清楚的理解。请看以下几个例子。

□ 州政府为增加税收提高卷烟消费税

卷烟消费税是美国最重要的消费税之一。2009 年，联邦政府要向每包香烟征收 1 美元的消费税，而南卡罗来纳州政府征收 7 美分，新泽西州政府征收 2.58 美元。征收卷烟消费税一方面能够用来限制吸烟行为，另一方面又能增加税收。1990—2000 年，30 个州的卷烟消费税都有所提高。尽管在每个州随着卷烟消费税的提高香烟销量有所减少，但卷烟税收总收入仍然增加了。这是因为香烟的需求趋向于刚性。表 3-2 给出了几个例子来印证卷烟消费税的提高对税收总收入的影响。

表 3-2　　　　卷烟消费税提高对各州税收收入及香烟销量的影响

州	年份	税额提高量 （美元/包）	新税额水平 （美元/包）	交易量减少 （%）	税收增加 （%）
亚利桑那州	1994	0.40	0.58	2.1	221.6
密歇根州	1994	0.50	0.75	20.8	139.9
加利福尼亚州	1999	0.50	0.87	18.9	90.7
犹他州	1997	0.25	0.52	20.7	86.2
俄勒冈州	1997	0.30	0.68	8.3	77.0

续表

州	年份	税额提高量（美元/包）	新税额水平（美元/包）	交易量减少（%）	税收增加（%）
纽约州	2000	0.55	1.11	20.2	57.4
马里兰州	1999	0.30	0.66	15.3	52.6
威斯康星州	1997	0.15	0.56	6.5	25.8

资料来源：M. C. Farrelly, C. T. Nimsch, and J. James, *State Cigarette Excise Taxes：Implications for Revenue and Tax Evasion*, RTI International, May 2003.

□ 通过提高学费应对国家对高等教育补助的减少

2007—2009 年的经济危机使得高等教育及其他许多经济部门陷入困难。随着经济衰退，各州立法机关的税收收入减少，它们不得不缩减对高校的拨款。高校管理者们开始衡量在不流失生源的条件下，仅用学费来平衡预算能维持多久。他们注意到，如果学费再不上涨，收入短缺将迫使他们辞退大量教职员工。这将导致为学生们提供的课程减少，甚至造成他们延期毕业。但学费的提高一定会增加学费总收入吗？请看图 3-2。

(a) 刚性需求：总收入增加　　　　　(b) 弹性需求：总收入减少

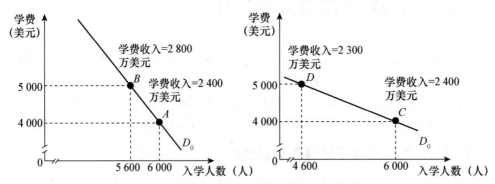

图 3-2　学费与学费总收入

对于华盛顿大学来说，学费上涨是否会导致学费总收入的增加取决于学生的需求价格弹性。如果需求是具有刚性的，学费上涨就能够带来总收入的增加。但如果需求是具有弹性的，学费上涨就可能带来总收入的减少。

分析。图 3-2 说明了华盛顿大学学费上涨给学费总收入带来的影响。参照图 3-2（a），我们思考在需求刚性的条件下，每年的学费从 4 000 美元上涨到 5 000 美元给学费总收入所带来的影响。在该案例中，学生入学人数减少给总收入带来的不利影响无法抵消掉每个学生学费上涨所带来的收益。最终结果是：学费上涨后，学费的总收入也从 2 400 万美元增加到了 2 800 万美元。

但也可能出现这种情况：当学费上涨时，有一些学生开始质疑华盛顿大学是否还值得去读。他们有可能会转到一所私立大学或者干脆辍学参加工作。因此，在学费上涨后，入学人数大幅度减少，这就预示着此时需求是具有弹性的。参照图 3-2（b）中的弹性需求曲线，当学费由 4 000 美元上涨到 5 000 美元时，生源的减少所带来的影响抵消掉了每个学生学费上涨带来的收益。因此，学费总收入从 2 400 万美元减少到了 2 300 万美元。在需求具有弹性时，原本希望通过提高学费来增加学费总收入的计划泡汤了。

□ 匹兹堡海盗队低估球迷对票价的需求价格弹性：错误地提高票价

一个职业棒球队应该如何为自己的主场球赛定价？下面我们来思考一下匹兹堡海盗队（Pittsburgh Pirates）的案例。

2002 年，匹兹堡海盗队的所有者凯文·麦克拉奇（Kevin McClatchy）不得不公开承认自己提高票价的决策是一个错误。这次饱受非议的涨价引起了持续的争论，人们都没有心思关心球队的比赛结果了。鉴于 2002 年球迷们的不满情绪，40％的季票持有者取消了所预定的座位，麦克拉奇宣布 2003 年季票价格将不会上涨。并且他也曾暗示自己非常后悔之前的涨价决定。

2001 年 10 月，海盗队刚以 62：100 结束了 16 年来最糟糕的赛季，球队经理就把 PNC 公园数千个座位价格从每场比赛 1 美元提高到了 2 美元。公众在整个赛季充满了不满情绪，让海盗队着实吓了一跳。赛季开始 4 周后，他们将外场 4 000 个座位上涨的票价回调，并且退还季票持有者的票价差额。然而，这也没能及时阻止大量的季票退票，即使海盗队开场出人意料地成功，主场赛每场的观众还是下降到 8 000。

分析。当海盗队想要提高 2002 年赛季的票价时，它似乎认为大部分球迷会继续观看主场赛，并坚信这样的需求是相对刚性的。在这样的刚性需求下，价格上涨会增加团队的收入。然而，对价格上涨的强烈抗议表明，需求价格弹性比海盗队预计的更大。团队管理部门为维持收入，便降价去吸引球迷来观赛以缓解收入直线下降的情形。

□ 美国邮政署提高费率以促进收入增长

美国邮政署需要改革早就不是什么秘密了。因为平信的服务需求下降以及运营邮政服务的成本增加，它一直承受着巨大的亏损。替代品如电子邮件、传真、手机逐渐取代了纸质信件，减少了邮政署寄送邮件的数量。

2006 年，为增加收入，邮政署将第一类邮票的价格从 37 美分提高到了 39 美分，2007 年则将价格从 39 美分提高到了 41 美分。其他邮政服务例如优先邮件、包裹邮递和期刊也提高了费率。2009 年，平信邮票的价格提高到了 44 美分。美国邮政署收入的增加或者减少取决于使用者对费率陡增的反应。

思考一下俄勒冈梅德福熊溪公司（Bear Creek Corp.）的对策。[①] 在费率陡增之前，该公司就利用邮政署最经济的方式，即优先邮件，寄送了 900 000 个装有美味的芝士蛋糕、梨和其他特殊物品的包裹，且这些物品只在 2 天或 3 天就寄送成功了。然而，后来其费率上涨，普通家庭已经不能指望邮递员可以将肉桂和巧克力松露混合寄送了。为什么？熊溪公司认为，比起那些更加可靠的私营竞争者——联邦快递和联合包裹服务（United Parcel Service，UPS 公司），优先邮件已经失去了吸引力。由于费率上涨，熊溪公司希望它的邮寄商能够少寄送 20％的优先邮件包裹。正如熊溪公司的经理所说："除了它，还有很多选择。"

分析。邮件费率陡增的目的是增加美国邮政署的收入。如果只有很少的替代品，邮

---

① "A Deal No More, Priority Mail Is Prey for Rivals", *The Wall Street Journal*, January 24, 2001, pp. B-1 and B-4.

件需求将会呈相对的刚性，费率的提高会增加邮政署的收入。正如表 3-3 所表示的，平信和优先邮件的邮政服务需求价格弹性预计分别是 0.31 和 0.75，表明这些邮政服务的需求是刚性的。因此，我们预期在费率陡增的情况下，邮政署在这些服务上的收入可以增加。然而，需求价格弹性会随着时间的流逝增大。例如，电子邮件和其他形式的电子信息交流方式的发展会增大邮政服务的需求价格弹性，并且迫使邮政署重新考虑经营方式。

表 3-3 美国邮政署邮政服务的需求价格弹性

平信	0.31
优先邮件	0.75
快信	1.49
期刊	0.17
邮包	1.19
装订印刷品	0.23
媒体邮件	0.14

资料来源：Postal Rate and Fee Changes，1997；and testimony of Dr. George Tolley to the U. S. Postal Regulatory Commission，July 1997，Docket No. R97-1，参见 http://www.prc.gov，"Contents，""Docketed Cases and Matters，""Rate" 等。

知识点回顾

1. 当公司的价格和总收入向相反方向变化，或者向相同方向变化时，我们可以从需求价格弹性中得出什么结论？如果总收入保持不变，只有价格发生变化，会发生什么？

2. 为什么在 21 世纪初期，许多美国的大学学费激增？

3. 为什么匹兹堡海盗队在 2002 年降低了票价？

4. 在费率提高的情况下，什么因素导致美国邮政署总收入的增加或者减少？

最高限价和最低限价

了解了消费者对价格变化的反应之后，接下来我们一起思考一下公平问题。有时候，政府官员认为供需力量会不公平地导致价格对卖方而言太低或者对买方而言太高。政府可能会控制价格调整以解决这些问题。当政府对一种产品施行**最高限价**（price ceiling）时，卖方对产品的要价最高只能达到法定价格。反之，政府也可能会实施**最低限价**（price floor）以阻止价格跌落到法定价格水平以下。我们一起分析一下政府价格调控对单一市场的影响。

□ 租金控制有利于住房供应

美国有超过 200 多个城市都在实施**租金控制**（rent controls），包括纽约、波士顿、旧金山和华盛顿特区。其目标是保护低收入家庭免受由于住房短缺带来的租金上涨，使穷人更加容易租得起房。然而，到20世纪90年代后期，由于对租金上涨的降阶梯控制以及公众在住房方面对自由市场经济学的普遍接受，很多城市减少了它们的租金控制措施。

图3-3表明了租金控制的经济学效应。假如位于纽约的一套两室公寓，最初的均衡租金是每月600美元，即市场供给曲线（S_0）和市场需求曲线（D_0）的交点。为了保护承租人，避免租金上涨，假设市政府通过了一项租金控制法，规定每月租金为600美元，因为最高价格与市场均衡价一样，所以最高限价对市场没有影响。

因为纽约市人口增加，假如公寓的市场需求曲线变化到D_1，租金会上涨到900美元，在自由市场中会出现这样的价格，但这存在最高限价时是不允许的。因为已经拥有公寓的承租人每月支付的租金是600美元而不是900美元，所以他们会得到政府规定的租金限价的保护。

虽然租金最高限价现在保护了承租人，可以避免价格上涨，但是它也带来了不利影响。因为每月600美元的最高限价低于均衡水平，家庭很有可能会租1 000套公寓。然而，在这个最高限价下，房东仅仅愿意供应400套公寓。因此，当租金最高限价低于自由市场的均衡价格时，存在600套公寓的缺口。例如，1978年，由于这项租金控制政策，加利福尼亚大学的几千名学生无法在伯克利找到住房。在找到合适的住房之前，许多人只能睡在学校的体育馆。

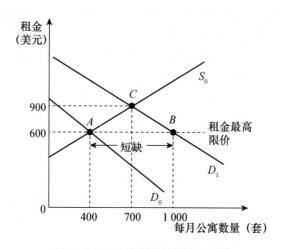

图3-3 租金最高限价和住房短缺

当公寓的均衡租金等于或者低于它的法定最高限价时，租金最高限价便对市场没有影响。当租金最高限价是600美元时，这种情况便会发生，此时公寓的供需曲线分别是S_0和D_0。当均衡租金高于它的最高限价时，最高限价便会发挥作用，短缺发生。当租金最高限价是600美元时，这种情况便会发生，此时公寓的供需曲线分别是S_0和D_1。

最初，如果租金最高限价低于均衡价格不多，那么租金控制的不利影响可能会很难被察觉。然而，一段时间后，这些影响将会出现，并带来以下结果：

● **出租性公寓的未来供给和质量都会下降。** 因为租金最高限价减少了房东的利润，影响了他们去建设新的出租性公寓。公寓的潜在投资者会发现把钱投资到购物商场或写字楼更加有利可图，因为这些都不属于租金控制范围。

● **私下交易市场（黑市）可能发展起来。** 当房东不能提高租金时，他们通常会采取其他方法来增加收入。房东可能会以交付房间钥匙即"钥匙钱"为条件，要求承租人私下支付租金。为了获得房屋，其他承租人可能不得不购买房东的家具，且通常家具的价格是令人无法接受的。

● **在实行公寓配给时可能会发生歧视。** 因为在租金最高限价下，价格不再发挥配置作用，房东可能会按照其他的标准如种族或宗教来向家庭分配住房。

● **租金控制可能使富人受益。** 因为租金控制与住房数量有关，而不是基于承租人的收入，它们可以使富人受益。例如，纽约州的租金最高限价限制了住房成本，像歌手卡莉·西蒙（Carly Simon）和前任市长郭德华（Ed Koch）等富人便可以利用居住在纽约州的便利条件。

虽然存在这些问题，但是租金控制仍然有拥护者。他们认为取消控制并不会刺激低收入出租性住房的建设，只会导致更多的豪华住宅。他们认为，从现在的规定中受益的低收入人群将会被取代，因为现在的承租人从租金控制中获取的利益正是房东和未来承租人所失去的，在有关租金控制的热议中，政治路线也越来越明晰。

□ 联邦最高利率应该适用于万事达信用卡和维萨信用卡吗？

消费者使用万事达信用卡（MasterCard）和维萨信用卡（Visa）时支付了很多利息吗？这是最近一个比较有争议的话题。

在 20 世纪 60 年代，维萨和万事达信用卡协会促进了全国信用卡支付制度基础设施的发展，并说服商人接受了它们的信用卡。然而，州法律限制了信用卡贷款利率的范围。到 20 世纪 70 年代，由于高通胀和高利率，发行信用卡的银行遭受了巨大的损失。它们认为很多州规定的最高利率太低，信用卡贷款无利可赚。

1978 年，美国最高法院修改了有关各种消费者贷款的法律解释。它规定，联邦特许银行可以在本州内向居住在美国任何地方的消费者收取最高利率，包括那些对利率有最高限制的州的消费者。因此，大部分信用卡公司开始重新回到利率自由或无限制的州，例如特拉华州。在一些有最高利率限制的州内，这些公司的信用卡贷款服务主要面向家庭，而在特拉华州，则向家庭收取更高的贷款利率。

为了继续保留信用卡业务，美国其他许多州放松了它们的利率最高限制。在 20 世纪 80 年代，大部分州将信用卡利率从 12％上调至 18％，在 21 世纪初，利率从 18％升至 24％，许多州计划一起取消这种利率限制。

批评家抱怨发行信用卡的银行在信用卡利率和银行存款利率之间收取很大的利差，例如，他们认为银行可以用 2％的利率去吸引储蓄存款，并将这些钱以 16％的利率借给信用卡借款人。因此，银行可以在它们的信用卡业务上赚取大量利润。如此高的信用卡收费对消费者是超负荷和不公平的。

然而，发行信用卡的银行认为，高利率是一个复杂产品在市场竞争中价格的真实反映。除了利率，其他定价决策还包括年费水平、计费周期、信用卡宽限期长度和各种服务费用。银行家认为，用存款去维持信用卡业务运行的成本无法覆盖一个银行信用卡业务运行计划全部成本的 40％，其他成本，比如各种程序和单据费用、欺诈和信用损失，十分重要且不随资金成本变化。

信用卡利率如此高的另一个原因是，信用卡需求是刚性的。也就是说，随着利率提高，人们对信用卡的使用并不会下降很多。因此，银行认为当它们提高信用卡利率时，它们也并不会失去很多消费者。如果银行知道降低利率将不会吸引许多额外的消费者，为什么银行要降低利率呢？

消费群体曾经呼吁联邦政府在信用卡账户上施行一个全国性的利率最高限额，然而，利率最高限额会促使银行降低成本或增加收入。例如，银行为了减少代收成本可能会对借款人的信誉度要求更严，可能会减少信用卡服务项目，比如交通和住宿折扣，缩减付款宽限期或者增加持卡人的年费。虽然信用卡的联邦最高利率限额在月利率账单上有利于消费者，但是它也可能给使用者带来其他的负担。

□ 美国农民获得政府的高补贴

我们已经学习了政府实施的最高限价对产品销量的影响，现在我们来思考一下最低限价的影响。

1933年，在大萧条时期，农场主遭遇了很低的市场价格，议会通过了《农业调整法案》(Agricultural Adjustment Act)。为了保障价格和农民收入，这个法案在很多农产品上都规定了最低限价，如棉花、牛奶、小麦、水稻、糖作物、烟叶和花生等。现在由于实施该法案，政府保证最低价位于均衡价格之上，并同意购买农场主无法以法定价格卖出的产品。补贴美国农民的成本是非常巨大的，例如，在2009年，美国政府为补贴农民，花费超过了200亿美元。

图3-4表明了小麦的最低限价是如何发挥作用的。在自由竞争市场中，市场供给曲线（S_0）和市场需求曲线（D_0）的交点表示均衡价格，即每蒲式耳4美元，每年以这个价格买卖的小麦总计是900万蒲式耳，为农民带来了3 600万美元的收入。

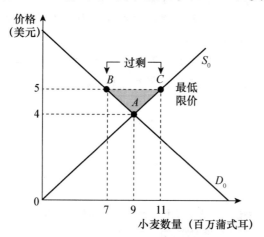

图3-4　小麦最低限价的影响

每蒲式耳5美元的农产品保护价格高于每蒲式耳4美元的均衡价格，会导致供给量的增加和需求量的减少，造成每年400万蒲式耳小麦过剩。为了防止价格跌至保护价格之下，政府购买并储存了这些小麦。而购买这些过剩小麦，纳税人需支付2 000万美元。

为保护农民的收入，假设政府为小麦设定了一个最低价即每蒲式耳5美元，则这个较高价格会导致小麦农场主将产量增加到1 100万蒲式耳，但是消费者的需求量仅仅有700万蒲式耳。结果会造成400万蒲式耳的过剩。为了防止因为过剩导致小麦价格下跌，政府购买并储存了这些小麦。以这种方式，农民可以每蒲式耳5美元的价格销售

1 100万蒲式耳小麦，从而得到5 500万美元的收入，这些明显超出了农民在自由市场上获得的收入。

农产品价格保护的一个结果便是，消费者和纳税人的钱转移到了农民手里。这种转移将以两种途径实现。第一，对于消费者购买的每蒲式耳小麦，在没有价格保护之前他们只需要支付4美元，在价格保护下，他们需要支付更高的价格（5美元）。第二，当政府以每蒲式耳5美元的价格收购剩余的400万蒲式耳小麦时，纳税人会增加2 000万美元的成本。正如你所看到的，价格保护影响了自由市场的运行，会造成资源分配不当的结果：普通家庭以更高的价格购买小麦，也以更高的税收补贴农民。此外，当农民以最低限价的方式获得补贴时，低效率且高投入的农民可以继续赚取利润。这种低效率最终会促使政府减少或取消对农民的补贴。

批评家曾质疑农民的收入是否应该由其他纳税人来承担。美国农民的收入比一般家庭收入高了35％。另外，除了种植，农民也可以从其他途径赚取收入，这样可以减少由于农产品价格下降所带来的影响。再者，虽然大部分补贴都给了在自己土地上种植庄稼的农民，但是有时候则是分配给不种庄稼的土地拥有者。不种植却享有补贴的人包括媒体大亨泰德·特纳（Ted Turner）、芝加哥公牛队（Chicago Bulls）前任篮球明星斯科蒂·皮蓬（Scottie Pippen）和其他一些人。

本章通过讲述需求和供给定理的现代应用，增强了我们对需求和供给的理解。下一章将讲述在影响商业决策时生产力和生产成本所发挥的作用。

知识点回顾

1. 为什么政府有时候在单一市场实施价格控制？

2. 在产品销售方面实施法定最高限价分别有什么优点和缺点？如果实施法定最低限价，分别有什么优点和缺点？

3. 正如本章所述，以下哪种情形是最高限价？哪种情形是最低限价？

a. 租金控制　　　　　b. 信用卡贷款利率控制　　　　　c. 农业价格控制

■ 本章小结

1. 需求价格弹性可以测试出买方对价格变化的反应灵敏度。根据买方对价格变化的反应，需求可以分为弹性需求、刚性需求和单位弹性需求。

2. 某些商品的需求更加具有弹性，其他一些则弹性较低。需求价格弹性的决定因素是替代品的使用、买方购买产品所花费的收入比例和考虑的时间。

3. 如果一个公司的产品价格和总收入向反方向变化，需求是弹性的。如果公司的价格和总收入向相同方向变化，需求是刚性的。如果公司的总收入对价格变化没有反应，那么需求是单位弹性的。

4. 有时候，因为单一市场的价格对买方来说太高或者对卖方来说太低，政府会对市场价格进行控制。当政府对一种产品实施最高限价时，那么它便可能是卖方可收取的最高法定价格。反之，政府也可能规定最低限价以避免价格低于法律规定的水平。

5. 虽然单一市场的价格控制希望使价格对买卖双方更加"公平"，但是它会干扰市场的资源分配。最高限价低于均衡价格水平会造成市场上存在产品短缺。最低限价高于均衡水平会造成市场上存在产品过剩。

▉ 关键术语

需求价格弹性　　　　　　　　　　　　　最高限价
总收入　　　　　　　　　　　　　　　　最低限价
弹性需求、刚性需求、单位弹性需求　　　租金控制

▉ 自测 （单项选择）

1. 需求价格弹性会变得更大，当（　　　）。

a. 时间更短

b. 可供选择的替代品更少

c. 商品是必需品而非奢侈品

d. 商品支出在消费者的总支出中占有较大比例

2. 下列哪种商品的需求可能是最具有刚性的？（　　　）

a. 医疗保健

b. 索尼音乐播放器

c. 美国航空的空中旅行

d. 本田雅阁汽车

3. 假如政府机构计划汽油税和有关能源方面的税收，包括汽油、天然气、煤和电。假如目标是总税收收入最大化，汽油税会增加（　　　）。

a. 更多的收入，因为汽油需求和能源需求相比更加具有弹性

b. 更多的收入，因为汽油需求和能源需求相比更加具有刚性

c. 更少的收入，因为汽油需求和能源需求相比更加具有弹性

d. 更少的收入，因为汽油需求和能源需求相比更加具有刚性

4. 如果政府在机票上征收5%的税额，航空公司能够根据税额的数目来提高票价，我们认为机票的需求价格弹性是（　　　）。

a. 完全弹性的

b. 相对弹性的

c. 相对刚性的

d. 完全刚性的

5. 如果政府对私人公寓实施了租金最高限价，且这个最高限价低于市场均衡租金，我们可以推测（　　　）。

a. 在不久的将来，出租性公寓过剩

b. 房东利润增加

c. 对穷人的住房歧视程度下降

d. 房东会遗弃或较少维修一些出租性公寓

6. 如果汽车的需求价格弹性是 0.8，那么汽车价格 10% 的增长会导致需求量下降（　　）。

a. 2%

b. 4%

c. 8%

d. 12%

7. 如果价格（　　），总收入会增加。

a. 降低且需求弹性为 0.6

b. 降低且需求弹性为 1.0

c. 提高且需求弹性为 0.3

d. 提高且需求弹性为 2.0

8. 为了增加税收，如果加利福尼亚州对每包香烟征收 50 美分的税，那么将会使税收最大化，如果香烟的需求是（　　）。

a. 高度弹性的

b. 有点弹性的

c. 高度刚性的

d. 有点刚性的

9. 如果联邦政府规定了小麦的最低限价，政府也可能会不得不（　　）。

a. 自身生产一些小麦

b. 购买过剩小麦

c. 发起减少私营部门需求的活动

d. 发起增加私营部门供给的活动

10. 当玉米的供给曲线向右移动时，总收入会（　　）。

a. 增加，只有当需求是相对弹性的

b. 增加，只有当需求是相对刚性的

c. 减少，只有当需求是相对弹性的

d. 减少，只有当需求是完全弹性的

▉ 问答与应用

1. 假设研究者估计电脑价格每变化 1%，需求量便会变化 2.5%，计算电脑的需求价格弹性。假如研究者估计电脑价格每变化 1%，需求量便会变化 0.5% 呢？

2. 经济学家估计短期内航空旅行的需求价格弹性是 0.1，住房的需求价格弹性是 0.3，玻璃的需求价格弹性是 1.5，汽车的需求价格弹性是 1.9，这些弹性系数意味着什么？

3. 为什么医疗保健和汽油的需求是相对刚性的，而电影和汽车的需求是相对弹性的？

4.《西雅图时报》（Seattle Times）中的一则广告为"求购两张下周海鹰对野马的球票，任意价！赶紧拨打乔的电话 271-4597。"如果乔真的按照广告中所说的做，从他的需求价格弹性中你可以推断出什么？

5. 下列价格变化如何影响一个公司的总收入？

a. 价格上涨，需求是刚性的；

b. 价格下跌，需求是弹性的；

c. 价格上涨，需求是单位弹性的；

d. 价格下跌，需求是刚性的；

e. 价格上涨，需求是弹性的；

f. 价格下跌，需求是单位弹性的。

6. 假如美国邮政署为了获得更多的收入，提高了平信的邮政服务价格，从平信的邮政服务需求价格弹性中你可以推断出什么？

7. 假如中央大剧院将爆米花的价格降低了20%，但是消费者仅仅会额外购买10%的产品，在需求价格弹性方面这说明了什么？由于价格下降，总收入会发生什么变化？

8. 假如玉米的需求价格弹性是0.6，农民的玉米产量打破了以往的纪录，那么农民的总收入会发生什么？

9. 假如航空旅行在短期内的需求价格弹性是0.4，长期内是2.2，如果机票价格上涨，一段时间后航空公司的总收入会发生什么变化？

10. 假如劳动力的需求价格弹性是0.2，如果工会在协商后成功将时薪提高了8%，那么这将对工会成员有什么影响？

11. 表3-4表明了公寓的供需安排。

a. 根据表中的数据画出公寓的供给曲线和需求曲线。均衡租金是多少？被租公寓的数量是多少？

b. 假如政府规定的租金最高限价是每月400美元，那么公寓的需求量和供给量分别是多少？短缺量有多少？

c. 房东可能如何解决租金最高限价问题？

表 3 - 4　　　　　　　　　　　　　　**公寓市场**

租金（美元/月）	供给量（套）	需求量（套）
700	1 000	200
600	800	400
500	600	600
400	400	800
300	200	1 000

12. 表3-5表明了牛奶的供需安排，数量以加仑计算。

表 3 - 5　　　　　　　　　　　　　　**牛奶市场**

价格（美元）	供给量（加仑）	需求量（加仑）
0.50	5 000	9 000
1.00	6 000	8 000
1.50	7 000	7 000
2.00	8 000	6 000
2.50	9 000	5 000

a. 根据表格里的数据画出牛奶的供给曲线和需求曲线，均衡价格是多少？将会生产和销售多少牛奶？农民将会从牛奶销售中获得多少收入？

b. 假如政府实施的牛奶最低限价是每加仑2美元，生产者将会生产多少牛奶？消费者将会购买多少牛奶？过剩数量是多少？

c. 如果政府以最低限价购买了农民手里的过剩牛奶，政府将支付多少钱？农民将分别从消费者、政府以及牛奶销售中获得多少收入？政府将会如何处理这些过剩牛奶？

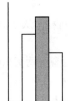

第4章

生产与生产成本

本章目标

通过本章的学习，你应该能够：

1. 区分短期与长期、固定投入与可变投入。
2. 描述边际报酬递减规律与短期可变投入生产的关系。
3. 识别厂商的短期生产成本。
4. 解释规模经济与规模不经济如何影响厂商长期平均总成本曲线。
5. 区分会计利润和经济利润。

背景资料

很多年来，麦当劳公司（McDonld's）一直致力于利用现有资源达到产量最大化。在每一家麦当劳餐厅，员工们都拥有特定的职责。有人负责点餐，有人负责准备食物，其他人则在免下车窗口提供服务。很多麦当劳餐厅安装自动化机器去炸薯条，以此来提高员工们的劳动生产率。此外，麦当劳的收银机非常精密且便于使用，比方说这种机器只需要一名员工点击带有巨无霸汉堡图片的按键来记录价格而不是在收银机上手动输入汉堡的价格。这节省了公司大量时间与金钱。

由于麦当劳公司在数千个城市中有连锁店，因此它需要制定运营决策与菜单的统一标准，从而提升公司运营效率。麦当劳公司还会将经理们送到它成立的汉堡大学进行培训，并且将广告成本费用分摊到上千家独立的餐厅中。这些决策降低了公司成本。

但麦当劳公司也面临一些问题。由于其菜单的全国标准化，如果某些地区的顾客不喜欢一种食物，即使这种食物在其他地方受欢迎，它也通常会从菜单上消失。例如，麦当劳的烤汁猪排堡就是因为不受一些顾客的喜爱而从菜单中消失。麦当劳公司全国统一的菜单存在的另一个问题是食物的原材料必须在全国各地都可以获得并且不会受到短缺与急剧价格波动的困扰。

在当今经济中，商业经理时刻面临着在降低成本的同时保持或提升产品质量的巨大压力。竞争驱使麦当劳、波音、英特尔和大众这些公司尽可能吸收最先进的技术来达成这些目标。此外，这些公司的员工们必须参加再次培训项目来提升他们的生产力。这表明对于大多数商品及服务来说，成本与产出都是紧密相关的，这也暗示着生产理论与成本理论有着极其错综复杂的联系。在这一章中，我们会学习生产及生产成本的相关知识。

短期与长期

公司的计划经营时间影响其对生产方式的选择。一般来说，一家厂商的生产将会发生在短期或长期。这些周期并不是根据月、周、天来定义，它们是一种概念上的定义。

短期（short run）是指一个至少存在一种生产要素投入量固定不变而其他生产要素投入量可变的周期。**固定投入**（fixed input）是指在所考虑的周期范围内生产要素数量固定不变。举例来说，大型机器的生产能力或工厂规模在较短时间内很难发生改变。在农业和其他一些领域，土地有可能是一种固定生产要素。**可变投入**（variable input）是指生产要素数量在短期能够发生变动。通常一家厂商的可变投入包括劳动力与原材料。随着需求的变动，厂商可以选择增加或减少可变投入量，却不能改变工厂的生产能力。

长期（long run）是指所有要素投入量都可能发生改变的周期。在长期中，没有固定投入。在长期中，企业管理者会考虑采取各种各样的决策，例如建立新工厂、更新工厂、引进新设备，甚至卖掉工厂并退出该行业。那么长期到底有多长呢？这要根据所关注的行业进行考量。对汉堡王（Burger King）和必胜客（Pizzahut）来说，长期是 6 个月——获取一项新的经销权所需要的时间。对通用（General Motors）和福特（Ford）汽车集团来说，建立一家新的工厂则需要好几年的时间。

生产函数

从生产要素到产出的转变过程并不是随意发生的。举例来说，当福特和丰田（Toyota）汽车集团生产汽车时，它们需要很多要素（土地、劳动、资本和企业家才能），并且采用科学的生产过程才能将这些要素转变为产出。**生产**（production）是指合理使用生产要素来使产品与服务（比如钢铁、火车头和银行服务）能够满足人们的需求。

生产函数（production function）是生产过程中所使用的各种生产要素数量与所能生产的最大产量之间的关系。举例来说，一个生产函数可以告诉我们机械师每天操作一个车床最多生产 20 件车轴。当有助手帮助时，机械师能够将产量提高到每天生产 30 件车轴。生产函数特指给定生产要素数量所能生产的最大产量。

下次做巧克力脆皮曲奇的时候，你应该想到你所用的食谱就是一种生产函数。这份食谱提供了生产要素的类型和数量，以及生产特定数量的曲奇所需要的生产过程。这些生产要素包括表 4-1 所列出的原材料——红糖、白糖、鸡蛋、黄油和其他一些东西——以及厨房的工具和烹饪所需的劳动。这份食谱还包括如何混合各种各样的原材料来生产曲奇的说明。与之相似，工业和农业领域的生产函数详细说明了产出与生产过程中所使用的生产要素的相关水平。

表 4-1	巧克力脆皮曲奇生产函数

1 杯黄油或人造奶油并使之松软

2.25 杯面粉

0.5 杯红糖

1 杯白糖

2 个鸡蛋

0.5 勺盐

1 勺香料

1 勺食用苏打

1 包（12 盎司）巧克力脆皮

将奶油与白糖、红糖、鸡蛋和香料混合。在另一个碗里将面粉、食用苏打和盐混合均匀。然后将它们加入奶油混合物中。添加巧克力脆皮，逐勺添加到没有油脂的烤盘上。375 度烘焙 9 分钟。制作约 6 打 2 英寸曲奇。可以通过增加葡萄干或者碎坚果来调整口味。

短期生产

为了说明生产函数，我们一起思考一个包括一种固定生产要素和一种可变生产要素的简单例子。图 4-1 列出一家名为丹弗砖块有限公司（Denver Block）的制造商的短期生产函数，这家制造商生产建筑水泥砖块。假设砖块生产的关键要素是资本（一家工厂拥有砖块生产机器、水泥混合机器以及铲车）和劳动。另外，假设工厂已经建好并且有固定容量。虽然事实上水泥砖的生产还需要水、水泥、沙子和碎石等其他资源，但是为了简化起见，我们假设劳动是我们唯一可以变动的要素。就像所预期的那样，增加工人通常会增加所生产的砖块数量；而减少工人，则生产的砖块也将随之减少。

生产函数告诉我们，在工人数量可变的情况下我们可以生产多少砖块。根据图 4-1(a) 所示的表示砖块生产总数（第二列）与劳动力投入量（第一列）相关关系的生产函数，当工人数量为零时，生产的砖块数量为零。一名机器操作员一天可以生产1 000 块砖；增加一个操作员会使产量增加到每天 2 200 块砖。图 4-1(b) 用图形展示出这种**总产量**（total product，TP）对应关系。

我们对每增加一名工人所带来的砖块增加数量也非常感兴趣。劳动的**边际产量**（marginal product，MP）等于在其他要素固定的情况下每增加一单位劳动力数量所带来的产量变化。

（a）生产表

劳动力投入量 （每日工人数量）	总产量 （每日砖块产量）	边际产量 （每日砖块产量）
0	0	
1	1 000	1 000
2	2 200	1 200
3	3 500	1 300
4	4 700	1 200
5	5 800	1 100

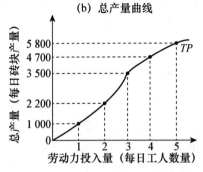

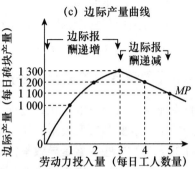

图 4-1 丹弗砖块有限公司短期生产函数

通过生产表可以看出，当公司用一台砖块机器进行生产时该公司所能生产水泥砖的最大数量。根据这些数据我们可以绘制出总产量曲线和边际产量曲线。边际报酬递减规律是公司短期生产曲线为图中所示形状的原因。

$$MP = \Delta 总产量 / \Delta 劳动力$$

其中，Δ 表示变量的变化量。

劳动边际产量已经在图 4-1（a）中计算出来。当丹弗砖块有限公司将工人数量从零增加到一名工人时，总产量从 0 增加到每天 1 000 块。因此第一名工人的边际产量为 1 000 块。雇用第二名工人会使总产量从 1 000 块增加到 2 200 块，所以第二名工人的边际产量等于 1 200 块。通过这种简单计算可以计算出劳动边际产量。图 4-1（c）用图形展示出边际产量曲线。

通过观察边际产量曲线，我们可以看到劳动边际产量在所使用的工人数量较低时暂时上升。然而接下来劳动边际产量开始下降。用来解释边际产量曲线下降的规律是**边际报酬递减规律**（law of diminishing marginal returns）：在把一种可变生产要素连续增加到其他一种固定生产要素上去的过程中，当这种可变生产要素投入量超过某个特定值时，产品边际产量递减。

在图 4-1（c）中，前三个被雇用工人的边际产量是增加的。从第四个工人加入生产开始，边际产量下降。所以，边际报酬递减从雇用第四个工人生产砖块开始。

我们很容易理解图 4-1（c）中边际产量曲线的形状是如何形成的。如果丹弗砖块有限公司仅雇用一名工人，这名工人需要从事砖块制作过程中的所有工作：混合水泥，操作砖块生产机器并驾驶铲车。如果企业雇用第二名工人，这两名工人可以进行分工，分别从事不同的砖块生产工作。因此，两名工人能够生产出比一名工人两倍还多的产品，而且第二名工人的边际产量也比第一名工人的边际产量多，这样公司就实现了**边际**

报酬递增（increasing marginal returns）。随着公司生产持续增加工人，一些工人的工作效率将会降低，因为这时他们需要排队等待使用机器。直至此时，增加工人数量将会继续增加总产量，但边际产量持续减小，因此企业实现**边际报酬递减**（diminishing marginal returns）。

这里有一个大家较为熟悉的关于边际报酬递减规律的例子。假设你在经济学课程的学习中所能学到的有用东西取决于笔记质量、个人才智、教授讲课效率和个人学习时间。假定前三个变量固定，也就是说它们在上课过程中不会发生变化。现在让我们总结每天课外学习时间如何影响课程的学习。学习经济学的第二个小时会和第一个小时增加同样的知识吗？第三个小时和之后的时间呢？你有可能会发现随着每天学习经济学的时间持续增加，学习的边际报酬递减终会发生。换句话说，每增加一小时的学习时间所带来的边际产量会下降，并且终会为零。

□ 技术和管理水平的进步使生产曲线上移

在讨论企业生产曲线一般形状的过程中，我们假设技术水平、人力资源质量和资本设备数量随着企业改变其可变要素的使用数量而保持不变。但当这些要素发生变化时将会产生怎样的影响？这些要素是导致整体生产曲线向上或向下移动的开关。

回忆一下，技术由社会中工业生产与农业生产的全部相关知识组成。技术的一个重要层面就是它对给定要素数量条件下能够生产的产品数量和种类设定了限制：一个企业不能生产超过现存技术允许条件下的产品。根据图 4-1 可知，一次能够增加产量的技术变革将会使总产量曲线和边际产量曲线总体上移。这意味着每一名工人能够生产出更多的产品，所以边际报酬递减的发生将会被推迟到每名工人更高水平的产量上。这样，技术进步可以克服边际报酬递减规律所带来的负面影响。随着技术进步，边际报酬递减将会在一定程度上受到遏制。

除了技术进步，教育、培训和资本投资也能够引起企业总产量曲线和边际产量曲线的上移。举例来说，随着教育水平的提高，工人们变得更加聪明，而假期训练则会提高专业工作技能。此外，资本投资缓解了生产压力并且增加每名工人的产量。这就是经济学家们认为教育、培训、投资、研究和开发等因素与能够提高工人生产能力和生活水平等因素同等重要的原因。让我们思考一下在快餐业和铁矿行业，技术与管理水平进步如何促进产量曲线发生移动。

快餐店提供免下车服务通道更加快捷。技术进步对生产力的影响可以从诸如温迪（Wendy's）、麦当劳和汉堡王这种快餐店中看出来。这些快餐店知道每一秒钟都意味着它们提供免下车服务窗口处顾客的流失，而提供汽车免下车服务窗口的销售收入占其总收入的 65%。根据行业分析师的评估结果，提供免下车服务窗口生产力每提高 10%，快餐店平均可以增加约 55 000 美元的年销售额。

为了加快服务速度，快餐店引进了各种新的技术，比如挡风玻璃扫描器可以在顾客从驾驶座内递出菜单时对菜单进行扫描，而且被购买的东西被记录在顾客月消费总额中，从而使顾客可以直接通过结账窗口。很多快餐店还建立了单独的厨房来为免下车服务窗口的顾客提供食物。烧烤师傅同时烤着 25 平方米的牛肉饼，顾客点完餐的 5 秒钟内，烧烤师傅将一块牛肉饼放到面包上。肉碰到面包的瞬间，烧烤师傅将它传递给三明治师傅，而后者在不到 7 秒钟的时间内做出顾客所需的食物。为了让顾客迅速离开窗口，快餐店使用透明袋子以便顾客可以快速检查他们是否已经得到他们想要的食物。

然而，快速服务存在代价，员工们的士气可能会因此而降低。员工们有时会抱怨他们跟不上快餐店快速服务目标的节奏。毕竟所要求的产量增加是来自提供免下车服务窗口工作人员的努力，而他们工资待遇低，员工变动率较高并且员工可能会偷懒。当你为温迪、麦当劳和汉堡王这样的快餐店工作时，你可能也会遇到这样的问题。[①]

新的工作管理条例使铁矿行业生产力得以提升。 除了技术进步，新的工作管理条例也能够提升员工们的生产率。我们可以思考一下美国铁矿石行业在中西部的例子。铁矿石很沉，运输成本也很高，所以铁矿石生产者只向五大湖地区的钢铁生产厂商提供铁矿石。20 世纪 80 年代初，萧条的经济环境导致钢铁需求减少，进而导致铁矿石需求减少。铁矿石厂商在全世界寻找新的客户。尽管面对遥远的距离及巨额运输成本，巴西的铁矿石厂商开始向芝加哥地区的钢铁生产厂商运输铁矿石。

国外竞争的出现使得美国铁矿石厂商有了更大的竞争压力。为了保持这个国家铁矿石的运营，工人们同意改变一些工作管理条例来提高劳动生产率。大多数情况下，这些改变包括增加每名员工所需要完成的任务数量。比如，这些改变要求设备管理者进行设备的日常保养和维护。在此之前，设备保养和维护是维修人员的责任。再比如，新的工作管理条例使工作指令变得可调节，这样的话，一名员工有时会被要求去完成本来被指派给另一名员工的任务。这些例子都表明新的工作管理条例使每名员工的时间都得到更加充分的利用。

在工作管理条例改变之前，美国铁矿石行业的劳动生产率停滞不前。然而，工作管理水平的提升使劳动生产率急速增长。20 世纪 80 年代末，美国铁矿石厂商的产量翻了一番。[②]

短期生产成本

如果你询问一个企业的经理们关于他们企业竞争力的问题，他们通常会提出成本的概念。成本源于生产过程。为了描述这一概念，我们假设通用集团每小时向员工支付 40 美元，组装一辆汽车需要 30 个小时的劳动。那么一辆车的组装总成本为 1 200（30×40＝1 200）美元。假设技术进步使劳动生产率提升 10％——现在只需 27 小时的劳动来组装一辆汽车，那么现在每辆车的组装成本为 1 080（40×27＝1 080）美元。在这种情况下，更高的劳动生产率代表着更低的生产成本以及因此而增加的企业利润。如果通用集团将因生产率提高所获利润的一部分作为额外工资，更高的生产率也会提高员工的工资。

———————

① "An Efficiency Drive: Fast-Food Lanes Are Getting Even Faster," *The Wall Street Journal*, May 18, 2000, p. A-1.

② Satuajit Chatterjee, "Ores and Scores: Two Cases of How Competition Led to Productivity Miracles," *Business Review*, Federal Reserve Bank of Philadelphia, Quarter 1, 2005, pp. 7-15.

驾驶的成本是多少

驾驶的成本是多少？让我们将经济成本的概念应用到驾驶上。驾驶成本一部分取决于驾驶的里程数量（汽油），另一部分则是固定费用（如车辆登记费用）。

美国汽车协会（American Automobile Association，AAA）每年都会对驾驶成本进行评估。表4-2列出了美国汽车协会对那些2007年买车并且每年驾驶15 000英里的人进行评估的结果。我们可以看到小型轿车的驾驶成本为平均每英里42.1美分，中型轿车平均每英里55.2美分，而大型轿车平均每英里65.1美分。

当你阅读这个表格的时候，你应认真观察不变成本和可变成本中哪些成本是降低的。在这一章中，你应该掌握这些概念并能够将这些概念应用到本章所要讨论的生产成本中去。

表 4-2   **2007 年驾驶成本**

可变成本	小型轿车 每英里成本	中型*轿车 每英里成本	大型轿车 每英里成本
油耗**（美分）	9.4	12.3	13.2
保养费用（美分）	4.0	4.7	5.1
轮胎（美分）	0.5	0.9	0.8
	13.9	17.9	19.1
	15 000	15 000	15 000
每年驾驶 15 000 英里的可变成本	×13.9 美分 2 085 美元	×17.9 美分 2 685 美元	×19.1 美分 2 865 美元
	年成本	年成本	年成本
保险（美元）	949	907	973
证件、注册费用及税费（美元）	410	562	690
折旧（美元）	2 332	3 355	4 275
信贷费用***（美元）	541	770	963
	4 232	5 594	6 901
总成本（美元）	6 317	8 279	9 766
每英里成本****（美分）	42.1	55.2	65.1

 * 小型轿车包括雪佛兰科帕奇、福特福克斯、本田思域、日产轩逸和丰田卡罗拉。中型轿车包括雪佛兰黑斑羚、福特蒙迪欧、本田雅阁、日产天籁和凯美瑞。大型轿车包括别克卢塞恩、克莱斯勒 300、福特 500、日产西玛和丰田阿瓦隆。

 ** 汽油价格为每加仑 2.94 美元。

 *** 下降10%：五年贷款利率为6%。

 **** 总成本/15 000 英里＝每英里成本。

 资料来源：American Automobile Association，*Your Driving Costs*，2008.

□ **总固定成本、 总可变成本和总成本**

让我们思考一下惠普（Hew lett Packard，HP）的理想成本。惠普是一家电脑打印机生产厂商，假设我们需要考虑短期中当它同时使用固定投入要素与可变投入要素时惠普的成本。

首先，我们会考虑惠普的固定成本。**总固定成本**（total fixed cost）是不随产量变化的

现代经济学原理（第六版）

成本总和。管理者通常会将固定成本看作间接成本。间接成本包括诸如机器损耗成本、装备支付费用、房屋租金、财产税和贷款还息等费用。惠普每月固定投入的价值代表了该公司每月的固定成本。我们从表4-3的第二列可以看到该企业总固定成本为50美元。

表 4 - 3

惠普打印机理想短期成本表

日产量 （台）	总固定成本 （美元）	总可变成本 （美元）	总成本 （美元）	平均固定成本 （美元）	平均可变成本 （美元）	平均总成本 （美元）	边际成本 （美元）
0	50	0	50	—	—	—	—
1	50	80	130	50.00	80.00	130.00	80
2	50	150	200	25.00	75.00	100.00	70
3	50	210	260	16.67	70.00	86.67	60
4	50	260	310	12.50	65.00	77.50	50
5	50	320	370	10.00	64.00	74.00	60
6	50	390	440	8.33	65.00	73.33	70
7	50	470	520	7.14	67.14	74.28	80

图 4 - 2（a）在水平线处表明总固定成本为 50 美元。无论生产多少打印机，固定成本都保持不变。

打印机的产量决定着惠普的可变成本。**总可变成本**（total variable cost）是所有随着产量变化而变动的成本总和。总可变成本包括大多数劳动力费用、原材料费用、库存费用、运输费用、电费和燃料费用。随着惠普生产越来越多的打印机，更多可变生产要素被投入生产中，因此总可变成本也随之增加。总可变成本取决于一周或一月的产量。表 4 - 3 的第三列列出总可变成本，图 4 - 2（a）描绘出总可变成本曲线。

随着更多打印机的生产而增加的总可变成本变化率取决于由固定成本所决定的能力限制。一般来说，产量在低水平的时候总可变成本上升得慢一些，然后会迅速上升。这种可变成本特性取决于短期边际产量递减规律。随着边际产量递减的发生，每增加一单位劳动力所增加的产量减少，然而企业支付给每名员工的工资却是相同的。这导致总可变成本上升得越来越快。

总成本（total cost）代表在给定时期内生产电脑打印机所使用的所有生产要素价值总和。因此，总成本等于总固定成本与总可变成本的总和：

$$TC = TFC + TVC$$

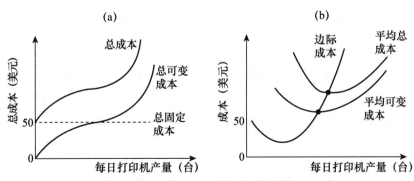

图 4 - 2 惠普理想短期成本曲线

总成本包括总固定成本和总可变成本。即使没有生产产品，固定成本也会存在。平均总成本是平均固定成本与平均可变成本之和。边际成本是多生产一单位产品所带来的总成本增加量。

表 4-3 第四列列出惠普的总成本，图 4-2（a）描绘了惠普的总成本曲线。我们发现总固定成本由总成本曲线和总可变成本曲线之间的直线距离所表示。

□ 平均成本

惠普的管理者除了关心总成本，也关心每单位产量成本，或者说平均成本。每单位产量利润的计算通常是用价格减去平均成本，这个过程是在每单位产量的基础上进行的。如表 4-3 的第五列至第七列所展示的那样，平均固定成本、平均可变成本和平均总成本共同组成一个企业的每单位成本统计表。

我们首先来看**平均固定成本**（average fixed cost，AFC），代表每单位产量的固定成本。平均固定成本等于总固定成本除以产量（Q）：

$$AFC=TFC/Q$$

无论生产多少单位商品，总固定成本都保持不变，那么平均固定成本随着产量的增加单调递减。从表 4-3 第五列中可以看出平均固定成本持续递减。为了尽可能地保持图 4-2（b）清晰明了，平均固定成本曲线并没有被描绘出来。

接下来是**平均可变成本**（average variable cost，AVC），代表每单位产量的可变成本。平均可变成本等于总可变成本除以产量：

$$AVC=TVC/Q$$

表 4-3 第六列列出惠普的平均可变成本，图 4-2（b）描绘了平均可变成本曲线。根据这些图表，惠普平均可变成本先是下降，但之后随着打印机产量的增加而上升。由于一条典型的平均可变成本曲线的形状像字母 U，经济学家们便将这种曲线称作 U 形曲线。

最后，**平均总成本**（average total cost，ATC），代表每单位产量的成本。平均总成本等于总成本除以产量：

$$ATC=TC/Q$$

公式也可以写成：

$$ATC=(TFC/Q+TVC/Q)$$

换句话说，平均总成本等于平均固定成本加上平均可变成本：

$$ATC=AFC+AVC$$

表 4-3 第七列列出惠普的平均总成本，图 4-2（b）描绘了平均总成本曲线。不难发现平均总成本曲线是 U 形曲线。我们也可以发现 ATC 和 AVC 的值随着打印机数量的增加而越来越接近。这是因为随着产量的增加，平均固定成本变得越来越小。

□ 边际成本

企业通常"在边际上"做出决策。当惠普的管理者考虑利润最大化决策的时候，他们会关心多卖出一台打印机所获得的收益能否补偿生产额外一台打印机的成本。由于边际表示"额外"，所以管理者对边际成本很感兴趣。

边际成本（marginal cost，MC）是指每多生产一单位产品所带来的总成本的变化量，可表示为：

$$MC = \Delta TC / \Delta Q$$

边际成本很容易计算：只需要计算随着新生产一单位产品，生产总成本增加了多少。表 4-3 第八列列出了惠普打印机的边际成本。随着公司打印机产量从 0 增加到 1 台，总成本从 50 美元增加到 130 美元，因此边际成本等于 80 美元。生产第二台打印机使得总成本从 130 美元增加到 200 美元，因此其边际成本等于 70 美元，依此类推。在图 4-2（b）中，我们将这些边际成本数据转化为边际成本曲线，可以发现一个企业的边际成本曲线也是典型的 U 形曲线：随着生产的扩大，边际成本下降，最后到达一个最低点，随后开始上升。

边际报酬递减规律是边际成本曲线为 U 形的原因。回想一下，在短期生产过程中，随着劳动力的增加，总产量的增加量在一开始呈上升趋势。假设企业在扩大生产过程中支付给员工的工资是相同的，每增加一名员工，所带来的产量的增加大于前一名员工，则每增加一单位产品，其增加的成本是递减的。这些额外增加的成本就是边际成本。因此，随着生产的产品数量不断增加，边际成本是下降的。但是这种情况不会无限持续下去。随着更多的劳动力应用于生产，劳动边际产量终将会减少。事实上，生产的边际成本将会上升。因此，生产过程中边际产量递减是边际成本曲线为 U 形的原因。[①]

知识点回顾

1. 一般来说，一个企业的生产过程既可以发生在短期，也可以发生在长期。请区分这两个时期。

2. 区分一个企业的总产量和边际产量。

3. 在短期，随着企业将越来越多的可变投入量增加到固定投入量中去，边际产量和总产量会发生哪些变化？产生这些变化的原因是什么？

4. 把下列要素按照每单位时间固定成本和可变成本进行分类：员工工资、厂房租金、保险费用、水电费、财产税、运输费用和广告费用。

5. 为什么边际成本曲线是 U 形曲线？

长期生产成本

目前为止，我们已经知道，短期内当企业规模不变时，随着产出率的增长，成本将会发生怎样的变化。然而长期内企业能够控制所有投入量的变化：企业有足够的时间去更换机器或者扩大规模。在长期，所有的投入量都是可变的，也就意味着在长期中没有

[①] 当你观察图 4-2（b）时会发现 MC 曲线与 ATC 曲线、AVC 曲线的关系。MC 曲线与 ATC 曲线、AVC 曲线的交点分别位于 ATC 曲线、AVC 曲线的最低点。这并不是偶然事件。只要多生产一单位产品的边际成本低于平均成本，平均成本一定会下降。相反，只要多生产一单位产品的边际成本高于平均成本，那么平均成本一定会上升。因此，MC 曲线与 ATC 曲线、AVC 曲线的交点分别位于 ATC 曲线、AVC 曲线的最低点。

固定成本。因此，所有长期成本都是可变的。在这一节中，我们将会学习长期内工厂规模改变和其他投入量变化将会如何影响生产和成本的关系。

一个理解长期的好方法是将它看作一条计划水平线。在今天的市场经营时，惠普公司也会制定出企业长期可持续发展战略。举例来说，在惠普公司决定生产一种新型号的电脑打印机之前，该企业处在长期中，因为它能够选择各种设备型号和尺寸来生产新打印机。一旦惠普公司做出决定，它便处在短期中，因为它所拥有的设备的型号和尺寸已经基本上固定。

长期平均总成本曲线（long-run average total cost curve，*LRATC*）描绘了在任意可能实现的工厂规模下每单位产品的平均最小成本。图 4-3 描绘了惠普公司的理想长期平均总成本曲线。不难发现该曲线随着产量增长到一定程度而降低到最低点，然后随着产量的继续增长而上升。同时存在于多种不同产量中的规模经济与规模不经济是长期平均总成本曲线为 U 形曲线的原因。

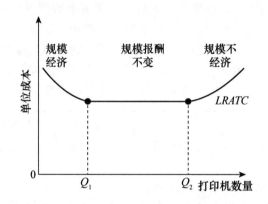

图 4-3　惠普公司理想长期平均总成本曲线

长期平均总成本曲线描绘了在任意可能实现的工厂规模下每单位产品的平均最小成本。长期平均总成本曲线的上半部分是 U 形曲线，反映了曲线下降部分所代表的规模经济和曲线上升部分所代表的规模不经济。该曲线底部平坦，这是由于随着生产规模的扩大，规模经济消失，规模报酬不变。

☐ 规模经济

当一个企业实现**规模经济**（economies of scale）时，它的长期平均总成本曲线是向下倾斜的：规模的扩大和产量的增加会导致每单位产量成本的下降。规模经济产生的原因如下：

● **劳动的专业化分工与管理专业化。**随着企业规模的扩大，企业能够从劳动的专业化分工和管理的专业化水平的提升中受益。举例来说，在必胜客餐厅，一些员工专门负责点餐，一些员工专门负责做比萨，其他人负责刷碟子。

● **充足的资金。**小企业可能没有能力购买大型专业化的生产设备。举例来说，沃尔玛可以引进精密的电脑系统来记录各项存货并为企业管理提供销售信息。

● **设计和开发。**当你再次购买课本时，比较第 2 学期基础课本和第 1 学期高级课本的价格。你有可能会发现即使基础课本相对于黑白版式的高级课本来说多了 250 页并且是多彩印刷，基础课本也并不比高级课本贵。在这种情况下规模经济就凸显出来。出版基础课本和高级课本所需的印刷费用与广告费用每页大体上是相同的。对基础课本来说，这些费用建立在大规模产出上——比如 50 000 本，而高级课本的产出只有 10 000 本。这将导致每本基础课本的低成本和与之相关的低价格。

当你使用处方药的时候，你是否知道你正在从长期平均成本递减规律中受益呢？对于处方药来说，把新药投入市场上大体需要 3.5 亿美元——这只是第一粒药片的成本。第二粒药片的成本约为 1 美分。假设 3.5 亿美元是开发成本，而之后的 1 美分是边际成本，平均总成本从生产 1 粒药片的 3.5 亿美元降低到生产 100 万粒药片时的 350.01 美元，再降低到生产 100 亿粒药片时的 4 美分。正如表 4 - 4 所示，价格随着市场占有比例提高而降低。这个例子说明对制药行业来说，需求并不是价格的敌人而是朋友。

规模经济的另一个例子是自动取款机。在银行、加油站、便利店和商场里，自动取款机能够取款、存款和转账。目前在美国大约有 40 万台自动取款机，每年在自动取款机上会发生 110 亿笔交易。尽管购买并安装自动取款机的价格非常昂贵，但是自动取款机的效率非常高，每天能够完成上百笔交易。随着购买和安装费用分散到大批交易中去，每单位交易的平均成本大幅降低。据调查，自动取款机每笔交易的成本大约是银行人工服务成本的 1/4。事实上，很多银行都将人工服务替换为成本更低的自动取款机。

表 4 - 4 处方药平均总成本

药片数量（粒）	平均总成本（美元）
1	350 000 000.00
100	3 500 000.01
10 000	35 000.01
1 000 000	350.01
100 000 000	3.51
10 000 000 000	0.04

资料来源：Federal Reserve Bank of Dallas，The New Paradigm，1999 Annual Report，p. 20，参见 http://www.dallasfed.org。

举例来说，双胞胎咨询公司（Gemini Consulting），是一家管理咨询公司，调查发现使用银行工作人员进行的每笔交易的平均总成本是 1.07 美元，而使用自动取款机的平均总成本则是 27 美分。根据这一结果，为什么小银行和信用合作社不解雇员工并安装自动取款机呢？原因在于规模。要想实现一台自动取款机的成本优势需要大量的交易量，而这恰巧是小银行和信用合作社所缺乏的。由于它们的规模相对较小，这些金融机构只能通过雇用出纳员来为顾客服务，以此实现最小成本，而不是选择购买并安装自动取款机。简单来说，采用最先进的技术并不一定是实现最低成本的必要手段。

☐ 规模不经济

规模经济只是企业发展过程中的一部分。如果规模经济贯穿于企业的整个发展过程，那么问题将会是为什么汽车制造企业没有持续扩大生产规模？如果福特汽车集团和通用汽车集团合并，它们岂不是能够以更低的成本生产汽车并因此实现更多的额外利润？好像并不是这么一回事。随着企业规模越来越大，实现规模经济的机会逐渐消失。

随着规模的发展，企业将会遇到**规模不经济**（diseconomies of scale），这使得单位成本上升并且使平均总成本曲线转而向上倾斜。

我们可以通过大规模生产中的管理问题来理解规模不经济。当生产超出一定规模时，随着管理团队中新的管理层的形成，日常生产已不再是企业最高决策目标。文书工作量开始增加，管理者必须掌管多项商业活动——资金运作、运输事务、财会项目、交易情形、市场调查、企业发展和人事问题等等。运营大规模生产所带来的繁杂文件和管理决策问题导致生产的无效率以及单位成本的增加。

尽管福特汽车集团从规模经济中受益，其庞大的企业规模同样带来了很多问题。举例来说，20 世纪 70 年代，福特汽车集团在密歇根州弗拉特罗克建立一家工厂，生产 8 缸引擎所需的组件。集团坚信大规模生产将会使得单位产品生产成本更低。集团花费 2 亿美元建立了专门为以最快最有效的方式生产引擎组件而设计的四车间工厂（4-story factory）。然而，1981 年，福特汽车集团关闭了这家工厂，并把生产转移到克利夫兰的一家非常老旧的工厂中。这是为什么呢？因为弗拉特罗克工厂规模太大，并且缺乏灵活性。这个工厂是为生产大型引擎组件而建立的，但是它在油价上涨的时候并不能生产很受欢迎的 4 缸和 6 缸引擎。实际上，弗拉特罗克工厂被视为一只没有效率的恐龙，根本无法紧跟快速变化的经济潮流。

企业也有可能在一定产量范围内实现**规模报酬不变**（constant returns to scale）。规模报酬不变发生在一家企业的产量变化率与所有要素投入量变化率相同的时候。举例来说，所有要素投入量增长 20％将会导致企业产量增长 20％。因此，每单位成本保持不变，长期平均总成本曲线保持水平状态。这种情况与美国很多行业的情形相符合。举例来说，在产量的中间范围内，出版、鞋帽、伐木和服装等行业小企业的生产效率可以和大企业相同。

▶ **经典案例**　　　　　　**从大规模生产到精细生产**

亨利·福特（1863—1947）是美国工业史上著名的先驱。1903 年，福特创立了福特汽车集团。一开始，和其他竞争者一样，公司只生产昂贵的汽车。但是福特来自平凡的乡村，他认为制造汽车的人也应该能够买得起汽车，使得他们可以在周日下午出去兜风或郊游。福特便开始发明一种简单结实且各行各业的人都买得起的汽车。很快这款首次出现在 1908 年的车型便闻名于世，它就是 Model T。

福特强调，如果他支付给他的工厂员工基本生活工资，并且用更少的时间和更少的金钱去生产更多汽车，所有人都会买他的车。为了让这一款车价格实惠，福特每天支付给工人 5 美元，而这是行业工资标准的两倍。但是，他也由于大方地支付工资而被批评：《纽约时报》（New York Times）嘲讽福特是"独特的空想家"，而《华尔街日报》（The Wall Street Journal）则控诉他在不正确的地方使用了"精神胜利法"。

在生产 Model T 的时候，福特意识到大规模生产对经济的重要性。他首次提出了利用流水线生产方法来削减汽车的生产成本。1908 年，这款汽车的售价是 850 美元，这个价格在当时并不便宜。1913 年，福特在他的工厂里装配了移动生产流水线。汽车车身在传送带上缓缓穿过工厂。传送带两侧的工作人员都会将其他传送带上的汽车各零部件组装到车身上。1914 年，福特汽车集团的工人可以在 1.5 小时内组装完成一辆 Model T。而早些时候生产一辆汽车需要 12.5 小时。大量节省出来的时间意味着福特汽车集团生产成本的大幅削减。1916 年，Model T 能够在 400 美元的售价下获利，而该价格是所有汽车中最低的。不出意外，直到 1921 年，19 年来未曾改变的福特 Model T 占有超过 50％的市场份额。这一年，福特做出了他那闻名于世的宣告："任何顾客都可以将你所拥有的黑车喷成你喜欢的汽车颜色。"毕竟标准化、专业化和大规模生产是福特汽车集团低成本生产的关键，而持续地降低价格则是吸引额外顾客的关键。

然而 20 世纪 70 年代，美国汽车制造商面临着外国企业低成本与高质量生产的挑战。日本制造商，比如丰田汽车集团，开始改变汽车生产方式，实现从大规模生产到精细生产的转变。丰田汽车集团认识到，凭借传统的大规模生产方法它是无法赶超福特汽车集团和通用汽车集团的。因此丰田汽车集团采取"精细生产"手段，开始强调生产灵活性和生产质量，而不仅仅是追求产量。丰田汽车集团生产了一批相似的汽车，而不是大规模生产大量同一型号的汽车。丰田汽车集团所追求的目标是需要用到哪部分组件时才将该组件运送过来，并且这些组件可以在丰田各种车型之间无差别地使用。这使得丰田可以以更低的成本生产更高质量的汽车，并且能够快速推出新款车型。丰田精细生产的成功使得美国汽车企业面临来自全球汽车制造行业的竞争压力，美国汽车企业急需改变生产方式。

成本曲线的移动

在讨论短期和长期的企业成本曲线的一般形状时，我们假设其他关键因素——科学技术、要素价格和税额——随着企业产出规模的变化而保持不变。这些因素是使成本曲线向上（向下）移动的变量，说明了给定的产量规模能够以更大（更小）的成本进行生产。

● **科学技术。** 前面我们已经学过，一次提高生产力的技术变革使总产量曲线和边际产量曲线向上移动。更先进的技术能够使企业在生产相同产品的同时耗费更少的生产要素，因此企业的成本曲线向下移动。举例来说，电脑和机器人降低了生产汽车所需的劳动时间，印刷机降低了生产书本和报纸所需的劳动时间，进而使成本降低。

● **要素价格。** 要素价格的降低，比如劳动力和原材料，将会降低每一产量规模的生产成本。因此，企业成本曲线将会向下移动。举例来说，1997 年，随着制造商降低生产个人电脑所需的芯片的价格，个人电脑的起始价格低破 1 000 美元大关。芯片越来越便宜意味着戴尔（Dell）和捷威（Gateway）这样的企业可以凭借更低的成本生产电脑，并且能够降低电脑售价。

● **税额。** 税额是企业成本的组成部分。假设联邦政府将加油站每加仑汽油的消费税从 25 美分降低到 20 美分，这一政策降低了加油站的运营成本，使企业成本曲线向下移动。

□ 国际竞争迫使美国钢铁制造商调整生产成本

在竞争压力下生产成本将会发生哪些变化？美国钢铁行业为其提供了生动的实例。

20 世纪 50 年代，美国的钢铁行业在世界钢铁行业中最有实力，钢铁产量约占全世界的一半。美国钢铁行业的大型公司在工厂规模和生产技术上居于世界领先地位，实际上，这种地位在之前的 50 年中从来都没有受到国际竞争者的挑战。除此之外，美国出口的钢铁数量远远多于其进口的数量。

然而，美国钢铁制造商的市场主导地位并没有永远持续下去。第二次世界大战后，欧洲、日本和其他国家运用最先进的技术对它们的钢铁行业进行了重建。与美国钢铁行业相比，这些改变降低了外国钢铁生产成本，进而导致 20 世纪 60—70 年代美国开始进口钢铁，并于 20 世纪 80 年代初期大幅度增加钢铁进口。1982 年，美国钢铁制造商生产每吨钢铁的平均总成本是 685 美元——比日本生产商高出 52 个百分点。这种成本的差别在很大程度上是因为强势的美元以及美国较高的劳动力成本和原材料成本，这两种因素各自占总成本的 25% 和 45%。除此之外，美国企业运营效率相对较低，导致生产每吨钢铁拥有较高的固定成本。

国外钢铁企业的竞争压力促使美国钢铁制造商开始研究降低生产成本的方法。很多美国钢铁企业关闭了老旧与成本高昂的钢铁工厂、炼焦设备和铁矿矿井。它们制定了更加灵活的工作规则，激励员工更有效率地工作，并削减臃肿的管理机构。尽管这些调整对降低成本起到了一定的作用，美国钢铁制造商的负担还是随着需要支付给退休钢铁工人工资的增加而增加，这也增加了生产成本。简单来说，尽管与 20 世纪 80 年代初相比，21 世纪初的美国钢铁制造商能够降低生产成本，但相对于全球竞争者来说，它们的生产成本还是停留在一个较高的水平。正如表 4-5 所示，今天，中国已经取代美国成为世界最大的钢铁制造商。

表 4-5　　　　　　　　　　　　　**2009 年世界钢铁成本比较**

	平均成本（美元/吨）
日本	634
美国	613
西欧	602
中国	579
东欧	557
印度	500
巴西	480
俄罗斯	424
全球平均	563

资料来源：Peter F. Marcus and Karlis M. Kirsis, "World Steel Dynamics," *Steel Strategist*，35，September 2009.

成本和利润

我们所观察到的成本表的一个关键特征是表中包括所有生产过程中所使用的要素的市场价值：土地、劳动、资本和企业家才能。为了计算这些成本，我们要简单估计一下生产所需的全部生产要素，计算它们的价值，然后进行加总。

戴尔通过卖掉工厂来削减成本

有许许多多关于个人电脑（personal computer，PC）公司从贫穷到富有的故事。但是这些故事可能都没有戴尔电脑公司的崛起（与衰落）精彩。

身为得克萨斯大学学生，19岁的迈克尔·戴尔（Michael Dell）于1984年以1 000美元的资金在一间公寓中创立了一家电脑公司，并把它发展成为在全世界拥有57 000名员工且价值490亿美元的公司。最初，戴尔电脑公司在自己的工厂中生产个人电脑，并提供给专门为购买大量台式个人电脑的商务人士服务的市场。随后公司制定了一种创新性的销售策略，直接将电脑卖给顾客并且当顾客订购电脑后再开始生产。顾客通过网站或电话订购之后，工厂在几个小时内组装零件、安装个人电脑软件并将电脑运输出去。这套体系使戴尔电脑公司节约了闲置资源并节省了零售所带来的市场费用。1999年，戴尔电脑公司超越康柏（Compaq）电脑公司，成为美国最大的个人电脑销售厂商。

尽管戴尔电脑公司是台式电脑的高效率生产者，但它并不是一个低成本的笔记本电脑生产商。几年前，戴尔电脑公司的竞争对手，比如惠普公司和苹果公司通过与其他公司达成笔记本电脑生产协议而节省了成本。很多生产商将工厂建造在中国和马来西亚这样的低工资国家。除此之外，21世纪初，在欧迪办公（Office Depot）和百思买（Best Buy）这样的零售店中，销量增长向笔记本电脑转移。在开发生产笔记本电脑的有效体系上，戴尔电脑公司远远落后于它的竞争者。这导致戴尔电脑公司销量和利润的下降，并使其地位逐渐被惠普公司所替代，不再是世界最大的个人电脑生产商。

这些困难导致戴尔电脑公司卖掉多家工厂来降低成本：除了独自生产个人电脑以外，戴尔电脑公司与国际公司进行越来越多的电脑生产合作。2008年，分析师们判断，通过将生产从美国转移到中国，戴尔电脑公司每台电脑可以降低15%～20%的生产成本。戴尔电脑公司是否能如愿以偿地降低生产成本并重新获得市场领导地位呢？让我们拭目以待。

资料来源：Michael Dell，*Direct from Dell*：*Strategies That Revolutionized an Industry*（New York：HarperCollins，2006）；Steven Holzner，*How Dell Does It*（New York：McGraw Hill，2006）；and Justin Scheck，"Dell Plans to Sell Factories in Effort to Cut Costs，"*The Wall Street Journal*，September 5，2008.

▢ 显性成本与隐性成本

经济学家将生产总成本定义为显性成本和隐性成本的总和。**显性成本**（explicit cost）是作为生产运营成本支付给他人的实际支出。对于当地一家必胜客餐厅来说，显性成本包括劳动力工资、原材料与电力成本、电话与广告费用、店面租金费用和员工健康保险等等。

隐性成本（implicit cost）是没有发生实际支付的企业生产过程所需的生产要素的总价值。对于必胜客来说，隐性成本包括花时间照看生意的餐厅拥有者所放弃的薪水。隐性成本也包括餐厅拥有者由于投资这家餐厅而不是把资金存入银行所失去的利息。如果这家餐厅的拥有者是用自己的房产经营这家餐厅，那么她也牺牲了把房产租赁给其他人带来的租金收入。隐性成本是没有发生实际支付的成本。隐性成本代表企业所拥有的生产要素在其他最优用途中所能得到的收入的估计值。

□ 会计利润和经济利润

首先让我们思考一下**利润**（profit）的含义。许多人认为利润就是企业获得的所有收入（总收入）和企业在工资、原材料、电力等方面的所有支出（总成本）的差额。如果成本超过收益，我们把这种"负利润"称作**损失**（loss）。尽管这样的描述看起来很清晰，但会计学家和经济学家对总成本中所应包含的成本类型有着不同的看法。事实上，利润对他们来说是一个不同的概念。

对一名会计来说，利润的计算公式如下：

会计利润＝总收入－显性成本

我们知道这是**会计利润**（accounting profit）的定义。准备财务报告的时候，会计只关心那些支付给他人的成本，例如工资、原材料费用和利息等等。

经济学家不仅仅关心显性成本，他们对生产者所放弃的薪水、租金和利息这些隐性成本也非常感兴趣。**经济利润**（economic profit）是总收入减去显性成本与隐性成本之和：

经济利润＝总收入－（显性成本＋隐性成本）

经济学家通过将从收入中剔除所有生产要素的总成本这一方法得到利润的定义。

会计实践中并不包含生产者投入的隐性成本这一概念，因此我们所讨论的会计成本低估了经济成本。由于对成本的低估，基于会计成本的会计利润高估了利润。

经济利润为零意味着什么？在经济学中，一家企业经济利润为零意味着它获得了**正常利润**（normal profit）。正常利润代表保证企业正常生产运营所需的最小利润。换句话说，当总收入恰好等于显性成本与隐性成本之和时，企业获得正常利润。

当一家企业在过去一年里仅仅获得正常利润时，企业拥有者是否应该为此而担忧呢？答案是否定的。尽管获得正常利润没有什么吸引力，生产者仍然获得了足以弥补显性成本与隐性成本的总收入。举例来说，如果生产者的隐性成本是他所失去的为其他人管理企业所应得到的 50 000 美元薪水，那么实现正常利润意味着生产者所获得的利润与他在下一个最好的工作中所能获得的利润相等。

在这一章中，我们认识了生产和生产成本在经济决策中的作用。在下一章，我们将会学习企业如何获得最大经济利润。我们将会考虑企业在竞争市场和垄断市场中如何实现利润最大化。

知识点回顾

1. 规模经济和规模不经济如何影响企业长期平均总成本曲线？

2. 绘制短期与长期成本曲线时，我们假设一些关键变量保持不变。认识这些变量以及这些变量对企业成本曲线可能产生的影响。

3. 区分显性成本和隐性成本的差别。

4. 为什么会计学家和经济学家对利润具有不同的计算方法？

5. 为什么经济学家将正常利润看作一项成本？

本章小结

1. 通常来说，一家厂商的生产将会发生在短期或长期。短期是指一个至少存在一种生产要素投入量固定不变而其他生产要素投入量可变的周期。长期是指所有生产要素投入量可以发生改变的周期。

2. 生产函数是生产过程中所使用的各种生产要素数量与所能生产的最大产量之间的关系。生产函数代表既定生产要素数量下所能生产的最大产量。

3. 根据边际报酬递减规律，随着企业将可变生产要素增加到固定生产要素中去，当可变生产要素超出某个特定值时，产品边际产量递减。

4. 企业短期生产所使用的生产要素投入包括固定生产要素投入和可变生产要素投入。固定成本是对固定生产要素投入量的支付，不随产量的变化而变化。可变成本是对可变生产要素投入量的支付，随着产量的增加而增加。

5. 我们可以依据总量概念描述企业成本：总固定成本、总可变成本和总成本。我们也可以依据每单位概念来描述它们：平均固定成本、平均可变成本和平均总成本。

6. 边际成本是指每多生产一单位产品所带来的总成本的变化量。生产过程中边际产量递减是短期边际成本曲线为 U 形曲线的原因。

7. 长期平均总成本曲线描绘了在任意可能实现的工厂规模下每单位产品的平均最小成本。规模经济和规模不经济是该成本曲线为 U 形曲线的原因。

8. 在讨论短期和长期的企业成本曲线的一般形状时，我们假设科学技术、要素价格和税额随着企业改变产出规模而保持不变。这些因素的任何变化都会导致企业成本曲线向上或向下移动。

9. 经济学家将生产总成本定义为显性成本与隐性成本之和。

10. 根据会计原则，利润等于总收入减去显性成本。经济学家们不仅仅关心显性成本，他们对企业隐性成本也非常感兴趣。因此经济利润等于总收入减去显性成本与隐性成本之和。

11. 一家企业经济利润为零意味着它获得了正常利润。正常利润代表保证企业正常生产运营所需的最小利润。换句话说，企业获得足够多的收入来支付显性成本与隐性成本。

关键术语

短期	平均可变成本
固定投入	平均总成本
可变投入	边际成本
长期	长期平均总成本曲线
生产	规模经济
生产函数	规模不经济
总产量	规模报酬不变
边际产量	显性成本
边际报酬递减规律	隐性成本
边际报酬递增	利润
边际报酬递减	损失

总固定成本	会计利润
总可变成本	经济利润
总成本	正常利润
平均固定成本	

自测 （单项选择）

1. 边际报酬递减规律说明，当生产机器给定而劳动力数量持续增加时（　　）。

a. 总产量不增加

b. 总产量下降

c. 边际产量一定下降

d. 边际产量最终下降

2. 当边际报酬递减规律发生时，边际成本一定（　　）。

a. 减速下降

b. 加速下降

c. 不变

d. 上升

3. 企业显性成本不包括（　　）。

a. 使用大楼的租金

b. 借贷利息

c. 生产者自有资源的资金支付

d. 原材料费用

4. 企业短期生产函数描述了（　　）。

a. 给定条件下随着劳动力数量变化而变化的最大可能产量

b. 给定条件下随着劳动力数量变化而变化的最小可能产量

c. 随着公司扩大生产规模而变化的最大可能产量

d. 随着公司扩大生产规模而变化的最小可能产量

5. 对美国钢铁行业来说，总产量曲线代表（　　）。

a. 每一可变生产要素数量所对应的最大钢铁产量

b. 每一可变生产要素数量所对应的最小钢铁产量

c. 不同钢铁生产数量所对应的最低成本

d. 不同钢铁生产与卖出数量所对应的最大利润

6. 当下列哪种情况发生时凯撒铝业公司总产量曲线将会向上移动？（　　）

a. 使用更多的劳动力和原材料

b. 降低工资水平来雇用更多工人

c. 引进使铝业生产更有效率的生产技术

d. 制定降低劳动生产率的工作规定

7. 边际成本的定义是（　　）。

a. 总固定成本加上总可变成本

b. 总成本除以总产量

c. 随着企业多生产一单位产品而增加的总成本

d. 总成本减去总固定成本

8. 边际成本下降时，（   ）。

a. 总产量上升

b. 边际产量上升

c. 总成本加速上升

d. 总成本下降

9. 当扩大企业规模引起下列哪种情况时，通用汽车集团实现规模不经济？（   ）

a. 长期平均总成本下降

b. 长期平均总成本上升

c. 短期总产量曲线向上移动

d. 短期总产量曲线保持不变

10. 对波音公司来说，涉及喷气技术生产的技术进步会使总产量曲线和边际产量曲线（   ）。

a. 下降，并使得总成本曲线和边际成本曲线上升

b. 上升，并使得总成本曲线和边际成本曲线下降

c. 上升，总成本曲线和边际成本曲线保持不变

d. 下降，总成本曲线和边际成本曲线保持不变

问答与应用

1. 身为一名酒店经理，你预测厨房劳动的总产量如表4-6所示。运用这些数据来计算劳动的边际产量。

a. 在图中绘制总产量和边际产量曲线。

b. 边际报酬递减规律对这些数据有着怎样的影响？

c. 边际报酬递减规律的基础是什么？

表4-6 生产数据

劳动力数量	总产量	边际产量
0	0	
1	20	
2	45	
3	65	
4	80	
5	90	

2. M. E. 夏普保留了经济学课本的劳动力投入量和产量的数据，如表4-7所示。

a. 运用这些数据来计算每个劳动力的边际成本。假设劳动力为零时产量为零。

b. 运用这两项数据绘制总产量曲线和边际产量曲线。

c. 找出总产量最大时的劳动力数量。

d. 什么情况下边际报酬递减规律发生作用？

表4-7 课本生产

劳动力投入量（工人）	3	5	1	2	4	6	7
课本产出量（总产量）	380	600	100	220	520	620	580

3. 汉森电子集团有 2 000 美元的固定成本和如表 4-8 所示的可变成本。完成表格。

a. 在图中绘制出总固定成本曲线、总可变成本曲线和总成本曲线。解释这些曲线形状的相关关系。

b. 在另一个图中绘制出平均固定成本曲线、平均可变成本曲线、平均总成本曲线和边际成本曲线。解释这些曲线形状的相关关系。

c. 如何运用边际报酬递减规律解释边际成本曲线的形状？

表 4-8 汉森电子集团生产成本

产量	总可变成本（美元）	总成本（美元）	平均固定成本（美元）	平均可变成本（美元）	平均总成本（美元）	边际成本（美元）
1	1 000					
2	1 600					
3	2 000					
4	2 600					
5	3 400					
6	4 800					

4. 瓦斯克仪器集团汇编了该企业显微镜生产的产量和成本数据，如表 4-9 所示。运用这些数据计算不同产出水平下的总固定成本、总可变成本、平均固定成本、平均可变成本、平均总成本和边际成本。

表 4-9 显微镜生产成本数据

产量	总成本（美元）
0	400
1	700
2	900
3	1 000
4	1 200
5	1 500
6	1 900

5. 你的干洗店目前每天干洗 300 件衣服。干洗店每天的不变成本是 400 美元。每件衣服的可变成本为 1 美元。计算当前产出水平下的总成本和平均总成本。计算平均固定成本。在当前产出水平下，为实现正常利润，你的干洗店将如何定价？

6. 在长期中你的制鞋公司估计当企业机器、劳动力和其他所有生产要素投入量扩大三倍时产量也会扩大三倍。假设在企业扩大规模时要素价格保持不变，绘制企业长期平均总成本曲线。

7. 有些人关心大型合作工厂将逐渐替代小型家庭工厂。解释为何规模经济可能是这种趋势形成的原因。

8. 威斯康星大学持续增长的学生数量导致附近的必胜客餐厅创造了销售纪录。现在这家餐厅考虑增加一台烘焙比萨的烤箱。然而，白班主管建议只需雇用更多的员工。经理应该做出怎样的决策？

9. 上升的钢铁价格将会如何影响建造摩天大楼的 ABC 建设股份有限公司的平均总成本曲线和边际成本曲线？

10. 个人电脑的普及降低了打印和编辑手稿的时间。这项技术的进步对一家出版公司的平均总成本曲线和边际成本曲线产生了怎样的影响？

第 5 章

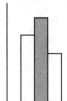

竞争和垄断：优缺点

本章目标

通过本章的学习，你应该能够：

1. 理解完全竞争企业的本质和运行方式。
2. 解释完全竞争企业如何在长期中实现经济效率。
3. 认识导致垄断的因素。
4. 描述垄断企业如何实现最大利润。
5. 对完全竞争企业和垄断企业的优缺点进行评估。

背景资料

　　航空母舰被称为"重量为 97 000 吨的外交手段"。但是在 21 世纪初，美国海军在外交上却并不算成功，因为美国海军因纽波特纽斯造船公司（Newport News Ship-building）而大费脑筋。纽波特纽斯造船公司旗下的船坞已经建造到南弗吉尼亚的圣詹姆士河上。自该公司在 1891 年生产出第一艘拖船，该公司一直是政府航空母舰的唯一生产商。由于该公司不能实现所承诺的成本控制，海军方面表达了对该公司的不满。

　　海军所面临的境况充分说明了缺少良好竞争会带来什么后果。作为唯一的生产者，纽波特纽斯造船公司并不需要考虑战胜竞争对手来获得盈利。因此，该公司缺少组织化生产与减小成本的动力。员工管理效率低下、设备老旧以及管理层的巨额津贴等导致过高的成本。

　　但是，这种情况却很难发生改变。生产核动力战舰的工作性质决定了该公司实际上很难有新的竞争对手出现。一艘航母，算上指挥塔有 20 层楼高，而且在 4.5 英亩的甲板上运载着超过 80 架重型喷气式战斗机，需要 5 年的建造时间。建造一个船坞所需的投资支出是非常巨大的，这是一个足以让其他造船厂望而却步的事实。事实上，海军面临着一个难题：如何在没有其他可供选择的生产商的情况下迫使纽波特纽斯造船公司在合理成本下生产航母。

美国经济体系中有成百上千家企业进行生产与运营，由于企业对生产价格的掌控能力不同、采用的非价格政策不同，以及维持企业生产所需的利润不同，企业的行为也是各不相同的。有一些企业对生产价格有着绝对的掌控能力，而另一些企业则只对价格存在微乎其微的影响。有些企业在提高生产效率和广告上投入上百万资金，而另一些企业则很少在这些方面进行支出。有些企业在长期中获得大量经济利润，而另一些企业无论管理得再怎么好也没有这样的获益能力。

一个市场的竞争程度决定了企业控制生产价格的能力和持续获利的潜力。我们可以看到的是，随着市场竞争的增加，企业控制市场价格的能力越来越弱，并且取得持续经济利润的可能性也随之降低。

为了说明不同市场的竞争程度，经济学家将市场划分为四种类型：完全竞争市场、垄断竞争市场、寡头市场和垄断市场。完全竞争市场中的竞争最为激烈，而在完全垄断市场中竞争是不存在的。介于两者之间的是与完全竞争市场比较接近的垄断竞争市场以及与垄断市场比较接近的寡头市场。

在这一章中，我们将会分析完全竞争市场和垄断市场的优缺点。下一章则会考虑有关垄断竞争市场和寡头市场的问题。

完全竞争市场

完全竞争市场（perfect competition）是最具有竞争性的市场结构。完全竞争市场具有以下特征：

● **无障碍进出市场。** 新企业可以在看起来有利可图的时候进入市场，而在预感到要产生损失的时候离开市场。举例来说，修理草坪是一个很容易进入的行业，只需要一台割草机、一台轧边机并在当地报纸上发布一则广告，你就可以进入该市场。

● **市场具有大量的买者和卖者。** 这意味着每一家企业的购买或销售在市场交易总额中只占有微乎其微的份额。

● **行业中企业所生产的产品是完全同质的。** 举例来说，一个农夫种植的小麦和另一个农夫种植的小麦是相同的。事实上，品牌偏好和消费忠诚在完全竞争市场中是不存在的。

● **信息是完全的。** 所有买者和卖者都掌握着市场中的一切信息。他们知道关于产品购买、生产和销售的一切信息。

在美国，完全竞争市场是非常罕见的，因为大多数市场都无法满足以上这些假定条件。完全竞争市场这一市场结构的作用体现在提供了一个重要概念来检验现实生活中的市场。然而还是有一些市场大体符合完全竞争市场的全部假定，从而提供了易于进出的高度竞争的市场模型。这其中就包括农业、捕鱼业、股票市场（例如纽约证券交易所）

和外汇市场。

□ 完全竞争市场中的价格接受者

在完全竞争市场，每个卖家或买家在市场中的力量都非常微小，所以他们制定的提供或购买一定数量产品的决策并不会影响市场价格。完全竞争企业被称为**价格接受者**（price taker），因为它们只能被动地"接受"整个市场所决定的价格。

图 5-1 展示了完全竞争市场中普吉特海湾渔业公司的理想状态。在图 5-1（a）中，由市场需求曲线和市场供给曲线的交点所决定的市场价格为每磅鱼 7 美元。一旦市场价格确定，普吉特海湾渔业公司只能以该价格卖出所有想要卖出的鱼，因为它在市场供给中只占有很小的份额。在图 5-1（b）中，普吉特海湾渔业公司的需求曲线为市场价格水平上的一条水平直线。这条需求曲线也是该企业的价格线。需要强调的是该企业的产量远远小于市场总产量。举例来说，市场中可能有上百家渔业公司，所生产的产量比普吉特海湾渔业公司多出好多倍。

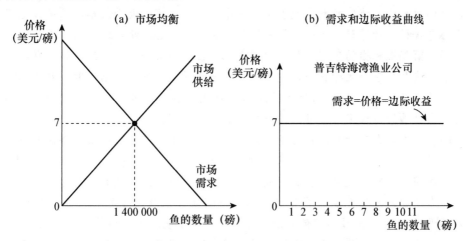

图 5-1　完全竞争厂商的需求曲线和边际收益曲线

作为价格接受者，普吉特海湾渔业公司以市场所决定的价格销售产品。该企业的需求曲线水平并且和边际收益曲线重合。

为什么普吉特海湾渔业公司不试图把价格提升到高于 7 美元的水平呢？原因在于，在完全竞争市场，许多企业都是以每磅 7 美元的价格销售鱼。如果普吉特海湾渔业公司使自己的价格高于 7 美元，该公司将卖不出一条鱼。与此对应，公司也不会把价格定在低于 7 美元的水平上，因为公司完全能够以市场价格卖出全部鱼，而且低于市场价格的价格水平将会降低企业的收益。

▶ **经典案例**　　**史蒂夫·乔布斯：一个伟大的革新者**

在市场经济中，革新者会在新机会刚刚出现的时候就迅速发现可以从中获利的方法。革新者们自由地追逐着适合自己并且自己感兴趣的东西，并从常人难以想象的微小机会中获取利益。让我们来看一下史蒂夫·乔布斯（Steve Jobs）的故事吧。

下一次你用 iMac 电脑、用 iPod 音乐播放器听歌或者从 iTunes 上购买在线音乐时，记住史蒂夫·乔布斯这个名字，是他将这些革命性的科技带给了大家。乔布斯于 1955 年出生在洛杉矶，1976 年和史蒂夫·沃兹尼亚克（Steve Wozniak）合伙成立苹果电脑公司，并在 30 岁之前成为身价达上百万美元的大富豪。

身为一个被收养的孩子，乔布斯很早就对技术有一定的认识。12 岁的时候，乔布斯获得了一个在惠普集团实习的机会。上学之余，他在那里参加了电子知识的课程并在暑假期间工作。在实习期间，乔布斯遇到了一个从加利福尼亚大学伯克利分校辍学并且热衷于发明电子小配件的设计达人，史蒂夫·沃兹尼亚克。

从俄勒冈州波特兰里德学院辍学后，乔布斯于 1974 年在雅达利有限公司（Atari）做电子游戏设计师。他参加了沃兹尼亚克电脑俱乐部的会议并很快就说服沃兹尼亚克协助自己开发个人电脑。他们俩在乔布斯的卧室里设计电脑并在乔布斯的车库里组建了电脑原型。

受自己的成果激励，乔布斯和沃兹尼亚克合伙成立了苹果电脑公司。为了筹集创业资金，他们把自己最值钱的财产变卖了：乔布斯卖了自己的大众汽车，而沃兹尼亚克则卖掉他的惠普科学计算器，最终他们筹集到了 1 300 美元。带着这些现金资产以及在当地电子供应商那里积攒的良好信誉，他们建立了自己的第一条生产线。乔布斯将公司命名为苹果。这个名字产生于乔布斯关于他在某一年暑假在波特兰附近做果农的记忆。

1976 年，乔布斯和沃兹尼亚克开发出了他们的第一台电脑，并称之为 Apple Ⅰ。他们将这台电脑的价格定为 666 美元并靠着这款电脑获得了总共 774 000 美元的收入。接下来的一年里，乔布斯和沃兹尼亚克开发出 Apple Ⅱ，这是第一款获得巨大成功的个人电脑。早期只有"技术员"才具有使用电脑的能力，但 Apple Ⅱ 可以出现在办公室、教室和小房间里。它也是第一台具有鼠标、图标和电脑制图软件的个人电脑。

从乔布斯创立苹果电脑公司开始，他便持续地带来改变世界的产品。2001 年，乔布斯的苹果 iPod 音乐播放器促使音乐产业大爆炸式发展。2003 年成立的 iTunes 音乐商店第一次说服主要的唱片公司向市场提供在线音乐。现在，很少有人会质疑乔布斯的创新能力和对市场的掌控能力。

资料来源：Laurie Rozakis and Dick Smolnski, *Steven Jobs*：*Computer Genius*（Rourke Enterprises，Vero Beach，FL，1993）；and Alan Deutschman, *The Second Coming of Steve Jobs*（New York：Random House，2001）.

对于完全竞争厂商来说，**总收益**（total revenue，*TR*）是每单位价格（*P*，这里为 7）乘以产量水平（*Q*），也就是 $TR = P \times Q$。总收益的增长量特别重要，它代表销售每一产出所带来的总收益的增加。我们把这种增长量称作**边际收益**（marginal revenue，*MR*）。从数学角度来讲，边际收益表达式为 $MR = \Delta TR / \Delta Q$。

对普吉特海湾渔业公司来说，当鱼的销售量为零时总收益也为零。随着第一磅鱼的卖出，总收益从 0 增加到 7（$7 \times 1 = 7$）美元，所以边际收益为 7 美元。随着第二磅鱼的卖出，总收益从 7 美元增加到 14 美元，所以边际收益仍为 7 美元。由于总收益随着鱼的销售以固定的额度增加，所以边际收益是不变的，即 7 美元。

对完全竞争厂商来说，市场价格和边际收益的关系是怎样的？在图 5-1（b）中，我们可以看出作为价格接受者，普吉特海湾渔业公司以每磅 7 美元这一不变的价格销售鱼。我们也可以看出售出的每磅鱼给公司所带来的边际收益等于 7 美元。因此，在完全竞争市场中，价格等于边际收益，$P=MR$。

完全竞争市场： 短期利润最大化

我们刚刚学习了完全竞争厂商的需求曲线和收益曲线。接下来我们把厂商收益和成本的信息结合起来，从而找出能使短期利润最大化的产量。

□ 边际收益等于边际成本规律

边际收益代表每一单位产出所带来的总收益的增量，而边际成本（MC）代表每一单位产出所带来的总成本的增量。如果边际收益大于边际成本，那么随着产量的增加，总收益的增加量将会大于总成本的增加量。由于总利润是总收益和总成本之间的差额，随着产量增加，总收益增量大于总成本增量意味着总利润的增加。与此相反，如果边际成本大于边际收益，那么降低产量则会增加总利润。当边际收益等于边际成本，即 $MR=MC$ 时，企业实现利润最大化。在经济学术语中，我们把这种情况称作**边际收益等于边际成本规律**（marginal revenue＝marginal cost rule）：总利润在边际收益等于边际成本时达到最大。这条规律适用于任何市场中的所有企业。

在完全竞争市场中，边际收益等于边际成本规律可以稍微改动一下。由于完全竞争厂商的价格和边际收益相等，所以当价格等于边际成本，即 $P=MC$ 时，企业实现利润最大化。这是边际收益等于边际成本规律的一种特殊情况。

有可能下一次购买汽车时你可以从价格等于边际成本规律中受益。汽车销售商希望最后达成的价格至少能够弥补包括固定成本和可变成本在内的所有成本。然而，有可能销售商愿意在边际成本上将汽车卖给你，这意味着买车的价钱仅仅相当于批发价加上其准备这辆车所消耗的劳动时间。只要价格超过边际成本，销售商可以通过销售这辆汽车增加利润。如果你是个经验老到的讲价高手，你能够以远低于平均总成本的价钱买到汽车。

□ 利润最大化

图 5-2 展示了完全竞争市场中普吉特海湾渔业公司的收益曲线和成本曲线。与预期的情况相同，平均总成本曲线和边际成本曲线为 U 形曲线。企业的需求曲线水平，这意味着在所有产量水平上价格都等于边际收益。

在图 5-2 中，普吉特海湾渔业公司在卖出 2 500 磅鱼的时候，边际收益等于边际成本，企业获得最大总利润。企业的价格为每磅 7 美元，总收益等于 17 500（7×2 500＝17 500）美元。由于 2 500 磅鱼的平均总成本为每磅 6 美元，所以这些鱼的总成本为 15 000（6×2 500＝15 000）美元。企业总利润为 2 500（17 500－15 000＝2 500）美元。图中的阴影部分就代表该企业的总利润。

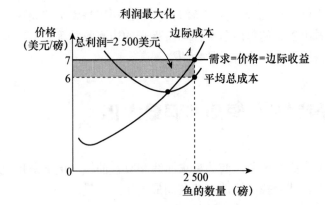

图 5-2　完全竞争企业利润最大化

如图所示，普吉特海湾渔业公司的总利润在生产 2 500 磅鱼的时候达到最大，此时边际成本与边际收益在点 A 处相等。总利润（2 500 美元）等于每单位产出利润（1 美元）乘以利润最大化时的产量（2 500 磅）。

另一种计算总利润的方法是用产量乘以单位产出利润。每单位产出的利润等于价格减去平均总成本（$P-ATC$）。根据图 5-2，利润最大时的产量为 2 500 磅，此时价格为 7 美元，而平均总成本为 6 美元。因此单位利润等于 1（7－6＝1）美元。用 1 美元乘以 2 500 就可以得出总利润为 2 500 美元。

不难发现普吉特海湾渔业公司并不想在单位产出利润最大的时候停止生产，而单位产出利润最大时价格与平均总成本的差额也是最大。由此可见，对企业来说，总利润至关重要，而单位产出利润则显得无关紧要了。这是一个古老的销售问题了。比方说，有可能你能以 5 美元的最大单位产出利润卖出 1 盒学校募捐处的饼干，但如果你以单位产出利润为 25 美分时卖出 100 盒饼干，那么你可以获得更大的总利润。数量的增加完全可以弥补单位产出利润的减少，进而使得总利润增加。对普吉特海湾渔业公司来说，当边际收益等于边际成本时总利润达到最大。

然而，普吉特海湾渔业公司并不能保证自己的利润。举例来说，经济下滑有可能造成企业产生损失。完全竞争厂商的损失最小化将会在本章最后"附录 5.1 损失最小化和停业原则"中进行讲述。

完全竞争市场：　长期调整和经济效率

企业拥有者渴望获得利润而害怕遭受损失。然而从整个经济的角度来讲，利润和损失在合理分配稀缺资源方面具有同等重要的作用。尽管市场经济通常指的是一种获取利润的机制，但事实上它会同时产生利润和损失。对经济效率来说，损失非常重要，因为损失可以提醒企业是否应该停止生产。让我们来看一看这到底是怎么一回事吧。

完全竞争市场的一个重要特征是该市场结构中的厂商长期生产行为。尽管短期内完全竞争市场中厂商的数量保持不变，但在长期条件下厂商则可以自由地进出市场。由于进出市场非常容易，完全竞争厂商会在最低可能成本处进行生产，在不退出市场的情况下制定最低的价格并使经济利润为零。从消费者的角度讲，这些特征是非常理想的。

让我们再来思考一下普吉特海湾渔业公司的例子吧。假设该公司成本曲线和渔业市场所有其他企业相同。这个假设使我们可以分析典型的或者一般性的公司，并认识到所有其他公司会像该公司那样被市场长期中可能发生的变动所影响。

图5-3描绘了普吉特海湾渔业公司的长期状态。当公司在点A处进行生产时，该公司需求曲线和长期平均总成本曲线的最低点相交。因此公司以每磅5美元生产500磅鱼。其他产量水平会使得公司受到损失，因为公司需求曲线将会低于长期平均总成本曲线。

点A是公司长期平均总成本曲线的最低点。这意味着公司在长期于单位产出可能成本最小处进行生产。竞争迫使企业使用成本最小——因而也是最具经济效率——的生产技术。对整个社会来说，高效率生产非常重要，因为经济学的基础问题就是稀缺性，生产效率与稀缺性问题都是研究如何在给定资源的情况下生产更多的产品。是什么导致了完全竞争厂商的长期生产状态呢？市场中任何人都可以自由地进出市场是长期中诸多完全竞争厂商生产状态的基础。

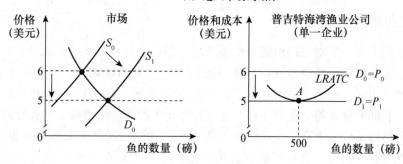

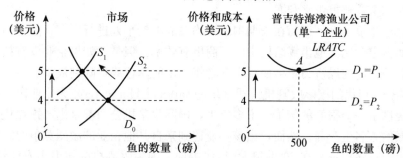

图5-3 完全竞争厂商的长期调整

在长期条件下，竞争价格等于生产的最小平均总成本，因为短期利润促使新的厂商加入竞争行业中来，直到这些利润完全消失。与此相反，短期损失会促使厂商离开行业，直到产品价格可以弥补平均总成本。在长期均衡点上，价格等于最小平均总成本，此时企业获得正常利润。

□ 企业进入市场的结果

让我们思考一下卖家进入完全竞争市场会产生怎样的结果吧。从图5-3（a）中我们可以看出渔业市场的均衡价格为图中市场供给曲线（S_0）和市场需求曲线（D_0）的交点所决定的每磅6美元。当市场价格为每磅6美元时，普吉特海湾渔业公司的需求曲

线为图中的曲线 D_0。由于企业需求曲线位于企业长期平均总成本曲线上方，所以企业获得经济利润。然而随着时间的流逝，经济利润吸引新的竞争者进入市场。由此带来的市场供给的增加导致市场价格的下降以及经济利润的减少。新厂商持续进入市场，直到市场供给曲线到达曲线 S_1 处，价格跌落至每磅 5 美元，普吉特海湾渔业公司经济利润降为零。一旦经济利润消失，新厂商将不再进入市场。

个人电脑行业是新厂商进入市场并使价格下降的一个很好的例子。当 IBM 公司于 1981 年生产出第一台电脑时，它并没有面临任何竞争。IBM 将一台个人电脑的价格定为 7 000 美元并获得巨大的经济利润。这吸引了其他企业的注意力，比如康柏和戴尔，这些企业相继投入到个人电脑的开发与生产中，并生产出与 IBM 电脑质量相同的产品。当这些企业进入个人电脑市场中时，市场供给增加，价格下降，所有厂商经济利润下降。今天，买家能够以 400 美元或者更低的价格购买到比 1981 年老式电脑强大 29 倍的个人电脑。值得注意的是，尽管 IBM 并不满足完全竞争的所有假设条件，该企业还是阐明了厂商可以自由进入市场的行业在长期中会发生怎样的变动。

□ 企业退出市场的结果

现在我们来看一下卖家退出完全竞争市场会带来怎样的结果。从图 5-3 (b) 中我们可以看出渔业市场均衡价格为市场供给曲线（S_2）和市场需求曲线（D_0）的交点所决定的每磅 4 美元。在这个价格水平下，所有企业遭受损失，因为每磅鱼的供给成本超过了价格。利润的损失将会使得一些企业选择停止生产并退出市场。这会导致市场供给的减少并使得市场价格上升。企业的大批离去会持续到市场供给曲线到达曲线 S_1 处而价格上升至每磅 5 美元。在每磅 5 美元的价格水平下，留在市场中的企业经济利润为零。市场的自由进出会导致完全竞争企业在价格等于最小平均总成本的生产水平上进行生产。此时，企业获得正常利润。

尽管完全竞争条件下厂商在长期中于平均总成本最小处进行生产，这并不意味着完全竞争厂商肯定会比其他市场结构中的厂商更有效率。但是，如果企业没有技术上的障碍，完全竞争市场的经济力量会使得生产者将产出的单位成本降到最小。

20 世纪 80 年代的国际收割机公司（International Harvester）为企业离开市场所产生的结果提供了一个很好的例子。十多年来，国际收割机公司都是生产拖拉机等农业设备生产领域的著名生产商。然而，当该企业遇到来自其他企业的激烈竞争时，它的收益下降并且出现经济损失。在 20 世纪 80 年代中期，国际收割机公司退出农业设备市场。今天，该企业以纳威斯达国际公司（Navistar International Corporation）的名义生产卡车、校车和机器设备。值得注意的是，尽管国际收割机公司并不满足完全竞争的所有假定，它还是阐明了企业可以自由退出市场的行业在长期中将会发生怎样的变动。

□ 在线音乐新企业前途暗淡？

我们已经学过，当新企业进入竞争市场时价格将会下降，并且每个现存企业的经济利润将会降低。尽管我们现在所要讨论的在线音乐行业并不满足完全竞争的所有假设条件，该行业还是阐明了厂商可以自由进出市场的行业在长期中会发生怎样的变动。

本书作者曾经问过他的经济学原理专业的学生会不会在线下载音乐。学生们笑了，事实上所有人都曾经在线下载音乐。其实，像 LimeWire 这样无偿提供音乐的盗版服务威胁着 BMG、百代和索尼音乐等音乐公司的生存。这也是音乐行业对这些盗版行为和服务屡次提起诉讼的原因。对于音乐行业来说，分享音乐文件等同于偷窃。

21 世纪初，音乐和技术行业寻求一种可以和盗版服务竞争的合法线上音乐服务。然而，公众们普遍认为早期的服务并不能让人满意。这些服务需要按月缴费，并且主要集中在"流媒体"音乐上，也就是只能在线收听却不能下载的音乐。如果没有缴纳相关的费用，那么收听歌曲的权利就会被剥夺。歌曲通常仅限于在一台到两台电脑上播放，并且歌曲通常不能在便携音乐播放器上播放。将歌曲刻录进光盘的权利也受到了限制，或者需要在每月固定服务费中额外支付一笔按歌曲数量收取的刻录费用。

然而，2003 年，苹果电脑公司建立了第一个真正有用并且合法的国际音乐服务平台，iTunes 音乐商店。这个音乐商店的服务非常简单，每首歌 99 美分——没有其他限制，也不需要其他费用。你可以完全依照自己的喜好购买任意数量的歌曲。一旦你购买了一首歌，这首歌便属于你。你可以把它复制到最多三台电脑上去。你也可以把每一首歌曲复制到任意数量的便携音乐播放器上，并可以将任意一首歌曲复制到任意数量的家庭唱片上。对于苹果音乐商店卖出的每首 99 美分的歌曲，音乐公司都可以获得 65～70 美分的专利费用。苹果音乐商店也需要支付宽带、服务和工作人员的费用。苹果电脑公司最初的目标客户群体是苹果电脑的拥有者，但很快公司就推出了苹果音乐商店的 Windows 版本。

到 2009 年为止，苹果音乐商店占有在线歌曲 75％的市场份额，卖出的歌曲超过 1 000 万首。然而，分析家们疑惑 iTunes 商店能够在风口浪尖上停留多长时间。如果人们掌握了在网络上销售歌曲来获得利润的方法，新的竞争者迟早会跟上苹果电脑公司的脚步。在过去的几年里，亚马逊、微软、索尼和雅虎都开始向在线音乐市场进军，并说服所有大品牌公司与它们签约。它们也能以比 iTunes 商店更快的速度提供更多的歌曲并且没有拷贝限制。这些来自竞争的压力迫使 iTunes 商店降低价格并提高产品质量，以此来保护自己的市场份额。2009 年，iTunes 商店更改了价格政策，以三种价格销售歌曲：69 美分、99 美分和 1.29 美元。价格为 69 美分的歌曲要远远多于 1.29 美元的歌曲，大多数专辑的价格为 9.99 美元。在 iTunes 商店购买的歌曲也能够拷贝或转移到多台电脑上去了。竞争是否会使得苹果音乐商店的前途变得黯淡呢，让我们拭目以待。

知识点回顾

1. 掌握完全竞争市场的所有假设条件。

2. 为什么完全竞争厂商是价格接受者？

3. 企业如何决定利润最大化的产量水平？

4. 为什么完全竞争企业在长期于平均总成本曲线最低点处生产产品？为什么在长期企业的经济利润为零？

▌ 垄断

如果你进入小城镇的大学，你会发现你只能从一家商店购买课本。你的大学或学院食堂通常也是这种情况。在学校食堂里售卖食品的企业通常是大学或学院特许经营的企业。又比如，你去国家公园或冰雪圣地游玩并在景区里的一家餐馆吃饭时，你很有可能正在从一家被授予排他经营特权的企业那里购买食品。我们将会学到，当一个企业没有面临竞争时，与在市场中面临更多竞争的情况相比，该企业可以收取更高的价格并生产更少的产品。让我们来看一下这样一个市场，在该市场中竞争严重地被进入壁垒所限制，这种情况被称作垄断。

垄断（monopoly）是指整个市场中只有一个厂商提供产品或服务并且没有替代商品的市场结构。在垄断市场中，企业（垄断厂商）和整个行业是相同的概念。很多年来，地区电力、天然气、水和电话服务的供应商都是当地垄断厂商的代表，然而，在过去的两个世纪里，这些行业的竞争开始增加。

每次当你用纸币在进行现金支付的时候，比如说美元纸币，你是否知道你在使用一种来自类似垄断企业的产品？从 1879 年开始，美国印钞局所购买的所有纸张都来自一家生产商：马萨诸塞州达尔顿 Crane 公司。美国印钞用纸依赖于一家企业并不是独一无二的事；其他大多数工业国家的印钞用纸也会依赖于单一的国内供应商。

一个企业如何变成垄断企业呢？垄断企业的第一个条件是所生产的商品或服务没有近似替代物。如果一件商品有近似替代物，即使只有一家厂商有可能生产这种近似替代物，生产该商品的企业也会面临来自其他生产替代物的企业的竞争。然而值得注意的是，技术进步和创新会创造新产品并因此削弱垄断企业的市场垄断程度。举例来说，电子邮件和传真机的发展削弱了美国邮政署对递送平信邮件的垄断程度。卫星的发展也削弱了当地有线电视企业的垄断。再比如，无线电通信领域的技术进步，例如移动电话的发展，大大削弱了当地电话企业对电话业务的垄断。[1]

进入壁垒

垄断的另一个特征是市场存在进入壁垒，从而使得新的企业进入市场变得艰难乃至根本不可能。**进入壁垒**（barriers to entry）是政府或企业为了保护已在市场中的企业不受潜在竞争的威胁而设立的障碍。

在航空业中，垄断企业从高的进入壁垒中受益。首先，很多大型机场的起飞与降落跑道的使用限制在很大程度上阻止了竞争企业进入航空市场。这些跑道受到联邦法律的分配，旨在限制交通高峰时段飞机起飞和降落的次数。并且，新企业在加油站、售票厅和行李寄存处这些机场设施的使用上也经常受到限制。不仅如此，为了打击企图进入市场的竞争者，垄断性航空公司会施行残酷的降价政策。调查研究表明几个主要的被少数航空公司掌控的机场比那些航空公司之间激烈竞争的机场有着更高的航空费用。在具有垄断性质的机场乘坐飞机的乘客普遍比在竞争性机场乘坐飞机的乘客多花 40%。

---

① U. S. General Accounting Office, *Aviation Competition*：*Challenges in Enhancing Competition in Dominated Markets*，March 13，2001.

□ 法律壁垒

很多法律壁垒是由政府政策设立的。举例来说，专利通过在一定时期内给发明者（比如微软）生产特定商品（比如 Windows 电脑软件）的专一权利来阻止其他生产者的进入。版权是指授予特定文章、音乐或喜剧的作者或作曲家的特有权利。许可证控制着例如制药、法律和建筑等特定职业的进入条件。公共特许经营权给使用者提供一种商品或服务的唯一合法权利。例如美国邮政署就具有递送平信的唯一权利。公共特许经营权的另一个例子体现在高速公路上。在那里，特定的公司拥有着售卖食品和汽油的唯一权利。

出租车行业是设置法律壁垒将竞争排除在行业之外的鲜明例子。在纽约，政府对出租车数量有着严格的限制，要求每 600 个人对应一辆出租车。这导致该城市有大约13 000 辆黄色出租车提供服务。要想开出租车，人们必须获得相关驾驶许可证并且在引擎盖上刷制特定标识，以此来证明自己的合法性。相关的驾驶许可证以拍卖的形式归属于出价最高的竞价人。尽管出租车司机们经常抱怨每星期工作量超过 60 个小时并不是一件容易的事情，并且会遇到歹徒与不礼貌的顾客，他们仍然愿意为驾驶许可证支付超过 200 000 美元。为什么呢？因为对竞争的限制降低了出租车服务的供给量，提高了乘车费用，并使得市场中的出租车扩大了自己的市场份额。出租车司机们获得的额外利润来自顾客所支付的费用和被排除在外的出租车竞争者。在纽约开出租车是有利可图的，并且当出租车司机决定不干的时候，他们很容易就可以卖出自己的许可证。

□ 对关键生产要素的控制

独自控制原材料和其他生产要素的全部供给是另一种阻止潜在竞争者进入行业的办法。在 20 世纪初到第二次世界大战末期这段时间里，美铝公司（Aluminum Co. of America）通过控制世界上大部分的铝土矿（铝的生产需要使用铝土）垄断着美国铝业。与此相似，加拿大国际镍矿有限公司（International Nickel Co. of Canada）一度拥有几乎全世界所有的镍矿。在职业运动领域，与国家冰球联盟（National Hockey League，NHL）、国家橄榄球联盟（National Football League，NFL）和国家篮球联盟（NBA）竞争实在是一件不可能的事情。为什么呢？这些球队已经和最好的球员签约并且租赁最好的场馆。此外，任天堂（Nintendo）通过阻止游戏设计师为其他人设计游戏来削弱竞争对手的实力，陶普斯口香糖公司（Topps Chewing Gum）通过与球员签订专项合同的方法对棒球卡片实现了长达 14 年的垄断。

□ 规模经济

规模经济也会引发垄断。当一家企业可以凭借与两家或者更多企业共同提供商品的情况相比更低的单位产出成本向整个市场提供商品的时候，**自然垄断**（natural monopoly）发生。垄断者通过在整个市场需求范围内利用规模经济的优势降低平均总成本。

图 5-4 展示了北方能源有限公司（Northern States Power）的理想情况，这是一家为明尼苏达州圣克劳德市居民提供电力的自然垄断企业。假设市场的电力需求等于 500

万千瓦时。给定企业平均总成本曲线（ATC），我们可以明显地觉察到规模经济——在相关的生产范围内平均总成本持续降低。作为唯一的生产者，北方能源有限公司能够以每千瓦时 7 美分的成本为整个圣克劳德市场提供电力，此时总成本为 35 万（0.07×500 万＝35 万）美元。

如果不是一家垄断企业为圣克劳德市场提供服务，假设市场被五个竞争性企业平均占有，并且每一家企业的成本曲线都和北方能源有限公司的平均总成本曲线相同。当每一个企业生产 100 万千瓦时的时候，单位产出成本等于 11 美分，因此每家企业的总成本等于 11 万（0.11×100 万＝11 万）美元，市场的总成本为 55 万美元。

比较北方能源有限公司独自占有圣克劳德市场所需的成本和五家竞争性企业的成本，我们可以看出，由于规模经济的存在，垄断会使得整个市场的总成本达到最低。北方能源有限公司能够以 35 万美元的成本提供 500 万千瓦时的电力，而同等产量水平下五家竞争性企业的成本却等于 55 万美元。很明显，假设北方能源有限公司是市场中第一家生产企业，规模经济的存在为北方能源有限公司提供了一道阻止其他竞争者进入市场的障碍。

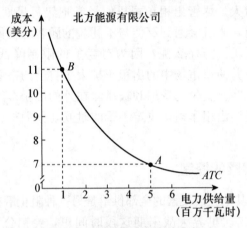

图 5-4　规模经济和自然垄断

规模经济导致平均总成本可能在整个市场产量范围内递减。在这种情况下，一家企业能以比两家或多家企业更低的成本为消费者提供服务。这就是自然垄断。

很多公共服务，例如天然气行业、用水行业、电力行业、有线电视行业和本地电话行业的企业，一直被认为是自然垄断企业。政府在特定地域给予这些企业特有的经营权利。在规模经济下，企业能够生产大量产品来降低平均总成本。政府通过规范垄断企业的行为来保证行业节省出来的成本能够以更低价格的形式造福于公众。

有线电视：为什么费率那么高

回想一下，垄断的存在需要进入壁垒，无论进入壁垒是技术、法律还是其他类型的。有线电视企业的拥有者经常从服务特定社区的垄断特权也就是法律壁垒中受益。司法部反垄断部门的主管认为有线电视行业是"美国经济中最顽固的垄断行业之一"。[1]

---

[1]　Statement of Joel Klein, Assistant Attorney General, May 12, 1998, announcing a U. S. Justice Department suit to block Primestar Inc. from acquiring direct broadcast satellite assets of Newscorp and MCI.

现代经济学原理（第六版）

有线电视系统的拥有者认为他们的垄断地位是由于有线电视行业是自然垄断行业，就像公共服务一样。关键因素是高昂的固定成本。竞争厂商在城市中建立一个新的有线电视基站能得到什么呢？电视线路和其他技术的基础成本非常高昂。因此，在社区中拥有多套有线系统是没有效率的。大多数有线电视企业由于这个原因而被授予市场垄断特权。所以很少有消费者可以有选择有线电视供应商的权利。

然而，批评家认为有线电视行业不是自然垄断。他们指出，技术进步使得企业可以不用在城市中铺设电线和电缆就可以提供有线电视节目。这些技术包括直播卫星、无线电缆和使用公共载线。并且，当地的电话企业可以轻易地为顾客提供电线。

潜在的竞争者面临着另一个进入壁垒：获得高质量的电视节目。有线电视的运作方式是这样的，企业必须从网络提供者比如 ESPN、TNT 和探索频道那里得到节目。这些节目是有线电视服务的重要组成部分，没有这些节目便不可能销售有线电视服务。根据行业分析师的研究来看，由于节目制作人直接隶属于有线系统企业，或者是由于有线电视企业利用自己的市场力量说服节目制作人，因此节目制作人并不愿意将节目卖给有线电视行业的潜在竞争企业。没有这些节目，竞争者的劣势便非常明显。

尽管有线电视企业拥有相当稳固的垄断地位，来自替代生产商的竞争还是出现了。21 世纪初，卫星电视和电话企业开始进入有线电视市场。随着越来越多的人选择卫星电视，有线电视企业面临着维持收视率的压力。几家全国最大的有线电视企业引入了更便宜的套餐，目的是提高效率以便与卫星电视企业所提供的吸引人的服务竞争。其他没有降价的有线电视企业提供了更多的服务，比如提供免费电影和视频片段，以此来吸引消费者。

然而，到 2008 年为止，卫星电视直播的爆发式增长开始减缓，有线电视行业开始复苏，消费者想要从电视节目提供者那里得到的服务也发生改变。例如有线电视系统公司（Cablevision Systems）和时代华纳公司（Time Warner）这样的有线电视企业开始以更具有竞争力的价格提供视频、电话和高速上网等服务来吸引消费者。技术差距限制卫星电视节目提供者提供电话服务并限制它们提供高速上网服务的能力。电视直播行业将要产生的竞争会是怎样的呢，让我们拭目以待。

■ 戴比尔斯："爱的礼物"

钻石行业为我们提供了另一个关于进入壁垒如何随着时间的流逝被打破的例子。让我们来看一下戴比尔斯（De Beers）集团的案例吧。

20 世纪的大部分时间里，戴比尔斯南非联合矿井是世界最著名的垄断者之一。虽然戴比尔斯矿井的产量只占有世界钻石产量的大约 15%，但是该公司通过购买全世界其他矿井所生产的钻石并转手卖出来垄断钻石的销售。因此戴比尔斯集团能够销售全世界超过 80% 的钻石，并且能够挑选生产厂商和经销商。

戴比尔斯集团控制着钻石价格来最大化自己的利润。通过将钻石的销售数量限制在一定的范围内使得钻石价格超过生产成本，戴比尔斯集团实现了利润最大化。甚至在某些时候，戴比尔斯集团利润占收入的比率超过 60%。

当钻石的需求和价格下降时，戴比尔斯集团减少钻石的售卖数量来维持价格，并在电视和杂志上做广告来刺激需求。你也许看过这些广告，广告里宣传钻石在订婚、结婚典礼和其他一些场合是"爱的礼物"，而且"一颗恒久远"。与此相反，当钻石的需求上升时，戴比尔斯集团拿出自己的存货并投入市场以增加钻石的销售数量。

为了维护自己的垄断地位，戴比尔斯集团致力于阻止新竞争企业销售钻石。戴比尔斯集团保留着一批钻石，如果这批钻石投入市场，钻石价格将会降低而竞争者则会因此被挤出市场。举例来说，20世纪80年代初，扎伊尔想要独立地销售钻石。结果，戴比尔斯集团将大量钻石投入市场中，导致钻石价格迅速下跌。于是扎伊尔停止了和戴比尔斯集团的竞争并将自己的钻石出售给了它。

然而，在新的世纪即将到来的时候，许多事件的发生削弱了戴比尔斯集团的垄断地位。人们在安哥拉和加拿大发现了新的钻石产地，这导致戴比尔斯集团控制之外的市场中钻石供给增加。尽管俄罗斯是戴比尔斯集团的合伙人，但是俄罗斯并不听从戴比尔斯集团的指令，它在国际市场上卖出了大量的钻石。澳大利亚钻石生产商阿盖尔集团（Argyle）也决定不再和戴比尔斯集团合作。此外，在西伯利亚地区发现的钻石新产地增加了钻石产量，进一步降低了戴比尔斯集团的垄断程度。到2000年为止，戴比尔斯集团只控制着世界钻石产量的40%。

2001年，戴比尔斯集团放弃了对世界钻石供给的控制。该公司宣布自己会改变公司架构，从一个钻石联盟逐步向一家销售戴比尔斯品牌下高质量钻石的公司转变。因此，该公司也会减少钻石库存量，同时采取相关措施，通过促销来增加钻石需求。戴比尔斯集团占有钻石市场巨大的市场份额并拥有能够控制自己生产水平的能力，它在未来对钻石价格影响巨大。然而，戴比尔斯集团的垄断地位不会持续下去。钻石行业的竞争终究会来临。

垄断厂商的利润最大化

在前面的章节中，我们学了戴比尔斯集团通过控制世界钻石生产来获得巨大的利润。现在让我们考虑一下垄断厂商如何选择价格和产量来实现利润最大化。

价格和边际收益

完全竞争厂商是价格接受者，受到所处市场的控制。企业面临水平的需求曲线，并且以市场供给与需求所决定的价格销售产品。由于每增加一单位产品的销售都会使总收益固定增加（固定增加额等于价格），所以企业的边际收益保持不变，等于产品价格。

与完全竞争厂商相反，垄断企业是价格制定者，可以决定自己的产品价格。为什么呢？垄断厂商是所销售产品的唯一生产者，因此企业的产量决策势必会影响其生产价格。企业价格只有在产量下降时才会上升，相反，产量只有在价格下降时才会上升。垄断厂商与完全竞争厂商不同，它面临着向下倾斜的需求曲线。值得注意的是，垄断厂商在决定产量和价格的时候并不能完全不受市场力量影响。尽管垄断厂商可以任意决定自己的生产价格，但厂商知道价格越高，能够销售出的产品数量越少。因此，垄断企业面临向下倾斜的需求曲线而不是完全水平的需求曲线。

表 5-1 展示了戴比尔斯集团的需求和收益情况，戴比尔斯集团通常被认为是钻石销售行业的垄断厂商。根据表中的第一列和第二列，随着戴比尔斯集团降低钻石价格，钻石需求量上升。举例来说，戴比尔斯集团可以选择 3 600 美元的价格，此时消费者对钻石的需求量为 1 颗。公司也可以将价格降到 3 200 美元并销售 2 颗钻石。[①] 图 5-5 将这些信息转化为图的形式。该图展示了戴比尔斯集团向下倾斜的需求曲线。

表 5-1　　　　　　　　　　戴比尔斯集团垄断和收益表

钻石数量（颗）	价格（美元）	总收益（美元）	边际收益（美元）
0	4 000	0	——
1	3 600	3 600	3 600
2	3 200	6 400	2 800
3	2 800	8 400	2 000
4	2 400	9 600	1 200
5	2 000	10 000	400
6	1 600	9 600	−400

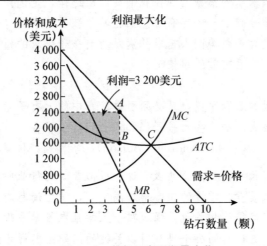

图 5-5　垄断厂商利润最大化

　　该图展示了戴比尔斯集团通过生产 4 颗钻石来获取最大利润，该产量水平正好是边际收益曲线和边际成本曲线交点处的产量水平。在该产量水平处，价格（2 400 美元）超过平均总成本（1 600 美元），两者的差额就是单位产出利润（800 美元）。公司的总利润（3 200 美元）由单位产量利润与利润最大化的产量水平相乘得出。

　　表 5-1 的第三列展示了戴比尔斯集团的总收益，通过将市场价格和钻石数量相乘（$TR = P \times Q$）可以得出总收益。价格和需求量都发生变化会导致总收益发生变化。举例来说，当钻石价格从每颗 3 600 美元降低到每颗 3 200 美元的时候，钻石需求量从 1 颗增长到 2 颗，总收益将会从 3 600 美元增长到 6 400 美元。

　　表 5-1 的第四列显示了戴比尔斯集团的边际收益情况。回想一下，边际收益是每多销售一单位产品所带来的总收益增加额。在表中，随着戴比尔斯集团钻石销售量从 1 颗增加到 2 颗，总收益从 3 600 美元增加到 6 400 美元。因此第二颗钻石的边际收益等

---

　　① 实际上，戴比尔斯集团每年销售好几千颗钻石。为了易于我们理解，我们假设该公司仅仅销售很少的钻石数量。

于 2 800（6 400－3 600＝2 800）美元。和其他边际变量一样，边际收益是由不同产品数量之间特定变量的差额计算出来的。值得注意的是，随着戴比尔斯集团销售更多的钻石并降低价格，每一单位销售量所带来的边际收益低于价格。将这些信息绘制成图 5-5，我们会发现垄断厂商边际收益曲线是向下倾斜的并且位于企业需求曲线下方。

□ 利润最大化

尽管戴比尔斯集团不能控制人们在不同价格水平下对钻石的需求量，该公司可以选择一套特定的价格-产量组合来实现自己的利润最大化。企业如何确定这套价格-产量组合呢？根据前面学过的利润最大化规律，企业在边际收益等于边际成本时的产量水平上进行生产可以实现总利润最大化。

▶ **经典案例** **教育抵用券制度会促进美国教育体制的发展吗**

教育抵用券制度并不会起作用。小班制和学术项目可以促进美国教育发展，这才是我们将来应该采取的措施。现在我们要做出选择，是选择目前还只是理论而且只能够帮助一小部分孩子——却有可能牺牲其他孩子的利益——的措施，还是选择较为合理的符合绝大多数美国人需求并满足所有孩子需求的措施，答案是显而易见的。让我们去做正确且有效的事情吧。

——美国教师联盟

竞争作为有效的激励手段，是必须引进教育中的。有了竞争，老师和学校管理者可以再次拥有强大的动力去为孩子们和家长们提供服务。

—— 安德鲁·库尔森（Andrew Coulson），华盛顿特区基础教育政策部门学者

几十年来，很多家长都被美国公共教育这一近似垄断的行业所困扰。考虑到美国初级教育和二级教育的低质量，学校的辍学率居高不下，学生读写能力和计算能力逐年下降，家长们好奇，对家庭征收相关税，强迫孩子上学且在教学手段、宗教教育和其他方面都没有选择的机会，这样真的公平吗？所以关键的问题是怎样才能使我们的教育体制更加有效？

一种方法是对小学和中学的教育结构进行重组，给家长提供教育抵用券（一笔规定数量的资金）来为孩子提供教育资金。这将使得孩子可以在私立学校和公立学校之间进行选择。该项目是这样运行的：假设公立学校的教育成本为每个学生 5 000 美元。对每个学龄儿童，家长都会收到 5 000 美元的可赎回教育抵用券。如果一个家庭决定将孩子送到公立学校就读，那么就可以使用抵用券并且不会额外收取费用。这个家庭也可以把孩子送到别的学校，公立学校、私立学校都可以，并且可以用抵用券支付教育费用。举例来说，假设一名学生进入私立学校的教育成本为每年 6 000 美元。这个家庭可以使用抵用券并支付 1 000 美元给学校。学校会将抵用券转交给政府并收到 5 000 美元。

支持者认为教育抵用券可以将竞争引入教育行业。电脑与网络科技的发展与进步将会为学习提供新的途径。新的教学手段将会取代老式教学方法，教育的成本将会下降而质量将会上升。举例来说，当包裹和信件递送服务行业开始引入竞争时，当电话行业垄断消失时，当航空行业开始重新洗牌时，当日本迫使美国汽车行业改变生产方式时，以

上的情况确确实实发生了。公立学校必须面临参与竞争或者关门的抉择。

现在控制着公立学校垄断的教师联盟是不会期待竞争的。然而，教育抵用券制度的支持者们宣称潜在的受益者将会有很多。学生们将会从教育质量的提升中受益。好多老师将会从更广泛的服务市场中受益。现存的私立学校将会从更高的竞争程度和获得进一步提升教育质量的额外费用中受益。

教育抵用券提案受到私立学校的质疑，私立学校将该项目看作对它们教学报酬和工作保证的威胁。此外，它们也害怕抵用券体系在提升教育质量方面是没有效率的，尤其是在某些群体中。这些群体中的家长受教育水平普遍偏低，与受教育水平高的家长比起来，他们不能做出经深思熟虑的选择也不能影响学校的教学策略。结果，任何抵用券体系都需要解决额外费用以及在学校里那些具有特殊需要的孩子的教育措施这一现实问题。

国家经济研究局（National Bureau of Economic Research）的专家们研究了抵用券对学生成长的作用。在1996—1999年期间，专家们比较了参加抵用券项目的密尔沃基公立学校的学生与没有参加抵用券项目的威斯康星州其他公立学校的学生的考试成绩。他们发现对密尔沃基的学生来说，数学成绩每年提高了大约7个百分点而其他学校学生的数学成绩每年只提高4个百分点。他们还发现密尔沃基的学生社会学科的成绩每年提高4.2个百分点而其他学校学生的社会学科成绩每年只提高1.5个百分点。专家们由此而得出了与他们研究贫富地区教育税收与学生成绩之间关系相似的结论。专家总结，抵用券引发的竞争对学生进步有着很大的积极影响。不过他们指出，这项研究仅仅以威斯康星州的实验为基础。对于整个国家和其他学科来说，结论是否相同还是一个未知数。事实上，在我们寻找提升教育质量途径的同时，关于抵用券项目的争论还会持续下去。

资料来源：Satyajit Chatterjee，"Ores and Scores：Two Cases of How Competition Led to Productivity Miracles，" *Business Review*，Federal Reserve Bank of Philadelphia，First Quarter 2005，pp. 7-15.

图5-5显示了理想状态下戴比尔斯集团收益和成本曲线。该公司将会在4颗钻石的产量水平上实现利润最大化，此时边际收益等于边际成本。在确定可实现利润最大化的产量后，戴比尔斯集团开始对钻石进行定价。为了确定产品价格，戴比尔斯集团找出需求曲线上自身能够卖出可实现利润最大化的产量的最高价格。对戴比尔斯集团来说，销售4颗钻石的最高价格为每颗钻石2 400美元，如图5-5点A所示。将价格（2 400美元）和产量（4颗）相乘，我们可以计算出戴比尔斯集团的总收益为9 600美元。在利润最大化产量水平上，平均总成本为1 600美元。将这一数值乘以4，我们可以计算出总成本等于6 400美元。因此将总利润（9 600美元）与总成本（6 400美元）相减，可以得出总利润等于3 200美元。

还有一种计算总利润的方法。首先将产品价格（2 400美元）与平均总成本（1 600美元）相减得出单位产出利润（800美元）。然后将单位产出利润和利润最大化产量（4）相乘，得出总利润（3 200美元）。

不难发现戴比尔斯集团并没有将钻石的价格定在可能实现的最高价格上。因为戴比尔斯集团是价格制定者，它可以将价格定在2 400美元之上并销售少于4颗的钻石。然而，所有高于2 400美元的价格都不能与边际收益曲线和边际成本曲线交点所决定的利润最大化产量相一致。

戴比尔斯集团是一家垄断厂商，但是这并不意味着它一定会获得利润。钻石需求的下降会导致公司产生损失，这将会在本章末尾"附录5.1 损失最小化和停止原则"中进行讨论。

□ 持续的垄断利润

回想一下，在完全竞争条件下，企业并不能在长期中获得经济利润。由于没有进入壁垒或进入壁垒较低，经济利润的存在会吸引企业进入竞争行业，直到这些利润在竞争中消失。

然而在垄断条件下，相当数量的经济利润却有可能长期存在——如果垄断厂商被进入壁垒所保护。存在进入壁垒时，垄断厂商可以在通过控制价格来实现自己短期利润最大化的同时而不会吸引竞争者前来竞争。因此，在垄断条件下，经济利润的长期存在是可能的。然而，我们需要知道的是，进入壁垒很少是完全的。因此，企业实现长期高额利润的能力也随之受到影响。随着技术的发展和新产品的引入，现在的垄断行业会逐步演变成未来的竞争行业。举例来说，在20世纪60—70年代这段时间里，波音公司在非共产主义国家的飞机生产中占有超过2/3的份额。然而随着20世纪80年代欧洲空客公司的崛起，截至2000年，波音公司的市场份额下降到大约50%。

反垄断案件

从目前来看，垄断并不是一无是处。有时候，垄断厂商能够充分地利用自然垄断条件下的规模经济优势。此外，一些创新性企业，例如IBM和施乐公司，曾经仅仅因为自己是第一家进入该行业的厂商而获得垄断地位。但是为什么人们都不喜欢垄断呢？

想象一个由好多相同竞争企业组成的行业。假设一家企业买断了所有的企业并形成垄断。在成本给定的条件下，与竞争行业相比，垄断企业会将价格定得更高并获取更多的利润，这会使消费者受到伤害。垄断企业通过有意识地控制产量与提高价格来获得额外利润。限制产量增加了社会的成本，因为社会更倾向于消费更多的产品并将更多的资源投入到商品的生产中去。

图5-5展示了戴比尔斯集团作为垄断企业限制产量所产生的影响。在图中，我们可以看出戴比尔斯集团在边际收益等于边际成本的4单位产量水平上生产产品来实现利润最大化。在这个生产水平上，公司平均总成本位于点B。然而，平均总成本的最低点位于点C。由于对产量的限制，戴比尔斯集团不能在平均总成本曲线的最低点进行生产。与此相反，完全竞争行业中的厂商在平均总成本曲线的最低点进行生产。

垄断企业也缺少组织化生产以及降低成本的动力。回想一下，竞争使企业时时刻刻面临着降低成本来保证生存的压力。但是垄断企业由于进入壁垒的存在不会面临竞争的压力，因此并不用在平均总成本最小处进行生产，也不会将生产要素投入最有效率的用途上去，无论产出率如何。对员工低效管理、管理层高额资金，以及公司提供的福利比如机票和度假等等都会导致额外成本的产生。

现代经济学原理（第六版）

不仅如此，垄断厂商并不能保证高质量的服务。你是否曾经为把信件投入已经塞满信件的信箱里而感到烦恼？（作者有过。）你是否因为有线电视企业或电话企业极度缓慢的维修服务而感到气愤——整个城镇只有一家这样的企业？"顾客是上帝"这一短语并没有在由于进入壁垒的保护而免受竞争压力的企业中实现。

垄断企业可能还会引发收入分配的不平等。当垄断厂商的成本等于竞争性厂商的成本，而价格却高于竞争性厂商时，垄断企业实质上对消费者征"税"来增加自己的经济利润。然而这些利润并没有在社会成员中进行合理分配，因为企业股份主要掌握在有钱人手里。收入分配也因此偏向于有钱人。

除此之外，政府赋予垄断企业相当大的权利，比如市场专项特权，使得企业浪费生产资源以保证持续经营。事实上，政治捐款和雇用说客说服政府官员该企业应该获得或保持垄断地位等商业行为花费巨大。从经济效率的角度来讲，这些支出是毫无用处的，因为这些支出并不能对生产有所贡献。

然而，我们需要记住，垄断还是有好处的。回想一下自然垄断，当一家企业为整个市场提供产品时规模经济得到充分实现。而且垄断企业可以避免好几个独立小公司对固定成本的重复性投入——举例来说，一些大型机器能够代替竞争性企业所使用的诸多小型设备，一家销售代理商可以完成一项之前需要好几个买家才能完成的工作。

垄断企业具有促进研发活动的能力，这将会促进新产品的生产、技术水平的提高，以及单位产出成本的降低。巨大的生产资源（利润）使得垄断企业能够支付昂贵的研发项目。此外，由于垄断企业不会面临竞争压力，所以企业不会被日复一日的成本与收益决策困扰。相反，垄断企业可以将眼光放得长远一些，而这对研发项目的成功是至关重要的。

但是关于研发的争论并没有考虑到垄断企业的积极性。垄断企业具有研发能力，但这并不意味着企业一定会进行这样的活动。垄断企业更倾向于在现存产品和科技水平下依据自己的垄断势力获取巨大利润。企业有可能认为对于自身的生存来说，研发并没有必要。相反，竞争性企业只有比其他对手更优秀才可以获得利润，这种压力激励生产者以更低的成本生产更好的产品。

知识点回顾

1. 识别形成垄断的主要进入壁垒。
2. 比较垄断企业和完全竞争企业制定价格的能力。
3. 讨论垄断企业的利润最大化决策。
4. 分析垄断的优缺点。

■ 合法垄断条件下的美国邮政署

尽管垄断条件各不相同，当政府给予企业合法垄断地位来提供服务时也会产生垄断企业。让我们来看一下美国邮政署的情况。

为了保护邮政署不受竞争的影响，联邦政府给予它递送平信的专有特权。邮政署的竞争者们也不能递送处理通知、广告、征求信、大宗信件或其他第三类邮件。此外，没有企业希望邮政署能够向家庭或公司的信箱里投递任何东西，即使家庭或公司希望如此。2009 年，邮政署 80％ 的业务都不曾面临竞争压力。

邮政署拥有巨大的垄断势力。它可以为其他竞争者设立邮政规定并能够有效地决定自己的垄断程度。尽管垄断程度必须得到联邦政府邮政监管委员会的允许，但是如果邮政署官员能够一致表决同意，那么邮政署可以不受邮政监管委员会的管理而根据自己的意愿决定垄断程度。

身为一家合法垄断企业，邮政署在商业基础上得到政府授权，但是没有从政府补贴中收益。和联邦快递这种私人企业不同，邮政署拥有相当的经济优势：企业不需要向政府缴税或向股东分发红利。但是邮政署需要承担公共部门的职责并向整个社会提供邮政服务，不可以仅仅为了利益而提供服务。

支持邮政署合法垄断的人将原因归结为不同的几点。合法垄断是递送信件所必需的企业形式，以此来保证邮政服务在担负起公共服务职能的同时获得充分的收益，包括对全社会开放的普通邮政服务（通常一星期 6 天）。如果没有对私人邮政企业的限制，那么私人竞争企业单纯集中于高收益邮政市场的"撇脂战略"将会降低整个邮政服务行业为全社会提供服务的能力，使得邮政行业不再能以合理统一的价格和质量为全部地区包括偏远地区提供服务。此外，身为唯一的企业，邮政署能够以比好多企业一起存在时更低的价格为国家提供服务。这是由于邮政行业符合自然垄断的经济模式——单位成本随着邮件数量的增加而降低。

然而批评者认为政府授权的邮政垄断会引发很多经济问题。由于并不面临竞争的威胁，邮政署缺少动力去控制成本并保证服务质量。相反，邮政署可以在减少每名员工工作职责的同时为邮政人员发放超额的薪水、津贴和资金。举例来说，邮政署员工的工资比私人邮政企业员工的工资高出 25％～30％。而且邮政署并不向员工施压，督促员工每天竭尽全力降低浪费与成本并为顾客提供最好的服务，而其他企业时时刻刻面临着竞争压力。此外，邮政署对降低成本或提高服务质量的创新成果的反应时间非常漫长，因为它不需要担心竞争者会先利用这些创新成果。邮政署有时候延迟递送邮件、丢失信件（无论有意或者无意）并过分提高邮政价格。对邮政署来说，提高价格远比采取比如反对不合理需求这类降低成本措施简单。

高效也从来不是邮政署的特点。自 1950 年邮票价格为 2 美分以来，如果邮票的价格仅仅以通货膨胀率的速度增长，那么 2010 年你能够以大约 30 美分的价格寄送一封平信。但是实际上邮票价格增长到 44 美分。更高的价格对应着更差的服务。过去，美国邮政署每天在城市里递送两次邮件。而今天，邮政署在星期六停止服务以降低成本。

批评者对邮政署宣称的邮政行业是自然垄断行业的言论也表示质疑。当我们考虑自然垄断的时候，我们会考虑到巨额固定成本，比如那些铺设城市电缆的费用。然而，人工成本占邮政署总成本的 80％ 多，而人工成本占联合包裹服务公司和联邦快递公司总成本的比例分别为 56％ 和 42％。与此相比，邮政署的资本成本反而不是太高。很难理解这种劳动密集型行业的特征竟然是规模经济。在社会实践中，邮政署的身份更多是法律垄断企业——而不是自然垄断企业——这使得它可以持续经营。

尽管邮政署合法垄断了平信和第三类邮件的递送，从 20 世纪 70 年代开始邮政行业的竞争还是迅速增加。私人企业可以递送紧急邮件（夜间邮件）、2天和3天邮件、包裹、无地址广告和期刊。在地区、国内和国际范围内，这些竞争者开始抢占市场份额，而之前这个市场只由邮政署提供服务。

邮政署所面临的来自传真机、电子邮件、电子账单和远程寄送的竞争逐渐增加，这些工具能够让我们在几分钟内发送和接收信息。家庭购物电视节目、投币电话和互动电视节目允许我们按下按键就可以购买票务、衣服和商品。支票也不再经常出现在信箱中，它们现在都是以电子化方式处理。这些技术的进步降低了邮政署的市场份额并导致其收益降低。2000—2010年，邮政投递量下降了大约20%，邮件的平均家庭接收量减少了1/3。

然而美国邮政署的批评家还是认为邮政行业需要更多的竞争。根据批评家们的观点，最近的改革草案是取消其在平信和大宗邮件上的垄断地位。批评者也呼吁将美国邮政署**私有化**（privatization）。私有化的方法之一是将邮政署拍卖给愿意利用它营利的拥有者。他们认为成本的节省和质量的提高能够促使消费者的价格更加合理。几年后，美国邮政署的市场份额将会随着网络和私人企业的竞争而持续减少。

关于邮政垄断对于"促进国家团结"是否存在积极作用的争论已经持续了200多年。有可能在以前这是正确的。但是在今天，网络能够以普通邮件1%的成本将信息送到这个国家最偏远的地方。美国邮政署是否会失去在平信和大宗邮件上的垄断地位，该企业是否将会私有化，让我们拭目以待。

■ 削弱垄断势力：普通药物和品牌药物的竞争

不仅仅是邮政行业的进入壁垒被打破，在处方药行业，进入壁垒也开始消失。根据垄断市场模型，当进入壁垒消失而竞争开始出现时，价格将会下降而产量将会上升，市场效率也会提高。现在让我们思考当普通药物进入市场与品牌药物竞争的情况吧。

几十年来，美国政府建立了关于处方药价格的竞争政策目标。一方面，政府想要保证品牌药物公司有足够的动力去投资新型药物的研发活动。为了实现这一目标，药物公司可以从食品和药品管理局（Food and Drug Administration）获得专利权，获得长达14年的专利保护，这样就可以为企业提供产品的暂时垄断。[①] 在这段时间内，企业可以对它的品牌药物基于研发成本制定价格，以此来获取经济利润。企业因此也就有了研发有利于消费者的新产品的动力。如果没有专利，很多新药物很快便会被其他企业轻易地生产出来，从而使得研发者不能获得与该项投资对等的足够的报酬。举例来说，品牌专利药物包括帕罗西汀（用于治疗抑郁症）和立普妥（用于治疗高胆固醇）。

另一方面，政府想要防止企业对品牌药物制定过高的价格。为了实现这一目标，政府允许普通药物与品牌药物竞争。普通药物是在原材料、用量和疗效方面与品牌药物相同的品牌药物的替代品。因为普通药物是复制品，并不是最初的处方药，所以普通药物

---

① 专利权并没有赋予制药公司全部的垄断力量。通常人们可以根据相同的基本机理研发出治疗一种疾病的几种化学药品。由于一项专利权针对一种专门的化学或生产进程，不同的企业可以获得相似的专利权，进而在相同创新原则的基础上进行药物竞争，并且药物治疗还需要与无药物治疗相竞争。

没有专利。普通药物也主要是以化学名称销售，而不是采用品牌名称。举例来说，帕罗西汀的普通药物版本叫氟苯哌苯醚，而立普妥的普通药物名称是阿托伐他汀。当品牌药物的专利到期时，普通药物生产商将会以竞争者的身份进入市场。

一般来说，普通药物比品牌药物更便宜，因为普通药物企业并不需要支付新品牌药物生产商所需支付的研发成本。目前，美国市场上超过半数的处方药都是普通药物。研究者们调查发现，当普通药物与品牌药物竞争时，药品价格平均降低40％。这使得消费者每年在零售制药行业得以节省估计80亿~100亿美元。考虑到医院也会使用普通药物，节省的资金数额会更大。[①]

此外，普通药物的生产者倾向于与其他企业进行价格竞争，原因之一是企业销售的产品大致相同。尽管品牌药物的标价通常不会随着普通药物竞争者进入市场而降低，部分品牌药物生产商对一些购买者提供折扣和优惠，这些折扣的力度随着普通药物的普及而增大。此外，来自普通药物的竞争促使品牌药物企业生产自己药品的复制品，这样企业就可以以低价售卖普通药物来维持自身的市场份额。简单来看，处方药行业行为与竞争性市场模型一致：当市场中出现竞争时，价格下降，产出增加，经济效率提高。

在这一章中，我们学习了竞争市场和垄断市场条件下企业如何实现利润最大化。下一章中，我们将会学习垄断竞争市场和寡头市场这些不完全竞争市场条件下企业的行为。

知识点回顾

1. 给予中央办公供应系统或美国政府印刷部专有特权，使它们成为政府商品或服务的指定供应商的原因是什么？

2. 为什么美国邮政署在递送平信的服务上具有合法垄断地位？解释一下为什么美国邮政署的批评者们认为邮政行业私有化会促进国家资源合理利用。你同意他们的观点吗？

■ 本章小结

1. 完全竞争市场的特点是拥有数量众多的买者和卖者、厂商生产同质的产品、买卖双方具有完全信息、进出市场自由。

2. 由于完全竞争企业生产的产品在市场总产量中占有微乎其微的份额，所以企业只能被动地"接受"市场所决定的价格。

3. 当市场需求充足时，企业会在边际收益等于边际成本的产量水平上进行生产与销售以实现利润最大化。

4. 如果总收益超过总可变成本，企业会在边际收益等于边际成本的产量水平上进行生产来使短期损失降到最小，而不会选择关门大吉。事实上，此时的损失要小于企业关门时的固定成本

[①] U. S. Congressional Budget Office, *How Increased Competition from Generic Drugs Has Affected Prices and Returns in the Pharmaceutical Industry*, July 1998; and U. S. Government Accountability Office, *Prescription Drugs: Price Trends for Frequently Used Brand and Generic Drugs from 2000 to 2004*, August 2005.

损失。

5. 由于进出市场自由，完全竞争企业在最低可能成本处进行生产，制定保证自己留在市场中的最低价格并且获得的经济利润为零。这些特征非常有利于消费者。

6. 进入壁垒是政府或企业设立的保护已在市场中企业不受潜在竞争威胁的障碍。主要的进入壁垒有法律壁垒、对关键生产要素的控制和规模经济。

7. 与完全竞争企业的水平需求曲线与边际收益曲线不同，垄断企业的需求曲线与边际收益曲线向下方倾斜。与完全竞争企业相同的是，垄断企业在边际收益等于边际成本的产量水平上进行生产以实现利润最大化。

8. 当成本相同时，与完全竞争企业相比，垄断企业生产的产品更少且制定的价格更高，这样它们可以获得额外利润。此外，在长期条件下，利润最大化的垄断企业不会在平均总成本曲线最低点进行生产。然而，规模经济的存在有可能使得垄断企业的平均总成本低于完全竞争企业的平均总成本。不仅如此，与竞争企业相比，垄断企业一般会有更好的资金储备支持实验和研发项目，从而使得垄断企业有机会降低单位成本。

关键术语

完全竞争市场	垄断
价格接受者	进入壁垒
总收益	自然垄断
边际收益	私有化
边际收益等于边际成本规律	停业原则

自测 （单项选择）

1. 美国邮政署由于具有递送哪种邮件的政府专有特权而成为垄断企业？（　　　）

a. 小包裹

b. 大包裹

c. 快递

d. 平信

2. 完全竞争市场不具备下列哪个特征？（　　　）

a. 进出市场自由

b. 市场中企业生产不同的产品

c. 大量的买家和卖家

d. 买卖双方具有完全信息

3. 进入壁垒不包括下列哪项？（　　　）

a. 授予生产者生产一种商品的政府专有特权

b. 高弹性需求曲线

c. 研发新产品所需的巨额广告预算

d. 对原材料供应的独自占有

4. 完全竞争企业通过下列哪项实现总利润最大？（　　　）

a. 在任意价格水平上尽可能地生产产品

b. 制定能够使总收益最大化的价格

c. 制定能够使边际收益等于边际成本的价格

d. 制定能够使价格与平均总成本差额最大化的价格

5. 完全竞争企业（　　）。

a. 可以在短期获得经济利润，在长期不能

b. 可以在长期获得经济利润，在短期不能

c. 可以一直获得经济利润，与收益和成本无关

d. 不会获得经济利润，无论企业获得多少收益

6. 在完全竞争市场，如果企业在短期获得经济利润，（　　）。

a. 新的企业会在长期进入市场，从而使得价格和利润下降

b. 企业会致力于降低产量水平以便提高价格和利润

c. 弱小的企业会在价格开始下降前离开市场

d. 随着越来越多的新企业进入市场，市场供给曲线向左移动

7. 下列哪个行业最符合完全竞争市场的假定条件？（　　）

a. 汽车

b. 商业飞机

c. 钢铁

d. 农业

8. 如果短期价格低于最小平均可变成本，那么霍奇金电力集团（　　）。

a. 应该在边际收益等于边际成本的产量水平上进行生产

b. 应该关闭企业并不再生产产品

c. 将会产生损失但应该在短期内继续进行生产

d. 在短期会获得利润但在长期不会

9. 下列哪项不是完全垄断企业所具有的特征？（　　）

a. 对价格变动高度敏感的需求曲线

b. 阻止其他企业进入市场的障碍

c. 没有相似替代品的产品

d. 由一个卖家组成的行业

10. 如果电力市场是自然垄断市场，由一家企业进行生产比多家小企业共同生产更好，这是因为（　　）。

a. 利润最大

b. 边际收益最大

c. 平均总成本最小

d. 价格最大

■ 问答与应用

1. 假设完全竞争企业以每块电池 10 美元的价格销售 300 块电池。在这个产量水平下，企业总可变成本为 1 800 美元，总固定成本为 600 美元。根据以上信息计算企业单位利润和总利润。

2. 艾迪的比萨店每份比萨价格为 15 美元，且卖出 100 份比萨时获得最大利润。假设企业可变成本为每份比萨 8 美元而总固定成本为 500 美元，在利润最大化产量水平上比萨的单位利润是多少？企业的总利润呢？

3. 假设垄断企业可以以每颗钻石 500 美元的价格卖出 9 颗钻石。而当卖出 10 颗钻石的时候，企业的价格下降为每颗 475 美元。计算第 10 颗钻石的边际收益。

4. 假设在目前的产量与价格水平上垄断企业的边际收益为 20 美元而边际成本为 15 美元。企业将会在价格为（　　　）、产量为（　　　）的时候实现最大利润或最小损失。

5. 表 5-2 展示了约翰电力集团的收益和成本状况。

a. 将表中所包含的信息绘制成图。

b. 这个企业处于什么市场结构中？为什么？

c. 企业总利润最大化的产量水平是多少？价格是多少？

d. 计算企业最大总利润。

表 5-2　　　　　　　　　　约翰电力集团的收益和成本状况

产量	价格＝边际收益（美元）	平均总成本（美元）	边际成本（美元）
10	10	20.80	—
20	10	12.40	4.00
30	10	9.92	5.00
40	10	9.00	6.20
50	10	8.80	8.00
60	10	9.00	10.00
70	10	9.56	13.00
80	10	10.50	17.00

6. 表 5-3 展示了沙雷特科技公司的收益和成本数据。

a. 将表中包含的信息绘制成图形。

b. 这个企业处于什么市场结构中？为什么？

c. 企业总利润最大化的产量水平是多少？

d. 计算企业最大总利润。

表 5-3　　　　　　　　　　沙雷特科技公司的收益和成本数据

产量	价格（美元）	边际收益（美元）	平均总成本（美元）	边际成本（美元）
0	35.00	—	—	—
1	32.00	32.00	48.00	48.00
2	29.00	26.00	30.00	12.00
3	26.00	20.00	23.34	10.00
4	23.00	14.00	21.00	14.00
5	20.00	8.00	20.00	16.00

7. 表 5-4 展示了完全竞争市场条件下电视生产商的短期成本数据。

a. 将表中包含的信息绘制成图形。

b. 假设每台电视的市场价格为 280 美元，求出企业利润最大化时的产量和总利润。

c. 假设每台电视的市场价格为 580 美元，求出企业利润最大化时的产量和总利润。

d. 假设每台电视的市场价格为 160 美元，企业将会继续生产还是关闭？为什么？如果每台电视市场价格为 120 美元又会怎样？

表 5 - 4　　　　　　　　　　　　　　**完全竞争企业的成本数据**

电视数量	平均固定成本（美元）	平均可变成本（美元）	平均总成本（美元）	边际成本（美元）
1	600	200	800	200
2	300	150	450	100
3	200	140	340	120
4	150	146	296	160
5	120	160	280	220
6	100	180	280	280
7	86	206	292	360
8	76	238	312	460
9	66	276	342	580
10	60	320	380	720

8. 图 5 - 6 展示了完全竞争企业面临的短期成本状况。

a. 如果产品价格等于每单位 35 美元，企业将会生产并销售（　　）单位的产品来实现利润最大化或损失最小化。在该产量水平上，企业总收益等于（　　），总成本等于（　　），总利润（损失）等于（　　）。

b. 如果产品价格等于每单位 20 美元，企业将会生产并销售（　　）单位的产品来实现利润最大化或损失最小化。在该产量水平上，企业总收益等于（　　），总成本等于（　　），总利润（损失）等于（　　）。为什么企业愿意继续进行生产而不是关门大吉？

c. 如果产品价格等于每单位 10 美元，企业将会生产并销售（　　）单位的产品来实现利润最大化或损失最小化。为什么？

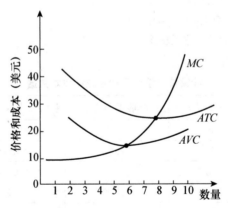

图 5 - 6　完全竞争企业面临的短期成本状况

9. 图 5 - 7 展示了垄断企业面临的需求和成本状况。

a. 为了实现利润最大化或损失最小化，企业应该生产并销售（　　）单位的产品并将价格制定为每单位（　　）。

b. 在利润最大化（损失最小化）产量水平上，企业平均总成本等于（　　），单位利润（损失）等于（　　）。

c. 在利润最大化（损失最小化）产量水平上，企业总收益等于（　　），总成本等于（　　），总利润（损失）等于（　　）。

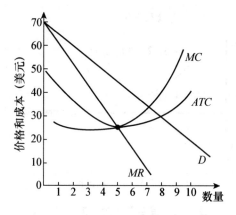

图 5-7　垄断企业面临的需求和成本状况

附录5.1　损失最小化和停业原则

假设需求的暂时下降使得产品价格低于企业平均总成本。面临着所有产出水平上的损失，企业将会如何决策？企业可以继续生产，或者停止生产直至价格上升。假设一下完全竞争企业普吉特海湾渔业公司面临这种情况会采取什么样的措施。

如果普吉特海湾渔业公司停止生产，企业不仅没有收入，还需要支付借款利息、保险费、执照费用和其他在产量为零时就存在的固定成本。这样看来，如果企业停产，那么企业的损失等于企业总固定成本。但是如果企业继续生产，企业可以获得收入，这些收入首先可以弥补总可变成本（工资），然后可以弥补企业总固定成本。对普吉特海湾渔业公司来说，哪种决策能够使损失降到最小？

停业原则（shut-down rule）可以作为短期面临损失时的企业决策原则：如果总收益高于总可变成本，企业应该继续生产。因为收益可以弥补全部的可变成本并且可以弥补部分固定成本。如果企业关闭，那么所有的固定成本损失都要由企业拥有者承担。在边际收益等于边际成本的产量水平上进行生产，企业的损失将会小于企业总固定成本。与此相反，当总可变成本高于总收益时，企业应该停止生产并退出市场。

根据图5-8，假定普吉特海湾渔业公司的总固定成本为3 728美元①，而每磅鱼的价格为4美元。由于价格低于企业平均总成本，企业在任何产量水平上进行生产都会产生损失。那么企业应该在什么样的产量水平上进行生产呢？我们之前学习过的边际收益等于边际成本规律便适用于这种情况。在企业边际收益曲线和边际成本曲线交点处的1 600磅鱼的产量水平上，企业总收益为6 400（4×1 600＝6 400）美元。此外，该产量水平上的平均总成本为每磅5.33美元，因此总成本为8 528（5.33×1 600＝8 528）美元。因此普吉特海湾渔业公司的损失为总收益与总成本的差额，也就是2 128美元。而当选择停产的时候，企业将会损失3 728美元的固定成本。

根据停业原则，普吉特海湾渔业公司应该继续生产，因为企业总收益高于总可变成本。根据图5-8，因为企业平均可变成本在1 600单位产出水平上是3美元，总可变成本等于4 800（3×1 600＝4 800）美元。由于总收益（6 400美元）高于总可变成本（4 800美元），所以两者的差额（1 600美元）便可以用来弥补企业部分固定成本。企业因此遭受的损失（2 128美元）要小于停产的损失（3 728美元）。

---

①　总固定成本可以根据图5-8中的数据计算出来。第一步，计算得出某产量水平——例如1 600磅鱼的产量水平上的平均固定成本；平均总成本（5.33美元）与平均可变成本（3美元）的差额为平均固定成本（2.33美元）。第二步，将2.33美元乘以1 600得出总固定成本为3 728美元。

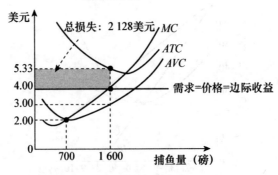

图 5 - 8 完全竞争企业损失最小化

　　因为平均总成本总是高于价格，所以企业在任何产量水平上都会遭受损失。企业在短期可以在价格高于平均可变成本的时候继续生产来实现损失的最小化，因为收益可以弥补部分固定成本。

然而我们需要铭记在心的是，当一家企业一直在蒙受损失的时候，企业不能继续生产；在长期，企业至少需要不赚不赔。

　　除了适用于完全竞争企业，停业原则还适用于其他的市场结构，包括垄断市场、垄断竞争市场和寡头市场（将在下一章学到）。举例来说，假设需求暂时下降引起垄断市场产品价格低于平均总成本。如果企业可以将价格制定在平均可变成本之上，那么企业将通过在边际收益等于边际成本的产量水平上进行生产以使企业短期损失最小化，而不是关闭企业。

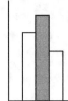

第6章

不完全竞争市场

本章目标

通过本章的学习，你应该能够：

1. 区分垄断竞争市场和寡头市场。
2. 掌握广告的目的和作用。
3. 解释销售者如何成功施行价格歧视。
4. 讨论寡头行为的主要理论。
5. 区分水平并购、垂直并购和联合并购。
6. 解释潜在竞争的威胁如何激励企业生产高质量产品并以合理的价格向消费者销售。

背景资料

在以前上过的美国历史课程中，我们学过 1620 年五月花号船上的英国移民在普利茅斯岩登陆。然而你所不知道的是这些人一开始想要到达弗吉尼亚州而不是马萨诸塞州。是什么导致他们改变航行路线呢？有一名航海家在日记中指出当时船上缺少食品和饮料——尤其是啤酒。简单来说，他们由于没有啤酒而缩短了航行路线！尽管历史学家们会质疑五月花号船上的啤酒供应对美国历史的影响，然而这并不能阻挡啤酒生产成为一个重要行业。

从 20 世纪 30 年代到 21 世纪这段时间里，啤酒生产行业经历了巨大的变化。尽管在这段时期内，啤酒销量增加了一倍，但是啤酒厂的数量下降了超过 90％，从 404 家减少到 29 家。随着数量的下降，啤酒厂规模越来越大，占有的市场份额也越来越多。在今天，最大的五家啤酒生产企业占有美国大约 90％ 的市场份额。这些企业包括安海斯-布希公司（Anheuser-Busch）、米勒公司（Miller）、康胜公司（Coors）、斯特罗公司（Stroh's）和喜力公司（Heineken）。与钢铁、汽车、电力等行业相比，啤酒行业中来自国外生产者的竞争压力从来没有对美国市场产生过重要的影响。事实上，顶级啤酒制造商的集中销售强化了它们的市场力量。

啤酒行业并不满足完全竞争市场的假设条件。在完全竞争市场中，每家公司都是价格接受者，长期经济利润为零。啤酒行业也不符合垄断市场的界定，在垄断市场中，销售者可以凭借进入壁垒规避市场潜在竞争，进而获得持续的经济利润。相对来看，啤酒行业更符合不完全竞争市场的概念，这种市场结构介于完全竞争市场和垄断市场这两种极端市场结构之间。

不完全竞争（imperfect competition）是市场上存在多个销售者同时销售某种产品，并且每个销售者都有一定的制定价格的能力。市场中的单一销售者可以通过控制销售数量或者改变产品品牌或质量的方法来影响产品价格。举例来说，百事可乐的忠实顾客宁愿支付更高的价钱购买百事可乐而不是喜互惠可乐，布洛芬的购买者愿意花更高的价钱购买布洛芬，而不愿意购买阿司匹林。

不完全竞争市场大致可以分为两个类别。垄断竞争市场是其中一种市场结构，在该市场中，大量的企业相互竞争，提供存在差别的相似产品。因此，垄断竞争市场中有着大量的竞争与少量的垄断势力。另一种市场结构是寡头市场，该市场中存在很少的企业相互竞争。寡头市场拥有较多的垄断势力和较少的竞争。

行业集中度

经济学家们用**行业集中度**（concentration ratios）来衡量一个行业的竞争和垄断程度。行业集中度是指在一个行业中，该行业最大的四家企业的销售额占全行业销售额的百分比。行业集中度的范围是0～100%。行业集中度较低说明竞争程度较高：前四大企业产量占行业产量的比重较小，因此会和行业中很多其他企业进行竞争。相应地，较高的行业集中度说明缺乏竞争。在垄断这种极端情形下，行业集中度为100%——最大的企业提供整个行业的产量。

前四大企业的行业集中度可以让我们粗略地知道一个行业是垄断竞争还是寡头。当前四大企业控制着超过40%的行业产量时，该行业通常被看作寡头市场。以这个标准来看，美国大概一半的行业都是寡头市场。当前四大企业占有的行业份额低于40%时，该行业为垄断竞争市场或完全竞争市场，而具体的判定则要根据行业集中度到底有多低。

表6-1展示了美国部分制造行业前四大企业的行业集中度。表中第一部分列举了具有垄断竞争市场特征的低集中度行业。第二部分列举了具有寡头市场特征的高集中度行业。

然而，仅仅依靠行业集中度来衡量行业竞争与集中程度是不严谨的。更重要的是，行业集中度不能够体现来自国外企业和替代品的竞争的影响。举例来说，美国汽车行

表 6-1　　　　　　　　　美国部分制造行业前四大企业的行业集中度

低集中度行业（垄断竞争）		高集中度行业（寡头）	
行业	集中度（%）	行业	集中度（%）
机械	2	烟卷	95
面包	4	啤酒	91
钢印	8	电灯	89
印刷	10	枪支	83
混凝土	11	谷物	78
化学	14	电脑	76
锯木	15	办公设备	75
布匹	16	轮胎	73
珠宝	16	巧克力	69
塑料管	19	曲奇和饼干	67

注：根据 2002 年货运价值计算。

资料来源：U. S. Department of Commerce，Census Bureau，*Concentration Ratios*，May 2006，参见 http://www.census.gov。

业是高度集中的。但是该行业仍然面临着来自国外制造商的强力竞争。由于行业集中度仅仅考虑了美国企业在美国的销售量，高估了美国汽车企业对市场的垄断程度。

举例来说，国外竞争不断加剧使得美国企业逐渐丧失对美国汽车市场的掌控。20世纪60年代，通用汽车集团卖出了美国人购买的半数新车，并且美国汽车制造业"三巨头"（通用、福特和克莱斯勒）的销量占总销量的比例超过90%。此时，通用是行业主导企业与价格领导者。然而从20世纪70年代到21世纪，通用的市场份额减少。到2009年，如表6-2所示，通用占有国内市场大约20%的份额。通用市场份额下降的同时，美国市场中来自日本汽车制造商的竞争逐渐加大，尤其是丰田汽车集团。虽然美国在20世纪80年代早期设立严格的进口限制，日本企业还是不断渗透到美国市场中。截至2009年，日本汽车占有美国汽车总销量的份额已经超过1/3。

表 6-2　　　　　　　　2009 年 1 月美国汽车制造市场的市场份额

制造商	美国市场份额（%）
通用	19.6
丰田	17.9
福特	13.9
本田	10.8
克莱斯勒	9.4
日产	8.2
大众	2.7
宝马	2.2
其他	15.3

资料来源：Ward's *AutoInfoBank*，参见 http://www.wards.com。

第 6 章　不完全竞争市场

日本汽车制造商迫使美国企业设计更加智能且低能耗的汽车，以在性能上超过日本汽车。为使它们的汽车价格更具有竞争力，美国汽车制造商削减了大量额外开支，限制工资增长，并提升员工工作效率。事实上，这种竞争提高了美国购买者能够购买到的汽车的质量并降低了美国"三巨头"默默提高价格的能力。

垄断竞争市场

和完全竞争市场相近的市场结构是**垄断竞争**（monopolistic competition）。这种市场结构由大量的企业组成，每家企业拥有相对较小的市场份额。虽然垄断竞争市场一般不像完全竞争市场那样包含成百上千家企业，但它还是拥有相对较多的企业，比如 30 家或者更多。由于市场竞争程度较高，企业在制定产品价格和生产策略时不需要考虑竞争对手的反应。此外，在市场中存在大量销售者的情况下，通过合作来减少竞争的可能性几乎不存在。垄断竞争市场的另一个假定是进出市场相对自由。

垄断竞争市场和完全竞争市场的最大区别是：垄断竞争市场假定每家企业的产品与竞争企业的产品不能完全替代。因此，**产品差异化**（product differentiation）是垄断竞争市场的一个基本特征。这使得每家企业都有一定的控制产品价格的能力。举例来说，认为耐克鞋比其他运动鞋更舒适的人愿意为耐克鞋支付更高的价格。与此相同，喜欢李维斯牛仔裤的人愿意为李维斯牛仔裤支付比其他牛仔裤更高的价格。然而，即使产品具有差异化，垄断竞争企业也不能无限制地控制价格。因为其他很多企业会生产相似的产品或服务，企业价格的过度提升会导致顾客流失。

与垄断市场的需求曲线相似，垄断竞争企业的需求曲线也是向下方倾斜的。如果一家企业提升价格，该企业会丧失销售数量——并不是全部的销售数量。相反，价格下降会导致销售数量的增加。由于垄断竞争企业面临竞争对手替代品的竞争，比起并不面临相似替代品竞争的垄断市场的需求曲线，它的需求曲线对价格变动更加敏感（更加富有弹性）。这表明如果垄断竞争企业提升产品价格，那么该企业将会失去相对较多的销售数量。这也会使得部分消费者转而购买竞争者的产品。

垄断竞争市场大多存在于那些有很多小型零售企业相互竞争的行业。饭店之间的竞争就是垄断竞争。很多城镇都有大量的饭店，这些饭店提供不尽相同的食品。每家饭店都拥有很多竞争对手，包括其他饭店、快餐店和当地食品杂货店中的速冻食物。其他垄断竞争的例子有超市、加油站、会计师事务所和律师事务所、美容和理发店、汽修厂、音像店、书店和鞋店。

□ 短期利润最大化

图 6-1 显示了弗拉基尼比萨餐厅假设的收益-成本曲线。弗拉基尼餐厅是当地的一家比萨店。它的竞争对手有多美乐（Dominos）、必胜客和很多其他可以自由进出市场的企业。不难发现弗拉基尼餐厅的需求曲线是向下倾斜的，这说明弗拉基尼餐厅的食品对顾客拥有足够的吸引力，至少在小范围的价格变动内即使价格高于竞争对手也不会使销量下降为零。这也导致弗拉基尼餐厅的边际收益曲线向下方倾斜并位于需求曲线之下。

现代经济学原理（第六版）

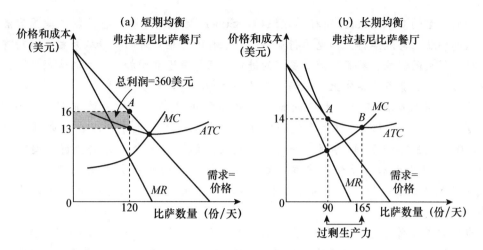

图6-1　垄断竞争条件下的市场产出

　　需求状况良好时，垄断竞争企业通过生产边际收益等于边际成本时的产量来获得短期最大利润。长期中，垄断竞争行业利润的存在会吸引新的厂商进入市场。随着厂商的进入，企业的需求曲线和边际收益曲线下降，最终导致企业获得的经济利润为零。企业并不会将产量增加到平均总成本的最低处，因为如果企业那么做就会失去自己的利润。

　　为了销售更多的比萨，弗拉基尼餐厅必须降低价格，这样会使最后一单位产品的边际收益低于价格。

　　根据图6-1（a）中的边际收益曲线（MR）和边际成本曲线（MC），弗拉基尼餐厅通过每天销售120份比萨可以得到最大利润，每天120份比萨是边际收益等于边际成本时的均衡产量水平。弗拉基尼餐厅的需求曲线表明在该产量水平下企业必须将价格定为每份比萨16美元。观察企业平均总成本曲线我们可以看出在利润最大化产量水平上，弗拉基尼餐厅的单位成本为13美元。因此弗拉基尼餐厅每单位的利润为3美元，每天的总利润为360（3×120＝360）美元。假设弗拉基尼餐厅每天营业，那么餐厅一年的利润为131 400美元。

▶ **经典案例**　　　　　**行业集中引起的啤酒行业泡沫**

　　几千年前，当人类学会了将谷物发酵成啤酒后，啤酒便成为人们最重要的营养来源之一。啤酒可以给予人类未发酵的谷物所不能提供的蛋白质。除此之外，啤酒的滋味比未发酵的谷物好多了。但是，想要提供充足的啤酒，就必须获得充足的啤酒原材料供给。人们不得不放弃他们的游牧生活，安定下来进行耕作。一旦人们定居下来，文明就像一块被扔出的石头一样不断前进。

　　今天，啤酒行业是美国重要的行业之一。酿酒行业的产品年销售价值大约超过500亿美元。调查结果显示大约9 000万美国男女"适度饮酒"。为满足对啤酒的需求，美国酿酒行业每年生产690亿12盎司的瓶装和罐装啤酒。

　　从20世纪40年代开始，酿酒行业经历了巨大的变化。40年代时，400家相互独立的酿酒企业分散在全国各个地方。1946年，全国最大的四家酿酒企业的啤酒销量只占全国总销量的16%。而今天，最大的四家酿酒企业——安海斯-布希公司、米勒公司、康胜公司和帕斯特公司（Pabst）目前占据着国内啤酒市场份额的90%。安海斯-布希公司利用它著名的 Clydesdales 商标和超级碗（Super Bowl）啤酒广告控制了美国啤酒大约半数的销售。与汽车行业和电力行业不同，来自国外生产者的竞争从来都没有对啤酒行业造成很大的影响。然而，随着美国的进口啤酒数量逐渐增加，优质的啤酒品牌面临一种比较强势的竞争。事实上，酿酒行业是一个垄断竞争行业。

是什么导致啤酒行业发生从低集中度到高集中度的变革呢？在市场供给方面，技术进步加快了装瓶和装罐生产线的速度。如今，现代化生产可以在一分钟之内生产 1 100 瓶啤酒或 2 000 罐啤酒。并且，自动化酿酒过程和仓库存储使得大型酿酒商可以降低劳动力成本。此外，建造一家 450 万桶工厂的每桶成本要比建设一家 150 万桶工厂的成本低 1/3。简单来说，生产效率的提升使得啤酒行业拥有巨大的进入壁垒。

市场需求方面的变化也促进了企业的集中。首先，消费者的口味从小型酿酒商浓郁可口的啤酒转变为大型酿酒商的轻型啤酒。事实上，百威啤酒和米勒啤酒都是目前最流行的品牌。其次，啤酒的消费逐渐从酒馆转移到家中。这种变化的关键在于酒馆通常供应当地酿酒商酿造的小桶啤酒；然而，家庭消费中铝罐的普及使得远距离的酿酒商可以和当地酿酒商进行竞争。

消费者评测结果证明很多饮酒者并不能区分不同品牌的啤酒。为了提高销量，酿酒商竭尽全力地做广告。国产品牌的酿酒商，例如安海斯-布希公司和米勒公司，相对比帕斯特公司这样拥有诸如雷尼尔（Rainier）和施密特（Schmidt's）等多个当地品牌的酿酒商而言，具有巨大的成本优势。原因是全国电视广告使得在每位观众身上耗费的成本要比做当地广告的成本低。

尽管酿酒行业发生了并购，但这并不是行业集中度上升的主要因素。并购通常意味着小型无效率的酿酒商倒闭并把企业资产中的一部分卖给另一家酿酒商。实施并购的企业并没有因此获得额外的市场势力，但有可能会获得更好的营销网络和新的市场。占有主导地位的酿酒商比如安海斯-布希公司和康胜公司，通常会通过为其主打品牌做大量的广告，并不断开创新品牌挤压对手的方式来壮大自己的实力。这导致产品差异化成为主要的进入壁垒。

小型酿酒商可以生产优质的啤酒并保证低廉的运输成本。它们要想在目前的市场中生存下去，就要找到合适的市场定位，就像威斯康星州齐佩瓦瀑布雅各布酿酒（Jacob Leinenkuegel Brewing）集团那样。但是这种情况太少了。在酿酒行业，大型资本密集型工厂需要规模经济以保证生存。

资料来源：Kenneth Elzinga，"Beer," in Walter Adams and James Brock，eds.，*The Structure of American Industry*（Upper Saddle River，NJ：Prentice Hall，2001），pp. 85-113. See also Philip Van Munching，*Beer Blast*（New York：Random House，1997）and Douglas Greer，"Beer：Causes of Structural Change," in Larry Duetsch，ed.，*Industry Studies*（New York：M. E. Sharpe，1998），pp. 28-64.

□ 长期： 正常利润和过剩生产力

看到弗拉基尼比萨餐厅获得可观的经济利润，竞争者们开始对比萨市场感兴趣。假设企业纷纷进入市场并售卖不完全相同的相似产品。随着企业的进入，替代比萨的供给也随之增加。对弗拉基尼餐厅来说，这将会导致其需求和边际收益曲线下降，并导致所销售的比萨价格下降，利润减少。企业不断进入市场，直到弗拉基尼餐厅的经济利润在竞争中消失殆尽。我们可以得出这样的结论，由于很容易进入市场，垄断竞争企业在长期通常仅仅可以获得正常利润。

图 6-1 (b) 显示了长期中弗拉基尼餐厅的市场状况。在边际收益等于边际成本的产量水平上，餐厅销售 90 份比萨，平均总成本曲线与需求曲线相切。由于价格 (14 美元) 等于平均总成本 (14 美元)，弗拉基尼餐厅的经济利润为零。在任何其他产量水平上，平均总成本曲线会高于需求曲线，这将会导致弗拉基尼餐厅发生损失。

尽管弗拉基尼餐厅长期均衡时经济利润为零，企业的生产水平还是低于其平均总成本最小时的生产水平。垄断竞争厂商的平均总成本最小时的生产水平与长期生产水平之间的差额叫作**过剩生产力** (excess capacity)。根据图 6-1 (b)，弗拉基尼餐厅长期均衡产量为每天 90 份比萨。然而企业平均总成本最低时的产量水平为每天 165 份比萨。因此，弗拉基尼餐厅每天的过剩生产力为 75 份比萨。

过剩生产力说明垄断竞争市场过于拥挤，市场中每家企业的生产力都没有得到充分利用。换句话说，街区中可能有太多的比萨店或加油站，远远超出效率最大化所需的数量。工厂未得到充分利用导致消费者面临的成本和价格上升。然而我们会注意到，垄断竞争的好处是产品差异化，这使得消费者可以从众多不同型号、样式、品牌和质量的产品中挑选自己喜爱的商品。如果过剩生产力代表着我们为产品差异化和更多的消费选择所需要付出的代价，那么这个代价是否值得呢？

尽管面临来自星巴克的竞争，大多数个体咖啡馆还是幸存下来

垄断竞争模型可以应用到很多市场中去。让我们一起来看一看咖啡馆的案例。[①] 1998 年，密苏里州堪萨斯城的百老汇咖啡馆 (Broadway Cafè) 拥有者得知星巴克集团将会在自己所处的街区开设一家星巴克咖啡厅，这让他感到非常震惊。尽管存在被咖啡巨头挤出市场的忧虑，百老汇咖啡馆在星巴克到来后还是持续地生意红火。

有些人认为星巴克打击了个体咖啡馆——侵占个体咖啡馆的用地、抢占它们的顾客并使个体咖啡馆的拥有者破产。然而，国内的大多数个体咖啡馆依旧在持续营业——星巴克集团的出现并没打击到个体咖啡馆，反而有可能正是因为它的出现才导致了这种情况。举例来说，1998 年星巴克在堪萨斯城开店，但是很多在此之前就开始营业的咖啡馆在 2009 年仍在营业。此外，其他的个体咖啡馆也不断进入市场，使得个体咖啡馆数量远远超过星巴克进入市场时的 25 家咖啡馆。和百老汇咖啡馆一样，很多个体咖啡馆与星巴克咖啡厅仅仅相隔几米的距离。

---

① "At Starbucks, a Blend of Coffee and Music Creates a Potent Mix," *The Wall Street Journal*, July 19, 2005, pp. A1 and A11; and "Despite the Jitters, Most Coffeehouses Survive Starbucks," *The Wall Street Journal*, September 24, 2002, pp. A1 and A11.

很多个体咖啡馆都发现靠近星巴克是一种优势。举例来说，一家名为图雷斯咖啡馆的西雅图小型连锁店直接将店铺开到星巴克旁边。为什么？分析学家指出星巴克扩大了整个市场并吸引新顾客走进咖啡馆品尝美食，而这些顾客常常走进了隔壁的个体咖啡馆。

然而，星巴克的批评者经常拿星巴克与沃尔玛超市相提并论。但是星巴克并不享有使沃尔玛成为众多大众零售商噩梦的优势——低廉的价格、多样化的商品选择和较长的营业时间。星巴克菜单上的价格并不比个体咖啡馆便宜，可供选择的美食种类也并不比个体咖啡馆多，营业时间也经常短于个体咖啡馆。这有可能是个体咖啡馆仍然主导市场的原因。

个体咖啡馆成功的主要原因是产品多样化：个体咖啡馆不像饭店，更像一个邻家酒馆，这是连锁店所不能相比的。顾客经常走进一家个体咖啡馆聊天，结交新的朋友。在这种地方，顾客被熟悉的服务员招待，坐在有着考究的椅子和古老的桌子的亲切的房间里，欣赏着诗歌与散文，或者观看爵士表演与电影。此外，星巴克的出现激励着个体经营者改良自己的咖啡并增加菜单上的咖啡种类。

很多个体咖啡馆有可能没有星巴克那样巨大的利润。星巴克咖啡需求量规模意味着它采购时可以获得较大折扣并扩大自己的边际利润。但是咖啡的边际利润非常高，即使采购时没有获得折扣，个体咖啡馆依然非常兴旺。对咖啡馆来说这一点非常正确，尤其是当它们面临生咖啡豆价格急剧下跌且自己烘烤咖啡豆的时候。

▌广告

产品差异化是很多不完全竞争企业的特征。这些企业经常为了能够吸引购买者注意到自己产品的独特之处或者让买家相信自己的产品与竞争对手的产品不同而进行**广告**（advertising）宣传。广告一直在我们身边——杂志、报纸、广播、电视和账单上都有广告的身影。正如表 6-3 所示，2007 年，美国大约有 2 800 亿美元花费在广告上。

很多不完全竞争市场的特征可以用品牌持续的产品改进和产品促销来概括。举例来说，百适通（Prestone）这个牌子已经成了防冻剂的标志，而鹏斯（Pennzoil）是汽车机油的标志。消费者对这些品牌的接受导致百适通和鹏斯生产商制定比竞争品牌更高的产品价格。事实上，品牌的市场价值能够达到几十亿美元。

基本上所有广告的目的都是增加消费者对企业产品的需求。可口可乐公司投入了大量的广告费用。可口可乐公司通过广告来说服消费者相信可口可乐比百事可乐和其他竞争产品更好，这样就可以增加该企业在任意价格水平下销售可乐的数量。从图 6-2（a）可以看到企业需求曲线向右移动。没有做广告时，可口可乐公司能够以每箱 5 美元的价格销售 600 万箱可乐，这对应图中需求曲线 D_0 上的点 A。而在做了说服性广告后，企业的需求曲线移动到 D_1 处，此时企业能够以 5 美元的价格销售 1 000 万箱可乐。

传播媒介	支出（十亿美元）
电视	71.4
信件	60.2
报纸	42.1
广播	19.2
黄页	14.3
杂志	13.7
其他	58.7
总计	279.6

资料来源：U. S. Department of Commerce，Bureau of the Census，*Statistical Abstract of the United States*，2008，Table 1239.

除了增加可口可乐的需求，说服性广告还可以使需求对价格变化更加不敏感（更加缺乏弹性）。可口可乐公司通过广告成功地建立品牌忠诚度，从而使消费者相信可口可乐的产品鲜有其他产品能够与之相媲美。广告可以使得企业能够在制定更高价格的同时减少销售损失，从而加强了可口可乐公司的价格制定能力。当广告带来的企业收益增加大于广告成本时，利润增加。[①]

如图 6－2（b）所示，说服性广告也会影响可口可乐公司的长期平均总成本。没有广告的情况下，可口可乐公司的平均总成本曲线为曲线 ATC_0。此时企业能够以每箱 5 美元的价格销售 600 万箱可乐，单位成本为每箱 3 美元。假设为了增加市场份额，可口可乐公司决定做广告。广告费用的支出导致公司成本曲线向上移动到曲线 ATC_1。假设通过成功的广告，可乐的销量增加到 1 000 万箱。通过生产更多的可乐，公司可以获得规模经济优势，将单位成本降低到 2 美元。大规模生产带来的规模经济所减少的单位成本要多于广告支出引起的单位成本的增加。因此，消费者在有广告的时候能够以比没广告时更低的价格购买可乐。

那么，当百事可乐同样做广告以抵消可口可乐的广告引起的需求增加时，情况会怎样？在这种情形下，结果是每家企业的市场份额保持不变。对可口可乐公司来说，广告费用支出导致成本曲线由 ATC_0 移至 ATC_1。然而，公司销量仍然停留在 600 万箱的水平上，单位成本增加到每箱 5 美元（点 C）。因此消费者面临着广告导致的更高的价格。广告的批评者认为这才是正常的情况，单位成本并不是从点 A 减少到点 B，如图 6－2（b）所示。广告费用支出可以用于医疗、教育或者其他有意义的行业上，这样可能更有利于提高社会效益。

---

① 然而，并不是所有的广告都是说服性广告。有的广告是信息性广告。当一则广告提供相关产品或服务的质量与价格抑或供应商的地址等值得信赖的信息时，该广告被认为是信息性广告。这一类广告会提高需求价格弹性，并使企业的价格制定能力下降。

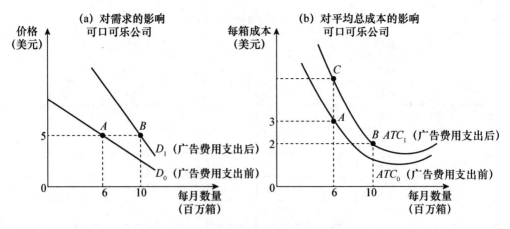

图6-2 广告对需求和平均总成本的影响

几乎所有广告的目的都是增加对企业产品的需求并且使得需求对产品价格变化更加不敏感（弹性更小）。事实上，企业的市场份额和制定价格的能力都会提高。通过提高市场份额和产量，广告可以帮助企业更好地实现规模经济，降低平均总成本。

价格歧视

我们已经了解不完全竞争企业想要制定能够使利润最大化的价格。有时候，企业对于某种产品可以制定多种价格。比如说高尔夫课程经常对老年人收取较低的价格。电影院经常给予学生看电影的优惠。在这些例子中，同样的商品和服务，企业对不同的消费群体收取不同的价格。这种行为叫作**价格歧视**（price discrimination）——将相同商品以更低的价格提供给一部分顾客，即使企业为这些顾客提供商品的成本是相同的。

要想实行价格歧视，销售者必须要有制定价格的能力且处于不完全竞争市场环境中。同时，产品价格较低的市场与产品价格较高的市场之间是隔离的。如果买家可以转手卖出商品，价格歧视就不可能实现。除此之外，消费者必须具有不同的意愿，而且消费能力不同，从而企业可以把消费者划分为不同的群体。对价格敏感的消费者（具有更富有弹性的需求曲线）将会比对价格不敏感的消费者（具有缺乏弹性的需求曲线）支付更低的价格。

空运行业是价格歧视的例子。让我们考虑一下最近美国从芝加哥奥黑尔国际机场到洛杉矶的航班。如果每位乘客对比机票价格，他们会发现他们支付了27种不同的价格。有人没有花钱，用飞行里程进行抵消；有人在起飞当天支付1 249美元购买了一张头等舱机票；有人为出行花费108美元购买了一张经济舱机票。总体来说，越早买票的人支付的价格越低，但这也并不总是成立。

尽管这种价格策略看起来非常混乱，但是该策略的目的是尽可能地赚取每一个座位和每一段航程的金钱。这意味着企业要尽力估算出在那些经常在最后时刻订票并因此而支付全额票价的商务乘客都有座位的情况下还有多少机票可以打折出售。根据航空公司所说："你不会以79美元的价格将座位卖给一个愿意支付450美元的人。"

航空公司运用价格歧视来最大化自己的收益。对于空运行业来说，区分乘客的关键

现代经济学原理（第六版）

是区分休闲旅行的乘客和商务乘客。休闲旅行的乘客有着相对具有弹性的需求，因为他们可以提前规划自己的行程，而且可以调整时间。为了鼓励这些对价格敏感的乘客乘坐自己的飞机，航空公司会对他们收取相对较低的价格。当然，航空公司会采取措施阻止这些乘客将他们的机票转手卖给对价格不敏感的乘客。而商务乘客的需求缺乏弹性，因为他们经常一接到通知就必须乘坐飞机，而且通常不会停留超过一周，对票价不敏感。这导致航空公司对商务乘客收取更高的价格，这也是航空公司利润的主要来源。为了稳定它们的收费结构，航空公司通常使机票不可转让。如果不这样做，休闲旅行的乘客有可能在机票便宜的时候购买机票并将票转手卖给通常需要支付更高机票价格的商务乘客与着急出行的乘客。这种行为会给航空公司在高价格区间的服务带来竞争，并破坏航空公司的价格歧视策略。乘客可以通过支付相关的改签费将未曾使用的机票用于晚一些时间的旅行，国内航班的改签费为 150 美元，而国际航班为 250 美元。但是大多数航班要求新的机票上仍然为原始乘客的姓名。行业分析师估计有 2%～3%的机票未经使用就过期了。2009 年，价值 20 亿美元的机票就这样作废了。

大学也会采取价格歧视措施。举例来说，1995 年，约翰斯·霍普金斯大学（Johns Hopkins University）开始根据学生对上大学的需求价格弹性提供助学金。[①] 约翰斯·霍普金斯大学希望吸引那些在人文科学专业有学术天分却有可能进入其他大学的学生。这些学生对约翰斯·霍普金斯大学教育有着相对更具弹性的需求曲线，从而具有进入替代大学的可能性。通过为他们提供额外 3 000 美元的助学金，该大学可以提高 20%的入学率。然而，约翰斯·霍普金斯大学并不担心会失去那些预期中的医学预科学生，因为这些学生对约翰斯·霍普金斯大学教育的需求曲线相对缺乏弹性。因为这些学生大部分已经被该大学医学预科专业所吸引，价格的提高不会使很多人离开。约翰斯·霍普金斯大学将这些学生每个人的助学金都减少了 1 000 美元，净收入仍然在增加。如今，这种价格策略已经被国内大学所使用。有可能你对你将要进入的大学相对有弹性的需求会使你获得一份奖学金。

> **知识点回顾**
> 1. 掌握不完全竞争市场结构的特征。
> 2. 行业集中度如何衡量一个行业属于竞争行业还是垄断行业？
> 3. 解释一下为何垄断竞争具有较多的竞争和较少的垄断力量。
> 4. 企业如何成功地实行价格歧视？

■ 寡头

寡头（oligopoly）是不完全竞争的另一种形式。在寡头市场中，少数几家企业相互竞争，每家企业都具有制定价格的能力。寡头市场包括很多情况，既包括两三家企业控

---

① "Colleges Manipulate Financial-Aid Offers Shortchanging Many," *The Wall Street Journal*，April 1，1996，pp. A1 and A11.

制整个市场的情况，也包括七八家企业占据 75％的市场份额的情况（剩下的竞争企业占据着其余的市场份额）。寡头市场既包括生产相同产品的企业，也包括生产不同产品的企业。钢铁和制药行业通常被看作寡头市场。寡头企业的销售数量不仅取决于企业产品价格，也依赖于其他企业的价格和销售数量。因此，每家企业必须考虑自身的行为会对其他企业的行为产生什么样的影响。

为了理解价格和销量之间的关系，让我们思考一下下面的这个例子。假设小镇有三家蔬果店，你正经营其中一家。如果你降价而对手没有降价，那么你的销量将会增长，而另外两家蔬果店的销量则会下降。在这种情况下，你的对手将会和你一样降低价格。如果他们也降价了，那么你的销量和利润将会下降。所以在做出降价的决策之前，你会想办法去预测你的对手会做出什么样的反应，并想方设法估计这些反应会对自己的利润产生什么影响。

为什么有些行业会被少数几家企业所控制？我们可以总结出以下几方面原因：

● **进入壁垒**。例如产品差异化和广告、专利、对关键生产要素的控制和占有，这样的进入壁垒有可能会形成寡头市场。对原材料的控制解释了美国铝业公司在铝业行业的主导地位。建立工厂和引进设备所需的高昂成本有可能也会遏制企业进入市场。飞机和烟草行业的投入成本比较高昂。

● **规模经济**。规模经济下企业的平均总成本随着产量增长而下降。在这种情况下，小型企业没有生产效率，因为它们的平均总成本会比大型企业高出很多。规模经济使得企业可以将小规模的竞争对手赶出市场并阻止潜在竞争者进入市场。规模经济在水泥和橡胶行业体现得很明显。

● **并购**。寡头形成的又一个原因是多家企业合并为一家，这种行为通常被称为**并购**（merger）。合并后的企业更加庞大，因此企业会随着产量的增长而实现规模经济，并且经常因此而获得更多的控制产品市场价格的能力。举例来说，啤酒行业巨头，比如安海斯-布希公司和米勒公司通过并购竞争性酿酒商而实现发展。

软饮料行业的竞争

想到寡头市场，人们会有着这样的印象：由于市场中只有少数几家销售商，所以它们之间的竞争非常少甚至是没有。事实上，企业之间会为了市场份额而进行激烈的价格竞争、产品促销和质量提升。让我们思考一下美国软饮料行业中可口可乐公司和百事可乐公司的竞争吧。

历史上，可口可乐公司占据着整个软饮料市场。当可乐开始进入市场的时候，销量和利润都开始上升。20 世纪 50 年代初，没有哪一家企业可以和可口可乐公司抗衡。消费者通常认为可口可乐公司的竞争者百事可乐是低档饮料。

20 世纪 50 年代，百事可乐公司采取了一系列措施来增加自己的市场份额。公司通过在配方中使用更少的糖，建立统一控制措施等方法提升了软饮料的口感，而在此之前全国各地销售的百事可乐由于饮料中碳酸的含量不同而口感有较大差异。百事可乐公司也为消费者提供了 12 盎司瓶装饮料，价格却和可口可乐公司 6.5 盎司瓶装饮料相同。

为了提升百事的品牌形象，百事可乐公司实行了高收入阶层男女喝百事可乐的广告策略。广告表明百事可乐是"轻饮品"，而可口可乐是"重饮品"。百事可乐公司也采取了相关措施去增加在可口可乐势力相对较弱的市场的产品销量。此外，百事可乐公司也在自动售卖机和冷饮方面对可口可乐公司进行打击，为各地愿意购买安装百事可乐售卖机的饮料商提供资金。

随着百事的市场份额不断增长，可口可乐公司开展了相关的广告活动。通过运用"真的新鲜"和"可口可乐最好喝"等广告标语，可口可乐公司重新提升了销量。作为回应，百事可乐公司开展两项新的广告活动——"社会化"和"年轻态"。这些广告专门针对年轻人，而年轻人则是软饮料最大的消费群体。年轻的主题暗示可口可乐是过时的饮料。可口可乐公司提出"可口可乐越来越好"的广告主题作为回应。

1980年，可口可乐公司认为自己需要与百事进行更直接的竞争，此时百事可乐比可口可乐的口感更甜。可口可乐公司研发了新的软饮料配方，并把它称为"新可口可乐"。然而虽然投入大量的广告，人们对新可口可乐的态度说好听些是冷淡，说难听些是很差。在问世几个月之后，可口可乐公司不得不重新推出基于一开始使用的原始配方的"古典可口可乐"。据估计，可口可乐公司股东损失达到了5亿美元。

直到2009年，可口可乐公司和百事可乐公司还持续占有软饮料市场。它们之间的竞争将会以什么样的方式结束，让我们拭目以待。

博弈论和寡头行为

寡头市场的一个基本特征是企业必须思考它们的行为将会对其他企业产生什么样的影响，并预测这些企业会采取什么样的应对措施。基本上来说，寡头行为可以看作一种通过预测竞争者行为来获取经济利润的高风险游戏。在现实世界里，波音公司和空客公司在商业航空市场一直是竞争对手，就像软饮料市场中的可口可乐公司和百事可乐公司，啤酒行业中的安海斯-布希公司、米勒公司、康胜公司，汽车市场中的福特汽车集团、通用汽车集团和克莱斯勒汽车集团，早餐市场中的通用磨坊（General Mills）公司、宝氏（Post）公司、家乐氏（Kellogg）公司一样。这些企业都是根据竞争对手的价格策略来制定自己的价格策略。

我们可以通过运用一种叫作博弈论的分析手段来对寡头市场有一个深入的了解。**博弈论**（game theory）通过分析竞争企业间一系列策略和报酬来分析寡头行为。策略是一种行为进程，比方说制定高价或者低价——而报酬是策略导致的经济利润。

思考一个存在美国和英国两家竞争性航空公司的假想市场，这两家公司的目标都是通过控制价格变化来增加自己的经济利润。在事先不知道其他竞争者将会采取什么样的决策时，每家公司独立地制定价格策略。图6-3展示了这些公司的利润报酬矩阵。矩阵的每个单元都展示了每个公司根据自己与竞争者的价格策略所预期的能够获取的年利润。每个单元的上半部分展示的是英国公司的利润，而下半部分是美国公司的利润。

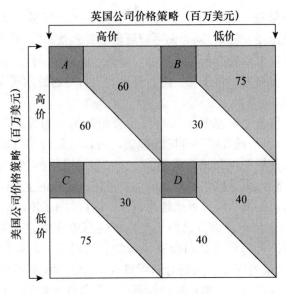

图 6-3 博弈论和寡头行为

当英国公司和美国公司都选择高价策略时，它们会获得最大利润。如果它们独立地实施策略，那么每家公司都可以在竞争者选择高价策略时通过选择低价策略来实现更高的利润。然而，这种竞争使得每家公司都倾向于选择低价策略。

□ 竞争性寡头和低价策略

如图 6-3 所示，每家公司可以选择制定高价还是低价，而报酬矩阵显示了每家公司在给定自己和竞争者价格选择的条件下预期能够获得的利润。举例来说，如果每家公司都选择高价（A 单元），那么它们都将获取 6 000 万美元的利润。然而假设英国公司选择低价而美国公司选择高价（B 单元），此时英国公司将会从它的对手那里把顾客吸引过来，并获得 7 500 万美元的利润；美国公司将会获得较少利润，3 000 万美元。与此相反，如果美国公司选择低价而英国公司选择高价，美国公司将会获得 7 500 万美元的利润而英国公司将会获取 3 000 万美元的利润。

如报酬矩阵所示，如果所有公司都选择高价，每家公司都将获得额外的利润。然而，对于每一家特定的公司，当竞争对手选择高价而自己选择低价进而从对手那里吸引顾客时将会获得报酬最多。当一家公司选择高价而对手选择低价时公司将会获得最少的报酬，因为它会失去很多本属于自己却跑到竞争对手那里的顾客。

这个博弈的结果使得竞争性寡头产生选择低价策略的倾向。如果英国公司或美国公司选择低价策略，给定其他公司行为决策，每家公司能够选择最有利于自己的决策。因此，当英国公司和美国公司一旦到达图中 D 单元的时候，每家公司都失去改变价格的动力。因此，市场会使得每家公司朝着制定低价策略的趋势发展。简单来说，害怕竞争对手的行为导致每家公司选择低价策略。低价显然有利于消费者，却不利于公司，这使得公司的利润从 6 000 万美元降低到 4 000 万美元。如果每家公司都选择高价（A 单元），它们都可以获得 6 000 万美元的利润。

□ 合作和欺骗

英国公司和美国公司如何才能避免 D 单元处的稀薄利润呢？答案是公司之间相互

合作来决定如何制定价格。举例来说，两家公司的管理者可以就每家公司选择高价策略达成一致。这种行为将会使得公司到达图中 A 单元，每家公司将会获得 6 000 万美元的利润而不是 4 000 万美元。

尽管合作可以增加每家公司的利润，但是利润还是没有达到最大。因此，每家公司都有可能禁不住诱惑而选择欺骗竞争对手，假装与对手达成价格协议使得对手选择高价策略而自己却制定低价策略。举例来说，如果英国公司答应选择高价策略却悄悄地选择了低价，那么结果将会从 A 单元移动到 B 单元，此时英国获得 7 500 万美元的利润。相同地，如果只有美国公司选择欺骗，那么结果将会从 A 单元移动到 C 单元，该公司会获得 7 500 万美元的利润。因此，合作的固定价格协议很有可能被打破。

飞机制造行业中空客公司和波音公司霸权争夺战

商业飞机制造行业为寡头竞争提供了一个很好的例子。让我们来看看波音与空客之争。

尽管欧洲人于 1950 年开发出第一架商业喷气飞机，波音公司和其他美国制造商从欧洲人的错误中吸取教训并走到了欧洲人的前面。欧洲制造商担心来自美国的竞争将会消灭处于弱势的欧洲企业并瓜分欧洲市场。因此，欧洲政府实施了能够想到的唯一对欧洲企业有利的措施：集中资源来建立一家可以和美国人抗衡的公司。这就是 1969 年空客公司建立的原因。

当空客公司刚刚成立的时候，分析家普遍质疑该公司是否能够与波音公司竞争，而此时波音公司已经形成对飞机销售事实上的垄断。欧洲政府认为它在扶持一个“新兴行业”，并不断给予空客公司各种补贴。到 20 世纪 80 年代，空客公司已经成为波音公司最大的竞争者。到 21 世纪初期，空客公司占有世界喷气式飞机制造市场大约一半的市场份额。然而在 2006 年，生产延迟、成本过高和政策斗争等问题不断困扰空客公司。

随着空客公司的发展，美国制造商开始不断抱怨空客公司的成功在于欧洲政府不公平的财政补贴。美国官员认为那些补贴不利于波音公司的竞争。空客公司可以获取低于市场利率的贷款资金来研发新型飞机，并且可以以此来弥补 70%～90% 的飞机研发成本。空客公司可以在新型飞机研发完成后偿还这笔贷款，而不用像市场上其他公司那样需要在规定期限内还款。而且如果使用贷款研发的客机销量低于预期，空客公司还不需要全额偿还贷款。尽管空客公司宣称这种情况从来都没有发生过，波音公司还是认为空客公司面临的商业风险更小，这使得空客公司更容易获得资金。美国认为这些补贴使得空客公司能够制定不符合实际的低价格，给予航空公司特权和吸引人的资金优惠以及抵消研发成本。

空客公司立刻就补贴问题进行反驳，宣称它阻止美国公司成为世界商业喷气式飞机制造的垄断厂商。如果没有空客公司，欧洲航空公司将会完全依赖波音公司。对依赖以及失去科技前沿领域自主权的恐惧促使欧洲政府为空客公司提供补贴。

空客公司还认为波音公司从政府援助中获利。举例来说，政府的研究组织支持航空学和动力学的研究，并将成果与波音公司进行分享。对商业喷气式飞机创新的支持也来自军方研究和军方采购。军方资金支持的研究对商业喷气式飞机制造行业产生了间接但重要的科技影响，特别是在飞行引擎和飞机设计方面。波音公司也从华盛顿州那里获得了减税优惠，那里有着各种规模的波音生产工厂。此外，日本政府为生产波音飞机机翼的日本分包商提供津贴，这间接帮助了波音公司。

▶ **经典案例**　　　　　　　　　　**沃尔玛对美国有利吗？**

在沃尔玛（Wal-Mart）超市遍及全国的情况下，你很难找到一个人没有在沃尔玛买过东西或者没有听说过"沃尔玛"这个名字。今天，沃尔玛被认为是美国商业史上最强大的企业之一。尽管一直被赞誉为经济效率的代表，沃尔玛也被认为总是销售便宜货。沃尔玛对美国有利吗？

让我们先看一下沃尔玛创始人山姆·沃尔顿（Samuel Walton），以及促使他的企业获得成功的因素。山姆·沃尔顿（1918—1992）生于俄克拉何马州翠鸟镇并在无意中接触到零售行业。他首先在高中橄榄球和篮球中学习到如何竞争。身为密苏里州大学学生，沃尔顿做过服务员，送过报纸并当过保镖。1940 年获得经济学毕业证后，他考虑去考取 MBA 学位，但是他交不起学费，所以他选择去杰西潘妮（J. C. Penney）公司做管理实习生。

当 20 世纪 60 年代折扣零售出现后，沃尔顿变得非常富有，并在阿肯色州、俄克拉何马州和密苏里州开设了 15 家商店。这些商店是传统的小镇商店，收取相对较高的价格。身为零售行业的学生，沃尔顿看出折扣店具有很大的潜能。1962 年，沃尔顿在阿肯色州罗杰镇开设了第一家沃尔玛折扣城。同一年，竞争对手凯玛特（K-Mart）和塔吉特（Target）也开展了这些业务。折扣零售开始进入美国人的生活。

一旦决心从事折扣零售，沃尔顿便开发一种他使用了一辈子的商业模型：无论是零售商、生产商还是批发者，他们都要从商品系统中把成本移除——无论何时都把降价作为目标。他的商店也提供各种高质量商品，保证满足所有购买者的需求，提供热情全面的服务，以及免费停车位。

利用这个模型，沃尔顿将他的利润边际剥了好几层皮，使得沃尔玛必须以极快的速度增加销量。沃尔玛成功了，沃尔顿也开始在所有他觉得有利可图的地方开设商店。他乘坐低空飞行的飞机来考察土地位置。当他在一些小镇标记出合适的交叉点时，他将会在那里购买一块农田并开一家沃尔玛超市。

让沃尔顿高兴的是，沃尔玛成为世界第一大零售商，利润远远超过了西尔斯（Sears）和凯玛特这些竞争者。沃尔顿高超的领导能力激励着成百上千的员工相信沃尔玛的成功，其中很多人依靠公司股票变富。沃尔顿降低成本的技术被家得宝（Home Depot）、巴诺（Barnes Noble）以及其他零售商所效仿。

然而，并不是所有人都认同沃尔玛的成功。批评者认为沃尔玛疯狂削减成本导致公司成为工会的敌人，破坏儿童劳动法，支付低水平工资，拒绝为工人部分工作支付工资，而且歧视女性并加速生产岗位向国外转移。此外，由于沃尔玛没有支付足够的薪水，美国纳税者不得不以健康保障和其他社会服务形式来支付税额。简单来说，批评者

现代经济学原理（第六版）

的结论是沃尔玛低水平价格的成本很高。

资料来源：Sam Walton and John Huey, *Sam Walton. Made in America*: *My Story* (New York: Doubleday, 1993); Daniel Gross, *Forbes Greatest Business Stories of All Time* (New York: John Wiley & Sons, 1996); and *Everyday Low Wages*: *The Hidden Price We All Pay for Wal-Mart*, Democratic Staff of the House Committee on Education and the Workforce, February 16, 2004.

2005 年，波音公司和空客公司在世界贸易组织（WTO）就双方分别从美国和欧洲政府那里获得非法补贴事宜提起诉讼。2010 年，WTO 发现空客公司确实从欧洲政府那里获得了非法补贴。同时空客公司指控波音公司从美国政府处获得非法支持的调查也即将有结果。在 2010 年开始写这本书时，波音公司和空客公司的紧张局势将会如何化解还没有一个准确的结果，最新的事态需要我们拭目以待。

□ 共谋和卡特尔

让我们回想一下，博弈论认为寡头企业之间可能存在共谋协议而不是竞争行为。让我们更深入地探讨一下寡头企业之间如何达成共谋协议，也就是人们所说的卡特尔。

卡特尔（cartel）是几家企业形成一个正式组织，以便其像一家企业（垄断）那样决策。卡特尔的目标是降低产量与提高价格，以此来增加卡特尔成员的利润。

一个众所周知的卡特尔组织是**石油输出国组织**（Organization of Petroleum Exporting Countries，OPEC），这是一个由在世界市场上销售石油的国家所组成的组织。尽管 OPEC 不承认自己是卡特尔，但是其机构包括顾问团、管理委员会、管理董事会和经济委员会。OPEC 的成员国大部分位于中东地区，包括沙特阿拉伯、伊朗、科威特、卡塔尔等等。OPEC 在成员国之间实行生产控制以造成石油短缺，从而使得价格高于竞争条件下的价格。

在整个 20 世纪 60 年代，OPEC 的运行都十分不透明。在那之后，1972—1974 年间，OPEC 控制下的石油价格从每桶 3 美元上升到每桶 12 美元。1979 年伊朗的伊斯兰改革引发了石油价格飞速增长。1981 年，每桶石油的价格超过了 35 美元。在这一段时期内，OPEC 成功提高石油价格很大程度上是由于消费者的强劲需求以及对石油价格增长的不敏感性（缺乏弹性的需求）。在这段时期内，OPEC 占有世界石油生产 1/2 的份额以及大约 2/3 的世界石油存量。

然而，在 20 世纪 80 年代中期，OPEC 由于来自非 OPEC 成员国（苏联、墨西哥和英国）的竞争而陷入混乱。石油进口国之间的谈话以及由于世界经济萧条引起的石油需求下降也使得 OPEC 雪上加霜。1986 年，石油价格跌至每桶 10 美元，强烈打击了行业利润和股票价格。石油行业迫于无奈，只好减少石油勘探和生产预算。21 世纪初，世界石油需求回升。由于石油存货水平较低，价格在 2008 年上升到每桶 140 美元，进而增加了 OPEC 成员国的利润。随着世界经济进入萧条时期，对石油的需求下降，石油价格在 2009 年下降到低于每桶 50 美元。

尽管卡特尔企图最大化成员的利润，但是仍有几个障碍可能限制了卡特尔的成功。回想一下我们关于博弈论的讨论，一旦卡特尔成立，个体生产成员离开卡特尔独立生产的动机便会产生。如果个体生产者的价格低于卡特尔价格，那么将会增加个体生产者的销售数量，代价是其他成员的利润将会减少。而且这也会增加离开卡特尔的生产者的利润，这个利润有可能超过它们在卡特尔内可以获得的利润。然而，如果其他卡特尔成员也紧随其后降低价格，所有企业会获得比在卡特尔内更低的价格与利润。由于个体成员离开卡特尔的动机和独立制定价格策略的欲望，大多数卡特尔组织的寿命都非常短暂。除欺骗问题外，其他一些障碍也会阻止卡特尔组织的建立与维持。卡特尔面临的问题如下：

- **销售者的数量。**一般情况下，销售者数量越多，在卡特尔成员间形成价格与生产控制策略方面的合作越难。
- **成本与需求的差异。**当卡特尔成员的成本和需求具有很大的差异时，很难形成生产控制协议与价格协议。
- **潜在竞争。**卡特尔带来的利润增长会吸引新的竞争者，因此限制了卡特尔对市场的控制。
- **经济衰退。**随着经济衰退时市场销量的减少，利润开始下降，从而遏制了卡特尔组织的成功。
- **政府政策。**卡特尔组织在美国是非法的。如果发现企业执行者参与共谋，他将会面临着罚款乃至坐牢的惩罚。但这并不意味着企业不会形成共谋。事实上，共谋通常非常隐蔽并且很难有相关的证据证明。

■ 并购和寡头

并购可以促进寡头市场结构的形成。并购是两家企业将资产合并在一起形成一家新的企业。通过合并资产，并购企业与被并购企业希望获得比合并前更多的利润。表6-4给出了美国企业并购的一些例子。

表 6-4 　　　　　　　　　　　　　　　**美国部分并购**

被并购企业	并购企业	年份
雷克沙媒体公司	镁光科技公司	2006
阿罗约媒体集团	思科公司	2006
康柏公司	惠普公司	2002
AOL（美国在线）	时代华纳公司	2000
麦当娜·道格拉斯集团	波音公司	1997
华纳传播公司	时代公司	1989
RCA	通用电气公司	1986
马拉松石油公司	USX（美国钢铁公司）	1981

并购有三种形式。一家企业与相同市场内生产相似产品的另一家企业进行合并叫作**水平并购**（horizontal merger）。琼斯·拉夫林钢铁公司（Jones & Laughlin Steel）与共和钢铁公司（Republic Steel）形成 LTV 钢铁公司（LTV Steel）就是水平并购的例子。相同行业不同生产阶段的企业并购叫作**垂直并购**（vertical merger）。比方说，普利司通

（轮胎）公司（Bridgestone）并购了印度尼西亚和马来西亚的橡胶种植企业，金宝汤公司（Campbell's Soup）并购了全美国的蘑菇农场。除此之外，不同行业的两家企业合并叫作**联合并购**（conglomerate merger）。灰狗公司（Greyhound）（公共汽车）和武装者公司（Armour and Co.，肉品）的合并就是联合并购的一个例子。

在这三种并购类型中，联邦政府对水平并购最为在意。原因是水平并购使得原先相互竞争的企业联合在一起，从而减少了竞争并增加了新企业的垄断势力。但是并购也有助于缩减成本并通过其他途径提高经济效率。举例来说，并购后的企业可以：（1）增加行业产量并促进行业竞争；（2）进入并购前个体企业无法进入的市场；（3）降低并购前企业各自生产所不能够降低的成本。此时成本缩减是生产设施的整合、厂房的专业化、低成本运输以及规模经济的结果。在决定是否通过一项水平并购时，联邦政府会在并购后提高的经济效率带来的利益与并购后增长的垄断势力带来的成本之间进行比较。①

▶ **经典案例** 酿酒行业英博安海斯–布希公司并购事件以及企业文化的巨大变化

尽管并购会通过缩减成本与增加收益来提升企业的获利能力，但是很多并购行为并没有成功地对企业股东产生任何利益。当合同签订的时候，商业合并主要在于金融价值资产、决定价格等等。当签订合同之后，这项资金交易成为充满着情绪、感伤和生存行为的人类交易。在国际并购活动中，国家之间的文化差异加剧了这些交易过程的复杂程度。不同国家的人对同一局势和事件的反应是非常不同的。让我们来看看啤酒行业中英博集团（InBev）对安海斯–布希公司的并购。

安海斯–布希公司是很多美国大学生熟知的公司。公司的总部设在密苏里州圣路易斯城，它是美国最大的酿酒商，占有啤酒销售市场大约一半的销售份额。安海斯–布希公司最著名的啤酒品牌包括百威（Bud Weiser）、米凯罗（Michelob）和自然光雪（Natural Light and Ice）。另一家著名的酿酒商是英博集团，它是世界上第二大酿酒企业。英博集团的总部设在比利时的鲁汶，在美洲、欧洲和亚太地区等地的30多个国家销售。英博集团的著名品牌包括时代啤酒（Stella Artois）和贝克啤酒（Beck's）。

2008年，英博集团以520亿美元的价格并购了安海斯–布希公司，并将合并后的新公司命名为英博安海斯–布希公司（InBev Anheuser-Busch）。企业并购的目的是形成多样化的全球企业以实现更低的成本以及更高的收益与利润水平。基于两个公司互补的特性，通过共享最好的商业活动与实现规模经济来降低成本水平是可行的。合理的交叉合作生产职能也有利于缩减成本。并且随着百威啤酒逐步在全球范围内推广，企业会遇到潜在收益机会。英博集团在10个市场中都是顶级的酿酒商，而百威则只存在于有限的市场之内。英博集团在9个市场中占有重要地位，而百威在这些市场中仅仅算是有一席之地。百威在中国有着强大且蓬勃发展的品牌力量，而英博集团在中国南方的商业地位也因为安海斯–布希公司在北方的势力而得以加强。简单来说，商业合并的目标是为并购形成的企业提供全球性交叉分销网络和最好的商业活动实践。

① Federal Trade Commission，Revision to the Horizontal Merger Guidelines（Washington，DC：U. S. Government Printing Office，April 8，1997）.

除了这些目标，英博集团对安海斯-布希公司的并购使得美国工人面临一些困境。随着并购协议的签订，英博集团用大约 6 个月的时间将一家不惜成本的家族企业变成一家强调降低成本和边际利润的公司。新的企业拥有者缩减了工作岗位，调整了补贴制度，并取消了曾经安海斯-布希公司总部员工享有的那些受其他员工羡慕的津贴。习惯于出差时乘坐飞机头等舱或者公司飞机的管理者们不得不开始乘坐经济舱。圣路易斯红衣主教队（St. Louis Cardinal）的免费棒球比赛门票数量开始变少。企业还宣称未来支付的员工薪水会是市场相似工作薪水的 $80\%\sim100\%$，任何加薪都需要专门的评审和披准。此外，据 NBC 报道，英博集团在包括 2010 年温哥华冬季奥运会和 2012 年伦敦夏季奥运会在内的奥林匹克广告组合中投入的资金将会减少 50%。英博集团认为所采取的降低成本的措施是正确的，并强调公司体制越清明，年终留存资金越多。

然而，分析学家们疑惑安海斯-布希公司的员工将会对企业文化的改变做何反应。公司津贴的取消和补贴政策的改变是否会削弱工人工作的积极性？关键员工是否会跳槽到其他企业进而加强生产中的竞争？这些问题在这篇文章完稿的时候还没有准确的答案，英博集团形成的新的企业文化将会产生什么样的结果到目前为止还是不清楚的。

知识点回顾

1. 解释为什么寡头市场包括数量可观的垄断和少量的竞争。
2. 博弈论如何解释寡头市场中独立企业的相互关系？
3. 为什么卡特尔很难形成与运行？
4. 区分水平并购、垂直并购和联合并购。
5. 为什么政府管理者会加强对水平并购的监管？

本章小结

1. 不完全竞争是市场上存在多个销售者同时销售某种产品，并且每个销售者都有一定的价格制定能力。不完全竞争市场包括垄断竞争市场和寡头市场两种市场结构。

2. 经济学家们用行业集中度来衡量一个行业的竞争和垄断程度。行业集中度高代表竞争激烈，而行业集中度低代表竞争较少。

3. 垄断竞争市场的特点是拥有大量的销售者，每名销售者都具有相对较小的市场份额，并且进出市场相对自由，销售者之间的产品存在差别。尽管在长期获得的经济利润为零，垄断竞争企业仍然面临着生产力过剩的问题。

4. 说服性广告的目标是使企业需求曲线向右移动，并且使需求对价格变化的反应变得不那么敏感。广告会导致企业成本曲线向上移动。然而广告所带来的销售数量的增长会使企业获得规模效应，使企业相对没有广告时单位成本更低。

5. 价格歧视是指对相同的商品或服务向消费者收取不同价格的策略，即使企业为所有消费者提供商品或服务的成本是相同的。采取价格歧视的企业会对需求弹性较大的消费者收取较低的价格，而对需求弹性较小的消费者收取较高的价格。

6. 在寡头市场中，少数几家企业相互竞争，并且每一家企业具有相当大的价格制定能力。寡头市场的特征是进入壁垒高、规模经济和并购。由于寡头市场中竞争企业相互作用的不确定性，不可能有一套确定的寡头行为理论，事实上有好多不同的理论同时存在。然而，博弈论可以用来阐明寡头市场中独立企业之间的相互作用。

7. 寡头企业有可能决定共谋并形成卡特尔，而不是参与你死我活的竞争。卡特尔的目标是限制产量并提高价格，从而使成员们获取最大的利润。

8. 寡头企业的特征是水平并购、垂直并购和联合并购。在这三种并购类型中，政府管理者最为关注的是水平并购。原因是水平并购会使原先存在相互竞争关系的企业联合起来，从而增强了新形成的企业的垄断势力。

▊ 关键术语

不完全竞争	并购
行业集中度	博弈论
垄断竞争	卡特尔
产品差异化	石油输出国组织（OPEC）
过剩生产力	水平并购
广告	垂直并购
价格歧视	联合并购
寡头	

▊ 自测 （单项选择）

1. 零售加油站的市场类型为（　　）。
a. 完全竞争市场
b. 完全垄断市场
c. 寡头市场
d. 垄断竞争市场

2. 下列哪个选项是垄断竞争市场或寡头市场而不是完全竞争市场的特征？（　　）
a. 根据边际收益等于边际成本规律来确定利润最大化的行为
b. 市场进入壁垒微乎其微
c. 行业中存在相对较多的厂商
d. 产品差异化

3. 下列哪个选项不是寡头市场的特征？（　　）
a. 促进企业发展的并购
b. 相互作用并相互依赖
c. 广告和非价格竞争
d. 企业之间的价格接受行为

4. 卡特尔的存在容易被下列哪个选项所破坏？（　　）
a. 经济衰退和卡特尔成员的欺骗
b. 市场中销售者数量较少
c. 相对无弹性的需求曲线

d. 卡特尔成员之间相似度极高的需求和成本条件

5. 必胜客餐厅成功的广告会使该餐厅的需求曲线（　　　）。

a. 向右移动并更有弹性

b. 向右移动并更没有弹性

c. 向左移动并更有弹性

d. 向左移动并更没有弹性

6. 下列哪个行业更适合代表寡头市场？（　　　）

a. 农业和商业捕鱼行业

b. 汽油零售业

c. 商业喷气式飞机制造行业

d. 快餐店

7. 通过实行成功的价格歧视策略，自由电影院将会（　　　）。

a. 向具有富有弹性的需求曲线的消费者收取相对较高的价格

b. 向具有缺乏弹性的需求曲线的消费者收取相对较高的价格

c. 向具有缺乏弹性的需求曲线的消费者收取相对较低的价格

d. 无论消费者需求弹性如何都向所有消费者收取相同价格

8. 如果可口可乐公司和百事可乐公司同意将软饮料市场进行分割并将价格固定，下列哪种因素会限制这两家企业之间协议的效率？（　　　）

a. 这两家企业在软饮料市场中相对较大的规模

b. 被这两家企业实现的巨大的规模经济

c. 巨额利润吸引新厂商进入软饮料行业的程度

d. 这两家企业管理广告策略的轻松程度和产品创新程度

9. 完全竞争市场和垄断竞争市场在长期中都不会获得经济利润，这是因为（　　　）。

a. 进入市场的巨大障碍阻止了市场中企业实现利润

b. 长期内企业遇到规模不经济

c. 进出市场自由和竞争性价格使得价格降低到生产成本的水平上

d. 对价格敏感的消费者迫使销售者将价格制定在刚好等于企业平均可变成本的价格水平上

10. 琼斯·拉夫林钢铁公司与共和钢铁公司形成LTV钢铁公司是哪种寡头行为的例子？（　　　）

a. 综合并购

b. 联合并购

c. 水平并购

d. 垂直并购

问答与应用

1. 前四大企业行业集中度为20％意味着什么？85％呢？

2. 假设德士古是垄断竞争市场中的一家普通加油站。绘制图表来展示长期中企业的市场情况。企业会面临生产力过剩的问题吗？为什么？

3. 图6-4展示了赫尔电子集团的短期生产情况。赫尔电子集团是垄断竞争市场中销售收音机的一家普通企业。

a. 赫尔电子集团的利润最大化产量、价格和总收益分别为（　　　）、（　　　）和（　　　）。

b. 在利润最大化产量水平上，赫尔电子集团的平均总成本和总成本分别为（　　　）和（　　　）。

c. 赫尔电子集团的经济利润为（　　）。

d. 假设新的企业被短期经济利润所吸引，开始进入该行业。在长期，赫尔电子集团的需求曲线、边际收益曲线和经济利润将会受到什么影响？

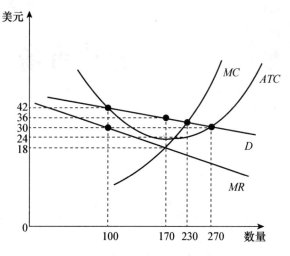

图6-4　垄断竞争厂商短期均衡

4. 绘制一幅图，说明说服性广告如何影响企业需求曲线和平均总成本曲线。在什么情况下广告会使得单位成本降低？如果广告为信息性广告而不是说服性广告，你将如何修改你的图？

5. 假设西北航空公司对商务乘客和休闲度假的乘客票价实行价格歧视。讨论一下，和没有价格歧视的情况相比，价格歧视如何导致企业获得更高的收益和利润？

6. 假设在美国只有耐克和锐步两家运动鞋销售商。它们正在考虑如何制定相似篮球鞋的价格策略。假设价格策略有且只有高价格和低价格两种策略。图6-5展示了企业报酬矩阵，其中利润的单位为每年100万美元。

a. 根据报酬矩阵讨论企业间的相互依赖特征。

b. 在没有合作的情况下，每家企业最有可能实行的价格策略是什么？

c. 为什么企业会从合作行为中受益？为什么企业会在价格固定协议中倾向于采取欺骗行为？

		耐克	
		高价格	低价格
锐步	高价格	耐克=600 锐步=600	耐克=750 锐步=150
	低价格	耐克=150 锐步=750	耐克=150 锐步=150

图6-5　耐克与锐步假设的利润报酬矩阵

7. 为什么寡头企业倾向于固定价格？成功共谋的障碍是什么？

第 7 章

劳动市场

本章目标

通过本章的学习，你应该能够：

1. 解释公司如何决定工人的需求量。

2. 解释为什么即使美国的工资高于其他国家，但是由于美国的劳动生产率高于其他国家，所以美国劳动者仍然有竞争力。

3. 区分主张把工资提高到市场均衡水平以上的最低工资法的优点与缺点。

4. 描述工会提高其成员工资的方式以及工会力量的来源。

5. 解释为什么国内工人往往在国际贸易和自由移民政策中失去优势。

背景资料

2009 年，特雷莎·约翰逊（Theresa Johnson）被视为女王。她自费环游全国，从洛杉矶到菲尼克斯、圣路易斯和迈阿密，享受最豪华的餐厅里的美酒和美食。这唤起人们对高收入职业的追求，例如计算机工程和企业咨询等等。同时，28 岁的特雷莎·约翰逊还在寻找工作，拥有会计学博士学位，她的目标是在大学教授会计学。

通常来说，应聘助理教授是一场漫长的战役，虽然助理教授仅仅享受着可以说得过去的工资和设备并不十分精良的办公室。但是，在 21 世纪初，随着越来越多的学生想学会计以及会计学博士的缺乏，应聘这份工作的人像权贵一样被对待。2009 年，会计毕业的学生可以找到高收入的工作，许多大学提供超过 12 万美元的薪水。如何解释会计学博士的高薪水呢？

在本章，我们将学到工资的决定理论。特别地，我们将学习为什么一些工人会得到比其他人高的工资，以及在不失业情况下可以采取什么方式来提高他们的工资。表 7-1 绘出了 2007 年人们所选择职业的年收入。

现代经济学原理（第六版）

表 7 - 1

职业	平均年收入（美元）
家庭医生	156 080
精算师	109 167
律师	94 930
经济学家	94 098
中学校长	92 965
会计师	54 630
图书管理员	51 160
邮递员	45 300

资料来源：U. S. Department of Labor，Bureau of Labor Statistics，*Occupational Outlook Handbook*，2008—2009，参见 http://stats. bls. gov。

劳动市场均衡

如同经济中其他市场，劳动市场受到需求与供给双方力量的支配。在劳动市场中，家庭是卖家，商业企业是主要的买家。我们称劳动的价格是工资。

我们就此可以通过供给与需求模型分析一个劳动市场以及决定劳动工资与数量的因素。图 7 - 1 提到密歇根州某个小镇的苹果采摘市场。在图中，对苹果采摘工人的需求曲线标为 D_0。我们注意到，对苹果采摘工人需求的存在是因为存在对苹果的需求。因此，对苹果采摘工人这一需求是一种**派生需求**（derived demand）：是由消费者对苹果的需求导致的。对苹果需求的增加会引致种植更多的苹果树和雇用更多的苹果采摘工人，因此对苹果采摘工人的需求也会增加。相反地，对苹果需求的减少将导致对苹果采摘工人需求的减少。

同时，我们还可以预计到，苹果种植者们愿意用更低而非更高的工资来雇用更多苹果采摘工人。有两个原因可以解释为什么随着苹果采摘工人工资提高，对苹果采摘工人的需求会减少：（1）生产者会转而使用其他替代生产要素，如机器设备。（2）消费者会购买更少的苹果，因为随着更多工资支付给苹果采摘工人，苹果价格会提高，这表明将需要更少的苹果采摘工人来采摘苹果。本章附录进一步讨论了潜在的因素对劳动的需求的影响。

图 7 - 1 探究苹果采摘工人的市场供给曲线，标为 S_0。在其他条件不变的情况下，随着工资的上升，新工人将成为劳动力，从而增加供给量。

图 7 - 1 （a）中，劳动需求曲线与劳动供给曲线的交点决定了均衡工资和劳动供给量：以每周 500 美元的工资雇用 1 000 名劳动者。当周薪为 500 美元以上时，苹果采摘工人过剩进而最终工资将降低到 500 美元。当周薪低于 500 美元时，苹果采摘工人短缺从而形成工资上涨的压力。

在任何劳动市场中，都会出现导致劳动供给曲线或劳动需求曲线上升或下降的变化因素。当这些变化因素出现时，所需的劳动均衡工资和数量会受影响。

图 7-1 (b) 假设青少年数量增加，使得苹果采摘工人增加，因此劳动供给曲线向右移动到 S_1。随着供给的增加，均衡工资水平将从每周 500 美元降到每周 400 美元，所雇用的苹果采摘工人数量将由每周 1 000 人增加到每周 1 200 人。

现在，让我们考虑劳动需求曲线变化所带来的影响。在图 7-1 (c) 中，假设苹果的市场需求增加。由于对苹果采摘工人的需求来源于对苹果的需求，所以在图中表现为对苹果采摘工人的需求会向右移动到 D_1。随着需求的增加，均衡工资水平将由每周 500 美元上升到每周 600 美元，雇用苹果采摘工人的数量将由每周 1 000 人增加到每周 1 200 人。

接下来，我们将把劳动市场理论应用于一些当今劳动问题上——最低工资法、工会、外包和移民。

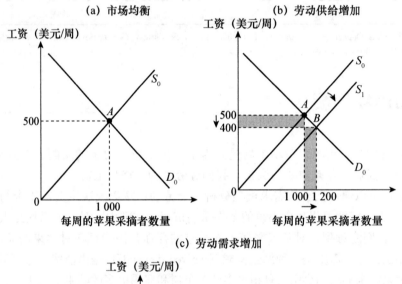

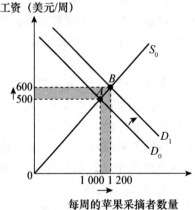

图 7-1　苹果采摘者市场

劳动需求曲线向下倾斜，表明工资越低，劳动需求量越大。劳动供给曲线向上倾斜，表明工资越高，劳动供给量越大。劳动供给曲线和劳动需求曲线的交点决定了均衡工资和均衡劳动数量。劳动市场供给的增加会导致工资水平下降和雇用劳动者数量的增加。劳动市场需求的增加会导致工资水平上升和雇用劳动者数量的增加。

最低工资法真的会帮助劳动者吗?

1938 年, 为了帮助大萧条中的低收入者, 美国国会通过了《公平劳动标准法案》(The Fair Labor Standards Act)。这一法案确立了联邦**最低工资**(minimum wage), 即法律所允许范围内的雇主可以向劳动者支付的每小时工资的最低数量。国会设定的第一个联邦最低工资是每小时 25 美分, 到了 2008 年增长到每小时 6.55 美元。但是, 有些劳动者是不被这一法案包含在内的, 赚的比最低工资要少。这些人主要从事休闲和服务行业。还有很多人从事饮食服务行业, 如服务员, 也只能获得比最低工资更低的收入。因为"小费所得法"允许当劳动者小费所得满足最低工资水平时, 雇主可以支付低于最低工资水平的工资。

除联邦立法之外, 约 40 个州也通过了它们自己的最低工资法。在任何最低工资高于联邦最低工资的州, 劳动者会获得更高的工资。表 7－2 提供了最低工资较高的几个州。

对于政府来讲, 提高最低工资是减少贫困的很有吸引力的选择, 因为这不需要增加财政支出或相应地增加税收。支持者们认为因地制宜地制定最低工资标准是合理的, 实际工资不应该降低到标准之下。但是, 反对者认为, 提高最低工资并不能够保证整个就业大军全部获得工作的权利, 只能保证那些已经获得工作的人可以得到的最低报酬。由此, 反对者认为政府是在破坏获得工作机会的平等。

为了理解反对与支持最低工资的争论, 图 7－2 介绍了一个均衡工资可能低于最低工资的低技能工人的劳动竞争市场。假设最低工资是 4 美元/小时, 表现在图中为市场供给曲线(S_0)与市场需求曲线(D_0)的交点。均衡工资水平处, 劳动者每周提供 800 万小时劳动, 企业每周需要 800 万小时劳动。

假设联邦政府设定最低工资为 6 美元/小时, 工资高于市场均衡水平。这样的最低工资将带来什么样的影响呢? 考虑工资对劳动需求量的影响。追求利润最大化的雇主只会雇用工作产量的价值高于接受这个工资的劳动者。假设在法律上提高劳动价格却没有提高劳动者的生产率, 那么所需要的劳动数量会随着工资的上升而下降。在图 7－2 (a) 中, 随着工资率由 4 美元/小时提高到 6 美元/小时, 每周所需要的劳动数量将由 800 万小时降为 400 万小时。简单来讲, 提高工资, 支付给劳动者的工资高于其所能给雇主带来的价值。相对高的工资会减少所需劳动者的数量, 生产率最低的劳动者会失去他们的工作。

	最低工资（美元/小时）
华盛顿州	8.55
俄勒冈州	8.40
康涅狄格州	8.25
佛蒙特州	8.06
加利福尼亚州	8.00
新墨西哥州	7.50
俄亥俄州	7.30
北卡罗来纳州	7.25
阿拉斯加州	7.15
联邦	6.55

资料来源：U. S. Department of Labor，*Minimum Wage Laws in the States*，January 1，2009，参见 http://www. dol. gov/esa/minwage/america. htm/。

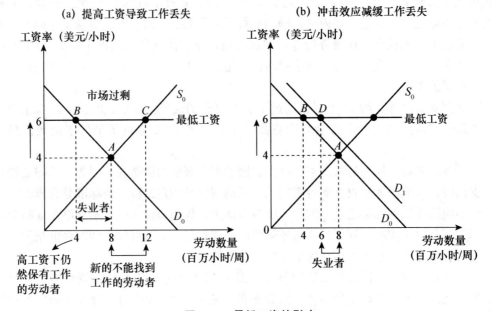

图 7 - 2   最低工资的影响

把最低工资提高到市场均衡水平以上，会增加劳动供给量而减少劳动需求量。一些劳动者享受高工资，而其他劳动者持续失业或者出现失业。如果工资增加会导致劳动的边际生产率提高，那么对劳动的需求将会增加，失业者会减少。

在图 7 - 2（a）中，我们也注意到在供给方面发生了什么。工资率由 4 美元/小时提高到 6 美元/小时，这会吸引劳动者加入劳动市场。结果，劳动供给量由 800 万小时/周增加到 1 200 万小时/周。每个人都更偏好工资更高的工作。在最低工资为 6 美元/小时的时候，劳动的过剩相当于 800 万（1 200 万－400 万＝800 万）小时/周。换句话讲，人们有 800 万小时的劳动希望在最低工资水平供给，却不能遂愿。随着劳动提供者的数量逐渐超过需求量，失业就产生了。

最低工资使得那些幸运地以市场均衡工资水平以上的工资水平找到工作的劳动者受

益。但是，它不利于很多劳动者，包括青少年和年轻的成年人，他们以更高的工资水平寻找工作，却无法找到工作。批评者认为最低工资对潜在的劳动者来讲，"除非你能以最低工资水平找到工作，否则你就找不到工作"。对于那些由于最低工资而失去工作的人来讲，他们很难理解为什么人们会认为最低工资法很好。

最低工资往往对非熟练工人，特别是青少年影响最大。因为青少年往往是劳动大军中最缺少经验和技术的，他们的市场均衡工资很低。青少年，主要是少数族裔，是最有可能由于最低工资水平上升而失去工作的。

克里斯·迪森（Chris Dussin）——俄勒冈州波特兰老意大利面餐厅的老板，举了一个提高最低工资的例子。他感觉到，即使是在繁荣的经济环境中，他也会提高产品价格，直至消费者不购买此产品。2002 年，俄勒冈州把它的最低工资由 6 美元/小时提高到 7.50 美元/小时。2002—2006 年，迪森在俄勒冈州三个餐厅的成本提高了 30 万美元，超过了收入的增长。迪森看到了他的成本底线受到侵蚀，他的利润率下降到仅为销售额的 2%～3%。他虽然能提高一些商品的价格，但不得不减少服务员的数量，并增加分配给每个侍者的餐桌数量（提高劳动的强度）。而且，更高的劳动成本迫使他放弃在俄勒冈州本德市开一家老意大利面餐厅的计划。但是，他在爱达荷州博伊西开了另一家餐厅，在那里最低工资仅为 5.15 美元/小时，而且不同于俄勒冈州，这里允许雇主向能获得小费的侍者支付更少的工资。[1]

大量的研究想去量化提高最低工资的影响。争论的焦点在于劳动需求对工资变化的敏感度或弹性。大量经验证据表明，提高最低工资确实可以降低就业水平，但是这种影响可能很小。一般来说，研究表明劳动需求弹性大约为 0.2。这意味着最低工资提高10%会导致就业降低 2%。[2]

但是，一些经济学家认为，最低工资的提高可能给雇主带来一些好处以抵消劳动成本上升的影响。例如，高工资会减少工人转行，因此会降低培训成本。而且，工人可能被高工资所激励而提高生产率。此外，高工资可能激励公司改进它们的技术水平、提高它们的管理以更有效率地使用劳动者。这些益处使得劳动需求曲线向右移动，从而减轻提高最低工资可能带来的就业水平降低的影响。**冲击效应**（shock effect）在图 7-2（b）中得以阐释，我们假定最低工资上升使得劳动需求由 D_0 上升到 D_1。劳动需求的增加缓解了可能出现的失业率上升，劳动需求量只下降了 200 万小时/周而不是 400 万小时/周。

1914 年，这样的冲击效应出现了，福特汽车集团向它的员工提供双倍工资，每天的工资由 2.5 美元上升到 5 美元。那时，制造行业的平均工资大概为 2～3 美元/天。[3]这份提高工资的方案是由福特汽车集团工人的高请假率和跳槽率所导致的。显然，福特汽车集团希望提高工资能提高工人的士气，鼓励他们更加努力地工作以保住这份高薪工作。因此，福特汽车集团相信劳动生产率将会提高。果然，随着工资的上升，超过 1 万

---

[1] "Weighing Minimum Wage Hikes," *The Wall Street Journal*，November 3，2006，p. A-4.

[2] Alice Sasser，*The Potential Economic Impact of Increasing the Minimum Wage in Massachusetts*，Federal Reserve Bank of Boston，NEPPC Research Report Series，No. 06-1，January 2006.

[3] Daniel Raff and Lawrence Summers，"Did Henry Ford Pay Efficiency Wages?" *Journal of Labor Economics*，October 1987，pp. S57-S86.

名工人申请福特汽车集团的就业岗位。分析专家称，福特汽车集团的策略是成功的。劳动者保有工作并更加努力地工作，使得劳动生产率提高了 50％。

■ 工人加入工会将会变得更好吗?

在这一章，我们假定个体工人在推销其服务时是积极竞争的。在一些市场中，工人参加**工会**（unions）是为了集体推销他们的服务。工会的存在是由于工人意识到集体行动会比个人单独行动拥有更高的议价能力，因为个人单独行动会受雇主支配。你可能熟悉一些工会，例如美国联合汽车工会（United Auto Workers）、美国联合钢铁工会（United Steel Workers）和美国运输工会（Teamsters）。

1970 年，大约 25％的美国工人属于各自的工会。由表 7-3 可知，2007 年这一比例大约为 12％。随着制造业工作在劳动市场中份额的下降，工会开始尝试渗透进服务行业。但这在服务业是很难实现的，服务业工作者从事不同岗位的工作，很多工作岗位是短暂、零散的。

表 7-3　　　　　　　　　　2007 年各行业工会工人百分比

行业	工会工人占比（％）
农业	1.5
采矿业	9.3
建筑业	13.9
制造业	11.3
运输和公共事业	22.1
金融业	2.0
专业人员和生意人	2.4
教育和健康服务	8.8
政府机构	35.9
所有人员	12.1

资料来源：U. S. Department of Commerce, Bureau of the Census, *Statistical Abstract of the United States*, 2009 (Washington, DC: U. S. Government Printing Office), Table 643.

工会的主要目的是改善其成员的工资水平、工作时间、工作条件和安全保障。工会代表工人就雇用相关事项和雇主议价，这个过程被称作**集体谈判**（collective bargaining）。这样就允许谈判者代表工人谈判而不是每个工人都去谈自己的劳动合同。

工人和经理之间的绝大多数争论都集中在工资、工作时间或其他雇用条件方面。如果工人和经理不能就他们的分歧达成一致，他们可能会接受外部的帮助，即**调解**（mediation）。如果双方仍不能达成一致，他们可能会采用**仲裁**（arbitration）。仲裁者需要倾听分歧双方的想法并做出对双方有约束力的决定。当工人认为停止工作是捍卫他们需求并向雇主施加压力的最好方式时，**罢工**（strikes）就有可能发生。在工会召集罢工之前，一定会就这一决定在成员之间投票。通常来讲，除非大多数投票者都支持，否则罢工是不能出现的。

□ 提高工会工资

研究表明，一般来说，工会成员比非工会工人的工资高 15%。为了提高其成员的工资，工会使用很多策略：（1）增加劳动需求；（2）限制劳动供给；（3）使工资高于市场均衡工资。让我们来分析每一条策略。

增加劳动需求。 从工会的角度来看，提高工资最好的手段就是增加劳动需求。在图 7-3（a）中，劳动需求的增加会带来工资的提高和劳动需求量的增加。因此工会成员就业量和收入会上升，这是最好的结果。

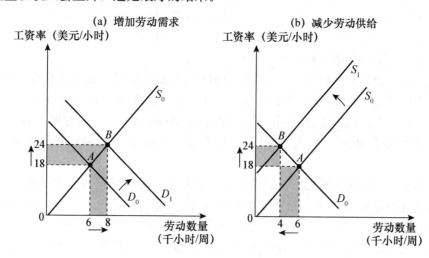

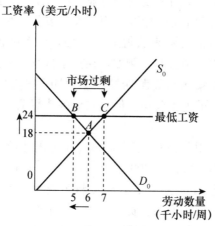

图 7-3　工会增加工资的手段

从工会角度来看，提高工资最有效的方法就是增加对劳动的需求。对劳动需求的增加会带来工资率和劳动需求量的提高。提高工资的另一个方法是限制劳动供给以确保其成员享有更高的工资，但是受雇人数会变少。一个成功的工会将会为自己的成员将工资提高到均衡水平之上。尽管工资上升会增加有工作的工人的收入，但是一些工人可能会因此被市场抛弃。

工会将会采取很多措施来增加雇主对其成员的劳动需求：

● **增加其生产的产品的需求从而增加对其劳动的派生需求。** 增加产品需求的一个方式是做广告宣传以说服公众去购买工会工人生产的产品。另一个途径可能是说服国会利用关税或配额限制进口，比如限制从韩国进口钢铁。因此，美国消费者会增加对美国工人生产的钢铁的需求。而且，教师工会经常进行游说以增加政府对公共教育的支出，航天工作者会推动对国家防御支出的增加。

● **支持提高最低工资来增加对非熟练工人的支出。** 非熟练工人工资水平的提高会导致对非熟练工人需求量的降低和对熟练的工会工人的需求增加。

● **提高工会成员的生产率。** 通过建立投诉程序，工会可能会减少工人的跳槽率并提高工作稳定性——这是提高工人生产率的条件，从而增加对工会成员的需求。

减少劳动供给。 提高工资的另一个方式是限制劳动供给的增加。由图 7 - 3（b）可见，减少劳动供给会提高工资率，尽管这会减少劳动需求量。工人数量会减少，但是，保有工作的工人会享有更高的收入。

行业工会，如砖瓦工和电工，会采取限制成员数量的措施，如高昂的学徒费、延长的学徒期限和其他限制成员数量的措施。专业协会，如美国律师协会（American Bar Association）和美国药学协会（American Medical Association），会对成员数量采取类似行业工会的限制措施。进入一个专业需要取得相应资格要求和受到专业学校的管制。

将工资提高到均衡工资之上。 行业工会代表特定行业的任何技术水平的所有工人，而不只是代表特定职业工人。行业工会的代表包括美国联合汽车工会（United Auto Workers，UAW）和美国邮政工会（United Postal Workers），相似地，公共的职业工会代表的是特定职业的工作者，像是教育行业。例如，国家教育协会（National Education Association），是一个很有影响力的工会，它代表全美的教师。

行业工会或公共职业工会的目的是将该行业中所有工人都拉入工会，从而使他们处于一个有力的议价地位。行业工会一定要组织绝大多数公司的工人。否则，非工会公司可能通过向其工人支付更少的工资来获得成本优势，从而抛售工会组织的公司。实际上，行业工会可能无法组织整个行业。例如，在汽车行业，美国联合汽车工会已经组织起福特汽车集团、通用汽车集团和克莱斯勒汽车集团——美国汽车行业的"三巨头"，以及许多在美国有装配工厂的他国公司。但是在他国装配工厂工作的工人往往选择不参加美国联合汽车工会。

图 7 - 3（c）给出了美国联合汽车工会对汽车工人的影响。竞争性的工资和雇用水平分别是 18 美元/小时和劳动需求 6 000 小时/周，如图中的点 A 所示。假设美国联合汽车工会组织美国汽车行业的"三巨头"，争取将工资水平提高为 24 美元/小时。议价后的工资使得劳动市场工资高于均衡工资。尽管工资上升会使得保有工作的工人工资提高，但是劳动需求将由 6 000 小时/周降到 5 000 小时/周。因此，对于高工资的追求使得一些工人失业。一般来说，工会坚持"最后一个被雇用的是第一个被解雇的"的政策。资历最浅的工人往往首先丢失工作。而且，提高后的工资使得劳动供给量增加到 7 000 小时/周，导致过剩劳动为 2 000 小时/周。

□ 是什么赋予工会力量?

不是所有的工会都有能力提高其成员的工资。工会怎样能够做到在尽量减少失业的情况下使工资大幅提高呢?

如果非工会工人是工会工人好的替代品,那么,雇主可能转向雇用非工会工人而减少对工会工人的需求,因为这样可以节约成本。因此,高的工会工资将导致工会工人在市场上缺少竞争力,进而使得雇用水平大幅降低。由于这个原因,工会进行游说,反对自由移民政策和进口他国工人生产的产品。工会一直努力达成包含**工会专营店**(union shop)条款的合同。这一条款要求工人在加入公司后的规定时间内(通常是 30 天)加入被认可的工会。每个州都有加入或拒绝工会专营店的选择权。

随着工资上升,除了用非工会工人,公司也会用其他生产要素来替代工会工人。例如,通用汽车集团开发自动化生产线,用机器人来替代工人。当机器人是工会工人好的替代品时,工人议价的能力就会降低。

工会的力量取决于工会工人所生产产品的替代品的数量。例如,20 世纪 80 年代,为了促进竞争和提高资源利用率,美国货运业被解除管制。因此,货运业中的工会公司开始和拥有更低生产成本的非工会公司竞争。工资降低的成本优势允许许多非工会公司降低价格以赢得更大的市场份额。结果,非工会卡车公司所占市场份额上升,美国货运业工会成员丢掉超过 10 万份工作。雇用水平的剧烈下降最终导致工会为了获得工作而同意削减 30% 的工资和福利。

美国汽车行业的经验说明了非工会工人是如何威胁工会工人的雇用水平和工资结构的。过去的几十年里,美国联合汽车工会代表美国汽车行业"三巨头"的工人——福特汽车集团、通用汽车集团和克莱斯勒汽车集团——其工厂坐落于联合汽车工会力量强大的北部各州。作为一个高效的议价者,几十年来,联合汽车工会推动其成员工资超过美国制造业工人的平均水平。但是,到了 20 世纪 80 年代,非工会日本企业在美国南部地区建造了汽车制造工厂,在那里,工会力量并不是很强大。低工资和高效率生产工人使得日本企业在汽车生产中赢得了低生产成本优势。这使得它们赢得更多的美国汽车市场份额,导致美国汽车行业"三巨头"销售额减少和联合汽车工会工人失业。随着汽车行业中非工会工人数量上升,联合汽车工会在价格制定和改善工人生产条件方面的议价能力被削弱。

> **知识点回顾**
>
> 1. 解释为什么提高最低工资会有利于部分工人而不利于另外的工人?
> 2. 提高劳动生产率是如何抵消最低工资的不利影响的?
> 3. 找出工会用以提高其成员最低工资的方法,其中哪个方法对工会是最合适的?
> 4. 什么因素决定工会提高其成员工资的能力?

工作外包: 对美国工人是威胁还是机遇?

在最近的关于工作的讨论中,大家的注意力集中在国际贸易和诸如"外包"等术语上。自由贸易环境允许美国的好工作流失到中国、印度和其他工资水平低的国家。极端一点讲，一些人希望看到对贸易的限制以保护他们的工作和阻止全球化趋势。让我们来探究外包的本质和影响。

广义上讲，**外包**（outsourcing）通过签订合同的方式将曾经的内部职能转移出去。密歇根州的汽车生产商在俄亥俄州供应商购买刹车片而不是自己生产，就是外包。当一家公司选择用以更低价格提供相同服务的外部供应商来替代自己的清洁工和自助餐厅员工的时候，外包就实现了。很显然，如果外部供应商生产效率更高，使用的工人更少，那么，外包就会导致失业。

为了追求更低的生产成本，公司会放弃使用本国供给，而决定购买海外供应商的产品或服务。外包在美国工业生产中也有很长的历史。例如，墨西哥公司向底特律汽车制造商提供椅套和雨刷。外包的新特点是外包对从来没想过会有外国人竞争自己所在服务部门的工作岗位这一影响，诸如数据管理员、电脑程序员、医疗誊写员及其他。[①]

□ 怎样才能阻止美国工作被外包至国外？

在如今的全球经济中，保障自己的工作是许多工人最关注的。确实，很多美国人担心美国工厂会把生产线迁到墨西哥、马来西亚、新加坡或其他平均工资比美国低很多的发展中国家。如果是这样，美国工人将可能被墨西哥工人取代。

尽管这一担忧是有现实依据的，但是，我们能否确定工作会流失到低工资的国家呢？假设你是埃尔帕索广播有限公司（El Paso Radio，一个位于美国的公司）的经理。那你会不会把组装车间定在劳动报酬更低的墨西哥呢？答案是公司不仅关注其必须支付给劳动者的工资，它们还关心不同国家工人的边际产量。

例如，假设典型的美国收音机装配工工资是 9 美元/小时，一个墨西哥收音机装配工工资是 4 美元/小时。我们还假设美国工人每小时生产 18 台收音机，而墨西哥工人每小时生产 4 台。因此，我们在美国有更高的生产率但在墨西哥享有更低工资。埃尔帕索广播有限公司会将它的组装厂设在哪里呢？

它会将工厂设在美国，因为支付一美元工资会比在墨西哥生产更多收音机。我们来阐明这一论点，美国工人的边际产量为 18 台收音机，工资为 9 美元/小时，那么相当于支付 1 美元能组装 2（18/9＝2）台收音机。相反，墨西哥工人边际产量为 4 台收音机，工资为 4 美元/小时，那么相当于支付 1 美元能组装 1（4/4＝1）台收音机。由于公司每在组装工人身上花费 1 美元在美国会比在墨西哥创造更多产出，该公司会发现这样花费更少——受益更多——因此它会选择雇用美国工人而不是墨西哥工人。这样可以得出一个结论，即使美国的工资比墨西哥工资高，如果美国工人的劳动生产率比墨西哥工人高，美国的工人仍然具有竞争力。

□ 外包的影响

外包的支持者强调它如何有助于提高美国的生产率。例如计算机和互联网技术使得

---

① Robert Parry，"Globalization：Threat or Opportunity for the U.S. Economy?" *Economic Letter*，Federal Reserve Bank of San Francisco，May 21，2004，pp. 1-3.

美国服务业在全球范围内外包。高科技公司如 IBM 可以很容易地将软件编程工作外包给印度，美国的医疗中心依靠印度医生处理数据。

外包的支持者认为，它可以为全球经济创造一个双赢的局面。显然，外包有利于接包国，例如印度。一些接包的公司，比如说美国达美航空（Delta Air Lines）的子公司，为达美旅客提供电话预订服务。此外，外包增加了为子公司提供商品和服务的供应商的收入，同时印度政府获得额外的税收。美国也从几个方面获得外包的好处：

● **降低成本和增强达美航空公司的竞争力。** 在印度，达美航空公司雇用低工资工人提供机票预订服务。而在美国，许多外包出去的工作被视为相对没有吸引力或声望不高，但是，在印度，它们通常被认为是有吸引力的。因此，印度工人可能会非常积极地在生产上赶超他们的美国同行。印度工人更高的生产率会降低达美航空公司的单位成本。

● **新的出口。** 随着业务的扩展，达美航空公司的印度子公司可以购买来自美国的其他商品，如计算机和电信设备。这些购买导致美国公司收益增加，如戴尔公司、美国电话电报公司等，也会给予美国工人更多的就业机会。

简单地说，外包的支持者认为，如果美国公司不能在国外设立工作岗位，它们将随着竞争者通过外包减少成本而丧失在全球经济中的竞争力。这将削弱美国经济，并且减少更多的美国就业机会。他们还指出，裁员往往是暂时的，在美国，新行业、新产品的创造将会为美国人提供更赚钱的工作机会。只要美国劳动力保持其高的技术水平，并且随着企业提高生产率保持灵活性，高价值的就业岗位就不会在美国消失。

然而，批评者指出，如果外包是受一些国内稀缺的特定技能驱动的有限做法，那么美国可能会从外包中获益。然而，外包同样存在一些问题，因为美国制造业和服务业的许多就业机会将会转移到国外。支付给美国人的工资越高，公司就会有更大的动力把工作外包给中国和印度，因为中国和印度在未来几年存在大量过剩的工资水平相对较低的工人。相信新行业和新职业将出现并取代外包出去的行业和职业是十分令人苦恼的，因为将新行业外包这一倾向同样存在。

当然，外包给美国带来的好处并不能抵消掉因为外包而失去工作的人或者工资降低的人的负担。这就是为什么美国工会常常游说国会阻止外包，而且美国的几个州已经考虑立法以严格限制政府与把工作岗位迁移到低工资的发展中国家的企业签约。事实上，让美国公众接受外包可能会要求给予工人一个安全网，为工人提供收入援助和培训来获得从事美国创造的工作的资格。教育是美国在生产和科技方面具有优势的基石，是产生随市场发展保持灵活性的工人的关键。

自由移民法真的会伤害美国工人吗？

除了工作外包，对于美国工人来说，移民也是一个有争议的问题。从历史上看，美国一直是国际移民最喜欢的目的地。由于流动人口的大量涌入，美国被视为世界的"大熔炉"。移民受更好的经济机会和非经济因素（如政治、战争和宗教等）所驱动。

尽管外国工人移民到美国能够提高国家的生产率，但许多美国人更偏好对移民进行限制。他们认为，开放的移民政策往往会降低他们的就业机会和工资。例如，为了追求高工资，低技能的墨西哥工人可能会迁移到美国。这导致墨西哥劳动力供给的减少以及美国劳动力供给的增加。从而导致墨西哥工资提高而美国工资降低，这对两国有同样大的影响。特别是，美国工会倾向于支持限制移民，因为外国工人的竞争减少了工会成员的工作和工资。

在 1921 年《配额法》（Quota Law）通过之前，美国并没有对移民进入美国进行实质性的限制。该法规定移民的数量取决于移民原来的国家。该法主要限制来自东欧和南欧的移民。1965 年的《移民与国籍法修订案》（Immigration and Nationality Act Amendments）取消了国别配额制度，对被允许进入美国的移民总数实施限制。根据该修订案，优惠政策是提供给那些由于家庭重聚而移民的人。那些拥有特殊技能的移民也给予优先考虑。但是，没有限制政治难民移民至美国的数量。当然，并非所有的移民都是通过合法渠道进入美国的。往往存在持学生或旅游签证的人进入美国并违反签证身份开始工作。其他人没有有效的美国签证而非法进入美国。1986 年的《移民改革和控制法案》（Immigration Reform and Control Act）通过对雇用非法移民的雇主征收巨额罚款来解决非法移民问题。

1996 年的《非法移民改革和移民责任法案》（Illegal Immigration Reform and Immigrant Responsibility Act）提出对移民的新限制。现在，只有收入最低为贫困水平的125％的寄宿家庭才可以接收移民。该法案还要求移民归化局（Immigration and Naturalization Service）保持对非居民外国人入境和出境的严格记录。

然而，即使低技能移民从事清洁办公室、在餐馆烹饪、在食品杂货店记账等美国人不愿做的工作，也会对我们的经济和生活做出贡献。他们还购买住房、衣服和日用品。对于他们努力工作的意愿来说，移民带给美国的精彩的多样性文化是次要的，但是已经成了当今美国的一部分。

此外，涌入美国的外国人不只是缺少技能和未接受教育的人。美国也收获了能增强其企业竞争力的受过高等教育的新加入者这一宝藏。美国的高科技产业，从生物技术到半导体，依靠移民的科学家、工程师和企业家来保持竞争力。硅谷是美国的高科技中心，其大部分劳动力是在外国出生的。移民不仅提高美国人的双语能力、增强美国人的家庭关系以及美国人关于在海外是如何做事的知识，也有助于美国生产的产品和服务的出口。此外，他们通过拓展新业务和创造就业机会，以及利用利润和税负来支付社会服务而振兴美国。必须在这些好处与受教育程度低和低技能移民涌入带来的经济混乱之间进行权衡。

本章研究了劳动市场和工资的决定。下一章将考虑政府在市场经济中的作用。

▶ <u>经典案例</u>　　　　　　**移民会降低美国工资吗？**

外国工人移民至美国显著降低了美国工资？国家经济研究局的专家表示，移民对工资的影响是很小的。他们研究了 1980—2000 年期间墨西哥裔移民给美国工资带来的影响，发现在短期内，移民使与之竞争的美国工人的平均工资减少了。对于中学辍学工人，平均工资降低了约 8％。专家还发现，经过较长时间后，移民对与之竞争的美国工人的平均工资影响甚微，但是，中学辍学工人工资仍然降低了约 5%。研究结果见表 7-4。

这一发现支持移民对美国熟练工人工资负面影响很小这一观点。这一发现还说明如果国会想要减少工资的不平等，建立严格的移民限制这一政策是否有效有待商榷。

表 7-4　　　　　　　　劳动市场运行：1980—2000 年移民涌入对工资的影响

劳动力类型	工资改变比率（%）	
	短期	长期
所有工人	−3.3	0.1
中学辍学	−8.2	−4.8
中学毕业	−2.2	1.1
大专毕业	−2.6	0.8
大学毕业	−3.8	−0.5

资料来源：George Borjas and Lawrence Katz, *The Evolution of the Mexican-Born Workforce in the United States*. National Bureau of Economic Research，Cambrige，MA，2005.

知识点回顾

1. 工会使用什么手段来提高其成员的经济待遇？
2. 工会力量的影响因素是什么？
3. 外包对美国工人有好处吗？为什么有的工人对外包感到忧虑？
4. 尽管美国被称作世界的"大熔炉"，但很多美国人害怕自由的移民政策。为什么？

■ 本章小结

1. 如同其他市场，劳动市场背后的决定力量也是供给与需求。劳动需求曲线与劳动供给曲线的交点决定了均衡工资和就业水平。对劳动的需求源于对劳动所生产产品的需求。

2. 在竞争激烈的市场上，公司将通过在该劳动的边际产量价值等于工资率处雇用工人来达到利润最大化目标。此外，劳动的边际产量曲线的价值构成了企业的劳动需求曲线。

3. 即使美国的工资比墨西哥高，如果美国工人比墨西哥工人的劳动生产率更高，那么美国的工人仍然具有竞争力。

4. 在劳动市场上供给曲线的上升导致均衡工资下降，劳动需求量增加。劳动市场上需求曲线上升，均衡工资和劳动供给量都会增加。

5. 为了帮助有工作的穷人，1938 年国会制定了一个联邦最低工资，即雇主可以依法支付工人的每小时最低工资。最低工资有利于那些能够以超过市场均衡工资的工资水平找到工作的工人。但是，它对那些寻求更高工资工作但无法找到的人造成损害。进一步讲，高工资会提高劳动生产率，增加对劳动的需求，从而抵消了最低工资的失业影响。

6. 工会使用一些策略，以增加其成员的工资，如增加对劳动的需求、限制劳动供给，并在市场上形成高于均衡工资的工资。工会增加其成员的工资的能力受非工会工人威胁，受可能作为工人替代品的其他生产因素（机械）威胁，受工会成员生产的产品替代品的可获得性威胁，还会受生产成本中高工人成本的威胁。

7. 在有关工作的讨论中，很多注意力都集中在外包业务。值得关注的是一个自由的贸易环境使得好工作从美国流失到中国、印度和其他工资水平低很多的国家。

8. 尽管外国工人移民到美国可以提升美国的生产率，但许多美国人喜欢对移民进行限制。他们认为，开放的移民政策往往会降低他们的就业机会和工资。

▉ 关键术语

派生需求	罢工
最低工资	工会专营店
冲击效应	外包
工会	劳动边际产量
集体谈判	劳动边际产量价值
调解	劳动需求曲线
仲裁	

▉ 自测 （单项选择）

1. 美国联合钢铁工会提高其成员的工资的能力是由（　　）增强的。

a. 减少美国汽车公司对钢材的需求

b. 减少美国进口钢材的关税

c. 美国钢铁工人的劳动需求弹性

d. 美国钢铁工人的劳动需求无弹性

2. 通过提高其成员的工资，工会往往（　　）。

a. 促使雇主寻求工会工人的替代品

b. 提高非工会工人的工资

c. 提高所有工人的生产率

d. 增加劳动需求

3. 如果美国对劳动的需求是缺乏弹性的，工人从墨西哥迁移到美国将（　　）。

a. 降低美国工人工资收入的总量

b. 提高美国工人工资收入的总量

c. 使美国工人工资收入的总量保持不变

d. 使对美国工人的需求曲线向右移动

4. 在一个竞争的劳动市场，劳动需求曲线是显示（　　）的曲线。

a. 劳动边际产量价值

b. 劳动边际产量

c. 劳动总产量的价值

d. 劳动的总实物产量

5. 劳动供给曲线右移是由（　　）导致的。

a. 劳动边际产量的价值减少

b. 其他行业工资降低

c. 设定进入美国的移民数量配额

d. 劳动的总实物产量减少

6. 作为一个行业工会，美国联合汽车工会想改善其成员工资、工作及工作条件，（　　）是最成功的。

a. 汽车工人的供给曲线向右移动

b. 在汽车行业的所有公司组织工会

c. 采取促使汽车需求降低的政策

d. 要求所有工人缴纳会费

7. 如果联邦政府规定的最低工资标准高于市场均衡工资，我们可以预期（　　）。

a. 雇主的工资成本会减少

b. 参与劳动市场的工人数量将降低

c. 劳动力短缺

d. 劳动力过剩

8. 在航空航天工人竞争市场中，喷气式客机价格的降低将导致（　　）。

a. 低雇用量和低工资

b. 低雇用量和高工资

c. 高雇用量和高工资

d. 高雇用量和低工资

9. 假设一个工会专营店条款适用于电工市场。如果电工工会减少其成员的劳动供给，以下情况均会发生，除了（　　）。

a. 工会电工工资将增加

b. 工会电工就业岗位将减少

c. 建设项目的成本会增加

d. 对非工会电工的需求将会减少

10. 提高最低工资的支持者认为，最低工资法将（　　）。

a. 激发员工变得更有效率，从而对劳动的需求增加

b. 提高受最低工资影响的职业中工人的流动性

c. 导致工人短缺，进而产生工资上涨的额外压力

d. 使低技能工人寻找兼职工作的意愿减少

问答与应用

1. 画图表示劳动供给曲线和劳动需求曲线的交点是如何决定均衡工资率和就业水平的。均衡工资率和就业水平是如何被以下因素影响的？

a. 劳动供给曲线上升（下降）。

b. 劳动需求曲线上升（下降）。

2. 说明与墨西哥工人相比美国工人更具竞争力，即使美国的工资水平比墨西哥的工资水平高。

3. 表7-5表示扬奎斯特草莓有限公司雇用工人的决策，该公司在竞争市场上雇用工人和提供草莓。

表 7 - 5　　　　　　　　　　　扬奎斯特草莓有限公司的劳动数据

劳动投入 （工人/周）	总产量 （草莓箱数/周）	劳动边际产量 （草莓箱数/周）	产品价格 （美元）	劳动边际产量价值 （美元）
0	0		8	
1	100		8	
2	190		8	
3	270		8	
4	340		8	
5	400		8	
6	450		8	

a. 完成该表的其余各列。

b. 在图中，画出公司的劳动需求曲线。

c. 如果工资率是 560 美元/周，公司将聘请多少工人？如果工资率是 400 美元/周呢？

4. 表 7 - 6 给出了低技能工人市场。

a. 在图中，画出劳动市场需求曲线和市场供给曲线。找到均衡工资率和就业水平。

b. 假设政府颁布 6 美元/小时的最低工资标准。在这个工资水平上，劳动供给和需求分别是什么？就业水平比没有最低工资的就业水平高还是低？高多少或低多少？

c. 假设最低工资激励工人变得更有效率。画出一条新的劳动需求曲线，使其与不存在最低工资时有相同的就业水平。

表 7 - 6　　　　　　　　　　　　低技能工人市场

工资率 （美元/小时）	劳动供给量 （千小时）	劳动需求量 （千小时）
1.00	10	70
2.00	20	60
3.00	30	50
4.00	40	40
5.00	50	30
6.00	60	20
7.00	70	10

5. 在图中，画出劳动市场供给曲线和市场需求曲线。工会利用什么方法提高其成员的工资呢？假设这些方法可以成功提高工资，它们对劳动需求量有什么影响？用图形表示出来。哪种方法最有利于工会？

6. 什么因素直接影响美国联合汽车工会能否增加对高工资的需求？

7. 在图中，画出汽车工人的市场供给曲线与市场需求曲线。假设美国联合汽车工会组织美国汽车公司。在你的图中，表示下列情形的影响：

a. 美国联合汽车工会将汽车工人工资提高到市场均衡工资以上。

b. 日本企业更多地出口汽车到美国，这会导致对国内汽车需求减少和对美国联合汽车工会成员需求减少。关于就业和工资，请问美国联合汽车工会有哪些选择，以尽量减少对其成员需求下降的不利影响？每个选择的限制是什么？

8. 用文字和图表说明为什么国内工人对自由移民政策感到忧虑。

附录7.1　图7-1的延伸，一个公司的招聘决策

关于一个企业的劳动需求曲线，考虑 Mt. Pleasant 苹果股份有限公司（它是一个典型的苹果生产商）如何选择工人的需求量。假设该公司在竞争激烈的市场上销售苹果，因此它不能影响它所销售苹果的价格。此外，假定该公司在竞争激烈的市场雇用工人，因此它不能影响支付给苹果采摘工人的工资。另外，假定公司是利润最大化者，也就是说，它只关心销售苹果获得的总收益与生产它们的总成本之差。

在雇用苹果采摘工人时，Mt. Pleasant 苹果股份有限公司必须知道采摘苹果的劳动者数量。图7-4 给出了一个数值例子。参看图7-4（a），表的第一列给出苹果采摘工人的数量。第二列给出工人每周采摘的苹果量。该公司的生产数据表明，一名工人能采摘90箱苹果，两名工人可以采摘170箱，等等。表中的第三列给出了**劳动边际产量**（marginal product of labor），即雇用每名工人的额外产量。当公司增加工人数量，比如说从一名增加到两名，苹果的采摘量由90箱上升到170箱。因此，第二名工人的边际产量为80（170－90＝80）箱。类似地，第三名工人的边际产量是70（240－170＝70）箱，等等。与边际报酬递减规律（第4章）一致，边际产量会随着公司雇用更多的工人而降低。在这个例子中，边际产量递减在雇用第一名劳动者时就开始了。

(a) 劳动需求表

劳动产量 （工人/周）	总产量 （箱/周）	边际产量 （箱/周）	价格 （美元）	边际产量 价值（美元）
0	0			
1	90	90	$ 10	$ 900
2	170	80	10	800
3	240	70	10	700
4	300	60	10	600
5	350	50	10	500
6	390	40	10	400

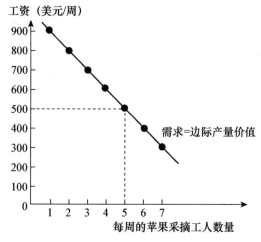

(b) 劳动需求曲线

图7-4　Mt. Pleasant 苹果股份有限公司劳动需求

一个公司的劳动需求取决于边际产量价值，边际产量价值随雇用工人增加而减少。

除了需要了解每增加一名工人所采摘的苹果数量，该公司需要知道每名工人对收入的贡献。**劳动边际产量价值**（value of marginal product of labor）是由于雇用额外工人引起的收入的增加。换句话说，边际产量价值是生产工人贡献的美元价值。

我们用工人边际产量乘以苹果价格计算边际产量价值。参见图 7-4（a），假设苹果的价格是 10 美元/箱。第一名工人生产产品的价值等于 900 美元，即他的边际产量乘以苹果的价格（90×10＝900）。类似地，第二名工人生产产品的价值是 800（80×10＝800）美元。边际产量价值在图 7-4（b）中用图形得以说明。

Mt. Pleasant 苹果股份有限公司应该雇用多少工人？公司将雇用额外的工人，只要这样做增加的收入多于成本，也就是说，只要边际产量价值比工资率高，公司就将雇用更多的工人。两者相等时，公司将停止雇用新工人。假设市场工资是 500 美元/周。在这种情况下，雇用第一名工人对公司来说是有利可图的，因为产出价值（900 美元）比雇用工人成本（500 美元）更大。雇用第二名工人，第三名以及第四名工人也有利可图，因为他们的额外产出的美元价值超过了工资。招聘到第五名工人时停止，因为其边际产量价值等于工资率。在雇用第五名工人之后，雇用更多工人则是无利可图。例如，第六名工人的边际产量价值为 400 美元，但工资水平为 500 美元。Mt. Pleasant 苹果股份有限公司通过雇用 5 名工人达到利润最大化。结论是，一个公司会雇用工人直到该工人的边际产量价值等于工资率的水平。

劳动边际产量价值曲线构成了企业的**劳动需求曲线**（demand curve for labor）。回想一下，劳动需求曲线表示企业愿意且能够在每个可能的工资水平下雇用工人的数量。企业做出雇用决策是选择工人数量，使劳动边际产量价值等于平均工资水平。因此，当工资水平和企业在每一工资水平下愿意雇用的工人数量用图形绘制出来时，我们就知道了企业的劳动需求曲线。

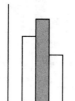

第8章

政府与市场

本章目标

通过本章的学习，你应该能够：

1. 解释为什么市场有时不能有效分配资源。

2. 描述反垄断政策的性质和作用过程。

3. 评估经济调节相对于社会调节的优点与缺点。

4. 解释为什么公共事业，如电力和有线电视行业，传统上一直获得独家特许经营权来服务当地社区。

5. 找出市场机制失灵的原因。

背景资料

几十年来，音乐表演是以演唱会形式，抑或是以录音带、唱片形式出售，人们会将现场音乐表演刻录成录音带。这些录音带经常被朋友和其他收藏家复制和交易。然而，复制的录音带比原来的录音带质量要差，从而降低了广泛复制音乐文件以替代从唱片公司购买音乐的可能性。到了20世纪90年代后期，技术进步使人们可以从互联网上录制音乐。其结果是，音乐录音可以压缩成质量接近唱片质量的文件。

1999年，肖恩·范宁（Shawn Fanning），西北大学一年级学生，推出了名为"Napster"的程序和音乐服务。利用互联网，Napster允许用户与使用此服务的其他用户交换音乐文件，Napster提供软件帮助用户找到并下载音乐文件，并保留包含此类文件的计算机地址的中央目录。

然而，通过Napster交易的很大一部分音乐涉及有版权音乐的非法转让。2000年，美国唱片业协会（Recording Industry of America）发起诉讼，指控Napster该项服务涉及侵犯版权。据美国唱片业协会所述，Napster 没有音乐版权，它阻碍唱片公司从其音乐中赚钱。但是，Napster 认为，这种服务允许新的音乐家完全无成本地将音乐传播给广大听众。Napster 还认为，音乐传播的现有机制使唱片公司对特定音乐家的音乐具有垄断控制权。这给这些公司带来高价格和高收益，但是大多数音乐家只获得有限收益。此外，Napster 认为，新的音乐家很难在现行机制下打入市场。

法院裁定，同意美国唱片业协会所述，Napster 停止其所提供的免费传播服务。尽管有 Napster 前车之鉴，但对以 CD 和录音带销售音乐的现有机制来说，音乐的在线销售已经成为一种低成本的替代品。唱片业面临着一个新的商业模式的挑战，这种商业模式将允许利用互联网提供的低成本传播机制保持盈利。苹果电脑公司的 iTunes 音乐商店于 2003 年推出（第 5 章），目前已成为一个可行的商业模式。

在本章中，我们将研究政府在市场经济中的作用。正如我们所看到的，在某些情况下，未经调节的市场可能无法完美回答社会的基本经济问题。一旦发生这种情况，需要政府干预来调节市场运行，使其符合社会利益的需要。

市场失灵

美国经济主要依靠市场机制确定生产商品和服务的种类、数量和价格。美国人普遍接受以市场机制作为分配资源的最有效方式，以满足家庭需要。市场机制为公司提供强大的动力，以尽可能低的成本生产消费者想要的商品，同时找到满足消费者需求的创新方式。那些能够有效地生产出消费者想要的商品的公司将会繁荣，而其他公司将被赶出市场，它们使用的资源将被重新分配到价值更高的用途上去。大量生产者和消费者相互作用使得每种商品都以理想数量实现生产和消费。同时市场也变得更加灵活，能够迅速适应变化。技术和消费需求的变化可以在市场上迅速得到回应，公司重新安排所供给商品与服务的种类、价格和数量。对利润的追求鼓励公司开发新产品，并且以更低成本的方式生产现有商品。

但是，一些市场无法有效配置资源——这一情况被称为**市场失灵**（market failure）。以垄断市场为例，它人为地使产出短缺，制定高于竞争市场的价格，以实现利润最大化。但是在其他市场，那些受商品生产或消费影响的人不能够影响这些选择。例如，钢铁厂可能会忽略其造成的污染问题，玩具制造商可能不会提供有关产品危险的全部信息——消费者可能需要这些信息以做出最佳决策。这样的市场失灵为政府考虑通过诸如调控来干预私人部门提供了正当的理由。市场失灵的来源包括以下内容：

- 垄断力量；
- 溢出或外部性；
- 公共物品；
- 信息不完全；
- 经济不平等。

让我们考虑这些问题的性质，然后看看为什么政府干预在每种情况下都是可取的。

垄断力量

尽管竞争通常会促进国家资源的有效利用，但是个别企业更愿意在类似于垄断的环境中开展业务。如果允许，一些竞争企业可能试图通过与竞争对手勾结，或与竞争对手合并，或将竞争对手赶出市场形成垄断的环境。

正如我们已经学习的，垄断市场与竞争市场相比，生产并不理想。假定成本相同，与竞争市场相比，垄断靠出售一个较小的产量和制定更高的价格来实现利润最大化。此外，实质性的进入障碍可能使垄断者免受竞争压力，这意味着垄断者付出的成本高于其最低成本水平。竞争的缺乏也表明，如果没有外部压力，垄断厂商很难实现技术进步。简单地说，垄断会导致市场失灵，因为垄断厂商使用过少的资源生产，并销售价格过高的产品。

□ 反托拉斯政策

政府怎样消除垄断力量？一种方法是采取严格的反托拉斯政策。**反托拉斯政策**（antitrust policy）致力于扩展市场结构，促进竞争和制止危害消费者的反竞争行为。反托拉斯法的目的在于防止交易中不正当商业行为的出现，如操纵价格的合谋，可能降低特定市场竞争活力的企业兼并，以及旨在实现或维持垄断权力的掠夺行为。

到了19世纪后期，大型公司已经开始主导美国的许多行业，包括石油、铁路、银行等。这些公司是由所谓的强盗资本家所掌控，他们试图将竞争对手赶出市场，垄断市场和欺骗消费者。他们意识到他们可以通过形成托拉斯进而获得垄断力量。托拉斯一词出现于19世纪，是指卡特尔和旨在限制竞争的其他业务协议。例如，在石油行业，新泽西标准石油公司（Standard Oil of New Jersey）收购小的竞争企业，最终占有国内市场的90%的销售额。在烟草行业，美国烟草公司（American Tobacco）控制多达90%的烟草制品市场份额。

考虑到这些企业不断增长的垄断力量，联邦政府开始干预私人部门经济，以阻止收购和运用垄断权力，并鼓励市场竞争。这些行动最终导致《1890年谢尔曼法》（Sherman Act of 1890）颁布，这是美国反托拉斯法的基石。该法案禁止限制贸易的协议和合谋，以及行业垄断和垄断威胁。例如，合谋，如竞争性卖家为固定价格和控制市场而签订协议，是非法的。被发现违反谢尔曼法的公司可能被拆分，对非法行为负责的当事人可被处以罚款和监禁。此外，受到非法垄断行为损害的，当事人可以起诉并获得三倍的货币赔偿。

虽然谢尔曼法为政府打击垄断行为打下了坚实的基础，但是，其模糊的语言允许法院自由解释其含义。《1914年克莱顿法》（Clayton Act of 1914）的颁布，使谢尔曼法的意图更加明确。克莱顿法宣布价格歧视、某些类型的兼并以及卖方与买方之间实质性减少竞争的搭售合同（排他的）是违法的。它还禁止竞争公司之间的董事会互相勾结。

美国司法部（Department of Justice）和联邦贸易委员会（Federal Trade Commission）执行反托拉斯法。司法部负责执行谢尔曼法，联邦贸易委员会负责执行克莱顿法。这些机构提起的大多数反垄断案件均由政府和被告协商解决。这节省了联邦政府的时间和金钱。

微软（Microsoft）提供了违反反托拉斯法的例子。1998 年，美国司法部根据谢尔曼法对微软提起反垄断诉讼。政府认为，微软为了维持其垄断地位在面向个人电脑的 Windows 操作系统方面实施反竞争策略。微软驳斥该项指控，认为它的成功是由于其卓越的产品创新和合法的经营行为。它还指出，由于即将发生的技术快速进步，其软件市场 95％的份额只是暂时的。2000 年，法院裁定微软有罪，并不是因为其市场主导地位，而是由于它使用非法手段维护垄断权力。微软强迫那些使用其操作系统的商业用户签署合约，惩罚推销与微软产品竞争的操作系统的用户。最高法院决定阻止微软报复那些开发、销售和使用与微软 Windows 操作系统竞争产品的公司。此外，微软不得不向政府支付超过十亿美元的罚款，以赔偿被其非法商业行为影响的公司。

经济管制与放松管制

严厉的反垄断法是改善市场表现的最佳方法吗？我们应该在市场上采取更极端的干预措施吗？如果市场力量无法形成与生产成本相等的价格，为什么不直接采取政府管制和强制要求价格这种方式？

除了使用反托拉斯法来规范企业行为，联邦政府还可以进行**经济管制**（economic regulation），以控制价格、工资、市场准入条件、服务水平或特定行业的其他重要经济特征。一直受到经济管制的行业包括航空、货运、铁路、银行、通信和能源。

行业受到经济管制最初有许多不同的原因。例如，与具有大型规模经济的自然垄断行业竞争不可能成功。在其他实例中，害怕"破坏性竞争"为管制提供了主要理由。扩展服务范围是政府干预背后的又一个目标。

但是，到 20 世纪 70 年代后期，社会舆论开始转而反对经济管制。很明显，经济增长和技术进步削弱了很多以前的自然垄断，新兴产业转化为成熟产业，创造了有利于竞争性服务的可靠条件。因为原来的经济制度不再适应这种经济状况，所以，需要改变的时候到了。

20 世纪 70 年代末期，联邦政府认识到经济管制的问题，开始着手废除几个行业中已经失去了利用价值的现行规定，包括航空、货运、铁路、能源、通信、银行等。这种**放松管制**（deregulation）的目的是增强价格竞争并为公司引进新产品和服务提供激励。经济学研究表明，通过使市场更好地运作，放松管制已带来了技术和运营创新，也降低了价格。

□ 公共事业管制

经济管制涉及公共事业管制，如电力、煤气管道、电话和有线电视。美国政府历来允许公共事业像在价格和产出方面受政府管制的私人垄断行业一样经营，而不是通过使用反托拉斯法来促进这些行业相互竞争。一些国家已经尝试将国有化作为一种替代，但除了少数例外，与私有制和管制相比，国有化已被证明效果更差。

通常情况下，政府管制垄断而不是通过反托拉斯法促进竞争，使我们相信这个行业属于自然垄断行业——所需产品仅被一家企业提供时最有效率的行业。在这种情况下，可以判断竞争是不可行的，而且市场产品最好由一个单一的能够充分利用规模经济优势的垄断企业提供，但是政府可以通过价格管制来规范垄断力量。

图8-1显示达拉斯电力和照明公司（Dallas Power and Light）的假设成本曲线和收益曲线，该公司被认为是电力行业中的自然垄断企业。作为一个不受管制的垄断者，达拉斯电力和照明公司通过采用熟悉的边际收益等于边际成本规律，实现利润最大化。参见图8-1（a），该公司的价格和产量分别为10美分/千瓦时和600万千瓦时。由于产量为600万千瓦时价格超过平均总成本，因此该公司实现经济利润。

假设立法机构决定对达拉斯电力和照明公司进行公共事业管制。除了监督行业的服务以及行业的准入和退出外，公共事业管制还决定了垄断者的价格。立法机构历来允许被管制企业获得**公平收益价格**（fair-return price），也就是说，该公司可以收取的价格仅仅能够弥补其平均总成本。在我们的例子中，达拉斯电力和照明公司将在其需求曲线与平均总成本曲线的交点处制定价格，公平收益价格因此为7美分/千瓦时。回想一下，平均总成本包括一个"正常"或"公平"的利润。虽然公平收益管制使达拉斯电力和照明公司无法获得超额利润，但它可以让公司为其股东赚取合理的利润。

但是，达拉斯电力和照明公司的平均总成本究竟包含何种类型的成本呢？当经济学家构造平均总成本曲线，如图8-1（b）中的曲线，并得出结论，当电力供给量为1 200万千瓦时时，公司的单位成本7美分，经济学家指的仅是最低的可能成本。公司有可能用8美分或9美分提供1 200万千瓦时电量，如图B点和C点所示。

成本曲线如图所示，因为我们通常认为追求利润的企业会采取最有效的方法。公共事业管制机构规定价格等于平均总成本，但是，这样引起成本下降的激励可能不是很大。如何防止管理者给自己开出庞大的工资，然后迫使客户买单？是否应该允许公共事

(a) 公平收益定价导致正常利润
　　　达拉斯电力和照明公司

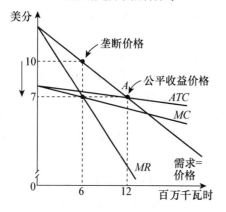

(b) 在公平收益定价下过度花费可能会产生
　　　达拉斯电力和照明公司

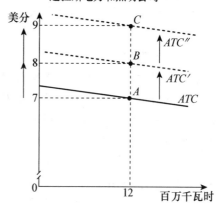

图8-1　自然垄断的公共事业管制

作为一个不受管制的垄断者，达拉斯电力和照明公司将电力价格定为10美分/千瓦时以实现利润最大化。公共事业委员通常会要求该公司收取7美分的公平收益价格。这虽然消除了超额利润，但该公司仍然可以为其股东赚取正常利润。公平收益定价的批评家认为它降低了公共事业企业创新或控制成本的激励，因为该公司不管努力与否基本上都会实现同样的利润。

业企业制定明显涵盖愚蠢开支的价格，比如从价格高于其他供应商一倍的供应商处购买燃料？总之，对公共收益的监管趋于降低公共事业企业创新或控制成本的激励，因为企业无论努力与否基本上都获得相同的利润。

虽然公共事业管制可能会导致经济效率低下，放松管制也可能导致经济效率低下，正如加利福尼亚州电力市场案例那样。几十年来，加利福尼亚州政府官员调控电力企业的价格和产出。[1] 然而，批评者认为由于公共事业部门很容易将成本转嫁给客户，它们缺乏降低发电成本的激励。加利福尼亚州企业比其他州的发电成本高 50%，它们认为放松对电力公共事业的管制是一种激励市场降低成本的方式。1996 年，加利福尼亚州重组其电力行业，使消费者能够从其他区域（通常是另外的州）的供应商处获得电力。其结果是许多当地公共事业企业出售它们的发电厂，然后在批发市场上购买其他供应商的电力，转售给它们自己的零售客户。通过打破当地的发电垄断，政府官员预计电力成本将下降。

然而，加利福尼亚州的政策有一个重大缺陷：这导致只有部分放松管制，而不是电力企业的完全放松管制。虽然政府官员试图通过固定零售价格为消费者提供廉价的电力，但是批发价格并没有受到管制，而是根据全国市场不断变化的情况而变化。当电力成本上涨导致批发价格高于固定零售价格时，加利福尼亚州许多公共事业企业会蒙受损失。简单地说，加利福尼亚州电力市场局部放松管制通常并没有被视为是成功的。

□ 高峰负荷定价： 按小时购买电力

公共事业企业定价的另一个方面涉及高峰负荷定价。几十年来，电力经济学家认为，消费者没有动力在应该节约用电时节约用电。为了促进节约用电，许多公共事业企业颁布了多重定价体系，称作**高峰负荷定价**（peak-load pricing）或使用时间定价。要了解高峰负荷定价是如何起作用的，让我们先考虑电力的生产成本。

生产电力需要投入固定成本和可变成本。固定成本主要由电动发电机的成本、工厂成本和传输线的费用组成。这些成本或费用不随电力生产的变化而变化。可变成本包括劳动、煤、天然气、柴油燃料的成本。随着更多的电力生产出来，操作发电机的投入随之增加。

对于一个典型的公共事业企业，固定成本占电力生产总成本相当高的比重。此外，电厂一般在大量过剩产能上花费大部分时间。因此，客户在高峰时段购电造成电力公司要支付很高的成本——建设及运营成本发生在高峰时段而在其他时段并不会发生。

而且，在一天中生产电力的可变成本会发生大幅度变化。客户夜间对电力的需求是最小的，而且高效工作的工厂 24 小时工作使得生产电力的可变成本在夜间是最低的。这些工厂使用煤或核燃料烧开水来启动电涡轮机，它需要很长的时间加快转速。但在夏季午后，用电需求不断攀升，额外的设备——这里指更昂贵的操作设备——被投入运营，为人们的空调供电。这些"高峰负荷"的工厂通常使用废气，而不使用开水运行汽涡轮机。虽然这些设备可以即时在线订购，但是它们用的是昂贵的燃料（柴油和天然气）。提供高峰服务的可变成本因此比提供非高峰服务的成本更高。

显然，那些在深夜期间购买电力的人应该要比那些在下午购买电力的人支付更低的

① "Power Struggle," *Fedgazette*, Federal Reserve Bank of Minneapolis, January 2001, pp. 1-3.

现代经济学原理（第六版）

价格。但通常并不是这样。不管我们是在用电高峰期还是低峰期用电，大多数时候我们支付每千瓦时电的价格是一样的。因此，我们没有理由在用电高峰时段节省电力。但高峰负荷定价改变了这一切。

实行高峰负荷定价时，价格反映了高峰时段和非高峰时段提供电力的成本差异。因此，在需求高峰时段向消费者多收取电费，因为这时候发电需要更高的成本。较高的价格鼓励消费者把一部分电量转而在电更便宜的非高峰时段使用。需求的转移以几种方式来实现。例如，人们可以购买定时器，控制空调、热水器和供暖器只在非高峰时段运行。同样，人们可能会避免在高峰期间使用洗衣机、干衣机和洗碗机。这种消费转移的效果是公共事业企业可以以更低的成本为消费者提供服务。

威斯康星州提供了高峰负荷定价电力的一个例子。2009 年，威斯康星州的家庭可以选择以 10 美分/千瓦时的固定价格购买一周时间所需要的电力。他们用电还可以选择高峰负荷选项。从星期一到星期五，在非高峰时段（晚上 8 点至上午 8 点）购电价为 5 美分/千瓦时，高峰时段（上午 8 点到晚上 8 点）购电价为 19 美分/千瓦时。非高峰价格也适用于周末。高峰时段和非高峰时段之间的价格差异对家庭将用电需求转移到非高峰时段产生了巨大的推动作用。

> **知识点回顾**
>
> 1. 垄断力量如何导致市场失灵？
>
> 2. 谢尔曼法和克莱顿法是如何尝试与垄断力量斗争的？
>
> 3. 为什么公共事业企业一直被赋予服务当地社区的独家特许经营权？找出公共事业调控存在的问题。
>
> 4. 高峰负荷定价是如何试着分散一天中的用电量的？

溢出效应

我们已经知道，垄断力量可能导致市场失灵。而经济学家所称的溢出效应是市场失灵的另一个原因。

溢出（spillover），或者**外部性**（externality），是强加给人们而不是强加给生产者与消费者的成本或收益。例如，如果一个冶炼厂污染空气或水，为污染造成的损害买单的既不是公司也不是其客户，污染将成为社会的**溢出成本**（spillover cost）。但是，在某些情况下，溢出是可取的。例如，激光技术发展的有益影响远远超出了其开发者获得的收益，它广泛促进了包括医药和电信各行业产品的改进。激光技术是一个**溢出收益**（spillover benefit）的例子。

产品或服务的溢出效应是如何造成市场机制失灵的呢？当一些产品的生产带来溢出成本时，它会被过量生产，将资源过度分配至该产品的生产。相反，溢出收益会导致减产和资源分配不足。让我们用图形说明这些结论。

□ 溢出成本

溢出成本是如何导致化学品市场失灵的呢？参见图 8-2，化学品的市场需求曲线由

D_0 表示,市场供给曲线由 S_0 表示。请注意,市场供给曲线仅包括企业生产化学品的私人边际成本,如劳动和原材料成本。在均衡状态下,900 磅的化学品都以 80 美元的价格出售。

现在假设生产化学品会产生有毒废料。如果企业把这些废料倒进下水道,将它们的污染成本转移给公众,生产化学品的私人边际成本得以降低。参见图 8-2,市场供给曲线只包括企业生产化学品的私人边际成本。因此,它位于包含所有成本(包括私人成本和污染的溢出成本)的供给曲线的右侧。这意味着均衡产出 900 磅超过最佳产出 700磅。简单地说,市场供给曲线并不反映化品生产的所有成本。因此,市场生产太多的化学品,因而过量资源被分配到其生产上来。

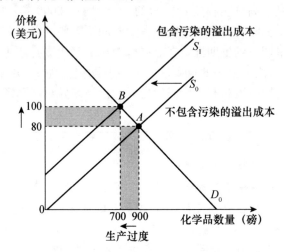

图 8-2 纠正市场失灵:溢出成本

污染事件中,当企业没有将溢出成本考虑在内时导致市场失灵。其结果是,以过低的价格生产过多的产品。要纠正这种市场失灵,政府可以要求企业安装污染减排设备或缴纳污染税。

政府如何促使市场减少污染?如今,在美国,主宰公共政策的方法是**计划管制**(command-and-control regulations),对可能发生的污染活动的数量加以限制,以及明确如何实现这一目标。《清洁空气与水源法》限制企业向空气、河流和湖泊排入污染物的数量。此外,关于有毒废弃物的法律规定了用来处置受污染的溶剂和土壤的特别程序与垃圾场。

通过强制要求化工企业负责污染治理,法律增加了生产企业的私人边际成本。在图8-2,市场供给曲线从 S_0 向 S_1 移动。化学品的价格从 80 美元上升到 100 美元,均衡产量从 900 磅下降到 700 磅。这种方式修正了资源在化工生产中的过度分配。

降低溢出成本的另一种方法是建立**激励机制**(incentive-based regulations),其中规定了灵活的环境目标,生产者可以找到不同的方式来实现这一目标。没有完成目标的以税负的形式支付罚款,但是超过目标并没有奖励。例如,政府可能为了鼓励企业减少污染向企业征收生产化学品的消费税。企业必须决定支付消费税还是花费额外的资金来开发新的方法以减少污染。在这两种情况下,税负会增加生产化学品的私人边际成本,在图 8-2 中,市场供给曲线从 S_0 向 S_1 移动。因法规而产生的所有税收收入可以用来补偿那些受污染危害的个人或企业。

经济学家普遍偏向于激励机制而不是计划规制。使用计划规制的主要问题是，监管机构缺乏关于独立生产设施、工艺、替代品以及通过计划和控制实施有效监管的必要措施的详细知识。监督和执行规定的花费可能会很大。然而，激励机制使企业发展出最有效的技术，使得减少污染变得有利可图。

□ 酸雨排放许可的配额与交易

污染许可的交易提供了关于环境的激励机制的例子。作为一个科学项目的一部分，纽约格林斯福尔中学（Glens Falls Middle School）六年级学生清除了空气中330吨二氧化硫。通过3年时间的面包销售、抽奖和拍卖筹集到25 000美元，他们通过美国环境保护署（Environmental Protection Agency，EPA）的酸雨排放交易计划购买330个污染许可证书。每个证书允许所有者排放1吨二氧化硫。公共事业企业交易这些许可——一些企业购买它们以遵守空气质量法规，而另一些企业出售许可以获得利润。然而，这些六年级学生决定保留这些证书使空气变得更干净。

污染许可的交易是一种**配额-交易制度**（cap and trade system），它是一个以市场为导向的解决污染问题的措施。根据这种制度，环境保护署设置允许污染物在空气中排放的总量上限。这个量被分成小单位。然后环境保护署发出数量有限的证书，每个证书给予持有者——如电力机构——排放一单位污染物的权力。这样的证书由环境保护署在拍卖会上出售。该证书是可以交易的，因此企业会想方设法减少污染排放，以便将剩余排放量出售给其他企业。通过这种方式，环境保护署拍卖和私人转售市场确立了污染环境的代价。企业污染物越多，就必须购买更多的证书，从而提高其生产成本。因为消费者不会购买高价产品，因此污染者有动力采用更清洁的技术。该方案并没有告诉电力生产商如何减少污染，相反，他们可以自由地选择实现减排的经济有效的方法。简单地说，配额-交易制度通过提高对环境造成损害的商品的价格，促进环境保护。

排放权交易是给予污染者财务激励以减少污染，而且使用成本最低的可行办法以降低环保成本。污染控制成本高的企业可以向污染控制成本低的企业购买许可证。因此，企业发现减少排放有利可图，并出售其剩余的排放权。因此，减少污染的责任更多地被分配给那些环保成本更低的企业。此外，环保组织也采取更直接的方法影响环境。它们可以购买和保有一些污染许可证书，从而直接减少被容许排放的污染量，提高污染成本。

排放权交易鼓励企业寻找最具成本效益的方式来减少污染。对于总部位于密尔沃基的威斯康星州电力公司（Wisconsin Electric Power），1995年环境保护署的限制意味该公司必须使它的5家发电厂减少约30 000吨二氧化硫的排放。该公司计算，它可以转而使用低硫煤而相对低成本地减少20 000吨排放量。减少最后1万吨排放量很困难。该公司将不得不购买两套价值1.3亿美元、被称为"净化器"的机器。因为其他电力公司已经减少其排放量且远低于环境保护署的限制，廉价的污染许可证书淹没了整个市场。威斯康星州电力公司则买下数量达到1万吨的排放许可，节约了超过1亿美元的成本。

在总统贝拉克·奥巴马（Barack Obama）的第一个任期内，他提出，整个美国应广泛使用配额-交易制度以减少污染。在本书写作时，该项制度是否会被采用仍待观察。

☐ 溢出收益

回想一下，在溢出成本存在的情况下，市场供给曲线低估了与产品生产相关的总成本。现在，在溢出收益存在的情况下，我们将看到市场需求曲线低估了与购买和消费产品相关的总收益。

假设一个被称为"库德福瑞"的新药物得以研发，此药专治感冒。在图8-3（a）中，市场需求曲线 D_0，表明个人为了治疗感冒而愿意支付的库德福瑞的价格。市场供给曲线 S_0，表明以不同的价格出售库德福瑞的数量。在均衡点 A，50包库德福瑞以每包6美元的价格出售。

纠正市场失灵

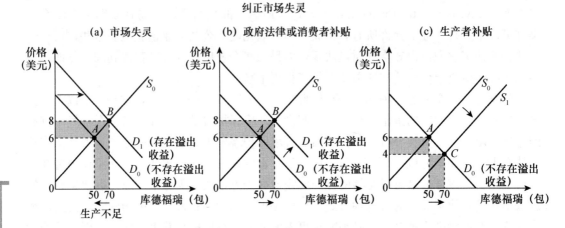

图8-3　纠正市场失灵：溢出收益

溢出收益导致市场失灵，因为市场需求曲线不能反映物品的溢出收益。这造成生产不足和消费不足。政府可以通过要求消费者购买额外单位的产品，发放补贴给消费者以资助该产品的购买，或给予生产者补贴使他们能够以较低的价格生产额外单位产品来纠正市场失灵。

但是，因为溢出收益的存在，该均衡点未能实现资源的最佳配置。为什么？当买家购买了库德福瑞，致使病毒不容易传播时其他人也受益。对于社会来说，库德福瑞使人们变得更健康，产出更大、收益更多。市场需求曲线 D_1，表示使用库德福瑞的私人收益加上额外收益或溢出收益。在市场需求曲线 D_1，最佳均衡点为点 B，由 D_1 和 S_0 的交点表示。我们得出结论，由于溢出收益存在，实际的均衡产出50包小于70包这一最优产出。由于市场不能生产足够的库德福瑞，因此未实现生产资源最佳配置。

政府怎么才能消除这种情况下的市场失灵呢？一种方法是政府要求所有公民每年购买和使用库德福瑞。在图8-3（b）中，这样的政策使市场需求曲线向右移动，从 D_0 移动到 D_1。这就解释了为什么所有孩子必须在进入小学前接种白喉、破伤风、百日咳、脊髓灰质炎和其他疫苗。另一个解决方案是政府提供向个人补贴，以帮助他们支付库德福瑞药物的花费，这也使市场需求曲线向右移动。

另外，政府可能给予库德福瑞的生产者补贴。这样的补贴将降低生产者的生产成本，如图8-3（c），使市场供给曲线从 S_0 移动至 S_1。因此，生产者可以以较低的价格为消费者提供更多的库德福瑞。

在实际中，补贴被给予很多产生溢出收益的活动。例如，教育获得大量补贴。在公立学校的学生，从幼儿园到高中，几乎都是免费接受教育的。此外，学生在州立学院或大学的教育费用只有一部分由学生支付——其余来自政府的税收支持。政府还提供了公共电视、公共交通和医疗工程，以及专业体育场馆建设方面的补贴。这些补贴是否合理呢？

政府应该补贴职业体育吗？

政府对新体育场馆的大量补贴是城市的良好投资吗？许多职业球队认为，如果他们在社区工作，当地社区应该补贴他们。比如，政府资金往往是资助体育场馆的修建或装修的重要部分。由于所有主要体育联盟（棒球、橄榄球、篮球和冰球）严格控制新分支机构建立和球队搬迁，城市对球队的需求远远超过供给。因此，各城市支付给球队的价格必须上涨。表 8-1 是公共资助的体育场馆和场地的例子。

通常情况下，补贴是合理的，因为补贴可以吸引或保留球队，而不只是抵消通过创造新的就业机会和更多的消费而增加的地方税收收入。此外，地方官员常常将一个位于市中心的体育场馆工程作为中心城市核心振兴的重要组成部分。这种方法的倡导者指出丹佛的库尔斯球场（Coors Field）和巴尔的摩的卡姆登球场（Camden Yards）就是基于体育场馆的发展如何实现的例子。

然而，布鲁金斯学会（Brookings Institution）研究人员发现，体育场馆带来的繁荣通常是令人沮丧的。它充其量对当地就业有一个微小的影响，有时甚至有负面冲击。不管会带来多好的影响，它都会消耗税收补贴直至正面效应消失殆尽。纵观 37 个城市超过 26 年的个人收入趋势，布鲁金斯学会发现，体育场馆实际上减少了当地人均收入。

为什么？补贴体育场馆意味税收必须上升或地方政府必须减少其他开支。这些资金可能被用于疏通港口、教育基金或提供更多的警察，而这一切都将使得经济更有效率，也比体育场馆带来更多的本地消费。此外，体育场馆补贴使用纳税人的钱给场馆所有者和运动员带来财富，而这些人不会将其大部分收入在当地消费。同时，新体育场馆也从其他当地建设中抽调资金。当越来越多的人看球赛，更少的钱就会花在其他的娱乐上，如打保龄球、高尔夫球或看电影。[1]

然而，补贴的支持者认为，批评者忽略了一个基本问题：职业球队为拥有该球队的城市提高了生活质量。人们可能从拥有当地球队中受益，即使他们从来不参与这些运动。他们赞助当地的运动员，期待在报纸上看到他们成功的消息，即使有时是失败的消息，当主队赢得冠军时全市人民都会分享喜悦。如果人们在他们的社区职业运动会专营

① Melvin Burstein and Arthur Rolnick，"Congress Should End the Economic War for Sports and Other Businesses," *The Region*，Federal Reserve Bank of Minneapolis，June 1996；Roger Noll and Andrew Zimbalist，eds.，*Sports，Jobs，and Taxes：The Economic Impact of Sports Teams and Stadiums*，The Brookings Institution，Washington，DC，1997；Raymond Keating，*Sports Pork：The Costly Relationship Between Major League Sports and Government*，Cato Institute，Washington，DC，1999；Dennis Coates and Brad Humphreys，"The Stadium Gambit and Local Economic Development," *Regulation*，Vol. 23，No. 2，2000；and Rodney Fort，*Sports Economics* (Upper Saddle River，NJ：Prentice Hall，2003).

第 8 章 政府与市场

权中受益，他们大概愿意为它付出——如果不是通过直接购买门票，就是通过支付更高的税收。因此，人们以看待接受国家补贴的新艺术博物馆或新交响音乐厅的眼光看待职业球队。

表8-1 公共财政支持的体育场馆和场地

城市	运动	花费（百万美元）	公共资金的比例（%）
辛辛那提	棒球	334	91
匹兹堡	棒球	262	85
圣安东尼奥	篮球	175	84
密尔沃基	棒球	394	77
丹佛	橄榄球	400	75
西雅图	棒球	517	72
匹兹堡	橄榄球	252	70
西雅图	橄榄球	420	70

资料来源：*Street and Smith's Sports Business Journal*，March 27，2000；May 8，2000；and July 17，2000.

简单地说，补贴的支持者认为，职业体育产生的溢出收益类似于生活质量福利，例如清洁的空气和优美的景色。这些溢出收益如果足够大，可能会单独为当地纳税人给球队的补贴正名。然而，因为测量溢出收益是困难的，因而这种补贴受到了批评。[1]

社会管制

我们了解到，政府通过设置价格、工资和准入条件的标准，尤其是特定行业的服务标准进行经济调控。自第二次世界大战以来，政府已经在调节社会生活质量中起到日益重要的作用。**社会管制**（social regulation）的目的是纠正市场经济中的各种副作用，涉及健康、安全和环境——市场往往会忽视这些副作用。市场并不好对这些问题做出反应，这主要是因为减轻这些问题所带来的好处只有小部分给予那些引发副作用的企业。因此私人商业部门缺乏激励为改善健康、安全和环境采取行动或收集信息。

经济管制限制特定行业开展业务的条件，社会管制则强调商品在不同行业生产的条件。社会管制适用于某一特定问题（如环境质量），并影响许多行业（如汽车、钢铁、或化学品）企业的行为。考虑以下示例：

● 环境保护署规定企业可以排入空气、湖泊和河流中的污染物数量。

● 消费者产品安全委员会（Consumer Product Safety Commission）阻止市场中危险产品的生产。它也可以建立产品的安全标准，例如当操作者放开把手时，割草机的发动机将自动断电。

● 国家公路交通安全管理局（National Highway Transportation Safety Administration）要求汽车配备安全带和刹车灯。

---

[1] Gerald Carlino and Edward Coulson, "Should Cities Be Ready for Some Football? Assessing the Social Benefits of Hosting an NFL Team," *Business Review*，Federal Reserve Bank of Philadelphia，Quarter 2，2004，pp. 7-17.

现代经济学原理（第六版）

- 食品和药品管理局批准出售处方药和非处方药。
- 职业安全和健康管理局（Occupational Safety and Health Administration）规定减少工人暴露于人身伤害和健康风险的标准，例如与石棉有关的健康风险。

　　与其他类型的政府管制相比，并不是所有人都认可社会管制的优点。有些人声称遵守社会规范导致企业为满足社会需求而产生更高的运营成本。这些较高的成本类似税负。假设健康安全法规使每单位产品增加了 10 美元的成本。那么，该企业的供给曲线随之向上移动，从而导致价格提高、产量减少。正如其他税负情况一样，当企业由于税负过高而降低收入时，消费者会以较高价格的形式承担调节税的一部分。

　　然而，社会管制的支持者认为，虽然成本高，但是收益更高。例如，他们声称，政府对石棉的管制使每年死于癌症的人数减少了 2 000 人；汽车安全性能没有被监管的高速公路死亡人数会增加 30％；儿童防护盖的规定将使由意外吞食有毒物质导致的儿童死亡人数减少 85％。虽然社会管制提高了居民消费价格，但是与提高社会生活质量相比，这负担大吗？

　　虽然基于成本-收益平衡，社会管制有时可以改善市场表现，但是决策者往往忽视一个事实，政府是一个不完美的调节器。例如，社会管制的批评者认为监管部门往往缺乏行业的准确信息，并不能预测具体规定的影响。虽然管制的决定是出于好意，但是管制本身可能会引发不利的和意想不到的结果。

□ 企业燃油经济性标准可以促进节约汽油吗？

　　美国政府针对汽车生产厂家的燃油经济性标准是社会管制的一个例子。1973—1974 年的阿拉伯石油禁运与原油价格增长两倍引起了对美国汽车燃油效率的关注。新车队的燃油经济性已经从 1967 年 14.8 英里/加仑下降到 1974 年的 12.9 英里/加仑。在寻找方法以减少美国对进口石油依赖的方面，汽车是一个明显的目标。很显然，如果美国不对汽油提价以促进节约燃油或提高汽车车队的燃油使用效率，那么减少对进口石油的依赖就非常困难。

　　1975 年，美国政府颁布了适用于在美国销售的所有轿车和轻型卡车的**公司平均燃油经济性**（corporate average fuel economy，CAFÉ）标准。该标准基于各厂家销售的汽车的平均燃油效率。对于 2007 年款，标准为轿车 27.5 英里/加仑、轻型卡车 22.2 英里/加仑。生产商的平均燃油经济性低于此标准需要缴纳罚款。然而，生产商在其超过 CAFÉ 的要求时可获得贷款，它们可能会使用贷款以抵消其他年份的资金不足。

　　CAFÉ 的支持者认为设置高燃油经济标准十分必要，它可以节省汽油。他们认为，如果没有政府管制，汽车企业缺乏激励生产节油汽车，因为这需要高成本的研究和开发活动。通过设置燃油经济性要求的强制性制度，CAFÉ 帮助美国节约汽油，减少对外国石油的依赖，减少空气污染，并应对全球变暖。

　　然而，CAFÉ 也会受到批评。据汽车企业如福特汽车集团和通用汽车集团所述，符合 CAFÉ 标准的成本非常高，如果未来提高标准，它们将被迫走向破产。这是因为生产商生产车辆时采用新型节油技术将面临更高的制造成本。美国汽车企业还指出，因为它们要生产更省油的汽车，导致其所生产的汽车比外国竞争对手生产的更轻更节能汽车的成本高。

批评者还表示，汽车企业往往采用成本最低的方法来满足CAFÉ越来越高的标准，一般是采用减轻汽车的重量，但是这使得汽车不太安全。此外，CAFÉ并没有真正增加全部车辆的每加仑总英里数。虽然CAFÉ已经成功地为客车车队增加汽油里程，但它已经使得那些喜欢更大和更重车辆的人转而采购根据CAFÉ标准可以具有更低燃油效率的越野车。此外，通过降低开车成本，CAFÉ的高标准倾向于鼓励人们开车更多，这将会增加道路拥堵。

因此，批评者质疑CAFÉ促进节约汽油的程度。他们认为，刺激燃油效率提高的是来自低能耗本田和丰田等进口汽车的激烈竞争，而不是为达到CAFÉ标准。事实上，CAFÉ促进汽油节约的效果依旧存在争议。

CAFÉ改革将涉及一个以市场为导向来提高燃油经济性的解决方案。允许汽车制造商交易燃油经济性贷款，类似于本章前面讨论的排放许可交易。在贷款交易制度下，超过了CAFÉ标准之一的企业会获得贷款，它们可以将贷款出售给未达到标准的企业。贷款的销售和购买是自愿的。这样的政策将使得制造商的生产竞争集中于成本领域，无论是小型节油车辆还是大型高能耗车辆。这将使得企业选择符合CAFÉ标准的方法，这对它们来说是花费最少的，会导致总成本降低。

公共物品

到目前为止，我们已经在垄断力量和溢出效应方面分析了市场失灵。市场失灵的又一个来源是公共物品。让我们分析私人物品和公共物品的性质，看看为什么后者导致市场失灵。

私人物品（private goods），是指通过市场机制产生，小到足够由个人消费者购买的可分割单位。例如，我们可以去麦当劳购买一个（或几个）巨无霸汉堡和小杯、中杯或大杯可乐。私人物品满足排他性原则，即只有那些有支付能力的人可以购买，而那些不具支付能力的人则不能消费。此外，竞争性原则适用于私人物品。当某个人吃一个巨无霸汉堡时，那么其他人就不能吃同一个汉堡。因此，你和我是同一个巨无霸汉堡的竞争对手。一般情况下，市场机制运作良好，会根据消费者的需求生产私人物品。

有一类产品不被视为私人物品，因此不由市场机制提供。这类产品被称为**公共物品**（public goods），包括诸如国防、高速公路、灯塔以及空中交通管制。这些产品是不可分割的，因为它们不能非常容易地以很小的单位被生产和销售。例如，你不可以去当地商店购买价值10美元的国防。此外，公共物品不满足排他性原则。例如，所有的家庭都受到国防保护，即使他们没有足够的钱支付。而且，更多的人能在不增加成本的情况下使用公共物品。一旦花钱建造一座灯塔，你会在不减少任何人利益的情况下获得利益。

市场机制不能有效提供公共物品的原因是排他性原则并不适用。思考一下纽约州布法罗市的除雪系统。如果改善交通状况的收益超过购买和使用扫雪机、自卸车的成本等，那么这样的市场机制就是合理的。然而，虽然每个单一驾车者获得了好处，但是不能证明这类不可分割的产品需要花费如此大的成本是合理的。一旦扫雪机清扫街道，没

现代经济学原理（第六版）

有一个排除某些驾车者获得收益的可行办法。其结果是，为什么司机应该为从干净的街道获得的收益支付成本？所有人都可以使用干净的街道，司机无法阻止不付钱的人使用街道。

经济学家称之为**搭便车问题**（free-rider problem），因为它不可能从公共物品的消费中排除某些人。无论你是否为它支付，你都可以消费它。当然，如果每个人都用这种方式使用公共物品，将没有任何金钱投资于公共物品，企业家就没有动力向市场提供公共物品。我们可以得出结论：公共物品生产不足将使市场失灵！

由于搭便车问题，市民仍然期待政府利用税收筹资提供公共物品，当然，也不能保证公共物品，比如国防和污染控制，将以最佳量提供。

信息不完全

市场失灵的又一个来源是信息不完全，这是比垄断力量、外部性和公共物品更隐蔽的一种市场失灵。卖方或买方对一种商品或服务的价格、质量及其他方面拥有不完整或不准确的信息时，就会出现这种低效率。如果没有足够的信息，市场可能会给出错误信号，激励可能会被扭曲，有时市场可能根本不存在。在这种情况下，政府可能决定采取措施纠正市场失灵。

二手车市场经常出现信息不完全现象。二手车的卖家知道他们汽车的缺陷，而购买者往往不知道。因为与质量相对好一些的车的车主相比，质量最差的车的车主更有可能卖出汽车，因此购车者可能会担心购买到"次品"。因此，很多人拒绝在二手车市场购买汽车。

让我们思考一下卖方和商品信息不完全会怎样破坏汽油市场的运作，以此考察市场失灵。假设没有政府对汽油泵的检查，没有法律规定的度量衡制度，没有禁止虚假广告的法律。每个加油站都可以宣布其汽油标号为87，而实际上其应为80。此外，例如，加油站可以校准汽油泵，以证明它们宣称的为汽车所加的10加仑汽油，其实只有9加仑。在这种情况下，司机获得可靠信息的成本将是非常高的。每个司机必须从各汽油站购买汽油的样品，并对它们进行分析，以确定汽油标号水平。司机也必须先将汽油装入例如5加仑的容器，以确定其加油量。因为获取有关卖方信息的成本高，许多司机可能更愿意退出这个混乱的市场。更为现实的是，政府可能会介入，纠正市场失灵。它可以通过立法，打击虚假广告，聘请检查人员检查汽油泵的准确性，同时建立度量衡制度。

关于卖家的不完全信息会扰乱市场的高效运作，关于买家的不完全信息也是如此。在劳动市场上，雇主具有提供安全工作环境的经济激励。通过减少工作安全事故，安全的工作环境能够提高工人的劳动生产率，从而降低培训成本。根据法律，企业必须提供工伤险，这样企业可以降低自身保险支出。这些因素会降低企业成本，从而增加利润。相反，提供安全设备及防护装备导致额外成本，从而降低企业利润。当决定提供多少安全保障时，企业必须考虑额外收益以及与安全工作环境相关的额外费用。

在竞争激烈的市场中，如果工人拥有对企业工作场所安全的完整信息，他们将不愿意在提供不安全工作场所的企业工作。劳动供给减少，迫使企业提高工资以吸引更多的劳动者。提高的工资降低了企业利润，并给它额外激励去提供一个安全的工作场所。

相反，假设劳动者不了解不同工作场所的安全性。因为信息不足，用人单位不会为了吸引更多的工人而支付更高的工资。用人单位消除安全隐患的动机减弱，社会不能实现安全工作场所的理想数量。事实上，市场失灵使工人生活得更加艰难。

政府如何干预以纠正劳动市场信息不足的问题呢？它可以要求企业提供给工作人员工作场所危险性的相关已知信息，并可以制定关于工作场所安全性的标准，通过检查和罚款的方式促进标准的执行。政府也可以向工人提供有关企业的安全生产记录的信息。

经济不平等

我们已经学过，垄断力量、溢出效应、公共物品和信息不完全都会造成市场失灵。当这些现象发生时，市场机制不能实现社会产出的最佳组合。除了关注生产的产品种类，我们还关注为谁生产。市场机制可以使产出公平地分配给全体社会成员吗？

在市场经济中，产出并不平均分配给具有不同收入的人。虽然这可能是有效的，但它并不一定是公平的。例如，残疾人或老年人的收入可能不如年轻的健康人高。但是，他们仍被视为"值得"接受产品和服务的人。

在某些情况下，社会可能希望修改市场机制分配产品的方式。产品分配不完全以个人支付这些商品的能力为依托，整个社会提供收入转移。这种转移支付是将一部分政府收入分配给当前无产品和服务分配的家庭和企业。转移支付包括如失业救济、食品券、对贫困家庭的临时救助、医疗援助和企业补贴等支付。转移支付的目的是弥补那些市场机制向其提供过少收入的人。因此，转移支付的接受者可以得到更大的国家产出份额。

为了弥补转移支付的费用，政府对家庭、企业与资助贫困者的渠道制定累进税。通过税收和转移支付，收入在富人与穷人之间实现重新分配。

本章讨论了政府在市场经济中的作用。下一章将考虑美国的混合经济以拓宽我们对政府的理解。

知识点回顾

1. 说明当一些产品的生产存在溢出成本或溢出收益时如何降低市场机制分配资源的效率。在这种情况下政府怎样做才能纠正市场失灵？

2. 社会管制的目的是什么？确定涉及社会管制的一些政府机构。为什么人们有时批评社会管制？

3. 在存在公共物品的情况下，市场机制为什么不能有效地分配资源？当社会存在经济不平等呢？

4. 不完全信息是如何导致市场失灵的？

本章小结

1. 在某些情况下，不受监管的市场可能无法给出社会基本经济问题的最佳答案。一旦发生这种

现代经济学原理（第六版）

情况，需要政府干预来调节市场运作，并使其符合社会的利益需要。

2. 一些市场不能有效地配置资源，这种情况被称为市场失灵。市场失灵的主要来源是垄断力量、溢出或外部性、公共物品、信息不完全以及经济不平等。

3. 反托拉斯政策是遏制反竞争行为和发展竞争市场环境的尝试。《1890年谢尔曼法》和《1914年克莱顿法》是联邦反托拉斯政策的基础。

4. 除了使用反托拉斯法来规范企业行为，联邦政府有时用经济管制来控制价格、工资、准入条件，以及行业的服务标准。那些受到经济管制的行业包括航空、货运、铁路、银行、通信和能源等。但是，到20世纪70年代后期，人们普遍认为，许多经济管制已不适应当前的经济状况。其结果是，美国联邦政府开始采取措施取消许多经济管制，这被称为放松管制。

5. 因为是自然垄断行业，公共事业公司往往受到经济管制。作为被授予独家特许经营权的回报要服务本地市场，公共事业公司根据公平收益原则受到经济管制。虽然公平收益定价允许实现覆盖平均总成本的价格，但是它并没有提供减少成本的激励。

6. 溢出是强加在人们身上，而不是强加在产品或服务的生产者或消费者身上的成本或收益。当产品的生产存在溢出成本时，会被过量生产，资源被过度分配给存在溢出成本的行业。相反，溢出收益会导致生产不足和资源分配不足。

7. 社会管制试图纠正市场经济中的各种副作用，涉及健康、安全和环境——市场往往会忽视这些副作用。参与社会管制的联邦政府机构包括环境保护署、消费者产品安全委员会、食品和药品管理局、职业安全与健康管理局等。

8. 公共物品如国防，是不可分割的，不存在排他性。因而，市场机制不能有效地提供公共物品。

9. 如果存在信息不完全，市场可能会给出错误信号，激励可能会被扭曲，有时市场可能根本不存在。在这种情况下，政府可能决定采取措施纠正市场失灵。

10. 由于不受管制的市场可能无法提供满足社会公平的收入和产出分配，政府通过税收和转移支付制度修正收入分配。

▓ 关键术语

市场失灵	反托拉斯政策
《1890年谢尔曼法》	《1914年克莱顿法》
经济管制	放松管制
公平收益价格	激励机制
高峰负荷定价	社会管制
溢出	公司平均燃油经济性（CAFÉ）
外部性	私人物品
溢出成本	公共物品
溢出收益	搭便车问题
配额-交易制度	计划管制

▓ 自测 （单项选择）

1. 遏制损害消费者的反竞争行为和培育有利于竞争的市场结构的尝试被称为（   ）。

a. 社会管制

b. 经济管制

c. 反托拉斯政策

d. 计划管制

2. 以下哪项符合克莱顿法的规定？（　　　）

a. 根据边际收益等于边际成本规律实现利润最大化

b. 卖方与买方缔结（排外的）合同

c. 实质上削弱竞争的兼并

d. 不是由成本不同造成的价格歧视

3. 以下哪项已被用来控制如航空、货运和铁路等行业价格上涨、准入条件和服务标准？（　　　）

a. 公平收益管制

b. 经济管制

c. 社会管制

d. 计划管制

4. 由于溢出收益存在，需求曲线不能反映产品的所有收益而导致市场失灵。因此，下列选项都是正确的，除了（　　　）。

a. 产品生产不足和消费不足

b. 产品被过度生产和过度消费

c. 政府可以通过给消费者发放补贴资助其购买产品以纠正市场失灵

d. 政府可以通过补贴生产商使他们能够提供更多产品以纠正市场失灵

5. 市场失灵的来源包括下列选项，除了（　　　）。

a. 垄断力量

b. 溢出或外部性

c. 信息不完全

d. 私人物品

6. 关于电力公共事业，高峰负荷定价被认为是（　　　）。

a. 允许公共事业赚取高的投资收益率

b. 鼓励白天高峰时段消耗电量

c. 一天的用电需求被更均匀地分配

d. 通过对大型工业买家收取较低价格节省电力

7. 通常情况下，各国政府采取管制垄断而不是通过反托拉斯政策促进竞争的原因，是这些行业被认为是（　　　）。

a. 完全竞争

b. 垄断竞争

c. 垄断

d. 自然垄断

8. 假设凯撒铝业有限公司不考虑溢出成本而导致市场失灵。因此，企业生产（　　　）。

a. 过多的铝和收取过高的价格

b. 过多的铝和收取过低的价格

c. 过少的铝和收取过高的价格

d. 过少的铝和收取过低的价格

9. 经济学家普遍认为，钢铁行业减少污染成本最低的方法是（　　　）。

a. 要求所有钢铁企业按相同的比例减少污染

b. 要求获得最大收益的钢铁企业减少最多污染

c. 要求所有获得最少收益的钢铁企业退出市场

d. 向可以以最低的成本减少污染的企业提供奖励

10. 如果政府采取计划管制以减少酸雨，那么（　　）。

a. 工厂的每单位污染都会被征税

b. 无论污染程度如何都对污染者进行一次性罚款

c. 对工厂排放的污染物总量施加限制

d. 给予企业补贴以弥补其降低污染的成本

问答与应用

1. 表 8-2 列出了新英格兰电力和照明公司假设的需求和成本数据，它是马萨诸塞州销售电力的垄断者。

a. 绘制一幅图表示企业的需求曲线、边际收益曲线、边际成本曲线和平均总成本曲线。

b. 作为不受管制的垄断者，公司将生产（　　）单位的电和以每单位（　　）美元的价格销售来实现利润最大化。该公司的总收益为（　　）美元，总成本为（　　）美元，利润总额为（　　）美元。

c. 假设立法规定对公司进行公共事业调控和根据公平收益原则制定电价。这些规定将导致公司生产（　　）单位的电且以每单位（　　）美元的价格出售。该公司的总收益为（　　）美元，总成本为（　　）美元，利润总额为（　　）美元。

d. 为什么公平收益管制会导致企业效率降低？

表 8-2　　　　　　　新英格兰电力和照明公司假设的需求和成本数据

供电数量	价格（美元）	边际收益（美元）	平均总成本（美元）	边际成本（美元）
0	52.50	—	—	—
1	48.00	48.00	72.00	72.00
2	43.50	39.00	45.00	18.00
3	39.00	30.00	35.00	15.00
4	34.50	21.00	31.50	21.00
5	30.00	12.00	30.00	24.00
6	25.50	3.00	29.25	25.50

2. 在什么情况下不受管制的市场不能有效配置资源？

3. 反垄断法如何试图解决垄断力量的问题？

4. 20 世纪 70 年代后期，在货运、航空和通信等行业废除了许多经济法规。评价放松管制的优点和缺点。

5. 20 世纪 90 年代，放松管制已延伸到电力、有线电视等行业。解释为什么会发生这种情况。

6. 政府为什么调控存在溢出成本和溢出收益的市场？

7. 比较社会管制与经济管制。请分别举例。

8. 为什么市场机制提供诸如百事可乐这类商品，而政府提供诸如公路和灯塔这类商品？

9. 政府是如何尝试纠正经济不平等导致的市场失灵的？

第三部分

宏观经济学

第9章

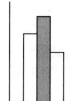

美国的混合经济

本章目标

通过本章的学习，你应该能够：

1. 区分收入的功能性分配和收入的个人分配，并确定收入不平等的原因。
2. 确定联邦政府以及州和地方政府税收和支出的主要来源。
3. 评估改革社会保障制度的提议。
4. 评估美国税收制度的优点和缺点。
5. 确定固定税率所得税、增值税和全国性销售税的优点。

背景资料

在世纪之交，美国的经济发展正处于最高水平。受雇用工人的人数达到历史最高水平，失业率处于30年来的最低水平，经通货膨胀调整后的工资水平也经过多年的停滞后得以提高。经济地位几十年都未提高的有子女的单身妇女、移民和少数族裔的经济地位也正在提高。除了广泛扩展经济增长的好处，强劲的经济也带来其他好处。这使得福利方面待处理案件的数量减少，允许政府把资源更多地集中在福利改革的设计和实施上。此外，低失业率，特别是平均工资的上涨也有利于犯罪的减少。

2008年，经济迈入一个明显的低迷期。随着消费者和企业所有者对自己的未来收入越来越悲观，他们削减其支出以备不时之需。因此经济中的现金量减少进一步使经济发展减缓。因此，奥巴马总统削减家庭和企业的税收负担，并于2009年增加政府支出，以振兴经济。据奥巴马所述，经济中的私人部门需要政府的帮助，以减少经济低迷带来的困境。这个主题将在以后的章节进一步讨论。

在前面的章节中，我们强调经济中的私人部门，其中包括家庭和企业。通过在讨论中增加政府的角色，我们接下来将研究**混合经济**（mixed economy）。在美国的混合经济中，私人部门由全国数百万家庭和企业组成。美国的公共部门包括联邦、州和地方政府。这两类部门说明了与混合经济相关的几个因素。

作为收入接受者的家庭

大家都知道，我们的社会有许多富人和许多穷人。**收入分配**（distribution of income）描述的是收入在社会成员之间分配的方式。它反映了人们从商品和服务的生产中获得回报的方式。收入分配可以用两种方式进行分析。

功能性收入分配（functional distribution of income）是指国家收入的分配，即归于生产要素（土地、劳动、资本和企业家才能，比如租金、工资、利息和利润）的分配。在这里，收入是按生产要素所执行的功能分配。表9-1给出了美国在2007年的功能性收入分配。请注意，全美最大的收入来源是工资和薪金。

单一家庭如何分享国家的收入呢？如表9-1所示，此问题由**个人收入分配**（personal distribution of income）解释。该表显示了5类家庭的税前年货币收入所占份额，也就是说，将每类家庭的年货币收入所占份额由低到高排列。例如，2006年所有家庭中最贫困的20%，共获得货币收入的3.4%。如果收入分配公平，这些家庭就应获得货币收入的20%。相反，所有家庭中最富有的20%获得货币收入的50.6%。因此，所有家庭中最富有的1/5拥有最贫困的1/5家庭14倍以上的税前货币收入。但是请注意，该收入的分配不等同于财富分配。一个家庭财富的完整账户也将包括银行储蓄存款、房屋、土地、汽车、养老金、社会保障以及股票和债券等。此外，个人技能也可以被认为是财富的一种类型。

表 9-1	**美国的收入分配**
2007 年功能性收入分配	
工资和薪金	72%
利息	5%
所有者收入	9%
公司利润	13%
租金	1%
	100%
2006 年个人收入分配	
排名第 5 的 20% 家庭	3.4%
排名第 4 的 20% 家庭	8.6%
排名第 3 的 20% 家庭	14.5%
排名第 2 的 20% 家庭	22.9%
排名第 1 的 20% 家庭	50.6%
	100.0%

资料来源：U. S. Department of Commerce, *Statistical Abstract of the United States*, 2009（Washington, DC: U. S. Government Printing Office），Table 675；and *Economic Report of the President*, 2009（Washington, DC: U. S. Government Printing Office），Table B-29.

收入不平等的来源

考虑收入的个人分配，收入不平等在 20 世纪 30—50 年代显著减少。然而，自 1970 年以来，收入不平等有所加剧。为什么有些人获得比别人更多的收入？收入差异的最重要因素是年龄、生产资源的差异、人力资本的投资、继承和歧视。

年龄是收入的决定因素，因为一般来说，随着年龄的增长会接受更多的教育、更多的培训，拥有更多的经验。通常人们在 18 岁开始工作时收入较低，在 45～50 岁时，收入上升到一个高峰，然后随着人们退休年龄的临近逐渐下降。当一个人刚开始工作时，他通常有很少的相关工作经验，收入低于有更多经验的老员工。随着员工的年龄增长，他学会更多的工作技能，提高工作效率，延长工作时间，并拥有资历，因此赚取更高的收入。年龄在 45～50 岁时，员工的生产率通常达到顶峰。随着员工不断接近退休年龄，他工作小时数通常会随耐力和体力一起下降。这些因素使老员工赚取收入的能力削弱。

收入的其他决定因素还包括个人所拥有资源的数量和质量。在市场经济中，那些使用人力、物力资源生产产品的人都是非常受到重视的，他们一般收入很高。例如，沙奎尔·奥尼尔（Shaquille O'Neal），迈阿密热火队（Miami Heat）的篮球明星，他带领球队赢得胜利而赚得数百万美元。个人报酬与生产率之间的关系刺激个人有效地利用资源，并找出更好的做事方法。

人不是天生就有同样的天赋或智商。然而，天生差异可以通过获得技能放大或抵消。提升一个人的创造能力或获得新的技能被称为**人力资本**（human capital）投资。人们投资于他们的教育、培训和提高自身医疗保健水平，以带来更高的生产率和更高的收入。如果你以上大学的方式对自己投资而不是高中毕业后工作，从而获得更多的收入，作为奖励，你很可能在未来找到一份更有趣的工作或更高薪的工作，或两者兼而有之。

继承也会影响收入。继承现金、股票、债券、住房或产生利润、利息或租金收入的土地是不同寻常的。这样的赠品代表了他人的劳动或投资收益，而不是自己的劳动或投资收益。

歧视性的劳动市场可以影响收入。每当女性或其他种族工人与白人男性工人具有相同的教育背景、培训、能力和经验，但是挣的工资较低或获得工作或升职的机会更少，这时经济上的歧视出现了。历史上黑人和其他种族在获得人力资本方面是受到歧视的。例如，提供给黑人的学校数量和教育质量往往不如提供给白人的。此外，许多女性认为她们不得不接受类似秘书、校工或餐厅服务人员等低工资的工作，因为其他的工作都不向她们开放。在某些情况下，主要向女性提供的职业尽管要求的技能类似，提供的报酬却比以男性为主的职业提供的报酬低。

作为支出者的家庭

除了取得收入，家庭也有支出。家庭收入的一部分用于消费支出，其余用于支付税款或成为储蓄。

表 9-2 说明了 2007 年家庭收入的处置情况。表 9-2 显示了个人消费支出占家庭收入的 86%。消费者购买包括耐用品，如电脑、汽车等；非耐用品，如食品和衣物；服务，例如由医生、律师等为消费者所做的工作。美国经济以服务为导向，2007 年服务支出占个人消费支出一半以上。

除了作为消费者而花钱，家庭也将自己的部分收入用于缴税，联邦个人所得税是最重要的组成部分。如表 9-2 所示，2007 年家庭收入的 13% 用于缴纳税款。

表 9-2 <td></td> **2007 年家庭收入的处置**

	数量（十亿美元）	所占比例（%）
个人消费支出	9 710.2	86
耐用品	1 082.8	10
非耐用品	2 833.0	25
服务	5 794.4	51
个人所得税	1 492.8	13
个人储蓄	57.4	1
	11 260.4	100

资料来源：*Economic Report of the President*，2009，Tables B-16 and B-30.

未用于消费支出或纳税的家庭收入将被留存下来。如表 9-2 所示，2007 年个人储蓄占家庭收入的 1%。居民储蓄被用于银行账户、股票、债券、保险等。储蓄的动机通常是对不可预见的困境、子女教育或退休渴望所驱动。人们还为投机机会而储蓄。例如，一个人可能购买 IBM 的股票并在未来以更高的价格出售它，从而获得可观的收益。

企业

企业是经济中私人部门的第二大组成部分。企业是生产和销售商品与服务的组织。美国有超过 2 400 万家企业。很多都是小企业，如当地的加油站或杂货店。另外是一些大型企业，如汽车和电脑制造商。

企业可以通过以下三种方式之一进行组织：独资企业、合伙企业或公司。所选择的结构决定了所有者如何承担公司风险和责任以及如何参与决策制定。表 9-3 给出了这三种企业类型在美国的分布情况。虽然独资企业在数量上占主导，但公司制企业占据销售收入的最大份额。

独资企业（sole proprietorship）是由一个人拥有和运营的企业。这些企业通常很小，如当地咖啡店或比萨店。独资企业相对容易组织和运营，其所有者不需要对任何人负责或听命于任何人。然而，独资企业的规模受所有者的财富、信誉以及企业利润所限。独资经营最大的缺点是所有者的无限责任，也就是说，所有者的个人资产须用于偿还企业的债务。如果经营失败或在诉讼中被追究法律责任偿还企业债务，所有者的几乎所有财产，如汽车或房子，可能被出售以偿还债务。

　　合伙企业（partnership）是独资企业的延伸。合伙企业不是由一个人所拥有，而是由两个或两个以上所有者合伙管理他们的资金和业务。比如，多个医生成立合伙企业，这使他们能够共同承担办公费用，并减少一个星期 7 天、每天 24 小时随叫随到的必要。律师和会计师也倾向于组织合伙企业。在合伙企业中，每个合伙人都负有无限责任。一个合伙人失败的业务决策可能对其他合伙人造成巨大的损失，这是独资企业不必担心的问题。此外，合伙企业决策通常比独资企业更麻烦，因为有更多的人参与决策。此外，当一个合伙人死亡或自愿退出合伙关系时，合伙企业通常终止。

表 9-3　　　　　　　　　　　　　　　　2005 年美国的企业

企业类型	企业数量		企业收入	
	数量（百万）	比例（%）	收入（百万美元）	比例（%）
独资企业	21.5	72	1 223	4
合伙企业	2.8	9	3 719	13
公司制企业	5.7	19	24 060	83
总计	30.0	100	29 002	100

资料来源：U. S. Commerce Department，Bureau of the Census，*2009 Statistical Abstract of the United States* (Washington, D. C.：U. S. Government Printing Office)，Table 724.

　　公司（corporation）是"法人"，像个人一样开展业务。公司可以生产和销售产品、签订合同、支付罚款、起诉及被起诉。通用汽车集团、IBM、波音和微软都是家喻户晓的公司。

　　公司由股东所拥有，股东收到以股息为表现形式的利润。大公司如通用电气，可能拥有成千上万的股东；然而，一些规模较小的公司只有少量股东。股东根据他们拥有的股票数量在董事会上投票。董事会又任命人员根据董事会制定的准则来运营公司。

　　公司股东的优势之一是有限责任。当公司宣告破产时，股东只是失去用于购买公司股票的钱。此外，公司可以通过出售股票或借款获得资金。公司通过向投资者发行债券或直接从银行和其他金融机构处获得资金。相比之下，独资企业和合伙企业则只能通过贷款获得外部资金。而且，公司在转让所有权方面富有效率。当一家公司的股东愿意放弃所有权时，她可以将她的股票卖给其他投资者。

　　然而，公司也有它的缺点。如收入的双重征税。公司利润是缴纳企业所得税的第一个课税对象。然后，如果任何税后利润分配给股东作为股息，这些款项将列入被征税的个人收入。公司利润根据现行税制双重征税，独资企业和合伙企业的利润只征收个人所得税。

　　公司也面临所有权和控制权分离的问题。公司股东在实际运营公司方面基本没什么作用。然而，拥有少量或不拥有股票的总经理却在实际经营公司。股东的目标是最大化他们从公司股票所有权获得的股息。除非总经理会收到公司股票作为补偿，否则他们的动机是不同于股东的。例如，总经理会给自己发放过高的薪水或拥有奢华的办公室，但这对于提高公司运营效率没有什么必要性。如此的奢侈行为增加了运营公司的成本，减少了股东股息。

混合经济下的政府

政府活动对我们的生活产生了重大影响。在混合经济中，政府提供适当的法律和社会框架以促进竞争，通过对一部分人征税而给予别人补贴来调整收入分配、提供国防等公共物品，鼓励企业生产会带来溢出收益（如公共电视）的产品，阻止企业污染环境，并启动政策以促进价格稳定和提高就业。这些功能的实现需要由家庭和企业缴纳的税款提供资金支持的政府支出。

政府支出（government expenditures），包括联邦、州和地方政府的政府购买和转移支付。**政府购买**（government purchases）是对商品和服务的支出，包括路灯照明、污水处理系统、城市游乐场、国家公园、街道、警车、消防车、坦克、计算机和喷气式飞机等。政府还购买工程师、教师、会计师和律师的劳动服务来生产从公路建设到大学教育等产品。当政府购买商品和服务时，私人部门可使用的商品和服务就会相应减少。

政府支出还包括**转移支付**（transfer payments），即收入由纳税人转移到对这些收入没有任何贡献的个人。从而，转移支付为贫困和有需要的对象提供收入保障的安全网。政府转移支付制度主要包括以下内容：

● **失业救济**（unemployment compensation）为失业工人提供临时收入支持。失业工人每周可领取的补偿和被允许领取补偿金的周数在各州之间有所不同。

● **食品券**（food stamps）是提供给穷人、老年人、残疾人，使他们能够获得营养充足的食品。接受者每月收到一定数量的食品券，这些食品券可以在绝大多数杂货店兑换商品。

● **附加保障收入**（supplemental security income）支付给那些不能工作的残疾人、盲人和老年人。

● **贫困家庭临时救助**（temporary assistance for needy families）给有小孩的幸存家庭和单亲家庭提供救助。这些家庭通常由必须照顾年幼子女而不能工作的女性组成。

● **医疗保险**（medicaid）给低收入家庭、盲人、老年人和残疾人提供健康援助。

● **住房和能源补贴**（housing and energy subsidies）给予低收入家庭以帮助他们支付住房的花费。

● **农业补助**（agricultural assistance）给农民提供补贴和拨款等，如最低价格支持和给其他地方获取贷款困难的农民提供低利率贷款。这种补助试图稳定农民收入，从而为消费者提供稳定的食品供给。

美国已经制定税收和转移支付制度来改变收入分配以造福穷人，换句话说，向经济优势者征税，以帮助经济困难者。但是，这一制度的批评者认为许多转移支付都没有关注需求。此外，福利制度一直包含对工作和个人责任的抑制因素，从而带来过度福利。

1996 年，美国国会通过《个人责任与工作机会协调法案》（Personal Responsibility and Work Opportunity Reconciliation Act）并由总统克林顿（Bill Clinton）签署。该法案确立了一个原则，即个人和家庭不能仅因为贫穷就自动获得政府的援助。具体来说，该法案设立"工作福利"规定，规定如果接受者不能在 2 年内开始工作，那么他们必须放弃他们的大部分福利。一个家庭可以不止一次领取福利，但是最多领取 5 年的福利。法案同时使联邦政府一次性授予州政府制定福利政策的权利，从而使得州政府可以自由安排其福利方案。此外，该法案收紧对合法的非公民移民的福利支出。改革的目的是迫使享有福利的父母去找哪怕是很清闲的工作，从而为他们的孩子提供新的希望和动力。事实上，关于工作福利的利弊已经被广泛讨论，这场讨论在福利制度对效率的长期影响和福利制度覆盖面被弄清楚之前还将持续很长时间。

▨ 社会保障

转移支付增长的主要原因一直是社会保障和医疗保险方案。

社会保障（social security）是美国权威的退休和伤残保障方案。社会保障作为为没有其他形式作为安全保障的失业者提供收入保障的手段于 1935 年被提出。2006 年，社会保障体系为 5 000 多万退休和伤残工人及其家属提供了现金补助。

1965 年，联邦政府将健康保障方案，即**医疗保险**（medicare），增加到社会保障体系中来，其目标是减少疾病给老年人造成的财务负担。医疗保险保障的范围包括医疗费、住院费、门诊费和家庭护理支出。截至 2009 年，医疗保险已经为超过 4 200 万人提供了健康保障。

社会保障是由工资税支持的即时支付系统。2009 年，职工为养老保险、生育保险和伤残保险支付固定税率为其工资 6.2％的税收，缴纳工资税的工资上限为 106 800 美元，其雇主缴纳与之相当的税。此外，雇主和雇员各缴纳其所有工资 1.45％的税收作为医疗保险。社会保障税进入美国财政部，而且每个方案的份额记入单独的信托基金——一份针对退休和遗嘱，另外一份针对伤残，其余两份针对医疗保险。对社会保障和医疗保险的特殊税收对大多数工薪阶层来讲是强制性的，不管他们喜欢与否。

与流行的看法相反，社会保障信托基金本身并不持有资金以支付福利。它们只是登记在美国财政部的资产账户。这些余额像一个银行账户或一张政府储蓄债券，代表来自政府的承诺（IOU）。承诺未来可以获得资源，其等于信托基金账户的价值，如果需要资金来支付社会保障福利。社会保障制度中的任何税收盈余都可以用于购买美国国债。从而，联邦政府将这些资金作为其经营性现金的一部分，用于支付政府的许多功能产生的费用，如国防和失业救济。

社会保障制度被创造出的 30 多年来，收入通常超过其支出，其信托基金也不断增长。但是，自 20 世纪 70 年代开始，信托基金开始下降。这主要是福利增加的结果。不仅受益人数一直增加，福利也会随通货膨胀率的变化而阶段性调整。到了 20 世纪 80 年代，社会保障福利每年都会随通货膨胀率自动增加。这样的**生活成本调整**（cost-of-livingadjustments，COLAs）也导致财政收入不足。

关于社会保障的另一个问题是为社会保障缴纳工资税的工人数量相对于社会保障受益者来说下降了。二战后的婴儿潮过后，出生率有所降低，生活成本上升导致了这一下降。1945 年，每个接受社会保障福利的人背后有 46 个工人为其支付工资税。到了 1996 年，每个受益者背后只有 3 个工人。有人估计，到 2050 年，每个受益者背后将只有 2.4 个工人。将来，会有更少的工人来支持不断增长的老年人口。简单来讲，年轻人相对于老年人在减少，预示社会保障将面临严重的偿付问题。经济学家预测，社会保障信托基金将在 2042 年耗尽，到那时，将只有 73％ 的受益者得到偿付。一个出生于 2000 年，且在工作期间只能赚取平均收入。目前政府许诺给他的 290 900 美元，未来只能向他支付 211 700 美元。

20 世纪 40—80 年代，社会保障受益者接受缴纳工资税以支持这种制度的较好协议。大多数受益者获得比他们支付的税款多的回报。然而，由于社会保障税税率逐年提高，获得全部福利的合格年龄有所上升，显然，对许多未来受益者来说，社会保障不再会出现这样一个好协议。那些赚取平均工资，并在 1980 年退休的 65 岁职工在退休后 2.8 年内收回由他本人和雇主缴纳的工资税加利息的价值。对于在 1996 年退休的 65 岁同行，他们要花 14 年的时间。对于那些在 2025 年退休的人，则需要 23 年。

对社会保障融资问题和生存的关注带来了改革制度的建议。一种已经提出的方案是提高现有雇员缴纳社会保障税的税率。但是，工薪阶层可能抵制其未来税率的提高。因为社会保障是一个即时支付系统，而不是每分钱的税都进入那些做出贡献的人的账户。对这些工人来说，社会保障可能被看作一种几乎没有回报的方案。相对于提高当前工薪阶层的工资税，为什么不减少老年人的待遇？考虑这些选项：

- **采用经济状况调查手段。**社会保障受益者必须符合基本资金需求，类似于如食品券和医疗保险等其他福利方案。那些富裕的老年人可以轻易排除于社会保障福利之外。

- **取消收入上限。**截至 2009 年，工人需缴纳社会保障税的工资上限为 106 800 美元。因此，那些一年赚取几百万美元的工人与一年只赚取 106 800 美元的工人缴纳同样的税。取消收入上限将创造更多的税收而不会进一步造成税收收入紧张。

- **提高退休年龄。**国会这样做过，但根据现行法律，2027 年前，退休年龄将不会从 65 岁提高到 67 岁，修改后的法律应该会使这种变化早日实现。到 2020 年，退休年龄应为 70 岁或更高，这反映出未来几代人的预期寿命延长。

- **减少生活成本调整。**社会保障福利每年随通货膨胀率而增加。每年的福利水平根据美国平均工资的变化进行调整。从长远来看，工资变化率每年超过消费品价格变化率约 1％，导致社会保障福利过高。准则可以修改成令福利跟上价格，而不是工资的步伐。

- **社会保障福利充分征税。**不只是对部分社会保障福利征税，应把它们当作普通收入，全额征税。

这些方案在政治上并不受年龄稍大的公民欢迎。他们中许多人经历过大萧条和第二次世界大战，他们认为生存危机时刻存在。他们这一代人照顾他们的父母，并经常一大家子都住在一起。为什么下一代不这样做？鉴于美国退休人员协会（American Association of Retired Persons，AARP）的投票权，就不难看出为什么总统和国会一直不愿削减社会保障福利。

然而，批评者将社会保障视为一个时代错误，认为它建立在老年人对大萧条时期高失业率的担忧和普遍依赖性之上。他们将如今的改革前景视为契机，用以实现社会解决退休问题方式的现代化。我们认为即时支付系统在老龄化社会是不可持续的，他们更喜欢员工自己为退休生活投资而获得财富的制度，而不是当前的制度——必须对未来工人获取的财富征税以提供承诺的福利制度。

□ 社会保障是否应该私有化？

2005 年，美国总统布什在进行他的第二次就职演说时提议应允许 55 岁以下的工人转移其税率为 12.4％的年度社会保障工资税的 4％到个人退休投资账户。这种做法让参与者得以利用股市所提供的优越发展前景。如今，社会保障承诺的收益实现了工资税 2％的年收益率。投资于股票均衡投资组合的基金可能赚取更大的收益。

私人投资账户有几个优点。允许退休计划进行调整以适应个人需求和喜好。个人因为他们拥有的房子能够承担更多的风险，可能更倾向于持有产生更多收益的经股票加权的退休投资组合。私人投资账户还允许热爱工作的健康人到退休年龄时依旧工作，而且不必牺牲他们的一部分退休收入。简单地说，私人投资账户将允许个人为他们退休时偏好的股票证券组合而储蓄，而且他们也可以选择自己的最佳退休时机。

然而，私人投资账户的批评者认为，进入该账户的资金应在社会保障制度中被剔除。因此，这些资金将不能在退休后的高工资工人和低工资工人、有孩子的家庭和没孩子的家庭、健康人和残疾人之间进行风险关联和收入转移。支付给工人的社会保障金将取决于资产价值、利率和投资策略以及终生收入，而不取决于提供有保障的政府福利。

批评者还指出，对退休人员来说，社会保障增加私人账户后并不消除承诺对我们的困扰，这一问题依然突出。保证现有的福利会给私有化的社会保障制度带来像现存制度一样的高成本。例如，假设私有化方案将你缴纳的社会保障税的 4％放入私人投资账户。其余部分继续支付给目前的受益者，但现在有更少的税收收入来弥补同一支出。这些钱必须来自某个地方，所以税收必须增加、借钱或削减福利。

另外，私人投资账户的存在还会改变现有社会保障制度的成本。如果工人将其工资税的 4％转移到个人退休投资账户，政府将不得不寻找其他的资金支付目前退休人员的福利。未来十年这一转移成本很容易达到 1 万亿～2 万亿美元。为了拿出这笔钱，政府将不得不提高税收或借钱。在撰写这本教科书时，我们的社会保障制度如何改革仍有待观察。

▓ 政府财政

我们现在比较联邦、州以及地方政府的支出和收入。事实上，如图 9-1 所示，联邦政府年度预算的编制是一个复杂的过程。

表 9-4 给出了 2008 年联邦年度预算的情况。可能令人惊讶的是，联邦支出的最大组成部分不是国防，而是收入转移方案，如社会保障、医疗保险和对穷人及残疾人的公共援助。这些项目在 2008 年占联邦支出的 50％。当年的第二大支出是国防支出，占联

邦支出的 21%。

另一类联邦支出是公共债务的利息。过去，联邦政府经常出现预算赤字，这是政府支出超过税收收入的数额。国家或公共债务是联邦政府赤字多年来的总积累。为了偿还其债务，联邦政府向投资者出售证券（美国储蓄债券）。当证券到期时，投资者收到证券面值加上累计利息。2008 年，公共债务的利息开支占联邦支出的 8%。由于政府使用更多的税收收入支付公共债务的利息，更少的税收收入可用于公共教育、警察、消防，以及其他政府方案。

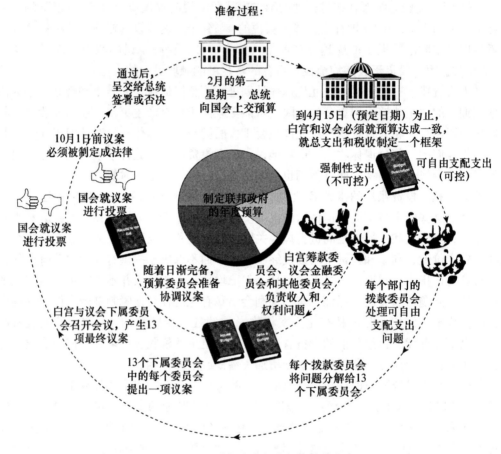

图 9 - 1　联邦政府年度预算的制定

联邦政府从哪里获得资金？表 9 - 4 给出了 2008 年联邦政府的收入情况。我们看到，收入的最大份额来自个人所得税（45%），这是由家庭、独资企业和合伙企业缴纳的。其次是社会保障缴款或工薪税（37%）。联邦政府也就公司利润征收企业所得税（12%），并采取消费税或销售税的形式对商品如汽油、烟草和酒水征税（4%）。其他的税还包括赠与税、关税和许可税。

不同政府单位的政府支出和收入各不相同。参照表 9 - 4，我们看到，2006 年，州和地方政府支出的 34% 投入公共教育。公共福利是州和地方政府的第二项重要的支出（18%），第三项是对高速公路的支出（6%）。在收入方面，2006 年，州和地方政府主要依靠销售税和消费税（19%）以及财产税（16%）。个人所得税只占州和地方财政收入的 12%。而联邦政府把个人所得税作为其主要的收入来源。2006 年，除了征税，州和地方政府还收到来自联邦政府的总额为州和地方政府收入的 21% 的拨款。

表 9-4 　　　　　　　　　　　　　**政府收入和支出**

联邦政府（2008）

收入		支出	
个人所得税	45%	社会保障，医疗保险，收入保障	50%
社会保障，医疗保险，退休税	37%	国防	21%
企业所得税	12%	公共债务的利息	8%
消费税	4%	健康保险	9%
其他	2%	其他	12%
	100%		100%

州和地方政府（2006）

收入		支出	
销售税和消费税	19%	公共教育	34%
从联邦政府获得的收入	21%	公共福利	18%
财产税	16%	高速公路	6%
个人所得税	12%	其他	42%
企业所得税	2%		100%
其他	30%		
	100%		

资料来源：*Economic Report of the President*，2009，Tables B-80 and B-86.

与其他国家相比，美国的税负如何？表 9-5 列出 2006 年 8 个国家政府总税收占国内总产出的比重。这反映了每个国家相对其经济产出的税收负担水平，相当于每个国家作为一个整体的平均税率。从表中可以看出，美国相对其国内总产出有 28% 的平均税率。瑞典的平均税率是表中最高的，为 49%。按照国际标准，美国公民拥有比其他工业化国家公民更轻的税收负担。

表 9-5 　　　　　　　　　　**总税收占国内总产出的比重（2006）**

国家	平均税率
瑞典	49%
挪威	45%
法国	44%
英国	38%
加拿大	34%
美国	28%
日本	28%
韩国	26%

资料来源：Organization for Economic Cooperation and Development，*Revenue Statistics*，2008，参见 http://www.oecd.org。

征税原则： 基于收益还是支付能力

正如新闻报道所说，大部分关于税收的公开辩论都涉及公平问题。税收公平吗？如果认为税收政策是合理和公平的，人们通常更容易自愿遵守税收政策。一项公平的税收制度通常被认为应该基于人们的纳税能力征税，尽管有人主张应该根据个人在公共支出中获得的收益征税。

根据征税的**受益原则**（benefits-received principle），税款应根据纳税人从公共支出中所获得的收益按比例缴纳。像人们根据如食品和服装等私人物品的消费按比例缴税，个人缴纳的税款应该与他对公共物品（如公园或道路）的使用相关。从这个角度看，理想的税将是一种使用税，如果商业公司提供公共物品，这样的模式可能会建立起来。

例如，燃油税与受益原则是一致的。燃油税为道路和其他运输系统的建设和维护提供资金。个人购买燃油的加仑数是反映运输服务量的指标，买燃油的加仑数越大，缴纳的税款就越多。此外，机票税为空中交通管制、机场运营和机场安全提供资金。经常搭乘飞机出行的旅客从航空公司运输系统中获得更大的收益，因此支付更高的税来为其运作提供资金。此外，如果一座新桥梁的建设费用是由过桥费提供，这种支付方式将满足受益原则，因为只有当司机使用桥梁时才支付费用。

然而，当我们试图在很多重要的政府支出问题上应用受益原则时会出现困难，如用于国防、警察、消防和公共教育等政府支出。我们如何计算特定个人在这些物品中获得的收益和他们应该缴纳的税款？我们无法计算！此外，将受益原则用于国民收入再分配方案时更困难。例如，迫使领取失业救济金的失业工人缴纳税款以为他们获得的福利提供资金是没有意义的。虽然存在受益原则适用的很多情况，但是，受益原则在美国税收制度的历史发展中只扮演一个很小的角色。

支付能力原则（ability-to-pay principle）和受益原则大相径庭。该征税原则是建立在应该对拥有更多收入和财富的人以更高的税率征税的基础上，因为他们的支付能力更强。大多数人认为比尔·盖茨、微软公司的创始人和美国最富有的人之一，比那些收入微薄的人支付更多的税是合理的，他们支付的税占收入的比例也应该更高！正如我们将在下一节中看到的，累进所得税包含支付能力概念。

支付能力原则的弊端是没有精确的方法计算人的合理纳税能力。对于更高的收入，税率应该高多少？答案似乎是基于猜测和政府对税收收入的需要。

累进税、 累退税与比例税

回想一下，政府通过各种税，如所得税、财产税、社会保障税、销售税，来增加税收收入。这些税都可归为以下三类税收制度：比例税、累进税与累退税。如果随着收入的增加而缴纳的税款占收入的比例不变，这就是比例税；如果随着收入的增加缴纳的税款占收入的比例增大则是累进税；如果随着收入的增加缴纳的税款占收入的比例减小则

现代经济学原理（第六版）

是累退税。

表9-6给出了这些税收制度下的平均税率和边际税率。第2列显示了个人获得的不同水平的总收入。第3列显示了不同收入水平的应纳税额。第4列显示了**平均税率**（average tax rate），等于应纳税额除以总收入：

$$平均税率 = \frac{应纳税额}{总收入}$$

第5列显示了**边际税率**（marginal tax rate），反映额外收入需缴纳的税额：

$$边际税率 = \frac{应纳税额的变化}{总收入的变化}$$

表9-6 　　　　　　　　　　　　　　**累进税、累退税和比例税**

	总收入（美元）	应纳税额（美元）	总平均税率（%）	边际税率（%）	
累进税	0	0	—	—	在累进税制度中，平均税率和边际税率随收入增加而上升。
	100	5	5	5	
	200	20	10	15	
	300	45	15	25	
累退税	0	0	—	—	在累退税制度中，平均税率和边际税率随收入增加而下降。
	100	30	30	30	
	200	50	25	20	
	300	60	20	10	
比例税	0	0	—	—	在比例税制度中，平均税率和边际税率随收入增加而保持不变。
	100	10	10	10	
	200	20	10	10	
	300	30	10	10	

让我们先计算累进税制的平均税率。参见表9-6上半部分，收入为100美元时，平均税率为5%（5/100＝0.05）；收入为200美元时，平均税率为10%（20/200＝0.10）；收入为300美元时，平均税率为15%（45/300＝0.15）。这些数字表明，这种税收制度是累进的，因为平均税率随着收入增加而上升。

现在，我们将计算累进税制的边际税率。参见表9-6，第一级中，随着收入从0美元增加到100美元，应纳税额从0美元上升到5美元，从而第一级的边际税率等于5%（5/100＝0.05）。第二级中，随着收入从100美元上升到200美元，应纳税额从5美元上升到20美元，边际税率等于15%（15/100＝0.15）。随着收入又增加100美元，应纳税额增加了25美元，边际税率等于25%。我们目前的税收制度是累进的，因为随着个人收入上升到更高等级，边际税率不断提高。我们的结论是在累进税制中，平均税率和边际税率都随收入的增加而上升。因此，累进税制与征税的支付能力原则是一致的。

接下来，我们考虑累退税。在累退税制中，随着收入的增加，收入的更小部分被征税。参见表9-6所示的累退税。随着收入的增加，应纳税额不断增加。但是，该税是累退的，因为平均税率和边际税率都随收入增加而下降。因此，累退税使得穷人相对于富人有更大的负担，从而违背了征税的支付能力原则。

最后是比例税，也被称为固定税率税。比例税意味着随着个人收入增加，应纳税额上升部分相同。参见表 9-6 所示的比例税，随着收入的增加，每一级的平均税率都是 10%，边际税率也是 10%。

比例税和征税的支付能力原则之间的关系是什么样的呢？考虑对年收入为 10 000 美元的乔·史密斯按 20% 税率征收 2 000 美元，对年收入为 100 000 美元的海伦·米勒征收 20 000 美元。虽然每个人都负担 20% 的相同税率，但是乔比海伦的税收负担更大。缴纳税款后，乔几乎没有收入给他的家庭购买日用品，但是，海伦可以轻松应付她的税后生活。有人可能会认为，海伦没有按照支付能力原则缴纳占收入的公平份额的税。

■ 美国的税收结构

现在，让我们试着了解美国税收制度的构建原则。关于美国的累进税、累退税或比例税，我们有什么可以说一说的呢？

□ 联邦个人所得税

美国经济中最重要的税是联邦个人所得税。所有的美国公民、外籍居民和大多数在美国赚取收入的人都需要根据所有**应纳税收入**（taxable income）缴纳联邦税。应纳税收入是总收入减去免税额、扣除额和贷款：

总收入（gross income）（包括工资、薪金、小费和奖金等）

—**免税额**（exemptions）（每个家庭成员的津贴）

—**扣除额**（deductions）（住房抵押贷款利息支出、营业费用、慈善捐助、医疗费用以及某些州和地方税）

—**贷款**（credits）（托儿所、老年人和残疾人、低收入津贴）

应纳税收入

表 9-7 所示为 2009 年单个纳税人的联邦个人所得税税率。联邦个人所得税是累进税，因为平均税率和边际税率随个人收入提高而上升到更高一级。表 9-8 显示了 2006 年各收入群体缴纳联邦个人所得税的份额，这些数字与联邦个人所得税的积极影响是一致的。

表 9-7   **2009 年单个纳税人的联邦个人所得税税率**

税级（美元）		应纳税额*（美元）	平均税率（%）	边际税率（%）
高于	低于			
0	8 350	835	10	10
8 350	33 950	4 675	14	15
33 950	82 250	16 750	20	25

税级（美元）		应纳税额*（美元）	平均税率（%）	边际税率（%）
高于	低于			
82 250	171 550	41 754	24	28
171 550	372 950	108 216	29	33
372 950	—	—	—	35

* 根据六级应纳税收入中最高级计算。

资料来源：Internal Revenue Service，*2009 Tax Rate Schedules*，参见 http://www.irs.gov.

表 9 - 8　　　　　　　　2006 年收入群体支付的联邦个人所得税百分比

百分比（按调整后的总收入排列）	支付的联邦个人所得税所占比例
前 1%	40%
前 5%	60%
前 10%	71%
前 25%	86%
前 50%	97%
后 50%	3%

资料来源：*Top 1 Percent of Tax Filers Pay Highest Shore in Decade*，Joint Economic Committee，October 29，2008，参见 http://www.house.gov/jec.

例如，调整后的总收入排前 1% 的纳税人缴纳 40% 的联邦个人所得税税额，然而前 10% 的纳税人只缴纳 71%。在修订税收制度时，这些数据一定要铭记在心。简单来讲，各收入群体缴纳的所得税份额在很大程度上决定了最主要税收建议的可能结果，而不是法定税率结构本身。

□ 联邦企业所得税

企业确定了其年收入并扣除其所有的开支之后，必须向联邦政府支付其收入的一部分。企业所得税本质上是比例税，几乎所有的企业面临 35% 的固定税率。

□ 社会保障税

截至 2009 年，个人工资收入的 106 800 美元要缴纳社会保障税。社会保障税税率（不包括医疗保险）达 12.4%，在雇员和雇主之间平均分配（各 6.2%）。

社会保障税在很大程度上是比例税，因为其对工资收入按一个固定百分比征税。不过，它确实有一些累退的特征，因为低工资水平对应的税率高于高工资水平对应的税率。例如，2009 年，工人的社会保障税税率为 6.2%，适用于工资收入的前 106 800 美元。一名工人收入恰好为 106 800 美元时将缴纳 6 621.60（0.062×106 800＝6 621.60）美元的社会保障税。但是，工资达 213 600 美元的工人，也只需缴纳 6 621.60 美元的社会保障税，因此税率仅为 3.1%（6 621.60/213 600＝0.031）。我们的结论是，一旦工资收入超过 106 800 美元，社会保障税将呈现累退性。

第 9 章 美国的混合经济

197

社会保障税的累退性将被股息和利息等非工资收入的列入而放大，这更容易被高收入个体接受。在前面的例子中，假设工人工资收入为213 600美元，此外，还有100 000美元的红利，即他的总收入为313 600美元，那么社会保障税将只占总收入的2%（6 621.60/313 600＝0.02）。

□ 销售税、消费税和财产税

各州的大部分税收收入来自商品和服务的一般销售税。此外，各州通常对汽油、烈酒和香烟在联邦消费税基础上征收自己的消费税。至于地方政府，它们的大部分税收收入来自财产税。

销售税是累退的，因为低收入家庭通常将他们大部分收入用在征收销售税和消费税的消费品上。但是，高收入家庭通常将部分收入用于储蓄，从而将其收入的更小比例用在征收销售税和消费税的消费品上。

例如，假设威斯康星州规定对所有消费品征收8%的销售税。米勒一家在过去一年赚了30 000美元，而杰斐逊一家赚了100 000美元。米勒将所有的30 000美元收入花在食物和其他必需品上，而杰斐逊收入为100 000美元，在食物和其他必需品上花费40 000美元，并储蓄剩余部分。因为每个家庭支付8%的销售税，低收入的米勒缴纳2 400（0.08×30 000＝2 400）美元的税额，大约是收入的1/12。收入较高的杰斐逊，缴纳3 200（0.08×40 000＝3 200）美元的税额，大约是收入的3/100。虽然更富裕的杰斐逊比更穷的米勒缴纳更多税款，但销售税是累退的，因为杰斐逊的平均税率比米勒低。

消费税，如对香烟征收的税，也是累退的。香烟被广泛认为是低档商品，也就是说，随着收入的增加消费会减少。因而，收入较低的个人往往比收入较高的个人在香烟上花费更多。低收入者缴纳的税款占他们收入的比例高于高收入者缴纳的税款占他们收入的比例。

财产税征收对象主要是房地产——建筑物和土地。每个地方都会规定适用于财产评估值的年税率。经济学家普遍认为，房地产财产税是累退的，与销售税的累退性出于同样的原因：就占收入的比例来讲，穷人比富人缴纳的财产税要高，因为穷人必须花费占其收入更大的份额在住房上。

□ 美国整体税制

正如我们所看到的，联邦税制（尤其是个人所得税）具有一定的累进性。但是州和地方政府主要依靠销售税、消费税和财产税，这些税是累退的。大多数经济学家认为，当综合考虑联邦、州和地方税时，整体效果大致呈现比例税特征。整体税制本身并不显著影响国家的收入分配，因为穷人和富人都缴纳大致相同比例的收入作为税款。

尽管美国的税收制度不会实现收入从富人到穷人的实质上的再分配，但是美国的转移支付制度会减少收入的不平等。美国最贫困的1/5家庭获得的转移支付是其收入的4倍。因此，美国的转移支付制度比美国的税收制度更加体现累进性。

美国税制是否应该改革？

因为美国的收入分配相当不均，所以很多人都希望联邦所得税能对收入进行再分配。回想一下，联邦所得税是累进的，富人比穷人赋税更重。它通过定义五级应税所得、制定从15%到39.6%的税率，每级收入对应不同税率来实现这一目标。

但在现实中，联邦税收负担并不逐级分配。法定税率只针对应纳税收入。因为国会制造了很多税收漏洞，很多收入是免税的。税收漏洞包括如前所述的免税额、扣除额以及贷款。

假设海伦·史密斯赚得50 000美元的薪水。她未婚，没有子女，住在租来的公寓里，没有退休计划，并且没有从任何避税项目中受益。海伦在当地一家银行把所有积蓄存入大额存单（Certificate of Deposit，CD）。在这种情况下，她不能利用任何税收漏洞。在确定了应纳税收入之后，海伦享受个人免税额（2 000美元）。这使其应税所得减少到48 000美元，产生了10 400美元的税单。

现在假设海伦改变她的财务状况。她从一家储蓄和贷款机构借钱购买住房，在银行开办她的个人退休账户（退休计划），并捐钱给教会。海伦的收入依旧为50 000美元，但她现在可以利用一些税收漏洞。

海伦再次利用2 000美元的个人免税额，从而应纳税收入减少到48 000美元。在这一数额基础上，她还可以扣除她的住房抵押贷款的利息支出（8 000美元）、她的个人退休账户金额（2 000美元）和慈善捐款（1 000美元）。海伦的应纳税收入是37 000美元，因此需纳税7 300美元。通过利用这些漏洞，海伦可以把自己的平均税率从21%（10 400/50 000＝0.21）降低到15%（7 300/50 000＝0.15）。总之，许多免税额、扣除额以及由美国国内收入署（Internal Revenue Service）许可的贷款都减弱了联邦所得税制度的累进性。

联邦所得税制度的批评者认为，这是不公平和低效率的。首先，他们认为，联邦所得税有利于那些能够利用税收漏洞使他们大部分收入免于被征税的富人。一些富有的人缴纳很少的税或不纳税是公平的吗？其次，批评者认为，联邦所得税制度对那些必须保存记录并填写纳税申报表的纳税人来说成本很高。鉴于联邦法规的复杂性，估计有40%的纳税人付钱给专业人士寻求实现合法避税。这些成本用一个简单的税制就可以避免。再次，他们认为累进税不鼓励促进经济增长的储蓄和投资。最后，税收制度违反了同样的收入缴纳相同的税款这一原则。根据特定纳税人的家庭人员构成，具有相同收入的美国人缴纳的税款可能差别很大。

这些忧虑促使人们提出建议来改革联邦税收制度。任何合理的改革都将减少税收漏洞，降低税率以及减少对储蓄和投资的税收歧视。其结果是建立一个简单的税收制度，它很容易为纳税人弄清楚，而且它是透明的，从而使政府的服务成本时刻可见。改革建议中讨论最广泛的三项是固定税率所得税、增值税和全国性的销售税。

□ 固定税率所得税

其最简单的形式是，**固定税率所得税**（flat-rate income tax）制度将废除现有的五级个人所得税率，并用单一税率取代它们。此外，所有的免税额、扣除额和贷款将会取消。通过消除税收漏洞，无论其来源如何，所有的收入将按同一税率征税，这会减少很多纳税人无休止的抱怨，特别是针对那些能够利用税收漏洞使其收入免于被征税的富人的抱怨。固定税率所得税制度将被设计成与目前的累进所得税产生同样的税收收入。据估计，大约为20％固定税率会产生相同的税收收入。

如图9-2所示，用固定税率所得税替代累进所得税会对美国税收负担的分配产生重大影响。保持税收收入不变，固定税率所得税使得穷人和低收入阶层增加负担，而减少了高收入者的税收负担。因为这样的一种收入再分配普遍被认为是不公平的，关于固定税率所得税的建议包括创造一些税收漏洞来保护穷人。

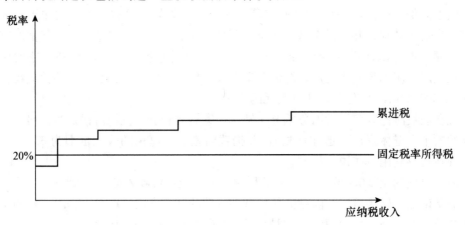

图9-2 固定税率所得税替代累进所得税

用20％的固定税率所得税替代累进所得税会减少高收入者的税收负担，但是会增加穷人和中低收入群体的税收负担。可以通过给穷人创造一些税收漏洞对其进行保护，如扣除标准和家庭成员的免税额。

固定税率所得税的支持者认为，这将简化税收制度，从而减少保存记录和填写纳税申报表的费用。简化后的收益将是巨大的：家庭和企业可以将其获得的收入填入大小如明信片尺寸的表格中。填入表格的数字将是清晰的且很容易计算，因此作弊的机会将减少。

尽管固定税率所得税有优势，但它仍然存在一些问题。一个问题是这会涉及高昂的转变成本。个人和公司基于当前税制结构的特定扣除项和税率做出重大决策和投资以最大限度地提高收入。因此，引入固定税率所得税和消除税收漏洞将急剧改变长期存在的税收规则。固定税率所得税也将通过对一些收入群体增税和对其他收入群体减税来改变收入和财富的分配。所有扣除项的消失可能会受到来自代表教会、学校、州和地方政府、住房产业的特殊利益集团，以及从税收扣除项中受益的老年人的反对。

联邦税收制度不那么极端的改革应该是消除税收漏洞，同时保留当前的累进所得税。改革的倡导者认为，如果税收制度存在很多漏洞，那么它就不存在经济意义。比如，对第二套住房的税收减免和对商业支出的大幅扣除将被取消，从而减轻工薪家庭的税收负担。没有人喜欢纳税。但是，通过对富人征收比中等收入和工薪阶层更高的税来提供公共服务是否说得通呢？

□ 增值税

美国政府主要对公民的收入，而不是他们的消费征税。然而，许多经济学家认为，这一政策将无法形成激励以促使人们努力挣钱。一个获得收入，并将收入进行投资的家庭需缴纳两次税：第一次是因原金额，第二次是因从投资获得的任何收入。因此，根据家庭收入而不是消费征税的制度激励家庭在今天消费而不是为未来储蓄和投资。然而，经济学家认识到，美国人需要更多地为支付教育费用和退休而储蓄，以及投资是经济增长的源泉。这强调了对消费而不是收入征税的制度的合理性。

一些人提出了将**增值税**（value-added tax，VAT）作为当前联邦税制的替代品：对消费而不是收入征税。增值税的运作类似于零售销售税，但它是对企业的商品和服务的各个生产阶段征税。例如，对于一个面包，增值税在农户的小麦生产、磨坊主的面粉加工、烘焙室的面包生产、杂货店的零售等各阶段征税。因此，增值税相当于对消费品的全国性的销售税，也就是一种消费税。

许多欧洲国家，如瑞典和德国等，目前使用增值税作为收入来源。这反映在表9-9中，该表说明了特定国家对商品和服务的征税占总税收收入的比例。在欧洲，最终消费者需缴纳的增值税平均约为20%。

表9-9   对商品和服务的征税占总税收收入的比例（2006）

国家	对商品和服务的征税占总税收收入的比例（%）
德国	29.4
加拿大	24.4
日本	29.1
英国	29.1
意大利	26.0
法国	24.9
美国	16.5

资料来源：U. S. Department of Commerce，Bureau of the Census，*Statistical Abstract of the United States*，2009，Table 1317.

增值税的支持者认为，美国人需要增加储蓄和投资，增值税将有助于实现这一目标。此外，增值税将使避税难度增大。这是因为纳税的企业须留下书面记录，从而降低了逃税的可能性。然而，美国由于几个原因并没有实行增值税。由于增值税在很大程度上是隐蔽的，最终消费者可能不知道包含在产品价格中的增值税。因此，选民可能会低估自己的真实税负，从而使通过税收收入的扩张带来额外支出成为可能。其他的反对意见是，增值税一般具有较高的管理成本，同时也是一种累退税，增值税占穷人收入的比重比富人大。

□ 全国性的销售税

目前，联邦所得税的另一种选择是**全国性的销售税**（national sales tax）。该制度需要在企业零售层面征收联邦消费税。使用过的物品不会被征税。全国性的销售税等于应税商品和服务零售价的一定百分比。零售企业会对个人收取所得税并上交至联邦政府。

支持者认为，全国性的销售税是现行联邦所得税的公平和简单的替代。全国性的销售税是一种自愿消费税，你买得越多，交的税越多；你买得越少，交的税越少。此外，该制度将对生活在美国的所有人征税，包括外国人、非法居留的外国人以及地下经济，从而会使国家财政增加数十亿美元。为了确保全国性的销售税不会给几乎把每一分钱都花在生活物品上的低收入家庭带来过大的负担，政府将为处于贫困线的支出提供退税。此外，作为一种消费税，而不是收入税，全国性的销售税将比目前的联邦所得税更好地促进储蓄和投资。

然而，批评者认为，如果建立与目前的联邦所得税所能创造的税收额相同的全国性的销售税，那税率将很夸张。全国性的销售税税率可能会高达50%或更高——超出任何现有的州销售税税率。因此，批评者认为逃避全国性的销售税的诱惑力将会变得势不可挡。

本章研究美国的混合经济。下一章将通过考虑国内生产总值，研究生产如何影响美国经济。

知识点回顾

1. 税收漏洞是否使联邦所得税更加体现累进性？为什么？
2. 目前联邦所得税批评者为什么认为它是不公平和低效率的？
3. 固定税率所得税与累进所得税有何不同？
4. 解释为什么增值税本质上是一种全国性的销售税。

▓ 本章小结

1. 收入在社会成员之间的分配叫作收入分配。有两种方法来分析收入分配。功能性收入分配是归于土地、劳动、资本和企业家才能（如租金、工资、利息和利润）的国家收入分配。个人收入分配是指穷人、中等收入者和富人的所得分配。

2. 家庭收入分配到消费支出、税收和储蓄上。美国是服务型经济，用于服务的支出占家庭消费支出的一半以上。

3. 企业可以通过以下三种方式之一进行组织：独资、合伙或公司。虽然独资企业在数量上在美国占主导地位，但是公司占企业总收入的最大份额。

4. 政府支出包括联邦、州和地方政府采购商品和服务的支出以及转移支付。在过去的四十年，转移支付是政府支出增长的主要来源。

5. 社会保障是美国最大的退休和伤残保障方案。这是一个由员工和他们的雇主工资税提供资金的即时支付系统。社会保障对大多数工人来说是强制性的，无论他们喜欢与否。社会保障的财政问题主要来自福利的大幅增加以及为社会保障缴纳工资税的工人数量相对于社会保障受益者来说下降了。

6. 对于美国政府而言，个人所得税是税收收入的主要来源。收入转移方案，如社会保障和医疗保险，是主要的支出。州和地方政府主要依靠销售税、消费税和财产税来提高税收。教育是它们的主要开支。

7. 美国的税收制度建立在受益原则和支付能力原则之上。某种税属于这三种类型之一：比例税、累进税和累退税。联邦税收制度具有一定的累进，而州和地方政府的税收制度往往是累退的。

8. 税收漏洞，包括免税额、扣除额和贷款，降低了联邦所得税的累进性。联邦所得税的批评者认为，它有利于能够利用税收漏洞使他们的大部分收入免于被征税的富人。联邦税收制度的改革建议包括固定税率所得税、增值税和全国性的销售税。

▋关键术语

混合经济	社会保障
收入分配	医疗保险
功能性收入分配	生活成本调整（COLAs）
个人收入分配	受益原则
人力资本	支付能力原则
独资企业	平均税率
合伙企业	边际税率
公司	应纳税收入
政府支出	固定税率所得税
政府购买	增值税（VAT）
转移支付	全国性的销售税

▋自测 （单项选择）

1. 美国的社会保障制度（   ）。

a. 本质上是一个由工资税提供资金的即时支付系统

b. 是由个人所得税提供资金的福利制度

c. 要求所有工人都依据该制度建立个人投资账户

d. 赚得的收入被转交给州和地方政府

2. 功能性收入分配显示了（   ）。

a. 收入根据土地、劳动、资本和企业家才能分配

b. 收入在社会中低收入、中等收入和高收入群体之间分配

c. 家庭收入在消费、储蓄和税收之间分配

d. 家庭收入在耐用品、非耐用品和服务之间分配

3. 社会保障税（   ）。

a. 对低收入群体是比例税，对高收入群体是累进税

b. 对低收入群体是比例税，对高收入群体是累退税

c. 对低收入群体是累退税，对高收入群体是累进税

d. 对低收入群体是累进税，对高收入群体是累退税

4. 对于增值税，除哪项外都是对的？（　　）

a. 本质上是对消费品和服务的全国性的销售税

b. 在美国比欧洲应用更广泛

c. 在商品和服务生产的各个阶段征税

d. 对消费而不是储蓄征税

5. 以下都是累退税，除了（　　）。

a. 州政府的销售税

b. 州政府的消费税

c. 地方政府的财产税

d. 联邦政府所得税

6. 1996 年《个人责任与工作机会协调法案》（　　）。

a. 终止对所有有需要的人的联邦福利援助

b. 减少对所有福利接受者 10％的联邦支付

c. 限制了家庭可领取福利的时间

d. 增加支付给移民的福利

7. 在其最纯粹的形式，（　　）消除所有的免税额、扣除额和贷款，从而使个人的总收入等于应纳税收入。

a. 增值税

b. 消费税

c. 固定税率税

d. 累退所得税

8. 支付能力原则在什么情况下最为明显？（　　）

a. 为桥梁的建设和运作提供资金的税

b. 为机场安全提供资金对机票征收的税

c. 为建造和维修道路提供资金的燃油税

d. 联邦政府的累进所得税

9. 联邦政府收入的最大来源是（　　）。

a. 企业所得税

b. 社会保障税

c. 销售税

d. 个人所得税

10. 对于州和地方政府，财政收入的最大来源（　　）。

a. 分别为销售税和财产税

b. 分别为消费税和许可费

c. 分别为个人所得税和财产税

d. 分别为企业所得税和消费税

问答与应用

1. 比较独资企业、合伙企业和公司的优点和缺点。

2. 区分征税的受益原则和支付能力原则。美国的税收制度中哪一原则更加明显？

3. 描述联邦政府以及州和地方政府主要税种的累进、比例或累退性。

4. 美国的税收制度本身比美国税收和转移支付相结合的制度更体现累进性。你是否赞同这种说法?

5. 表9-10给出了四个应纳税收入水平和每一收入水平应支付的税。

a. 计算每一应纳税收入水平的平均税率和边际税率。

b. 看一看税收是累进、比例还是累退的。

表9-10　　　　　　　　　　　　　假设的税收数据

总应纳税收入（美元）	总税额（美元）	平均税率（%）	边际税率（%）
10 000	3 500		
20 000	6 000		
30 000	7 500		
40 000	8 000		

6. 假设加利福尼亚州对所有消费支出征收8%的销售税。四个收入水平的消费支出如表9-11所示。

a. 计算在四个收入水平需缴纳的销售税。

b. 计算这些收入的平均税率。

c. 如果收入被用作税基，销售税将被列为一种（　　）税。

表9-11　　　　　　　　　　　　　假设的销售税数据

收入（美元）	消费支出（美元）	销售税（美元）	平均税率（%）
10 000	10 000		
11 000	10 800		
12 000	11 600		
13 000	12 400		

7. 推行固定税率所得税、增值税或全国性的销售税是否使得税收制度比当前税收制度更公平和有效?

第 10 章　国内生产总值和经济增长

本章目标

通过本章的学习，你应该能够：

1. 了解国内生产总值的本质以及它是如何积累的。
2. 区别名义国内生产总值和实际国内生产总值。
3. 描述影响国家长期经济增长的因素。
4. 讨论政府为了加快经济增长可能实施的政策。
5. 区别传统增长理论和新增长理论。

背景资料

技术创新会影响整体经济实力吗？答案是肯定的。技术创新通过提高生产率从而影响经济体的实力。技术创新、组织变革、全球竞争加剧带来了制造业、零售业、批发业、商业服务以及经济其他部门的劳动生产率的增长。正如我们所知，经济越有效率，相同资源条件下的产出就会越多。

钢铁业的革新就验证了生产过程和管理实践的改变。炼钢的基础过程未曾改变：熔化原材料、制成中间品、塑形处理成最终商品。但是仍存在许多技术进步的空间，比如结合计算机来测量、监督、控制这些过程，这些技术进步几乎影响了钢铁业的每一道工序。

上溯到 1990 年，炼钢涉及繁重的人工操作，生产过程严重依赖操作者关于生产过程的经验、观察和直觉。运用计算机数据处理技术处理来自传感器的数据和最新的软件提高了生产者控制生产过程的能力，并让操作更迅速有效。

举个例子，计算机快速数据处理系统的应用使钢铁制造商大大减少能量损耗和设备的磨损。从过去的几个操作工人"在流水线走来走去"，共同调节每个显示器和泵阀的控制到现在的一个操作工人独立使用能够同步化和调节设备的自动控制系统这一变动，改变了从钢水到中间产品的制造过程。轧制工艺也紧密结合着传感器，而传感器可以持续检查钢铁与预期形状的偏差，让操作工人在材料浪费之前就可以进行修正。操作工人可以用电脑控制显示器来修正错误，进而远程控制轧制的速度和空隙。

计算机和炼钢的结合极大地提高了炼钢效率。结合其他技术进步，比如更大的焚化炉、投掷操作的改进以及关闭老旧的无效率的工厂，新技术提高了产品质量和生产率。1990年制造一吨钢铁需要6个工时，而今天只需要不到4个工时就能够完成。效率最高的钢厂不足1个工时就可生产一吨钢铁。

在本章中，我们将学习生产率怎样对特定工厂乃至整个经济体的运行产生影响。就像医生给病人检查身体来确定身体状况，经济学家使用统计方法对经济运行进行定量分析。本章将介绍衡量经济体总产出（国内生产总值）最广泛的衡量方法，以及讨论经济长期增长率的影响因素。

测量经济产出

一个经济体的产出包括数以百万计的不同商品。我们可以计算经济体在某一年度生产的每种商品有多少：3 600 224 栋房子，2 436 789 台收音机，40 987 345 个苹果，等等。虽然这样的数据能满足一些特定的要求，但是它们不能准确地反映一个经济体的整体产出。假设明年的房子产量下降 4%，收音机的产量下降 8%，而苹果的产量上升 2%。那总产量增加或者减少多少？

我们需要全面的统计数据来衡量一个经济体的产出。但是，我们如何加总所有的房子、收音机、苹果，以及经济体生产的数以百万计的其他产品？出于这样的计算目的，我们使用**国内生产总值**（gross domestic product，GDP）这一指标。

国内生产总值

国内生产总值是什么呢？国内生产总值是一个国家在某一年内生产的所有的最终商品和服务的市场价值总和。这个定义中每一个词都很重要。

● 国内生产总值衡量的是市场价值

"你不能拿苹果跟橙子进行比较"，这句话你可能听说过。然而，国内生产总值做的却是诸如此类的比较。国内生产总值使用了经济体产出的"市场价值"总和，以使一个经济体生产的不同商品和服务能用统一的市场活动的标准来衡量。市场价值总和由生产的商品数量乘以各自的价格，最后加总而得。举个例子，如果一个经济体以 0.2 美元的单价生产 200 个苹果并以 0.15 美元的单价生产 400 个橙子，那这些商品的市场价值是：

$$（200 \times 0.20 \text{ 美元}）+（400 \times 0.15 \text{ 美元}）= 100 \text{ 美元}$$

加总所有商品和服务的市场价值就可以得到市场价值总和，或者国内生产总值。由于不能直接加总苹果的数量和橙子的数量，因此，我们用商品的数量乘以各自的价格。如此例中的美元，价格给我们提供了价值的一般准则。

● 所有的最终商品和服务

国内生产总值是对一个经济体产出的综合衡量。它不仅包括苹果和橙子的市场价值，还包括其他商品的市场价值，比如喷气式客机、计算器、衣服等等。同时，国内生产总值也包括无形的服务，比如银行业、工程设计、医药、法律服务等。当你购买了你最喜欢的摇滚音乐会的影碟时，你也就购买了一项商品，这就是国内生产总值的组成部分之一。当你去观看一场足球比赛时，你也就购买了一项服务，而票价同样也是国内生产总值的组成部分之一。

注意，国内生产总值只包括"最终"商品和服务。很多商品和服务被用作生产其他商品的原材料。举个例子，麦当劳购买碎牛肉制作巨无霸汉堡。如果我们在计算国内生产总值时同时计入了碎牛肉和巨无霸汉堡的价值，那么碎牛肉的价值就重复累加了，从而高估了产出的价值。因此，最终商品和服务指的是为最终消费者生产的商品和服务。

● 生产

国内生产总值衡量的是一个经济体的实体经济产出。很多金融交易虽然是真实存在的，但它们并不直接导致实际产出，所以，必须把它们从国内生产总值中剔除。这些交易包括转移支付，比如政府给公民发放的福利和社会保障金，也包括每个大学生每年从家庭获取的支持其完成学业的补助。而且，股票和债券的交易并没有导致新产品和服务的生产，所以股票和债券的交易不能算作国内生产总值的组成部分之一。

● 在一个国家

国内生产总值只包含以一个国家为边界的产出价值。一个墨西哥人在美国暂时工作的产出价值计入美国的国内生产总值。通用汽车集团在加拿大的装配工厂所生产的汽车价值计入加拿大的国内生产总值，而不是美国的。

● 在某一年内

国内生产总值是对当前产出的测算，所以在以前年度生产的商品不能算作该年度的国内生产总值。你将你的 2006 款本田雅阁（Accord）轿车卖给你的亲戚，这项交易并不能计入该年度的国内生产总值，因为它不是当前生产的。

知识点回顾

1. 经济学家怎样定义国内生产总值？
2. 下列有关国内生产总值的定义性特征有什么重要意义？
   a. 市场价值
   b. 最终商品和服务
   c. 在一个国家
   d. 在某一年内

国内生产总值的组成

我们可以计算目前年度一个国家对商品和服务的总支出，进而计算出国内生产总值。国民收入核算将这种国内生产总值核算方法称为**支出法**（expenditure approach）。支出法将国内生产总值分为四个组成部分：（1）个人消费支出；（2）国内私人总投资；（3）政府购买；（4）净出口。① 表 10-1 表明了 2008 年美国的国内生产总值的组成。下面我们来看看每个部分。

个人消费支出（personal consumption expenditures）（C）指的是家庭和个人购买最终商品和服务的支出。其中部分是耐用品，比如能够使用多年的冰箱。非耐用品是消费者购买之后很快消耗完的物品，比如天然气和食物。服务包括诸如机械工程服务等无形项目。在美国，个人消费支出通常在国内生产总值中的占比不会低于 2/3。

国内私人总投资（gross private domestic investment）（I）通常被称为总投资，指的是私人部门的总投资支出。总投资包括用于购买资本设备和厂房的支出，比如 IBM 的装配工厂，以及家庭用于购买新房屋的支出（新房屋是一种资本品）。除此之外，总投资还包括该年度企业存货的变动。当通用汽车集团的下年度汽车存货比该年度多时，这些存货变动就被计入投资支出。企业存货增加表示该年度生产的商品没有来得及在市场上出售给买家。相反，该年度企业存货的减少表现为投资支出的减少。

政府购买（government purchases of goods and services）（G）包括联邦政府、州政府、地方政府在最终商品和服务上的支出。政府购买的坦克、文件柜、计算器、桌子都是政府购买的一部分，而政府购买又是国内生产总值（GDP）的组成部分之一。各级政府的所有工资单代表政府对劳动服务的购买，也应计入政府购买。值得注意的是，诸如福利和社会保障金的转移支付不应计入政府购买，因为它们并没有代表新产品的生产。

表 10-1   2008 年美国国内生产总值

组成部分	金额（十亿美元）	占比（%）
个人消费支出	10 058	71
耐用品	1 023	
非耐用品	2 965	
服务	6 070	
国内私人总投资	1 994	14
固定投资（厂房、设备）	2 040	
企业存货	−46	
政府购买	2 882	20

---

① GDP 也可以通过收入法得到。这种方法通过将资源供应者的收入以及生产这些商品和服务的其他成本加总来计算 GDP。

续表

组成部分	金额（十亿美元）	占比（%）
联邦	1 072	
州、地方	1 810	
净出口	−669	−5
出口	1 859	
进口	−2 528	
国内生产总值	14 265	100

资料来源：Bureau of Economic Analysis，*Gross Domestic Product 2008*，参见 http://www.bea.gov.

净出口（net exports）（$X-M$）是国内生产总值最后的组成成分。出口（X）指的是在特定时间段内一个国家出售给国外的商品和服务。对于美国来说，出口包括将 IBM 电脑出售给墨西哥买家，或者德国观光客购买的迪士尼乐园门票。进口（M）指的是一个国家购买国外生产的商品和服务。美国的进口包括美国联合航空公司购买的欧洲生产的空客客机，或纽约扬基棒球队在加拿大多伦多汽车旅馆的住宿。出口减去进口可得到净出口。

如表 10-1 所示，国外买家从美国购买了价值 18 590 亿美元的商品和服务。在同一年，美国人从国外购买了价值 25 280 亿美元的商品和服务。两个数值的差额−6 690 亿美元表示 2008 年美国的净出口。净出口呈现负值是因为进口大于出口。相反，如果出口大于进口，那么净出口将是正值。美国在过去的 30 年里，净出口一直保持负值。

□ 国内生产总值的计算公式之一

国内生产总值是经济四个部分的购买支出总和。因此，我们可以列出下面计算国内生产总值的公式：

$$GDP=C+I+G+(X-M)$$

运用这个公式我们可以计算出 2008 年美国的国内生产总值等于 142 650 亿美元。

$$14\ 265=10\ 058+1\ 994+2\ 882-669$$

▶ **经典案例**　　　　**为什么有的国家富裕而有的国家贫穷？**

表 10-2 显示，世界上各国间的生活水平存在着巨大的差异。如果我们问一个简单的问题，比如"为什么有的国家富裕而有的国家贫穷？"我们得到一个简单的答案：富国拥有更大的人均资源占有量，也就是其具有更多的人力资本（技能）、物质资本（机器）和更先进的技术。但是这个答案并没有解决问题，反而引出了另一个问题："为什么有的国家拥有更多的资本和更先进的技术，有的国家没有？"

一国选择的制度极大地影响该国的财富和发展。一国的经济制度特别是公共制度，区分了"拥有"和"没有"，从而促进或者阻碍了财富的创造。

政府必须具备什么条件去充分利用交易以获取收益？经济学家注意到经济体的正常运行需要完备的财产权、普遍接受的会计准则、完备的财政制度、稳定的货币以及其他相似的基础条件。

世界上各国之间的制度存在着巨大的差异，从而导致生活水平的差距。一个重要的问题：政府如何才能实现这样一个环境，在这个环境中，人们发现积累人力和物质资本以及实现技术创新是有利的，从而进一步实现经济繁荣？

表 10 - 2 　　　　　　　　　　　2007 年各国生活水平的对比

国家	人均国民收入*（美元）
卢森堡	63 590
美国	45 850
加拿大	35 310
日本	34 600
俄罗斯	14 400
墨西哥	12 580
埃塞俄比亚	780
塞拉利昂	660

* 以购买力平价作为基准。
资料来源：World Bank，*World Development Indicators Database*，参见 http://www. worldbank. org/data/，Data and Quick Reference Tables。

该等式对于分析宏观经济问题和制定宏观经济政策有着至关重要的作用。经济学家运用该等式预测经济体的四个主要部分即家庭、企业、政府、国际贸易行为，从而在总体上分析经济体。

□ 什么不在 GDP 的衡量范围内？

GDP 是衡量经济体产出价值的最有效率的一种方法。但是它并不完美，在结构上同样具有一些缺点。首先，GDP 忽视了在市场之外产生的交易。比如，自己种菜、修车、亲自给自己的房子刷漆、清理自己的公寓或者其他类似的生产活动。所以家庭活动并不会对 GDP 的计算产生影响，因为没有发生市场交易。诸如此类的非市场生产活动占比相当大，至少占全部 GDP 的 10%。

同时，GDP 忽视了**地下经济**（underground economy）——在有记录的市场渠道之外发生的物物交易和现金交易。例如，旧货市场的老板可能会和他的顾客进行私下现金交易。地下经济还包括非法商品和服务交易，比如色情、赌博、毒品的交易等等。这些非法商品和服务并未包含在 GDP 内。据估计，地下经济的交易量达到 GDP 的 1/3。

另外，GDP 没有衡量为了增加产出量所导致的环境的变化。生产污染及工业活动的其他方面同样会给社会带来成本。然而，计算 GDP 时，并未从 GDP 中减去这些成本。例如，假设一个化工厂生产价值 100 万美元的产出，但是污染了水源，导致水源价值减少 200 万美元。实际上该生产给社会带来了损失，但是 GDP 却显示该生产带来了100 万美元的价值增加。

GDP 也未衡量对于我们来说非常宝贵的闲暇。假设加拿大为达到 25 000 美元的人均 GDP 水平需要规定每周 35 小时的工作时间，德国为了达到同样的人均 GDP 水平可能需要花费每周 40 小时的工作时间。在经济福利方面，加拿大做得更好，因为当人均产出相同时，加拿大的闲暇时间更多。然而，GDP 并没有反映这一事实。

使用 GDP 衡量经济福利的另一个问题是 GDP 没有反映人均产出。例如，假设尼日利亚和科威特具有相同的 GDP 总量，假设是 400 亿美元。科威特拥有 200 万人口，尼日利亚拥有 12 400 万人口。这意味着科威特的人均产出比尼日利亚高出 60 余倍。对于科威特，400 亿美元 GDP 总量被分配给 200 万人口，即人均 GDP 为 20 000（400 亿/200 万＝20 000）美元。然而，对于尼日利亚，人均 GDP 只有 323（400 亿/12 400 万＝323）美元。虽然两国 GDP 总量相同，但是科威特的人民过得比尼日利亚好。

一个国家产出分配的不均衡对于 GDP 来说也是一个问题。如果一小部分人占有国家大部分 GDP，那么就会有极少数富人和很多穷人。然而，如果该国 GDP 更加平等地分配，穷人数量将会减少，中等收入群体人数将会增加。小部分公民占有大部分 GDP 或者公民平等占有 GDP，这在 GDP 当中反映不出来。

除此之外，GDP 没有反映组成国家产出的商品质量和种类。今天，新型汽车比 30 年前的汽车更安全也更省油。当今的牙科手术已不像 20 年前让人感到那么痛苦。而且，如个人电脑、扫描仪、传真机、互联网等新产品的引入，提高了工厂的效率。简而言之，GDP 是衡量商品和服务产出的一个定量指标，而不是定性指标。

尽管有这些缺陷，但 GDP 仍然是测算一个经济体产出的合理指标，从来都不是衡量国民经济福利或幸福指数的完美指标。

实际 GDP 和名义 GDP

我们常常希望可以比较不同年度的 GDP。许多人认为如果今年 GDP 比去年高，经济就在增长。但是，这样的对比分析必须引起我们的重视。

到目前为止，我们依据该年度生产的商品和服务的价格来表示 GDP。这样的表示也称作**名义 GDP**（nominal GDP），或当前价格 GDP。在比较 GDP 时如果出现价格变动，我们必须调整 GDP，使得调整后的 GDP 只反映产量变动而不反映价格变动。**实际 GDP**（real GDP）或者不变价格 GDP，表示的是去除价格变动之后的 GDP。它衡量实际产量，反映了实际产量怎样变动，而不是价格怎样变动。因此，在评价经济运行能力，特别是评价经济增长方面，实际 GDP 比名义 GDP 更优。

例如，假设一台电脑在 2009 年价值 2 000 美元，在 2010 年价值 2 200 美元。将该台电脑价值计入 GDP，其在 2010 年对 GDP 的贡献比 2009 年高出 200 美元。即使 2010 年和 2009 年卖出等量的电脑，2010 年的 GDP 仍然会更高。经济体中商品的实际数量并没有变化，但是价格上升了。是价格水平增长，而不是产出增加导致 GDP 的增长。用 GDP 评估经济增长时，我们必须意识到经济增长有一部分可能是价格水平上升导致的。

为了将名义 GDP 转化为实际 GDP，有必要衡量价格水平的变动。经济学家使用**价格指数**（price index）来调整 GDP 数值，以使 GDP 只反映实际产出的变动。其中 **GDP**

平减指数①（GDP deflator）使用最为广泛。它等于该年度一篮子商品和服务的价格与基期一篮子商品和服务价格的比值。GDP 平减指数是该年度经济体生产的所有最终商品和服务（个人消费支出、国内私人总投资、政府购买、净出口）价格的加权平均数。它之所以是加权平均数，是因为不同的商品和服务的重要程度不同。在基期，GDP 平减指数等于 100。暂定基期为 2000 年。

现在我们来计算实际 GDP，也就是将 GDP 剔除价格水平变动的干扰。我们用基期的价格水平计算出当前年度的产出价值。用名义 GDP 除以该年度 GDP 平减指数再乘以 100 就得到了该年度的实际 GDP。

$$给定年度的实际 GDP = \frac{给定年度的名义 GDP}{该年度的 GDP 平减指数} \times 100$$

表 10-3 显示了 1990—2008 年美国的名义 GDP、实际 GDP 以及 GDP 平减指数。我们首先计算基期即 2000 年的实际 GDP。用 2000 年名义 GDP（98 170 亿美元）除以 2000 年 GDP 平减指数（100）再乘以 100，如下：

$$实际 GDP = \frac{98\ 170\ 亿}{100.0} \times 100 = 98\ 170\ 亿$$

得到 2000 年实际 GDP 为 98 170 亿美元，这个数和 2000 年名义 GDP 相等。实际上，基期的名义 GDP 永远和实际 GDP 相等。

表 10-3　　1990—2008 年美国的名义 GDP、实际 GDP 以及 GDP 平减指数

年度	名义 GDP（十亿美元）	实际 GDP（十亿美元）	GDP 平减指数（2000 年＝100）
1990	5 803	7 113	81.6
1992	6 338	7 337	86.4
1994	7 072	7 836	90.3
1996	7 817	8 329	93.9
1998	8 747	9 067	96.5
2000	9 817	9 817	100.0
2002	10 487	10 075	104.1
2004	11 728	10 837	108.2
2006	13 178	11 295	116.7
2008	14 265	11 654	122.4

资料来源：Bureau of Economic Analysis, *Gross Domestic Product 2008*，参见 http://www.bea.gov.

现在我们来计算 2008 年的实际 GDP。类似地，用 2008 年名义 GDP（142 650 亿美元）除以 2008 年 GDP 平减指数（122.4）再乘以 100，即：

$$实际 GDP = \frac{142\ 650\ 亿}{122.4} \times 100 = 116\ 540\ 亿$$

---

① 在更多的技术术语中，GDP 平减指数被称为 GDP 链价格指数。这个指数是价格水平"平减"指数的移动平均值，由复杂的链加权几何系列计算得到。

从 2000 年到 2008 年，名义 GDP 从 98 170 亿美元上升到 142 650 亿美元。但是，GDP 平减指数从 100.0 上升到 122.4，价格水平上升了 22.4%。因此，为了计算实际 GDP，我们必须剔除 2000 年到 2008 年价格增长造成的影响。可知，这段时间内实际 GDP 从 98 170 亿美元仅仅上升至 116 540 亿美元。从这个例子可以很清晰地看出实际 GDP 对于衡量经济增长的用处。很明显，从 2000 年到 2008 年实际 GDP 的确上升了，但是上升程度却不如名义 GDP 显示的那样大。

知识点回顾

　　1. 怎样用支出法计算 GDP？

　　2. 在衡量经济福利方面，GDP 有什么主要缺点？

　　3. 区分名义 GDP 和实际 GDP。在衡量经济运行能力特别是评价经济增长方面，哪一个更优？

长期经济增长

在过去的 25 年里，我们见证了许许多多新产品的出现和发展，比如个人电脑、手机、传真机等等。确实，新产品反映了经济发展。随着时间的推移，我们不仅生产出更多的商品和服务，而且制造出新的和更好的商品和服务。因此，我们的物质生活标准提高了。

随着时间的推移，一个国家不断提高产出，也就实现了**经济增长**（economic growth）。第 1 章中曾经提到过，经济增长可以用生产可能性模型来表示。当经济增长时，一个国家的生产可能性曲线向外或者向右移动。经济增长是在一段时间内可以达到的一个长期目标。

经济增长表示随着时间的推移总产量的增长，但是我们可以更准确地将其定义为随着时间的推移人均产量的增长。假设一段时间内产量增加了 10%，在同一时期内人口增长了 12%。人均产出不增反降。即使商品和服务的总数增加了，居民的生活状况反而更糟了。

□ 经济增长率

现在我们来计算经济增长率。**经济增长率**（rate of economic growth）是经济活动从一年到下一年度的变动百分比。通常情况下，分析师更看重的是经济体的实际 GDP 增长率。

▶ **经典案例**　　　**生产率的提高：智能化生产取代繁重的人工生产**

现在的美国和早期时候的美国相比，有一个突出的事实：我们生活得更好了。请相信生产率的发展。通过它，我们在相同的工作状况下，可以得到更多的产品和服务。通过它，我们取得经济进步，获得更多的薪水。我们已经将很多额外的生产率转化为物质利益，比如更多的汽车，更大、装修更精良的房屋，尖端的计算机，等等。此外，我们工作时间更少了。在过去的几代人中，普通工人已经从每周工作6天，很少拥有假期，到现在的平均每周工作34小时，加上3周的假期。事实上，正是生产率的力量造就了美国的财富。以下是生产率提高的例子：

● 使用自动取款机、电子转账和互联网，银行可以用更少的出纳员和支持人员来处理更多的交易。自1970年以来，商业银行的每小时产出增加了一倍。

● 电子电话交换机已经接管了国家大部分的长途呼叫业务。操作员的平均呼叫已经从1950年的每天17次上升到现在的大约2 100次。

● 七喜公司通过使用大型机器，每分钟可以填充和包装800瓶或1 500罐饮料，这使得生产率较上一代几乎提高了一倍。

随着时间的推移，市场刺激企业提高每小时产出。加快工作节奏，减少投入，改善质量，降低成本。而生产率仅受技术和人类的智慧限制，可以通过各种途径不断发展。

事实上，随着生产率重组经济，我们仅仅依靠与生俱来的天赋和技能就能胜任一份工作的局面从此改变了。技术的更新换代产生了大量取代人工的新工具。美国人不得不通过接受需要其他才能的工作进行调整。随着时间的推移，我们的工作向上移动到了能力方面，注重需要更高技能而且机器不能完成的工作。通过重新定义我们的工作方式，经济创造了一个新的、更高效的技术和人才的组合。例如，我们曾经依靠工人的体力劳动进行挖掘。但随着时间的推移，越来越大的挖掘和装载设备使得一个操作者就可以完成以前一组劳动者才能完成的工作。

这也提醒了当代大学生，作为美国人，想要在未来从事更好的工作就必须致力于发展能够提升自己能力层次的高级技能，而大学教育正为提高你的工作效率提供机会。

资料来源：Federal Reserve Bank of Dallas，*A Better Way：Productivity and Reorganization in the American Economy*，2003 Annual Report，pp. 3－23，参见 http://www.dallasfed.org。

经济增长率可以简单地用两期的实际GDP差额除以第一期的实际GDP得到。例如，假设第1年实际GDP为1 000美元，第2年实际GDP为1 100美元。可以计算出第1年到第2年的经济增长率：

$$经济增长率 = \frac{第2年实际GDP - 第1年实际GDP}{第1年实际GDP}$$

$$= \frac{1\ 100 - 1\ 000}{1\ 000}$$

$$= 0.1$$

因此，第1年到第2年的经济增长率为10%。

一个有用的经验法则能够帮助我们认识到增长率的力量。假设你知道实际GDP的恒定增长率，那么实际GDP翻一番需要多少年呢？我们可以从 **70法则**（rule of 70）中找到答案：

$$实际GDP翻番所需年数 = \frac{70}{增长率}$$

例如，假设实际 GDP 以每年 3% 的速度增长。实际 GDP 翻一番需要大约 23 年 $\left(\frac{70}{3}=23\frac{1}{3}\right)$。

美国经济能以多快的速度持续发展下去？最主流的分析认为，实际 GDP 每年大约可以增长 2.5%。然而，一些分析家断言，更快速的增长有可能每年高达 5%，同时增长可能是可持续的。这个问题的答案对美国人的未来福祉将产生深远的影响。如果主流的观点是正确的，根据 70 法则可得实际产出每 28 年左右就能翻一番。但如果另一种观点是正确的，实际产出可能每 14 年翻一番。图 10-1 给出了从 1960 年开始几个国家产出翻一番的时间。

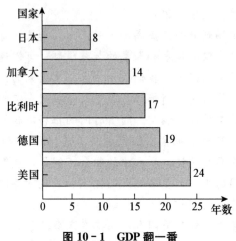

图 10-1 GDP 翻一番

该图给出了选定国家从1960 年开始 GDP 翻一番用了多少年。
资料来源：Angus Maddison，*Dynamic Forces in Capitalist Development*（New York：Oxford University Press，1991）.

什么决定了经济增长？

经济体的产出水平是由使用的投入要素（土地、劳动、资本和企业家才能）和将其转化为商品和服务的生产方式决定的。增加产出只能通过增加投入或者更有效地使用可得到的投入要素来达到。但是，增加投入的速度是有限的：土地本身是不变的，人口增长和就业率决定了劳动力的规模。

在欠发达经济体，如墨西哥或中国，有很大一部分投入要素没有得到充分利用，资本水平通常也很低。这些经济体可以通过增加投入或提高生产效率来实现快速增长，例如开发更先进的技术或者提高教育水平。发达经济体，如美国或德国则是通过提高投入要素使用效率的方式来实现长期经济增长，而这在保持经济的高增长方面比前者更困难。创新和现有技术的改进是提高增长率的关键。

说到底，长期经济增长的关键是激励个人工作以及企业投资于更好的生产技术。但长期经济增长不是无限的，它将受限于人口和技术进步率。现在我们来讨论经济增长的主要决定因素。

□ 自然资源

经济增长的第一支柱是自然资源，这是在生产过程中大自然赠予的礼物。如矿藏、土地、森林和河流这样的资源可归于此类别。一些自然资源（如石油）是不可再生的。因为产生石油需要几千年的时间，所以其供给是有限的。多从油井中提取出来一桶石油，就会减少一桶能够生产的石油。其他自然资源（如森林）是可再生的。当我们砍倒一棵树时，我们可以通过在地里种植幼苗并在几年之后得到一棵新树。

虽然国家依靠自然资源作为生产性投入，但自然资源的国内供给对于经济体生产产品和服务并不重要。例如，尽管日本拥有极少的自然资源，但它是一个生产力发达且富裕的国家。国际贸易使日本成为一个生产力发达的国家。日本进口铁矿石和石油这类自然资源，生产成钢铁、汽车、电子产品等制成品，再出口给拥有丰富自然资源的国家。

你也许会思考这样一个问题：自然资源是否会限制增长？如果世界上只有一定量的不可再生资源，怎么才能让生产、人口和生活水平在未来几年持续增长和提高？资源的供给会不会最终枯竭，从而阻止经济增长并造成生活水平下降？

虽然这样的论点有吸引力，但是大多数经济学家都对经济的增长持乐观态度。他们认为，技术进步能够弥补资源的稀缺性。将当前的经济形势和几年前相比，我们可以看到资源利用效率不断提高。更高效的石油钻井平台提高了油井的产量。更高效的发动机使现在的汽车油耗更低。新房子能够更好地隔热隔冷，需要用来冷却或加热的能量更少。石油、铝、锡、塑料、玻璃、纸板和纸的循环利用更好地保护资源。技术进步也能够为稀缺资源找到更多的替代品。例如，塑料已经替代锡作为原材料用于制造食品容器，电话光纤由沙制成。简而言之，技术进步有利于更有效地利用稀缺的资源。

□ 实物资本

经济增长的第二支柱是实物资本，它使工人能生产更多的商品与服务。无论工人受过何种程度的教育，他们仍然需要计算机、机械和其他设备来生产商品和服务。因此，资本投入是决定生产率和经济增长一个关键因素。例如，当工人盖房子时，他们用锯、锤子、电钻等工具。额外的投资为工人们提供了更多更好的工具。由资本投入所带来的生产率的提高通常表现为大规模生产的经济开发。像发电、食品加工和饮料这类行业就存在相关案例。例如，在饮料行业，生产率的提高部分是因为高速灌装生产线，部分是因为市场规模的发展。为了有效地运行，这些生产线每年必须生产接近5亿罐饮料！

当然，投资不是免费的，必须考虑到它的机会成本。当额外的资源用于生产设备和建造工厂时，就会导致更少的资源可用于生产像汉堡这样的当前消费产品。然而，节约当期消费进行投资将会带来未来更多的产出。

除了经济的私人部门，政府也是实物资本的来源。从历史看，对公共资本的投资，如道路、桥梁、机场和公共事业显著有利于国家的生产率增长。这样的公共资本被称为**基础设施**（infrastructure）。

□ 人力资本

经济增长的第三支柱是**人力资本**（human capital）：知识、经验和劳动技能。随着经济的变化，美国对脑力劳动力的需求增加了不少。普通工人每小时产出的增加可以反映出他们自我完善中的一些特征，比如完成相同工作时所用时间的减少、更加灵活的应变能力以及成为更加专业的工程师。

从第二次世界大战期间的造船业中，我们能够看出人力资本的重要性。自 1941 年到 1944 年，美国船厂生产了 2 500 多艘被称为自由舰的标准化设计货船。1941 年，建造一艘船需要 120 万工时。到 1943 年，仅需要 50 万工时。成千上万的工人从经验中学习并获得人力资本，在两年内他们的生产率提高超过了一倍。

对个人提供正规教育能够提高人力资本，从而促进总生产率增长。据估计，1963—1995 年，平均而言，美国教育投资每年能够使美国的劳动生产率提高约 0.3 个百分点。增加人力资本的另一种方式是提供职业培训。研究发现，提供更多职业培训的公司能获得更高的生产率增长。

教育的回报，可以用大学毕业生和高中毕业生之间的收入差额来度量，这个数值在过去 20 年大幅上升。如今，大学毕业生的平均预期收入比高中毕业生高 5%～15%。这种差异可能更多地反映出计算机技能在职场的重要性与日俱增。此外，包括实习在内的一些正常培训所带来的回报也是相当可观的：据统计，一年的培训和一年的学校教育所带来的回报差不多。因此如果你在当地找到一份暑期实习，或许也是有意义的。

□ 生产率

经济增长的第四支柱是**生产率**（productivity）。经济学家认为生产率是衡量产量和生产所需的工作量之间的比值。数学公式如下：

$$生产率 = \frac{总产量}{工作时间}$$

生产率的提高发生在总产量比生产所需的工作量增长更快时。例如，产出增加，但是工时没有增加，这将会导致生产率提高。[①]

重组该公式可以帮助我们了解生产率对于经济增长的重要性：

$$总产量 = 生产率 \times 工作时间$$

这表明，总产量取决于工作时间和生产率。总产量的增加一定来自工时增加或者生产率提高。

如表 10-4 所示，美国的生产率增长一直不稳定。20 世纪 60 年代，生产率年增长率为 3.2%。但接下来的三十年中，生产率的年增长率下降为不到 2%，直到 20 世纪末21 世纪初才有所改善。另外如表所示，更高的生产率年增长率会产生更高的劳动实际补贴。

---

① 美国最常用的是平均劳动生产率，用每小时的平均产出来衡量。即总产量与工作时间的比值，其中总产量一般用实际 GDP 表示。

表 10 - 4　　　　　　　1960—2007 年美国劳动生产率和每小时实际补贴的年增长率

时期（平均）	劳动生产率增长率（%）	每小时实际补贴增长率（%）
20 世纪 60 年代	3.2	2.9
20 世纪 70 年代	1.8	1.3
20 世纪 80 年代	1.2	0.2
20 世纪 90 年代	1.9	1.2
2000—2007 年	2.6	1.5

资料来源：*Economic Report of the President*，2009，p. 343，参见 http://www.gpoaccess.gov。

什么因素会导致生产率发生变动？显然，技术进步对生产率增长有很大作用。在过去的一个世纪，由动力驱动的机器的发展（如拖拉机）、交通的改善（如铁路和航空）以及计算机的使用提高了工人的生产率。

技术进步需要发明，即发现一个新的方法或开发新的产品。当然也包括创新，即新方法或产品的成功引进和采用。亨利·福特没有发明汽车，相反，他率先使用流水线生产技术，使得在相同时间内可以生产更多的汽车，从而使得汽车的生产成本下降。

提高经济的生产率不只是技术进步的问题。如何组织经济在激励企业更有效地利用资本和劳动方面具有重要作用。如果市场经济要实现其增长和繁荣的承诺，市场必须是竞争性的，因为竞争激励企业，使其有效率和创新性。但是，企业经常发现相对于在竞争情况下提高效率，减少竞争更容易增加利润。垄断和寡头不仅会造成低效的高价格并限制产量，而且可能减弱创新。

生产率提高的又一个来源是国际贸易带来的重组。生产者受竞争的影响开始寻求市场上的比较优势，资源逐渐转移到使用效率更高的领域，使得经济中劳动力分布更有效。经济的重组带来了更多生产，相对于工资来说商品价格降低，所以我们工资收入的购买力增强。事实上，国际贸易可以像技术进步一样导致生产率实现巨大的提高。国际贸易带来生产率的提高给开放市场提供了一个强有力的支持。经济学家普遍认为，当国家屈从于生产者的狭隘利益，并采取阻止进口或提高价格的保护主义措施时，它们将丢失巨大的经济利益。

哈佛大学和纽约联邦储备银行的经济学家在 20 世纪 90 年代曾研究美国生产率增长的源泉。他们分析了生产率增长的三大经典来源：资本投入、劳动力素质提高和技术进步。他们发现主要的增长来自技术进步。通过更进一步对生产率进行解析，他们发现技术进步带来的增长中有 44% 是与计算机、软件和通信设备等信息技术部门直接相关的。[①]

▶ **经典案例**　　　　　　　**英特尔的微处理器和计算机革命**

20 世纪后期的计算机革命通常被认为是经济增长的源泉。确实，计算能力的进步提高了家庭、企业和政府的生产率。

英特尔（Intel）微处理器的发展促进了计算机革命。微处理器是用于计算引擎的微型电子设备。它由数以百万计的、附连到指甲大小的硅芯片上的晶体管组成。微处理器

① Dale W. Jorgenson and Keven J. Stiroh，*Raising the Speed Limit：U. S. Economic Growth in the Information Age*，May 1，2000，参见 http://www.economics.harvard.edu/faculty/jorgenson/papers/dj-ks 5.pdf。

通常被称为"芯片上的计算机"。

英特尔的第一款微处理器生产于 1971 年，主要用于手持计算器。该芯片包含 2 300 个晶体管，并能够每秒执行 60 000 个操作。

这些计算器非常昂贵，很少有人能买得起。然而，先进的制造技术使得生产微处理器的成本迅速下降。微处理器成本低，体积小，对电量的要求适度，这些特点很快导致它们在计算器和数以百计的其他产品中运用和发展。这些产品包括微波炉、电子手表、电话、缝纫机和视频游戏。微处理器也让商店排队付款、银行记录、汽油泵、医疗仪器和许多其他产品计算机化成为可能，进而使得经济更有效率。20 世纪 80 年代早期，微处理器使个人计算机的发展成为可能。

英特尔看到了它技术突破的巨大潜力。如果晶体管束可以安装在适合的硅芯片上，将会使单芯片的容量提高两倍。英特尔的目标是大约每 2 年使内存芯片的存储容量翻番。早期的微处理器可以执行高达每秒 100 000 个指令。今天，微处理器每秒执行超过 70 亿个指令。

由于英特尔是第一家生产微处理器的公司，最初的溢价收费为它带来了巨大的利润。然而，到了 80 年代，摩托罗拉和得州仪器这样的公司，以及日本企业发展了自己的微处理器。因此，硅芯片成为一种商品，许多不同的公司生产它们。这导致芯片价格的降低，从而使得英特尔利润下滑。

竞争的出现迫使英特尔运行得像是一个研究机构。该公司将其大部分利润投入到产品研发中，以保持竞争优势。像长跑者在加速跑步机上跑步一样，英特尔跑得更快只是为了维持其地位，保持其领先于竞争对手的地位。

资料来源：Tim Jackson, *Inside Intel：Andy Grove and the Rise of the World's Most Powerful Chip Company* (New York：Dutton, 1997)；Andrew Grove, *Only the Paranoid Survive：How to Exploit the Crisis Points That Challenge Every Company and Career* (New York：Currency Double-day, 1996)；and T. R. Reid, *The Chip：How Two Americans Invented the Microchip and Launched a Revolution* (New York：Random House, 1985).

□ 技术创新的重要性

我们已经了解技术积累如何带来生产率的提高。从长远来看，发达国家比如美国的经济发展在很大程度上取决于技术进步。过去的每一次大工业革命都是基于创新。例如，在 19 世纪后期和 20 世纪初，电、无线电、电话、内燃机、汽车、工厂流水线和飞机被发明并普遍使用。微处理器带来了 20 世纪末创新的迅速发展，也带来了信息技术和生产率快速提高。

没有技术进步的经济增长最终将是缓慢的。如果某一经济体继续生产相同的略有改进的商品，那么结果将是经济停滞。如果没有技术突破，改进和完善现有生产方式的战略将会发生收益递减，并最终失败。简单地说，只有发展像计算机或者太阳能发电这样的新技术，才能从根本上改善人们的生活。

如果技术进步的步伐不断变小，那么对受过大学教育的工人的需求将会变小。工作将常规化，并且公司将雇用更加廉价的拥有大专文凭甚至受教育水平更低的工人，以取代工资成本较高的受过大学教育的工人。公司也会更加倾向于将日常工作外包给国外工人，这些国外工人的工资是国内工人的一小部分。技术进步创造报酬更高的工作，而这些工作需要分析推理能力、想象力、创造力和人际交往能力。

经济学家经常引用一句古老谚语："天下没有免费的午餐"。意思是，你付出多少才能得到多少。然而，技术进步是免费午餐的一个例外，其带来了经济增长和更高的生活水平。简单地说，生产率的提高使我们负担得起如社会保障、更好的教育以及能改善我们生活质量的其他商品。[1]

□ 政府的作用

毫无疑问，一个经济体未来的生产率增长速度将在很大程度上由经济私人部门中数百万个企业和家庭决定。此外，政府可以帮助促进经济的增长。现在让我们了解一下可能会加速经济增长的政府政策。

● 通过提高国内储蓄来提高生产率。从历史上看，储蓄最多的国家也是投资最多的国家。投资和生产率之间具有高度相关关系。为了刺激国民储蓄，政府可以减少支出，从而腾出资源用于投资。政府还可以通过提供税收优惠从而引导私人部门更多地储蓄。

● 提高劳动力的技能。为了帮助工人积极参与技能训练，政府可以实施促进终身学习的政策。通过为基础教育提供资金，并设置基本技能的高标准，如数学、科学和语言，政府可以提高全民族的生产能力。

● 鼓励研究和开发。增加研发投入是推动技术创新和生产率提高的一种方式。19世纪初开始，美国政府发起农业实践研究，指导农民如何最好地管理他们的土地。政府还通过美国国家航空航天局（National Aeronautics and Space Administration，NASA）和美国空军发起航天研究，并对企业的实践研究和开发提供税收减免。

● 致力于减少贸易壁垒。经济学家们发现，一个国家可以通过提高它对国际贸易的开放度，增加人民教育、电信基础设施供应提高增长速度。对于一个由显著低于平均水平发展为显著高于平均水平的国家来说，所有这些指标对经济增长的影响能达到 4 个百分点。[2] 其结果是，经济学家们普遍支持减少贸易壁垒和开放全球市场的竞争。

● 提高监管效率。在许多情况下，政府加强调控可以同时促进政策目标的有效实现和经济效率的提高。例如，减少空气污染问题的传统方法是加强所有排污企业在新型排污设备上的投资。相反，基于可交易排放证书（见第 8 章）的制度可以通过鼓励排污企业之间污染减排的有效配置达到同样的效果。

知识点回顾

1. 解释长期经济增长。怎样衡量经济增长率？
2. 经济增长的"70 法则"有什么重要性？
3. 阐述经济增长的主要决定因素。
4. 政府可能采取何种政策以加速经济增长？

① Michael J. Mandel, *Rational Exuberance：Silencing the Enemies of Growth and Why the Future Is Better Than You Think* (New York：HarperCollins，2004).

② World Bank, *World Development Report* (Washington，DC：World Bank，1999)，p. 23.

经济增长理论

经济增长的传统理论起源于亚当·斯密，他在 1776 年创作了《国民财富的性质和原因的研究》（简称《国富论》）。① 根据斯密的著作起源，更大的市场鼓励个人专注于生产过程中的不同部分，并协调他们的劳动。反过来，专业化是提高生产率的主要动力。它节省了工人从一种类型的工作转换到另一种工作浪费的时间，从而促进了生产率的提高。在斯密的观点中，提高了生产技术的发明活动是专业化带来的一种副产品，这是因为工人专注于一个活动，那么更加省时省力的创意就会出现。简单地说，斯密关于经济增长的观点强调两种资源，即劳动和资本。他也讨论了技术，但只是浅显涉及，并没有深入分析。

在 20 世纪初，经济学家开始构建各种经济增长理论。他们将技术进步融入经济理论范畴内，开始将创新和创造力视为经济活动。经济学上的这个观点最早由两个倡导者即哈佛大学教授约瑟夫·熊彼特（Joseph Schumpeter）在 1942 年提出和斯坦福大学教授保罗·罗默（Paul Romer）在 20 世纪 80 年代提出。②

在熊彼特构建的经济增长理论中，技术创新是现代经济增长的最主要来源，利润是驱动因素。他认为，资本主义市场机制最重要的恰恰是它允许那些创造新产品和过程的人以此来获取垄断利润。这些企业家的才能体现在：（1）为应对察觉到的机会中的创造性活动提供资金；（2）推翻自然保守主义，认为必须积极开发，使用新产品，以及反对那些市场因新产品而受到损害的观点；（3）扩大和深化销售网络，使新产品可以迅速拥有大量的用户。但是如果竞争过于激烈，则创新者无法获得好处，好处直接由消费者获得，在这种情况下，将很少有公司会开发新产品。

用熊彼特的话说，获取暂时垄断利润的动力是一种**创造性破坏**（creative destruction），比如旧的技术、商品和生活将被新的取代。因此，尽管斯密认识到垄断利润意味着经济效率低下，但是熊彼特认为垄断利润是显示一个健康的、充满活力的经济的有力证据。事实上，在熊彼特看来，新技术和新产品对消费者来说是如此宝贵，各国政府应支持企业家对于创新和发明的暂时垄断。

技术创新往往让利于消费者，但是为什么反对它的力量如此强大？其中限制技术创新的一个原因是，它对于现有产品来说是一种风险。举个关于个人电脑的例子，它的运行能力和速度迅速上升已经超过 20 年。在提供如调制解调器和存储器等个人电脑部件的竞争中，任何想要参与竞争的公司必须创造出更新、速度更快和版本更小的部件。为了赚取利润，并证明这种投资和它的不确定性的合理性，由此产生的创新必须创造新一代产品从而在竞争中取胜。向市场推出新一代产品的第一家公司往往能占据大部分市场，与此对应，市场上几乎所有的利润也被该公司赚取。当然，这通常也降

---

① Adam Smith，*The Wealth of Nations*（New York：Modern Library，1937）.

② Joseph Schumpeter，*Capitalism，Socialism，and Democracy*（New York：Harper，1942）；and Paul Romer，"Economic Growth," in David R. Henderson，ed.，*The Fortune Encyclopedia*（New York：Warner Books，1993）.

低了上一代产品的盈利能力并为下一种跳跃性产品设置舞台，同时也会破坏现有主导产品的利润。

此外，创新本质上是有风险的。在你尝试之前，你不知道会发生什么。虽然成功的新产品可能获得巨大的回报，但是也总有一些难免会失败的尝试，从而给它们的创造者和支持者带来损失。Betamax 磁带格式就是其中的一个案例。20 世纪 70 年代末录像机发明后，在很多专家看来它是技术赢家。Beta 磁带格式和 VHS 磁带格式相互竞争，业内人士知道索尼公司（Sony）当初面临发展 Beta 磁带格式或 VHS 磁带格式的选择并最终由于更高级的技术选择了 Beta 磁带格式。但是公司对 VHS 磁带格式进行改造并使其能够更迅速地延长录像带播放时间。Beta 格式之前的消费者最终发现，他们不得不改用 VHS 格式，索尼也因为 VHS 录像带预录的更大可用性被迫放弃原有格式。简单地说，当消费者选择一种格式时，该格式的竞争对手可能遭受不可逆的失败，就像 Beta 格式一样。此外，2000 年，VHS 格式被 DVD 格式逐步取代。

经济增长是值得的吗？

本章关于经济增长的分析使得它看起来是有益的。真的是这样吗？

经济增长是有益的主要理由是，它允许一个国家实现物质丰富性的增强和生活水平的提高。扩大产出和提高收入使家庭能够负担起额外的医疗、教育、娱乐和旅游以及更高质量的消费品。增长是支持包括戏剧、音乐、戏曲等在内的众多艺术形式的一种途径。增长带来的高质量生活水平增加了我们休闲以及提供更多的自我实现的时间。

增长也有助于生成用于国防、警察和消防，以及照顾残疾人和病人的更多的资源，同时也有利于我们国家基础设施的改善，如道路和通信。在当今世界，经济增长使得更多的就业机会成为可能，而这可能是减少贫困的唯一可实现的方法，尽管社会不愿增加和穷人分享的国民收入。

尽管经济增长可能带来好处，但是它也意味着成本。有些人声称额外的经济增长导致更多的污染、较为拥挤的城市、过分强调物质主义，并导致引起自杀和吸毒的心理问题。他们还声称，更少的增长相比于更多的增长对国家更有利。节奏更慢和更和平的生活有什么不好吗？

反对增长的支持者还声称，经济增长并没有解决如贫困、歧视和无家可归的社会问题。按照反增长支持者的观点来看，美国的贫困主要归因于该国的收入分配，而不是生产和收入的增长。为了减轻贫困，社会必须主动采取政策去重新分配收入和财富以有利于穷人，而不是进行对富人更有利的新技术投资。

另一个值得关注的是经济增长和资源可用性之间的关系。回想一下，许多人认为，人口和经济规模不断增大将使我们耗尽稀缺的资源。在某种程度上，这样的日子最终会到来：没有更洁净的空气和纯净水，没有更多的自然资源，没有更多的开放空间以舒适地生活。这样一来，国民生活水平将会下降。他们认为必须降低经济增长速度，并保护稀缺的资源。

其他人则认为经济增长不会导致这些问题。他们认为增长带来许多有利的方面，比如更高的实际收入、减轻贫困和更优的经济安全。此外，如果政府严格执行环保法律，污染将不会成为一个大问题。除此之外，自然资源不会被耗尽。如果资源稀缺阻碍经济增长，这些资源的相对价格上升将迫使家庭保护资源，并开发替代资源。正如你所看到的，经济增长的最优速度问题不是这么简单。

本章讨论了美国的国内生产总值（GDP）和经济增长的作用。下一章将研究经济周期、失业和通货膨胀对经济的影响。

知识点回顾

1. 区分传统增长理论和新增长理论。
2. 描述创造性破坏的原则。为什么反对创造性的力量如此强大？
3. 列举经济增长的好处。

■ 本章小结

1. 经济学家们构造出一种统一的统计数据来衡量一个经济体的产出。这一统计数据被称为国内生产总值（GDP）。GDP是指一个国家在某一年内生产的所有的最终商品和服务的市场价值总和。

2. 经济体的GDP可以通过加总本年度对商品和服务的支出计算得出。用支出法计算GDP时，有四个组成部分：个人消费支出、国内私人总投资、政府购买和净出口。对于美国来说，个人消费支出是GDP的最大组成部分，通常占国内生产总值的比例不小于2/3。

3. 尽管GDP是衡量经济体产出价值的最好方法，但是它并不能完美衡量经济福利。例如，GDP没有衡量发生在有组织的市场之外的交易。GDP也忽略了地下经济以及产出增加带来的环境变化。此外，GDP没有衡量休闲以及人均产出。GDP不能反映国家生产的商品的质量和种类。

4. 名义GDP或当前价格GDP，表示的是基于当前年度价格计算商品和服务的价值。实际GDP或不变价格GDP是消除了价格变化之后的GDP，它衡量实际产出，并说明实际产出如何变动，而不是价格如何变动。在衡量经济增长率方面，实际GDP优于名义GDP。

5. 随着时间的推移，经济体充分生产的产出增加，也就实现了经济增长。经济增长率表示的是经济活动从一年到下一年度的变动百分比。通常情况下，更关注经济体的实际GDP增长率。

6. 长期经济增长的关键是那些在人口和技术进步率限制下能够刺激个人工作并引导公司投资于生产技术的激励因素。经济增长的主要决定因素是自然资源、实物资本、人力资本和生产率。政府可以制定政策，以促进经济增长，例如，增加国内储蓄，鼓励研究和开发，致力于减少贸易壁垒，提高监管效率。政府也可瞄准并补贴特定行业，这些行业可能对技术进步尤其重要。

7. 根据亚当·斯密开创的经济增长传统理论，经济效率受到完全竞争的刺激。传统增长理论强调两种资源，即劳动和资本。技术进步被排除在经济理论之外。

8. 根据约瑟夫·熊彼特首创的新增长理论，技术进步被包含在经济理论的范畴内，创造力也是一种经济活动。根据熊彼特的理论，创意和创造力是现代经济增长的主要来源，利润是驱动因素。获取超额利润的动力促进了创造性破坏，新产品和生活取代了旧的。亚当·斯密认为垄断利润代表着经济效率低下，但熊彼特认为垄断利润是一个健康的、充满活力的经济的有力证据。

9. 虽然经济增长可能为一个国家带来好处，但是也可能意味着成本。批评者认为，额外的经济增长导致了更多的污染，更加拥挤的城市，过分强调物质主义，并导致引起自杀和吸毒的心理问题。经济增长也可能导致稀缺资源的枯竭，最终导致国民生活水平的下降。但是，支持者认为经济增长不会导致这些问题；相反，它促进了更高的实际收入，减轻贫困，带来了更好的经济安全。

◼ 关键术语

国内生产总值（GDP）   支出法

个人消费支出   国内私人总投资

政府购买   净出口

地下经济   名义 GDP

实际 GDP   价格指数

GDP 平减指数   经济增长

经济增长率   70 法则

基础设施   人力资本

生产率   创造性破坏

◼ 自测 （单项选择）

1. 经济学家用（　　）价格水平衡量名义 GDP，用（　　）价格水平衡量实际 GDP。

a. 国内，国外

b. 最后，中间

c. 当年，基期

d. 基期，当年

2. 国内生产总值是（　　）的总和。

a. 转移支付、利息、租金和利润

b. 个人消费支出、国内私人总投资、政府购买和净出口

c. 工资、薪金所得、失业补偿福利和总投资

d. 中间产品和最终产品

3. 实际 GDP 是衡量（　　）的最好方法。

a. 所有中间产品的市场价值

b. 实际产出水平

c. 国内居民的生活水平

d. 社会福利水平

4. 假设在 2002 年，名义 GDP 为 1 万亿美元，价格指数为 100；在 2006 年，名义 GDP 是 1 200 美元，价格指数为 110。这个信息的基础上，实际 GDP 等于（　　）。

a. 2002 年 1 万亿美元和 2006 年 1.091 万亿美元

b. 2002 年 1 万亿美元和 2006 年 2.010 万亿美元

c. 2002 年 1 万亿美元和 2006 年 9 910 亿美元

d. 2002 年 1 万亿美元和 2006 年 8 890 亿美元

5. 在 GDP 中，以下全部是最终产品，除了（　　）。

a. 美国国防部购买一辆坦克

b. 斯坦福大学购买一台电脑

c. 通用汽车集团购买钢材

d. 某医院购买一台冰箱

6. GDP 是（　　）市场价值的总和。

a. 最终商品和服务

b. 中间商品和服务

c. 工业产品和商业服务

d. 正常的商品和服务

7. 根据"70 法则"，如果实际 GDP 增长率为每年 4％，需要大约（　　）实际 GDP 可翻一番。

a. 10 年

b. 14 年

c. 18 年

d. 22 年

8. 经济增长的主要因素包括下列选项，除了（　　）。

a. 家庭的口味和喜好

b. 自然资源

c. 实物资本

d. 技术进步

9. 投资者在纽约证券交易所购买 2 亿美元微软公司的股票，这（　　）。

a. 作为总投资包括在 GDP 中

b. 作为国内投资包括在 GDP 中

c. 作为零售服务包括在 GDP 中

d. 不计入 GDP

10. 根据亚当·斯密的经济增长理论，（　　）。

a. 完全垄断的模式刺激经济效率

b. 经济增长主要是创意和创造力的结果

c. 技术进步是给定的

d. 较小的市场鼓励企业专业化和降低成本

11. 约瑟夫·熊彼特开创的新增长理论认为，（　　）。

a. 垄断利润是经济效率低下的标志

b. 创意和创造力是现代经济增长的一个主要来源

c. 竞争激烈的经济最能促进长期经济增长

d. 创造性破坏导致产出和经济活动减少

问答与应用

1. 以下哪一项包括在今年的 GDP？（　　）

a. 美国政府安全部门收取的利息

b. 购买新汽车

c. 园丁为自己的花园除草的服务

d. 购买寿险

e. 约翰将他的电脑卖给玛丽，同时收到玛丽支付的价款

f. 美国政府新购入的办公设备

g. 前汽车工人领取的失业补偿福利

h. 建筑公司建造的新公寓

i. 加拿大人到美国旅游参观迪士尼乐园

2. 表 10-5 为假设的美国 GDP 数据。在此信息的基础上，计算美国国内生产总值。

表 10-5　　　　　　　　　　　　　**国内生产总值数据**　　　　　　　　　单位：十亿美元

政府购买	360
员工薪酬	210
商品和服务的进口	40
利息和股息收入	23
个人消费支出	720
社会保障金	13
国内私人总投资	77
居民储蓄	12
商品和服务的出口	28
家庭缴纳的税款	45

3. 表 10-6 为美国选定年份的名义 GDP 和 GDP 平减指数。在此信息的基础上，计算出实际 GDP。

表 10-6　　　　　　　　　　　**实际国内生产总值的计算**

年度	名义 GDP（十亿美元）	GDP 平减指数	实际 GDP（十亿美元）
2000	6 139	93.6	
2001	6 079	97.3	
2002	6 244	100.0	
2003	6 386	102.6	
2004	6 609	105.0	

4. 假设美国公民决定让生活变得更轻松，将平均每周工作时间减少 20%。这将如何影响美国的 GDP？它又将如何影响美国的福利？

5. 假设美国只生产收音机和计算器。2001 年，以 25 美元/台的价格生产 100 台收音机，以 30 美元/台的价格生产 50 台计算器。2005 年，以 30 美元/台的价格生产 120 台收音机，以 35 美元/台的价格生产 60 台计算器。计算出每年的名义 GDP。

6. 经济学家为什么喜欢比较不同年份的实际 GDP，而不是名义 GDP？

7. 如果实际 GDP 为 88 800 亿美元，名义 GDP 为 99 880 亿美元，GDP 平减指数等于多少？

8. 假设某一年国内生产总值为 96 500 亿美元。这是什么意思？

9. 为什么减少贸易壁垒（如关税）会导致更快的经济增长？

10. 说明较高的储蓄如何能够促进更高的经济增长率。

第 11 章

经济周期、失业和通货膨胀

本章目标

通过本章的学习，你应该能够：

1. 理解经济周期的四个阶段。
2. 解释失业率意味着什么，怎样计算失业率。
3. 确定失业的类型和经济成本。
4. 理解消费者价格指数作为衡量通货膨胀的工具的重要性。
5. 描述通货膨胀的原因。

背景资料

20 世纪 90 年代末，电脑制造商们通过销售高端的新硬件设计和运行更快的处理器来进一步促进销售市场的繁荣。然而，到了 21 世纪初，个人电脑市场变得惨不忍睹：个人电脑市场经历了残酷的价格战，经销商迅速下调零售价格，并提供了巨额的回扣和大量的赠品。戴尔电脑公司首先发起价格战，为通过网站购买其个人电脑的客户赠送打印机，提供免费送货上门以及免费上网服务。

虽然这对客户来说是好事，但是电脑制造商之间的竞争却导致利润的下降。为了弥补新的价格下滑造成的利润下降，全球最大的个人电脑制造商康柏电脑公司（Compaq）缩减其业务并且解雇员工。其他电脑制造商也大幅削减工作岗位，并警告投资者们销量的下降。对该行业的焦点问题是利润增长的大幅减少。对经济衰退的担忧影响销售，因为消费者和许多公司会减少电脑的更新频率。电脑制造商宣布，如果需求持续下降，电脑价格持续下降，由此产生的挤压可能引发最大电脑制造商之间的一波整合，比如 2002 年惠普和康柏的合并。

事实上，繁荣和萧条的周期反复出现是美国资本主义历史的基本特点。有时候，企业经营状况是稳健的，有大量的职位空缺，工厂以接近最大运行能力工作，能够获取很多利润。20世纪90年代是美国经济持续扩张的时期。在其他时期，商品卖不出去，多余库存堆积，就业岗位变得稀缺，利润也很低。有时经济低迷是温和的，有时衰退是长期的和创伤性的，比如20世纪30年代的大萧条。

在本章中，我们将探讨宏观经济不稳定的本质和影响。我们首先给出经济周期的概览，即经济的周期性衰退和扩张。然后，我们研究失业和通货膨胀的性质与原因。

经济周期

在理想经济中，随着时间的推移，实际GDP平稳地增长。此外，价格水平将保持不变或缓慢提高。然而，经济史表明，经济增长从未保持平稳状态。相反，如图11-1所示，经济增长在经济不稳定时期会中断。

经济可实现数年的扩张和繁荣。之后，全国产量下降，利润和实际收入减少，失业率上升使许多工人失去工作，并达到令人不安的高水平。最终，经济衰退减轻和消失，经济开始复苏。复苏可能会很慢也可能会很快，可能是局部的，也可能强大到形成一个新的繁荣时代。或者，通货膨胀逐渐升级，很快又形成经济衰退。产出、就业、通货膨胀向上和向下的走势构成了能够描绘所有市场经济的**经济周期**（business cycle）。

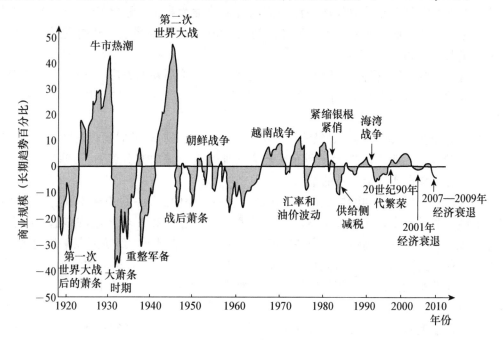

图11-1 美国历史上的经济波动

资料来源：*Economic Report of the President*，various years，参见 http://www.gpoaccess.gov/eop/index.html。

□ 经济周期的各个阶段

经济周期是指经济活动水平在数年内反复跌宕起伏。如图11-2所示，尽管各个经济周期的强度和持续时间各不相同，但是大体上我们可以把每一个经济周期分为四个阶段。

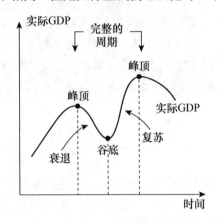

图 11-2　经济周期

随着时间的推移，实际 GDP 呈现整体上升、局部波动的趋势。这样的波动称作经济周期。

峰顶。在经济周期的**峰顶**（peak），实际 GDP 处于最高点。就业和利润通常是强劲的。

衰退。经济衰退（recession）是总产出、收入、就业、贸易显著下降的一个时期，通常持续 6 个月到 1 年，以经济中许多部门普遍收缩为特征。经济衰退开始于经济峰顶，结束于经济谷底。例如，美国的经济是在 2007 年底达到峰顶后开始衰退，一直持续到本书写作时的 2008 年和 2009 年。

谷底。实际 GDP 很低，开始上升，此时被称为经济周期的**谷底**（trough）。相对于之前的衰退，在谷底失业率和闲置产能处于最高水平。谷底可能是短期的，也可能长时间持续。

复苏。复苏（recovery）是经济周期中实际 GDP 上升好转的时期。在经济周期的复苏或扩张阶段，工业产出扩大，利润通常会增加，就业偏向充分就业。1991—2001 年的经济扩张是美国历史上最长的纪录。

需要注意，经济周期的模式是不稳定的。经济周期像山脉一样有着不同的山谷和斜坡。有些山谷深且长，比如大萧条，有些则浅且窄，比如 2001 年的经济衰退。我们用一个峰顶到另一峰顶衡量一个完整的经济周期。通常情况下，经济周期平均持续 4～5 年，也有少数周期比这个时间长或者短。如表 11-1 所示，自第二次世界大战以来，美国经济扩张平均持续 3.5 年，经济衰退平均持续 10 个月。这些经济衰退导致美国的实际 GDP 平均下跌 2.5％。

尽管跌宕起伏，美国经济从长期来看是显著增长的，所以在经济扩张时期的增长足以抵消经济衰退期间的下降。从长远来看产量是增长的，这是因为资源的数量和质量上升、技术更先进以及生产方式改进。

尽管各周期不尽相同，但都具有相似的特征。当经济进入衰退期，通常会出现：第一，消费者支出突然减少，钢材、汽车等耐用品的企业库存意外上升。随着企业减少生产，实际 GDP 下降。此后不久，企业在工厂和设备上的投资减少。第二，对劳动的需求减少。先是每周平均工作时间的减少，之后是裁员和失业增加。第三，由于产量下降，对材料、服务和劳动的需求减少，这可能会导致价格下降或价格上涨的速度放缓。第四，在经济衰退期间企业利润下滑。出于这种预期，投资者因商业活动的减少而变得悲观，结果股价普遍下降。此外，由于信贷需求下降，利率通常在经济衰退期间有所下降。简单地说，经济衰退期间产量下降，而不仅仅是经济增长放缓。

表 11-1　　　　　　　　　　　　　美国在第二次世界大战之后的衰退

时期	持续时间（月）	实际 GDP 减少（%）
1949 年	11	2.0
1953—1954 年	10	3.7
1957—1958 年	8	3.9
1960—1961 年	10	1.6
1969—1970 年	11	1.1
1973—1975 年	16	4.9
1980 年	6	2.4
1981—1982 年	16	3.4
1990—1991 年	8	1.8
2001 年	8	0.5
2007 年 12 月—?*	—	—
平均	10	2.5

* 在写这一章时数据无法获取。

资料来源：National Bureau of Economic Research，参见 http://www. nber. org，选择"Data"，然后滚动到"Business Cycle Dates"。

确定经济衰退的开始和结束日期需要时间。这是因为分析师必须着眼于各种经济数据，如工业生产和零售销售数据，以确定经济的转折点。汇编这种数据需要一定的时间，这意味着它们只在描述的事件发生之后使用。同时，基于经济数据常规的月度波动来分析其趋势变化也需要时间，因此分析师需要一定的时间才能够认定经济衰退始于某一特定日期。事实上，当分析师宣布衰退开始之日时间可能过去一年或更久了。

经济衰退和萧条之间的差别是什么？分析师形容衰退为实际 GDP 在至少连续两个季度的下降。**萧条**（depression）是程度非常严重和漫长的经济衰退。因为之后没有经济衰退接近大萧条的严重程度，大萧条常常用来指 20 世纪 30 年代的长期明显的衰退。那美国的大萧条有多严重呢？在那段低迷时期，失业率飙升至 25%，工业产值超过 3 年下降了 40% 以上，阻碍经济活动超过 10 年。

▶ **经典案例**　　　　　　　　　**企业降低工资以保持就业**

在 2007—2009 年经济衰退期间，因为需求减弱，许多公司为了降低劳动成本更多地选择减薪而非裁员。例如，《波士顿环球报》（*Boston Globe*）的工会成员为了避免报社破产，也为了保住工作，妥协地接受了 8.3% 的降薪。

随着经济衰退期间失业率的提高，许多工人拥有极少的选择，或者很小的讨价还价能力，不得不继续接受较低的工资。这尤其发生在银行业、汽车业、零售业，以及受到经济衰退重创的其他行业。

除了大公司宣布减薪，州政府和地方政府也削减工资或强迫职员无薪休假。

许多公司和它们的工人一样反对工资下降。减薪可能会令人泄气，并会导致工人生产率的降低，这将间接增加成本。此外，有价值的员工可能会像良禽一样择木而栖。

另外，减薪对用失业率衡量经济困难也会产生影响。如果有足够多的公司减薪，以避免在未来裁员，那么失业率在衡量经济衰退期间工人如何生活方面将趋于失去其可靠性。

资料来源："More Firms Cut Pay to Save Jobs," *The Wall Street Journal*，June 9，2009，p. A4.

总之，经济周期有三个主要特点：

一是经济波动是不规则的和不可预知的。有时候，经济衰退期非常接近，比如1980年和1981—1982年的经济衰退；有时经济扩张可以持续多年，比如1991—2001年的经济扩张。

二是衡量生产、收入或支出等某些方面的大多数宏观经济变量在整个经济周期内一起波动。当经济衰退时，实际GDP下降，国民收入、营业利润、家庭支出、投资支出、工业生产、汽车销售、零售同样也会下降。

三是经济中的商品和服务的产出波动与失业率的变化密切相关。当实际GDP下降时，失业率上升，反之亦然。

□ 经济周期理论

多年来，经济学家一直在争论经济周期的来源。是什么原因导致经济下滑或者上行？

许多经济学家认为，总支出（需求）的变化是国内产出和就业的直接决定因素。回想一下，总支出包括家庭、企业、政府和国外买家对最终产品的支出。

为什么总支出的变化能够解释经济活动的波动？如果总支出减少，企业可能会发现生产现有水平的产出会无利可图。当减少生产时，所需的土地、劳动和资本也会减少。因此，总支出的减少导致国内产出、就业和收入减少。这些减少反过来可能会导致经济衰退。相反，总支出的增加导致了国内产出、就业和收入的增加。这些增加又反过来促进经济扩张。

经济周期也可能由市场上供给方面的变化引起。例如，一种新技术的发展可能会导致新的投资支出，从而造成经济扩张。相反，自然资源的供给减少可能会导致生产成本增加，从而导致经济衰退。另外，震荡可能导致经济衰退。虽然2001年9月11日的恐怖袭击事件并没有引起美国经济衰退（衰退实际开始于当年3月），但是加速了经济活动的螺旋式下降。

随着对宏观经济学的继续研究，我们会更加了解经济周期的原因。通过使用总需求和总供给曲线，我们会了解国内产出、就业、收入和价格水平为什么会发生变化。

□ 经济扩张是否会自然消亡？

一个问题引起经济学家关注：每一次经济扩张是否包含其自我毁灭的缘由？经济扩

张持续时间越长，其在下一季度或下一年结束的可能性是否就越大？研究没有发现令人信服的证据表明扩张具有自然持续下去的固有趋势。相反，经济扩张似乎成为经济动乱或政府政策的相关事件的牺牲品。

例如，伊拉克对科威特的入侵导致油价在 1990 年秋季翻番，导致了 1990—1991 年的经济衰退，经济活动的下滑。美国消费者深受 1973—1974 年和 1979 年的石油危机之害，对美国经济的预期较为消极，消费者信心急剧下降，消费量下降，这导致了总支出的下降。

2007 年的经济衰退提供了周期性衰退的另一个例子。在 2007 年的最后几个月，美国经济开始遭遇无法摆脱的金融领域的疲软。这些金融冲击与其他因素（高商品价格、自然灾害、持续低迷的房市）造成经济收缩。尽管美国政府实施快速经济刺激计划，经济还是在 2007 年底陷入衰退。衰退的幅度如此之大，以至于需要采取前所未有的政策以减少对经济造成的损害。

知识点回顾

1. 确定经济周期的四个阶段。
2. 引起经济上行或者下滑的因素有哪些？
3. 经济扩张是否会自然消亡？

■ 失业

我们要避免衰退和萧条的原因之一是，它们会给人们带来困难。经济衰退，不仅导致实际 GDP 下降，也会导致失业人口增多。经济学家将**失业者**（unemployed）定义为没有工作，但正在积极寻找工作的人。

除了会给个人增加成本，失业也会给经济整体带来成本，因为它将导致商品和服务的产量减少。当经济没有给寻找工作的人提供足够的就业岗位时，它也就失去了失业的劳动力所能带来的生产率。失去的产出与失业强加给个人和家庭的困难相结合，是失业的实际成本。

□ 测量失业

失业率是衡量经济是否健康的重要指标。那么，失业率如何计算？又意味着什么呢？

美国劳工统计局（Bureau of Labor Statistics）每个月都会进行一项在全国范围内对大约 60 000 户家庭的随机调查，以获取劳动市场活动的信息。该项调查将成年人（16 周岁以上）划分成三类：

- 将有工作的成年人归为就业者；
- 将没有工作，但是正在寻找工作且具有工作能力的成年人归为失业者；
- 将没有工作且没有寻找工作的成年人排除在劳动力范畴之外。

失业率（unemployment rate）指的是失业者人数和劳动力总数（失业者人数和就

业者人数的总和）的比值。

$$失业率 = \frac{失业者人数}{劳动力总数}$$

2009 年 2 月的失业率为 8.1%。

$$失业率 = \frac{12\ 467\ 000}{154\ 214\ 000} = 8.1\%$$

虽然劳工统计局在计算失业率上非常谨慎，但是失业率仍然存在一些缺点。兼职就业是问题之一。兼职工人的工作不满一个星期，其中有些是因为他们只想这样做，另一些却是因为他们无法找到合适的全职工作。然而，兼职工人仍算作就业者，即使他们宁愿全职工作。经济衰退时，因为对工人生产商品的需求减少，他们会发现他们的工作时间可能从每周 40 小时缩减到 30 小时。因为统计数据没有衡量这些工人的"失业"，这往往会低估失业的实际程度。

失业统计的另一个问题是消极的工人。**消极的工人**（discouraged worker）是指失去工作，想找工作，并且有工作能力，但是因为缺少工作机遇所以停止寻找工作的人。消极的工人不被视为劳动力的一部分，因为他们没有积极寻找工作。因此，不能把他们算作失业者。由于官方公布的失业率不包括消极的工人，经济中失业率的实际程度往往被低估。

虽然 2009 年 2 月的平均失业率为 8.1%，失业的负担并没有被平均分配。如表 11 - 2 所示，失业率在不同社会群体之间往往会有很大差别。特别是，黑人的失业率大致是白人的两倍。这可能是黑人在低技能职业或市中心聚集的结果，在这些区域内的工作机会可以忽略不计，并且存在就业和教育的歧视。此外，青少年往往比成年人有更高的失业率。这主要是因为和成年人相比，青少年有相对较低的工作技能、较小的地域流动性，并更频繁地离开工作岗位。

表 11 - 2   2009 年 2 月的失业率

人口特征	失业率（%）
所有劳动力	8.1
成年男性	8.1
成年女性	6.7
青少年	21.6
白人	7.3
黑人或非洲裔美国人	13.4
西班牙裔或拉丁裔种族	10.9

资料来源：Bureau of Labor Statistics，*The Employment Situation*：*February 2009*，参见 http://www.bls.gov/news/。

□ 失业的三种类型

不是每个失业者都出于同样的原因失业。根据失业的原因，失业可分为三种类型。正如你所看到的，某些类型的失业可能没有其他类型那么重要。

有些人失业，是因为他们目前无法找到符合其特点的工作。就拿主修会计或计算机科学专业的大学生举个例子。当他们完成学业时，他们会寻找符合他们技能的工作，但要找到这样的工作可能需要一些时间。然而，学生们可能会很快找到工作，因为他们的技能适销对路。这种失业是暂时的。经济学家把这种类型的失业归为摩擦性失业。**摩擦性失业**（frictional unemployment）是劳动力正常转移导致的失业，即工人"在两个工作之间"转换引发的失业。在处理全国失业问题时，摩擦性失业并不是关注的重点。

然而并不是所有的失业都是短暂的。**结构性失业**（structural unemployment）是个人技能和雇主要求的不匹配，或者求职者在地理上和就业机会分隔所导致的失业。大量的结构性失业经常伴随着职位空缺而发生，因为失业者缺乏新的创造性工作所需的技能。例如，有可能出现电气工程师职位空缺，同时卡车司机面临着失业。此外，还有可能出现西南部部分州因为经济增长产生用工短缺，部分州因为经济衰退产生失业，正如美国中西部在20世纪80年代对汽车需求下降。因为技能和地点问题通常持续时间较长，结构性失业可能是最严重的一类失业。

周期性失业（cyclical unemployment）是经济周期导致的失业波动。周期性失业是一个重复的短期问题。当经济进入低谷时，周期性失业率上升；当经济扩张时，周期性失业率下降。钢铁工人会因为经济衰退失业，并在几个月后，当经济扩张时，失业的钢铁工人又会重新被雇用。政府决策者对周期性失业的频率和程度特别感兴趣，并经常会想办法来降低造成周期性失业的经济衰退的频率和程度。另外，政府还试图为那些暂时失业者提供补偿，以减轻经济衰退的影响。

□ 降低失业带来的成本

美国政府有许多政策和方案能降低失业给一些工人带来的成本。其中失业保险制度是用于解决失业工人迫切需要的主要政策工具。其他如裁员必须提前通知之类的政策可以提供短期的好处。还有一些政策，如教育和培训计划，试图改善失业导致的长期财富损失。

失业保险（unemployment insurance）作为美国社会保障法的一部分于1935年设置。该制度有助于支持失业者的消费支出，并通过收入补助为工人提供经济保障。失业保险制度的另一个好处是，它提供的财政资源能够使个人延长他们的求职期，直到他们找到与他们技能相匹配的工作。尽管联邦政府保留对失业保险制度覆盖面的控制，个别州在其管辖范围内仍然拥有相当大的自主权。

失业保险向被解雇或失去工作而不是因为行为不当或劳动争议所产生的失业者提供一周一次的补助。只有具备足够长的工作经历（一般为6个月显著就业）的工人才有资格领取失业保险。补助额度是平均每周损失的工作收入的一部分，领取时间有一个上限，在大多数州最多领取26周。该比例一般为50%～70%。在大多数州，由征收的企业所得税来提供支持。

虽然多年来失业保险制度惠及数以百万计的工人，但这些好处是伴随着成本的。许多经济学家认为较高的失业救济导致较高的失业率。给失业工人提供福利减少了他们积极寻找新工作的动机。研究表明，当受保障的平均失业时间大约保持15周时，将失业补助提高10个百分点将导致额外的1周到1.5周失业。随着收益途径的减少，找工作的比率也有所增大。[1]

□ 什么是充分就业?

事实上，具有高就业的经济为社会创造效益。但是经济学家如何定义充分就业呢？充分就业意味着零失业吗？

回想一下，在一个经济体中，总的失业包括摩擦性失业、结构性失业和周期性失业。我们把不存在周期性失业的失业水平称作**自然失业率**（natural rate of unemployment）。换句话说，自然失业率是摩擦性失业和结构性失业共同导致的，经济学家认为自然失业率在本质上不可避免。自然失业率就是经济学家所认为的**充分就业**（full employment）。因此，充分就业并不是 100% 的劳动力就业。

在今天的美国，大多数经济学家预计自然失业率为 4%～6%。2000 年，美国经济实现了 4% 的失业率，这表明几乎不存在经济下滑。简单地说，一切实践的目的是经济能够实现"充分就业"。

需要注意的是，自然失业率可随着时间变化。劳动力人口、社会习俗和法律的改变会导致自然失业率的变化。例如，在 20 世纪 90 年代初期，随着企业裁员，国家减少国防开支，结构性失业问题增加。这些变化提高了自然失业率。然而，21 世纪劳动力老龄化可能会使摩擦性失业减少，因为相比于年轻的工人，年长的工人不太可能辞职。这将导致自然失业率降低。自然失业率不仅随时间变化，而且往往在国家（地区）之间也有所不同。比如，欧洲的自然失业率估计为 7%～10%。

□ 2007—2009 年的经济衰退

在 2007—2009 年，许多工业化国家陷入深度衰退。这次经济衰退始于美国金融市场的破坏，并在 2008 年美国经济处于危机时进一步恶化。住房价格大幅下跌、住房抵押贷款违约率上升破坏了美国金融市场，结果造成抵押贷款的价值急剧下降。这些资产由银行和其他金融机构所拥有，而这些机构对于金融市场的运作发挥了至关重要的作用。数千亿美元的抵押贷款损失损害了创造和投资于抵押贷款的金融机构。

这些机构使用借入资金使它们更容易受到大的抵押贷款损失造成的冲击。一些金融机构已经倒闭了，如美联银行（Wachovia）和华盛顿互惠银行（Washington Mutual），其他金融机构也处于倒闭的边缘。剩余的机构收回其贷款，这导致贷款数量减少，贷款利率提高到前所未有的水平。这给金融市场造成了巨大压力。信贷被冻结，金融体系的信心也被侵蚀。

政府还向银行施压，要求其帮助贫困借款人及全国的贫困地区，这进一步加剧了金融危机，导致许多家庭无法偿还抵押贷款。此外，不当的法规导致银行在经济衰退期间没有足够的安全缓冲（资本）。而且，历史表明，当资金丰富且廉价时，金融危机往往容易发生：廉价资金鼓励过度负债和承担过大风险。在 21 世纪初期，资金从高储蓄的国家，如中国流入美国。此外，美联储通过了向美国经济提供充足资金的政策。简单地说，很多人指责这就是金融危机的根源。

---

[1] *Economic Report of the President*，1997，p. 159，参见 http://www.gpoaccess.gov/eop/index.html。

随着美国家庭违约率上升，贷款人越来越不愿意提供任何超过最小风险的贷款。许多银行收紧抵押贷款和消费贷款的标准。因此，消费者发现越来越难为"大手笔"项目融资，如汽车和住房消费。随着危机持续，消费支出下降，经济下滑。

金融危机也通过多种渠道影响企业。银行收紧了企业贷款标准，迫使企业减少日常运营、设备投资等支出。随着美国消费需求减弱，许多企业变得不太愿意为扩大生产进行投资。随着金融危机使全球经济增长的前景恶化，企业也面临国外需求减少。由于这些因素的影响，企业信心下降，工人失业增加。到 2008 年，美国经济陷入了严重的衰退。

经济危机很快蔓延到其他许多国家，使得这些国家的金融系统压力重重，经济下滑，失业率上升。经济下滑是规模庞大，且范围深远的。这导致美国政府和其他国家政府采取许多新的刺激行动，以避免其经济进一步遭受损害。虽然不同的政府采取不同的政策，但是所有政策均旨在维持金融机构的稳定，加大金融市场的流动性，为经济体提供财政刺激。这些主题将在本书后面的章节中讨论。

□ 房地产泡沫的破灭触发经济衰退

2006—2007 年房地产泡沫破灭导致住房止赎浪潮，而这又进一步导致 2007—2009 年的经济衰退。这样的转变是如何产生的呢？

2000—2006 年，按照消费者价格指数（consumer price index，CPI），美国许多大城市的住房价格上涨飞快，远远超过整体通货膨胀水平。虽然 CPI 在此期间增长了约 13％，但是如洛杉矶、旧金山和迈阿密的房价几乎上涨了两倍。住房价格的上涨是由建设用地的短缺以及由此形成的房屋供给有限所造成：环境法规、沙滩、海洋、山脉以及其他关于这些城市住宅建设用地的限制。人口增长和购房者收入增加导致的家庭强劲购房需求也推动了房价的上涨。

许多经济学家认为，住房价格的上涨引起了房地产泡沫。当住房销售价格上涨显著高于基于家庭收入和其他支付能力的基本价值时，就可能出现这种情况。当价格上涨超过家庭的支付能力时，房价就会被高估。

房地产泡沫建立在价格上涨的预期之上，这种预期导致人们购买住房。当你认为住房的价格会上涨时，你将会有现在买房的动机，这只会增加房屋的需求，从而强化了价格的上升。你认为你可以在之后以更高的价格卖掉房子，从而实现收益。

借入资本加剧了泡沫。如果以首付 20％购买价值 30 万美元的住房（6 万美元），需要借入 24 万美元。如果只需 5％的首付，则需贷款 28.5 万美元。较小的首付可以让你借更多的钱购买房屋，并为你提供支付更高的房价的能力。低利率也加剧了泡沫，因为这会让更多的购房者进入市场。

在从像中国这样的国家涌入美国的现金流和美联储低利率政策的帮助下，2001 年的经济衰退之后抵押贷款市场加速发展。当他们住房的价值增加时，较高的住房价格意味着借款人能够再以足够多的贷款投资于房地产。买家不太可能违约，因为他们可以出售自己的房子还清贷款。此外，许多银行在房屋微不足道的首付基础上又放松贷款标准，使不少购房者进入市场。这些因素加上住房需求增加导致价格上涨。简单地说，房地产泡沫是太多的钱追逐太少的房子，从而造成房屋价值高估的结果。

▶ 经典案例　　经济不景气期间麦当劳仍然保持其汉堡销量

2007—2009 年经济衰退给许多企业和工人造成了经济困难。然而，麦当劳却能够在这个时期较好经营。这是因为许多美国人涌向这个快餐业巨头，并以此作为在餐馆就餐的廉价替代品。同样，折扣的商品吸引了家庭，沃尔玛的销售依然旺盛。

但是，麦当劳在世界其他地区如欧洲和亚洲的门店经营并没有那么好，而来自这些地区的收入大概占其总收入的 2/3。除了不断恶化的全球经济使其销售平平，美元的强劲（升值）也使得麦当劳汉堡、薯条、奶昔对于国外客户来说更为昂贵。同时飙升的商品成本给麦当劳带来巨大压力。餐厅网点抱怨牛肉、奶酪、面包和其他材料的高成本，以及最低工资上升和高能源成本，因为这减少了它们的利润。

麦当劳是如何在这种不景气时期尝试拯救它的销售和利润呢？通过提高餐厅经营管理，降低价格，并削减成本。为了降低运营成本，麦当劳不使用耗油量大的汽车，在位于芝加哥郊区的汉堡大学，而不是在充满异国情调和昂贵的地方召开会议。同时和媒体讨价还价以降低广告费率，并停止在经济表现疲软的市场上开设新餐厅。此外，麦当劳在高利润的咖啡饮品上增加投资，与星巴克竞争，通过免下车窗口增加销售和提高生产率。

许多这些调整实际上始于 2003 年，当时麦当劳调整了运营策略，以使得暮气沉沉的销量反弹。它停止了雄心勃勃地扩张餐厅，而是强调食物、服务、氛围和营销的改进。其结果是一个更全面的菜单，包括从低成本的沙拉到以南部风味烤鸡肉饼作为早餐，餐厅配备了平板电视，为客户提供了舒适的真皮座椅。这使得麦当劳每天会增加 200 万客户。

由于 2008—2009 年经济衰退的加剧，麦当劳在世界各地越来越多地鼓励餐厅经理更仔细地审查劳动力、食品和公共事业费用。此外，该快餐业巨头允许餐厅的经理更自由地调整价格以符合不断变化的需求状况。在以前的通胀时期，餐厅经理只需将大汉堡价格上调 10 美分，将小汉堡、饮料和薯条的价格上调 5 美分。到了 2008 年，一个餐厅经理可能将奶昔价格提高 4 美分，而另一个餐厅经理可能会降低 5 美分。特别是，该公司避免提高价格，从而失去客户，以便它从经济不景气的国家中找到出路。

简单地说，麦当劳应对全球经济衰退的策略是降低成本和促进价值较高但是价格较低的项目。与此同时，特许经营商不得不在经济好转之前忍受一个较低的利润率。

资料来源："McDonald's：Capitalizing on the Downturn with an Even Greater Presence," *Food Business Review*，January 28，2009，p. 1；"Should You Be Buying McDonald's in This Recession?" *The Dynamic Wealth Report*，January 28，2009，p. 1；and "McDonald's Seeks Way to Keep Sizzling," *The Wall Street Journal*，March 10，2008，pp. A1 and A11.

住房价格快速增长，直到其相对于家庭收入来说是不可持续的。2006—2007 年住房价格快速增长，泡沫破灭，房价崩溃。许多业主发现，他们的抵押贷款债务比他们的房屋价值高，他们无法偿还他们的抵押贷款。他们失去了住房，将钥匙还给银行，而此时住房价值已经下降，银行也因此受损。由于许多银行的生存受到威胁，银行限制向企业和家庭提供贷款，从而使得经济陷入衰退。

□ 缺乏弹性的劳动市场影响就业

前面已经学过经济周期如何影响一个国家的失业率。随着经济陷入衰退，企业利润下降，对工人的需求也同时下降。这将导致失业率上升。

决定失业率的另一个因素是一个国家劳动市场的弹性程度。如图 11-3 所示，拥有高度管制和缺乏弹性的劳动市场的国家往往具有较高的失业率和较低的人均收入。虽然阻碍解雇工人的法律听上去很吸引人，但是这些政策限制了工人的竞争力。当企业面临繁重的劳动法规时，它们无法迅速调整以把握新的市场机会。它们往往对雇用新工人持谨慎态度，如果企业对未来销售的预期变得不那么乐观时，这些工人就很难找到新工作。

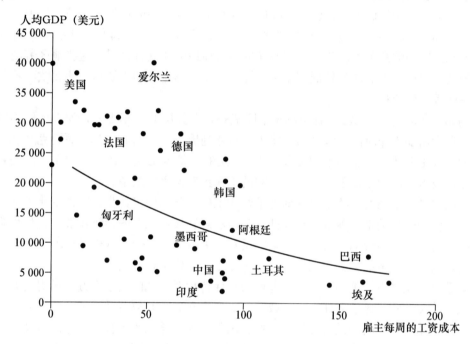

图 11-3 劳动市场弹性有助于实现更高的人均收入

高度全球化的国家雇用和解雇工人更加自由。劳动力的流动性增加使得这些经济更有效率和活力，从而实现更高的人均收入。

资料来源：Federal Reserve Bank of Dollars，*Racing to the Top：How Global Competition Disciplines Public Policy*，2005 Annual Report，p. 12，参见 http://www.dallasfed.org。

许多经济学家认为，相比于美国，欧洲缺乏具有弹性的劳动市场造成其更高的自然失业率。下面我们思考一些影响这些国家失业率的劳工措施。

欧洲　欧洲在劳动市场上普遍保护工人，特别是低技能工人，并且惩罚开除工人的企业。这使工人的工资相对较高。欧洲是福利国家的发源地，比如荷兰、法国、瑞典等国家制定了慷慨的社会福利和失业保险制度。这让人们有较长的时间求职，从而提高了自然失业率。此外，企业支付高额就业税，以帮助福利国家。这增加了雇用劳动力的成本，降低了劳动需求。

另一个影响失业的因素是工会组织。欧洲工人的工会化比例是美国的两倍到三倍。

强大的工会将工资维持在市场均衡水平之上，且减小了工资弹性，这提高了自然失业率。此外，许多欧洲国家政府在一些行业和职业中规定的最低工资就已超过了均衡工资水平。这导致工资缺乏弹性，导致自然失业率更高。

为了阻止失业，许多欧洲国家除了增加雇用劳动力的成本，而且在公司何时以及如何解雇工人方面遵守烦琐的规则。涉及裁员的规定和责难使公司刚开始雇用新工人时变得很谨慎。随着新的机会越来越少，工人将维持现有工作。其结果是，太多的欧洲劳动力资源继续冻结，公司无法积极响应市场变化。欧洲可能设法保存一些现有的工作，但这样做的经济运行成本很高。

像卡特彼勒（Caterpillar）一样在欧洲开展业务的公司都意识到劳动市场缺乏弹性的问题。尽管欧洲拥有高技能、训练有素和受过良好教育的工人，但是公司认为缩短工作时间将会产生额外成本，这些成本降低了其在全球经济中的竞争力。简单地说，只工作35小时的工程师对于大众汽车集团来说是不划算的。因此，即使需求强劲，许多公司都不愿意雇用欧洲工人。相反，它们在世界其他地区建立分公司，这些地区劳动市场更具弹性，雇用工人的成本较低。缺乏弹性的劳动市场也有助于解释为什么欧洲不能像美国一样吸引外商投资。

例如，2004年梅赛德斯-奔驰汽车集团威胁其在德国的汽车工人，如果他们不同意降低工资和增加工作时间，该公司就将生产转移到捷克共和国或波兰，而捷克共和国和波兰的工人工资还不到德国平均工资的1/3。是的，德国工人工作更有效率。但是在拥有最先进设备工厂的帮助下，东欧和中欧的工人正变得更有效率。

其结果是，欧洲的一些工会领袖为了留住工作，开始做出让步。这种变化可能会彻底改变欧洲的劳工关系，朝着更有弹性的劳动法规和较弱工会的趋势发展。这将增强欧洲的竞争力，因为高劳动力成本和改革的反对意见减少了，但是这也可能增强社会的紧张情绪，因为工人可能会失去工作、薪酬更低以及工作更长时间。

美国 相比之下，美国在实现就业增长和保持相对较低的失业率方面做得更好。与欧洲相比，美国实行比较放任自由的政策，对雇主和雇员开放劳动市场。美国有相对较弱的工会，相对较低的最低工资标准，并且国外工人和移民为低技能工作岗位展开大量竞争。其结果是，劳动力在美国的谈判地位变弱，这使得美国公司雇用工人更加容易和便宜。另外，美国的失业补助和福利较少，这使得工作相对于福利来说更具有吸引力。公司裁员也威胁着美国工人的就业保障。这些做法使得美国的劳动市场比欧洲更加有弹性。

如图11-4所示，我们可以理解这些国家（地区）劳动市场之间的差异。如图11-4（a）所示，欧洲的劳动市场更具有刚性；如图11-4（b）所示，美国的劳动市场更有弹性。图中的 A 点即劳动市场均衡，此时均衡工资是每小时24美元。假设由于经济衰退，每个市场的劳动需求均下降。欧洲市场的刚性阻止工资下降到新的均衡点 C 点，导致劳动需求大幅度减少到 B 点，即由600万人下降至200万人。但是，在更有弹性的美国市场中，工资在经济衰退期间下降。虽然在经济衰退时劳动需求从600万人下降到400万人，但是并没有欧洲下降得那么多。简单地说，欧洲劳动市场的刚性导致劳动需求产生相对较大的降幅和非自愿失业。

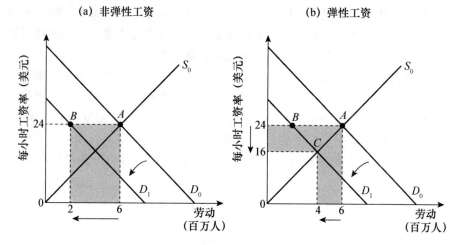

图 11-4　刚性工资导致非自愿失业

经济衰退期间，市场的刚性可能会阻止工资降低，导致非自愿失业。在弹性劳动市场中，工资水平在经济衰退期间降低。降薪使市场中的非自愿失业出清。许多人认为，欧洲的劳动市场更具刚性，而美国的劳动市场更有弹性。

生产率和就业之间的联系

2005 年，《华盛顿邮报》（*Washington Post*）报道了这样一个故事：大约 25 年前，通用汽车集团每年大概需要 50 万名工人才能生产出 500 万辆汽车。然而到了 21 世纪初，生产率提高使该公司只需雇用 1/4 的工人就可生产同样数量的汽车。这是否意味着强劲的生产率增长就必须裁员？

生产率是给定劳动量下的产出。因此，生产率的提高一定反映固定就业量条件下的产出增加，或者固定产出条件下所需要的劳动量减少。当然，劳动量和产出都可能会迅速改变。

任何一个经济学家都会告诉你，更快的生产率增长导致更高的实际工资和生活水平。然而，如果更高的生产率使企业解雇工人，那又怎么能提高工资和生活水平？如果生产率提高确实可以提高工资和生活水平，为什么工人常常觉得生产率的提高抛弃了他们？要回答这些问题，我们必须考虑生产率变化的短期和长期影响。

从短期来看，如果企业看到自己的产品需求不断上升，它们将扩大生产。如果劳动生产率不变，它们将需要雇用更多的工人以增加产量。但如果劳动生产率提高，那么它可能会潜在地降低就业增长，因为企业可以用更少的工人来满足需求。同样，如果经济总需求并没有扩大，那么劳动生产率的提高可能会导致失业率在短期内下降。在这种情况下，因为没有新的扩张产业创造新的就业机会，所以更快的生产率增长可能会增加失业。最终，就业将会赶上生产率增长可能带来的产出水平提高。然而，失业可能会维持一段时间。

但是从长远来看，收入和就业不取决于需求因素，而是取决于供给因素，包括经济中的资本存量、劳动力和技术。而短期角度强调生产率对一定产出水平所需工人数量的影响，长期角度强调生产率的提高带来潜在产出的提高。这会直接导致相同就业水平下产出的直接增加，也会增加就业，因为企业的劳动成本降低了。[1] 随着新的技术创新提高生产率，新的产业出现，新的就业机会被创造出来。而劳动需求的增长往往会因为企业竞相雇用新工人而带来工资水平的提高和总体就业率的提高。

至于生产率对就业的长期影响，经济学家们对比毫无争议：更快的生产率增长转化为经济中劳动总需求的增长。这反过来会导致实际工资上涨，就如同一种典型的商品或服务的需求增加会导致其价格上涨。图 11-5 表明了生产率增长和失业率之间的关系。这表明，尽管更快的生产率增长可能会在短期内减少就业，但是从长期来看它促进了就业。然而，对于那些其技术不再满足需求的工人来说，这个过程可能是代价高昂和痛苦的。[2]

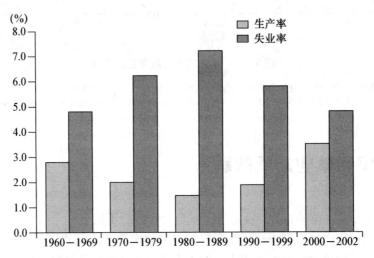

图 11-5　1960—2002 年美国的生产率增长和失业率

尽管更快的生产率增长在短期内可以减少就业，但是在长期内可以带来更高的就业率和工资水平。
资料来源：*Economic Report of the President*，2006，参见 http://www.gpoaccess.gov/eop/index.html。

> **知识点回顾**
>
> 1. 失业率是什么意思？如何计算失业率？
> 2. 解释经济学家如何根据失业的原因将其分类。
> 3. 充分就业是什么意思？如何衡量？
> 4. 哪些因素会导致美国和欧洲之间的失业率差异？

---

[1]　对于企业而言，相关的劳动成本不是简单地通过支付给工人的工资和福利来衡量。相反，它是由这些工资和福利相对于工人能够生产的产出的成本来衡量。就比如，如果工人生产率保持不变，增加工资将增加成本，如果工资水平和福利保持不变，提高劳动生产率将降低劳动成本。如果更高的生产率使得劳动成本更低，企业将发现扩大就业有利可图。

[2]　Carl Walsh，"The Productivity and Jobs Connection：The Long and the Short Run of It," *Economic Letter*；Federal Reserve Bank of San Francisco，July 16，2004，参见 http://www.frbsf.org；and Mark Schweitzer and Saeed Zaman，"Are We Engineering Ourselves out of Manufacturing Jobs?" *Economic Commentary*，Federal Reserve Bank of Cleveland，January 1，2006，参见 http://www.clevelandfed.org。

通货膨胀

自第二次世界大战以来，美国几乎没有出现过持续的通货膨胀。我们可以将**通货膨胀**（inflation）定义为价格水平的普遍和持续的上涨。我们应该注意到该定义的两个方面。首先，通货膨胀是指平均价格水平的变动。个别价格可能会下跌。例如，在20世纪90年代，计算机的价格下降，而其他许多商品的价格上涨。在通货膨胀时期，价格水平上涨超过价格水平下跌，导致平均价格水平上涨。其次，价格水平的上涨必须是实质性的且持续超过一段时间，而不是一天、一周或一个月。

当发生通货膨胀时，一定量货币的购买力下降。表11-3表明从2000年1月1日至2010年1月1日的不同通货膨胀率水平下，10 000美元的实际价值会发生什么变化。在2%的通货膨胀率下，2010年的10 000美元只能购买价值8 200美元的商品。在10%的通货膨胀率下，2010年相同的10 000美元将只值3 860美元。

表11-3　　　　　2000—2010年通货膨胀对10 000美元实际价值的影响

年度	年通货膨胀率				
	2%	4%	6%	8%	10%
2000	10 000	10 000	10 000	10 000	10 000
2002	9 610	9 250	8 900	8 570	8 260
2004	9 240	8 550	7 920	7 350	6 830
2006	8 880	7 900	7 050	6 300	5 640
2008	8 530	7 310	6 270	5 400	4 670
2010	8 200	6 760	5 580	4 630	3 860

平均价格水平可能会上升也可能会降低。我们将平均价格水平持续下降定义为**通货紧缩**（deflation）。当一些商品和服务的价格下降超过其他价格的上升时，此时也就发生了通货紧缩。美国最后一次通货紧缩发生在20世纪30年代大萧条时期。

□ 衡量通货膨胀：消费者价格指数

通货膨胀最常使用的指标是**消费者价格指数**（consumer price index，CPI）。消费者价格指数由劳工统计局通过对上千个家庭和企业抽样计算得出。新闻报道说"生活成本"上升，比如说3%，通常指的是CPI。

为了构建CPI，劳工统计局选择被认为是对典型美国消费者最关键的约400种商品和服务作为"市场篮子"。然后根据以往的消费支出模式，对这些商品和服务分配权重。主要的商品类别、这些类别的例子，以及它们的权重总结如下：

- 住房供给（主要居住地的租金、燃油、卧室家具），40%；
- 食品和饮料（早餐麦片、牛奶、鸡肉、酒、全套服务餐），16%；
- 交通运输（新车、机票费用、汽油、机动车辆保险），13%；
- 教育和交流（学费、邮寄、电话服务），6%；

- 医疗（处方药、医生、服务、眼镜），5%；
- 服装（男士衬衫、女式服装、饰品），4%；
- 其他商品和服务（理发、丧葬费），16%。

政府的数据收集者每个月都会上门拜访或打电话给上千家零售店、服务机构、租赁单位和医生办公室，遍布美国，以获取有关上千项用来跟踪和衡量 CPI 中价格变化的价格信息。这些收集者每个月记录大约 80 000 种商品和服务的价格，以便计算市场篮子的当前成本。由于购买模式的变化，市场篮子约每十年修订一次。因此，CPI 是用消费者每天的生活支出来衡量通货膨胀。

对于特定基期（目前 1982—1984 年＝100），劳工统计局人为地为市场篮子中的商品和服务设定平均价值。如表 11-4 所示，我们可以看到 2008 年的 CPI 是 215.2。这意味着 2008 年的价格水平比基期价格水平高出约 115.2%。商品和服务的典型一揽子消费在基期值 1 000 美元，在 2008 年则值 2 152（1 000×2.152＝2 152）美元。

有了选定年度的 CPI 之后，我们就可以计算出不同年度之间的通货膨胀率。我们使用如下公式：

$$通货膨胀率＝\frac{给定年度 CPI－以前年度 CPI}{以前年度 CPI}×100$$

例如，假设我们要计算 2007—2008 年的通货膨胀率。如表 11-4 所示，我们可以看到，2007 年 CPI 等于 207.3，2008 年 CPI 等于 215.2。此时两年之间通货膨胀率等于 3.8%，计算公式如下：

$$通货膨胀率＝\frac{215.2－207.3}{207.3}×100＝3.8\%$$

表 11-4　　选定年度的消费者价格指数和通货膨胀率（1982—1984 年＝100）

年度	CPI	年通货膨胀率（%）
2000	172.2	3.4
2001	177.1	2.8
2002	179.9	1.6
2003	184.0	2.3
2004	188.9	2.7
2005	195.3	3.4
2006	201.6	3.2
2007	207.3	2.8
2008	215.2	3.8

资料来源：*Economic Report of the President*，2009.

CPI 可以用来衡量随着年度的变化价格如何改变。比如说，今天（2008 年）你有 10 美元用于购买商品和服务。那么，1950 年你需要多少钱来购买相同数量的商品和服务？给定：

1. 1950 年的 CPI＝24.1
2. 2008 年的 CPI＝215.2

使用如下公式可以计算得出：

$$1950 \text{ 年的价值} = 2008 \text{ 年的价值} \times \frac{1950 \text{ 年的 CPI}}{2008 \text{ 年的 CPI}}$$

$$= 10.00 \times \frac{24.1}{215.2}$$

$$= 1.12$$

在 1950 年购买和 2008 年等量的商品和服务只需 1.12 美元。

CPI 是美国消费者价格和通货膨胀趋势信息的主要来源。消费者价格指数被用作许多工会工人的工资、社会保障金、联邦政府和军队退休人员退休工资以及如食品券和学校午餐等福利项目的调整依据。此外，许多银行也将对抵押贷款、汽车贷款、个人贷款收取的利率和 CPI 联系到一起。而且，个人所得税级和个人免税额向上调整也会造成部分通货膨胀。美联储也会基于由 CPI 衡量的通货膨胀率来制定货币政策。

虽然 CPI 被用来衡量一个典型城市家庭的生活成本，但它仍然是不完善的。消费者价格指数的一个缺点是：人们的购买模式改变，人们实际花费在"生活"上的支出也会随之改变，比如熏肉和鸡蛋。当一些商品的价格上涨时，人们改用更便宜的商品。因此，CPI 夸大了实际的生活成本。

CPI 的另一个问题是固定市场篮子未能跟上更好商品的发展，如电脑的内存更高、运行速度更快。一台新电脑的价格可能会高一些，但它的功能可能会比旧型号要改进很多。提价可能部分反映了更高的质量，而不是相同商品卖出更高的价格。在商品质量提高的程度上，CPI 高估了通货膨胀率。

另外，CPI 忽略了价格折扣。如 OfficeMax、好市多（Costco）、家得宝（Home Depot）和沃尔玛这样的新型折扣店已经比它们的竞争对手提供更低的价格，并以此获得了更高的市场份额。再一次，CPI 高估了通货膨胀率。由于这些原因，大多数经济学家认为 CPI 高估了通货膨胀，但目前在高估程度方面还未有定论。

除了 CPI，也有其他价格指数可用来衡量经济中的价格变化。生产者价格指数（producer price index，PPI），原名批发价格指数，指的是随着时间的变化，国内生产并消费的商品的平均价格水平的变动。该指数包括消费品和资本设备的价格，但不包括服务的价格。PPI 的主要用途是紧缩收入来源以衡量产出的实际增长。其他广泛使用的价格指标包括 GDP 平减指数，这在第 10 章讨论过。GDP 平减指数衡量的是经济中所有新的、国内生产的最终商品和服务的价格水平。GDP 平减指数是对美国家庭、政府和企业商品采购成本的衡量，因此作为国内通货膨胀的衡量指标。

▶ **经典案例** **社会保障生活成本津贴：不增加每月费用则很难保障老年人生活**

雇用合同、养老金和政府赋予的权利有时与一个生活成本指数相关，这个指数一般为消费者价格指数（CPI）。生活成本津贴对收入进行调整，通常每年基于生活成本指数的变动调整收入。现在考虑社会保障的情况。

2009 年，负责社会保障的信托人预计，受助人在以后年度的每月支票将不会增加，这是第一次出现社会保障支付不会上升的情况。原因是什么？纵观 2009 年，通过 CPI 可以看出通货膨胀是负的,很大一部分原因是能源价格低于 2008 年的水平。因此,不存在由通货膨胀导致的生活成本的自主增加。自 1975 年的自主增加被采纳后,这从来没有发生过。

根据法律,社会保障福利并不会下降。但是,对于联邦医疗保险处方药计划中数以百万计的老人来说,每月支付将减少,这是因为从社会保障金中扣除的保险费在上升。

社会保障法规的拥护者认为因为负通货膨胀,社会保障支票将有更强的购买力,因此没有必要增加每月支票。他们还指出,社会保障受助人在 2009 年一次性获得作为政府经济刺激计划一部分的 250 美元款项。虽然退休人员声称没有了生活成本津贴他们的利益似乎会受到损害,但是根据拥护者的看法,退休人员事实上并没有受到损害。

然而,美国退休人员协会认为,老年人仍然面临较高的成本,因为他们花费了与收入不成比例的医疗成本,这些医疗成本的上升快于由 CPI 衡量的通货膨胀。许多人还因为住房价格下降、股票组合缩水而遭受损失,这些资产是他们获取收入的来源。因此,美国退休人员协会认为,即使 CPI 并没有说明通货膨胀,对于退休人员来说,社会保障制度下较高的每月支票仍然是合理的。

资料来源:"Stick by Social Security Rules:No Inflation,No Cost of Living Increase," *Yakima Herald-Republic*,August 27,2009,p. 4-A;and "Millions Face Shrinking Social Security Payments," AARP *Bulletin Today*,August 23,2009.

通货膨胀有利于谁? 又不利于谁?

为什么经济学家关心通货膨胀?正如我们所看到的,通货膨胀可以极大地影响国民生活标准。它也可以影响经济行为,对经济运行的影响显著。

□ 通货膨胀和收入的购买力

无论通货膨胀率是多少,有趣的是可以据此知道是你战胜了通货膨胀还是通货膨胀干扰了你。换句话说,你的名义收入增长率是比通货膨胀率高还是相等,抑或是低?

要回答这个问题,我们必须根据价格水平调整名义收入。**名义收入**(nominal income)是在一年内收入的货币数量。**实际收入**(real income)是经过价格水平调整之后的货币数量。因此,实际收入衡量的是你的实际购买力,也就是说可以用名义收入购买的商品和服务的数量。实际收入的计算方法如下:

$$实际收入 = \frac{名义收入}{CPI} \times 100$$

这个公式可以帮助我们确定我们是否战胜了通货膨胀。

例如,假设艾米丽的名义收入从 2007 年的 50 000 美元上升到 2008 年的 56 000 美元,增长了 12%。此外,假设 CPI 从 2007 年的 207.3 上升到 2008 年的 215.2,增长了 3.8%。由于艾米丽的名义收入增长率高于通货膨胀率,所以她战胜了通货膨胀。换句话说,她的实际收入从 2007 年到 2008 年上升了。使用上述公式,我们可以计算出她的实际收入。如下所示：

$$实际收入_{2007}＝(50\ 000/207.3)×100＝24\ 120$$
$$实际收入_{2008}＝(56\ 000/215.0)×100＝26\ 022$$

艾米丽的实际收入从 2007 年的 24 120 美元上升到 2008 年的 26 022 美元。

上面的例子说明了通货膨胀如何影响实际购买力。结论是：如果名义收入增长率高于通货膨胀率，那么你的购买力上升。但是，如果通货膨胀率高于名义收入增长率，那么你的购买力下降。

关于收入的购买力，你有没有想过全世界各地的巨无霸汉堡的成本是多少？如表 11－5 所示，每年《经济学人》（The Economist）都会发布所谓的巨无霸指数。例如，表中最便宜的汉堡在南非以 1.66 美元的价格出售，而美国的平均价格是 3.54 美元。美国游客会发现巨无霸汉堡在南非是一个不错的选择。

表 11－5　　　　　　　　　　　2009 年巨无霸汉堡的价格

国家	巨无霸价格 （当地货币价格）	巨无霸价格 （美元价格）
挪威	40.00 克朗	5.79 美元
瑞士	6.50 瑞士法郎	5.60 美元
丹麦	29.50 克朗	5.07 美元
美国	3.54 美元	3.54 美元
巴西	8.02 雷亚尔	3.45 美元
墨西哥	33.00 比索	2.30 美元
俄罗斯	62.00 卢布	1.73 美元
南非	16.95 兰特	1.66 美元

资料来源："Big Mac Index," The Economist，February 4，2009，参见 http://www.economist.com。

□ 从贷款人到借款人的财富再分配

通货膨胀对贷款人和借款人的影响是什么？在通货膨胀是意料之外的情况下，通货膨胀会区分出赢家和输家。如果通货膨胀高于预期，赢家是那些在未反映出高通货膨胀的利率水平下借入资金的人，输家是那些在该利率水平下借出资金的人。换句话说，意料之外的通货膨胀有利于债务人，因为在贷款期内债务人需偿还的美元的货币购买力将降低。因此，借款人偿还本金和利息时，其贷款的实际价值小于借款时的价值。结果是，意料之外的通货膨胀导致贷款人的购买力降低。

联邦政府是从意料之外的通货膨胀中受益的另一个债务人。历史上，联邦政府已经通过销售国债和其他债券向公众借款为其预算赤字融资。意料之外的通货膨胀使得联邦政府可以使用实际购买力更低的美元还清债务。因此，意料之外的通货膨胀降低了联邦政府公共债务的实际负担。

事实上，意料之外的通货膨胀可能会导致从贷款人到借款人的财富再分配。但是，如果通货膨胀是稳定的且可以预测的，许多人将会修正对货币购买力的预期，从而避免因通货膨胀导致的实际收入下降。例如，如果富国银行（Well Fargo Bank）的信贷人员正确预期通货膨胀，她可以通过将通货膨胀溢价加入她对新汽车或房地产贷款收取的名义利率中去，避免通货膨胀对她的银行实际收入的不必要影响。额外的名义利率补偿了银行因通货膨胀带来的货币购买力损失。

□ 通货膨胀和实际利率

通货膨胀也可能会伤害储蓄者和投资者。例如，假设你有2年的定期存款，年利率为6％。如果年通货膨胀率是10％，每年你的储蓄将会减少。虽然你可以获得年利率为6％的利息支付，但是利率低于10％的通货膨胀率。其结果将是你的购买力下降。

银行支付的利率叫作**名义利率**（nominal interest rate），经过通货膨胀调整之后的利率叫作**实际利率**（real interest rate）。名义利率和实际利率之间的关系由以下公式给出：

实际利率＝名义利率－通货膨胀率

实际利率是名义利率与通货膨胀率的差额。虽然名义利率总是正数，但是实际利率可以是负数。当实际利率为负时，储蓄者和贷款者都会受到伤害，因为利息跟不上通货膨胀的速度。表11-6显示了2003—2008年美国的实际利率和名义利率。

因为通货膨胀降低了人们的货币购买力，威胁了人们的金融福利，所以人们正在积极寻找回报率超过通货膨胀率的投资，如股票、债券和其他许多金融工具。然而，当回报率被通货膨胀修正后，投资者有时会看到回报率为负数。

表11-6　　　　　　　2003—2008年的名义利率和实际利率（％）

年度	名义利率*	通货膨胀率	实际利率
2003	1.0	2.3	－1.3
2004	1.4	2.7	－1.3
2005	3.2	3.4	－0.2
2006	4.7	3.2	1.5
2007	4.4	2.8	1.6
2008	1.4	3.8	－2.4

*3个月国债。
资料来源：Federal Reserve，*Statistical Releases*，参见 http://www.federalreserve.gov.

1996年，美国政府宣布打算发行第一个与通货膨胀率挂钩的美国债券。这个指数债券被称作美国财政部通货膨胀保值债券（Treasury inflation-protection securities，TIPS），首次在1997年出售。现在，美国的投资者可以购买这样一个金融工具，能够阻止消费者价格指数提高带来购买力的损失。

□ 通货膨胀和纳税人

通货膨胀伤害了纳税人，因为在税收法案没有任何明确变化的前提下通货膨胀提高了税额。其原因是美国税收制度一部分是基于名义收入而不是实际收入。

我们将考虑1985年之前存在的联邦所得税制度。在那个时代，个人所得税的累进结构确保在通货膨胀时期随着收入的上升，大多数纳税人的平均税率上升。换言之，税单的调整速度并不是和通货膨胀一样快，实际上它们的增长速度更快。

例如，假设从第 1 年到第 2 年平均价格水平上涨了 10%。假设爱丽丝的劳动合同中有一条生活成本条款，使她的名义工资从第 1 年到第 2 年增加了 10%。在表面上看来，她战胜了通货膨胀。然而，这并不能解释一个事实，即名义收入上升 10% 将使爱丽丝承担一个更高的税率，使其缴纳更多的税。尽管爱丽丝的名义收入与通货膨胀保持同步，但是因为通货膨胀使她支付了更高的税，所以她的实际收入下降了。爱丽丝的实际收入被重新分配给政府，最终到达那些从政府支出中获利的人。请注意，尽管这时国会没有采取任何明显的增加税收的行动，但实际上爱丽丝的税率提高了。批评者称这种情况为无代表性的税收。

为了防止联邦个人所得税制度导致的实际收入的再分配，1985 年，美国政府将个人所得税与物价挂钩。征税等级和个人免税额每年都会被修正以反映通货膨胀率。因此，只有当实际收入增加，而不仅是单纯的通货膨胀导致的收入增加，家庭才会被推到一个更高的征税等级。

□ 房产权对冲通货膨胀

通货膨胀的一个潜在对冲是房产权。当你完成你的大学教育，进入工厂后，你可能会发现买房子是一项很好的投资，这比年复一年地租住在永远不会是你的房子里更好。表 11 - 7 显示了 2008 年购买一套新房子的平均成本和财务条款。

如果你决定买一套房子，你必须考虑你的支付能力和你可以借多少钱。大多数抵押贷款机构要求你至少支付购买价格的 10% 作为首付，并且手上有足够的现金来支付借款手续费。借款手续费包括备案费、抵押和房地产税、律师费以及几个点。"点"是向贷款人支付的预付利息费用。1 点等于抵押贷款金额的 1%，通常需要支付 2～3 个点。例如，如果你借入 100 000 美元的抵押贷款，你可能需要支付 3 000 美元作为贷款的服务费（点）。

表 11 - 7　购买一套新房子的成本

2008 年普通新房的抵押贷款		抵押贷款的利率			
		贷款	7.00%	7.50%	8.00%
条款		100 000 美元	665 美元	699 美元	734 美元
购买价格	353 500 美元	150 000 美元	998 美元	1 049 美元	1 101 美元
贷款金额	253 400 美元	200 000 美元	1 331 美元	1 398 美元	1 468 美元
贷款-购买价格比	71.7%	250 000 美元	1 663 美元	1 748 美元	1 834 美元
到期	28.6 年	300 000 美元	1 996 美元	2 098 美元	2 201 美元
费率	1.1%	400 000 美元	2 661 美元	2 797 美元	2 935 美元
		500 000 美元	3 326 美元	3 496 美元	3 669 美元
利率	5.93%	600 000 美元	3 991 美元	4 195 美元	4 403 美元

贷款人一般要求你将总收入的 28% 用于支付你的抵押贷款、财产税和房主保险。即使你满足这一要求，可是如果你的抵押贷款支出和其他定期债务支付（学生和汽车贷款）超过总收入的 36%，你仍然可能会被拒绝。

如果你从抵押贷款银行借款，你可以选择一个固定利率抵押贷款或可调整利率抵押贷款（adjustable-rate mortgage，ARM）。你的最佳选择取决于你的可用现金、你搬家的频率，最重要的是你认为利率会上升还是下降。

固定利率贷款或传统抵押贷款自20世纪30年代以来一直存在。根据贷款年限设定总利息和每月付款额。分期（15年、20年或30年）支付相等的本金和利息（通常按月）。你清楚地知道你需要支付的金额以及支付的时间。即使利率上升，你每月的抵押贷款也不会上升。然而，如果利率下降，你也不会受益。[①]

20世纪80年代推出可调整利率抵押贷款，以帮助更多的借款人有资格获得抵押贷款，并通过让借款人支付更高的利息成本以保护贷款人。一项可调整利率抵押贷款有一个定期变化的可变利率，比如一年一次，这会反映借款成本的波动。贷款人将可变利率与另一个利率联系起来，如一年期美国国债利率。由于美国国债的利率波动，所以你的抵押贷款利率以及你每月的抵押贷款也会波动。

相对于固定利率抵押贷款，通常可调整利率抵押贷款初始利率更低，交易费用也更低。另外，如果其他利率下降，一项可调整利率抵押贷款的利率也将下降。但是要记住，如果可调整利率抵押贷款利率上升，你将支付更多的利息。可调整利率抵押贷款有其局限性，即可以收取超过合同有效期的利息金额。

■ 严重通货膨胀的影响

在严重的通货膨胀时期，即年通货膨胀率大于或者等于10％，经济可能会改变其运行状态。因为收入的上涨无法赶上物价上涨的步伐，很多人都觉得沮丧。他们无法规划未来的开支，因为他们不知道他们的钱以后还可以买多少东西。

在通货膨胀时期，一些消费者通过比平时更多地消费对抗通货膨胀的影响。当房地产价格可能会进一步上涨时，许多消费者通过借钱或使用信用卡进行大额支出，而不是以后再消费。此外，一些消费者可能会互相提供服务、自己维修以及自己做衣服。

有些人试图投资于价值快速提升的物品，以保护自己免受通货膨胀的影响，包括金条、稀有邮票、金银币、钻石和艺术品。很多人在通货膨胀时期购买房地产，因为土地和建筑物的价值往往会在这一时期迅速增加。

一些企业可能会在通货膨胀时期繁荣，包括折扣店、信用卡机构、追收逾期债务的机构。类似于大型家电和汽车（很多人买不起）的租赁企业在这一期间也茁壮成长。

一个国家有可能经历**恶性通货膨胀**（hyperinflation），即快速和无法控制的通货膨胀，这会破坏经济。例如，1918年一战结束后，恶性通货膨胀造成德国经济崩溃。德国政府战后印刷了大量货币为自身经济提供资金。因此，从1922年8月至1923年12

现代经济学原理（第六版）

[①] 如果利率下降，你在往后25年里还会坚持你的固定贷款利率吗？不会的，你肯定想要以一个更低的固定利率贷款，因为这会降低你的融资成本。但是再融资会使你不得不再次承担抵押贷款的手续费，而且需要重新申请、信用审查以及接受调查等。因此再融资时你必须支付一笔不小的结算费用和预付费用，尽管你只是贷款几年而已。虽然具体情形不同，但一个通用的准则就是：再融资如果能够让你相比现在来说支付的利率减少2％，那就是值得的。

月，德国的价格水平上涨超过百分之一万亿。1923 年，1 美元的价值超过 4 万亿德国马克！很多德国人开始烧掉自己的纸币，因为这是比木柴更便宜的燃料。

恶性通货膨胀给德国经济造成了创伤。企业家发现理性的经济计划是不可能的。因为员工频繁要求增加工资，企业利润下降。企业通常每天支付工人的工资，甚至有时每天 2 次、3 次支付工人的工资，这样工人就能够在下午价格必然上升之前在上午购买商品。工人们士气低落，不愿工作，因为他们的钱变得一文不值或几乎一文不值。此外，餐厅的顾客在订餐时发现，他们不得不支付比菜单上列出的价格更高的价格。而且，人们热衷于投机，扰乱了生产。其结果是从 1923 年 9 月 1 日到 12 月 15 日，失业率增长了 600%。随着恶性通货膨胀的加剧，人们在零售商店的货架上找不到商品。事实上，恶性通货膨胀使德国的中产阶级深受重创，影响了政府的政策。

通货膨胀的起因

回想一下，通货膨胀是价格水平普遍和持续的上升，价格是买方需求和卖方供给决策相互作用的结果。因此，导致市场买方或者市场卖方发生变动的因素都可能会造成通货膨胀。买方需求增加导致的通货膨胀称为**需求拉动型通货膨胀**（demand-pull inflation）。卖方供给增加导致的通货膨胀称为**成本推动型通货膨胀**（cost-push inflation）。

最常见的通货膨胀是需求拉动型通货膨胀，即买方购买商品和服务的需求超过卖方提供商品和服务的能力时形成的价格上涨。企业不能应对这种过度需求，因为所有可用资源都已充分利用。需求拉动型通货膨胀通常被描述为"过多的货币追逐过少的商品"。

但是，有的经济学家认为通货膨胀是由市场卖方造成的。当企业提高价格以应对成本的增加时，其结果就是成本推动型通货膨胀。然后工人就会要求增加工资以跟上上涨的价格，这样就会导致工资提高。如果工资和价格上涨，但是产量没有提高，商品和服务的供给就不能满足需求。

知识点回顾

1. 通货膨胀是什么意思？如何衡量通货膨胀？
2. 通货膨胀对谁有利？对谁不利？
3. 通货膨胀的起因是什么？

本章小结

如果有限数量的企业控制某些商品的供给，成本推动型通货膨胀也会发生。20 世纪 70 年代石油价格的上涨就是一个很好的例子。在此期间，石油输出国组织限制石油的供给，哄抬价格，从而赚取更高的利润。因为石油是用于制造其他商品的资源，所以这些商品的成本也会上涨，引发成本推动型通货膨胀。

本章考虑了经济周期、失业、通货膨胀对经济的影响。在下一章中，我们将使用总需求曲线和总供给曲线来分析宏观经济不稳定的原因。

1. 经济周期是指经济活动水平在数年内反复跌宕起伏。尽管各个经济周期可能在强度和持续时间上各不相同，但是我们可以把每一个经济周期分为四个阶段：峰顶、衰退、谷底和复苏。

2. 当实际GDP至少连续两个季度下降时，经济就处于衰退期。萧条是一种程度非常重且漫长的经济衰退。因为之后没有哪一次经济衰退接近大萧条的严重程度，所以术语"萧条"常常用来指20世纪30年代的衰退。

3. 许多经济学家认为，总支出的变化是国内产出和就业的直接决定因素。然而，其他经济学家认为，经济周期是由市场上供给方面的变化导致的，比如技术进步或自然资源的减少。

4. 失业率是失业者数量除以劳动力数量。尽管经济学家在计算失业率时非常谨慎，但是失业率在涉及兼职就业和消极的工人的计量问题方面仍然存在问题。

5. 不是每个失业者都出于同样的原因失业。经济学家将劳动市场上的失业分为摩擦性失业、周期性失业和结构性失业。为了减少失业带来的成本，政府采取了很多方案，比如教育和培训计划以及失业保险。

6. 经济学家将没有周期性失业的失业率称为自然失业率。自然失业率是摩擦性失业和结构性失业共同导致的，这也是经济学家眼中的充分就业。大多数经济学家估计自然失业率为4%～6%。

7. 通货膨胀是价格水平的普遍和持续的上涨，通货紧缩是平均价格水平的持续下降。通货膨胀最常使用的指标是消费者价格指数。

8. 通货膨胀导致固定收入的购买力下降，使财富在贷款人和借款人之间再分配，降低储蓄的实际利率，并为政府增加税收收入。

9. 导致市场买方或者市场卖方发生变动的因素都可能会造成通货膨胀。买方需求增加导致的通货膨胀称为需求拉动型通货膨胀。卖方供给增加导致的通货膨胀称为成本推动型通货膨胀。

▋关键术语

经济周期	峰顶
衰退	谷底
复苏	萧条
失业者	消极的工人
摩擦性失业	结构性失业
周期性失业	失业保险
自然失业率	充分就业
通货膨胀	通货紧缩
消费者价格指数（CPI）	名义收入
实际收入	名义利率
实际利率	恶性通货膨胀
需求拉动型通货膨胀	成本推动型通货膨胀

▋自测 （单项选择）

1. 经济周期的转折点是（　　　）。

a. 峰顶

b. 衰退

c. 萧条

d. 复苏

2. 如果消费者价格指数增长 5%，海伦的名义收入增长 3%，那么她的实际收入（ ）。

a. 增长 8%

b. 增长 2%

c. 下降 2%

d. 下降 8%

3. 虽然经济各个部门都会受到经济周期的影响，但是（ ）行业往往受经济周期影响最大。

a. 耐用品

b. 非耐用品

c. 企业服务

d. 消费者服务

4. 失业率是指（ ）的百分比。

a. 劳动力中失业人口

b. 总人口中失业人口

c. 劳动力中已被解雇或停职人员

d. 总人口中已被解雇或停职人员

5. 大学毕业后，约翰开始找工作。两个月后，休利特雇用他为系统分析师。在这期间，约翰的情况是（ ）。

a. 结构性失业

b. 周期性失业

c. 摩擦性失业

d. 季节性失业

6. 自然失业率也就是经济学家眼中的充分就业，是指（ ）的总和。

a. 摩擦性失业

b. 摩擦性失业和周期性失业

c. 结构性失业和周期性失业

d. 以上都不是

7. 相比于美国，欧洲近几年经历了较高的失业率。以下哪一项不是造成这种差异的似乎可信的理由？（ ）

a. 欧洲经济的非工会部门相对较高的工资

b. 欧洲经济的工会控制的部门相对较高的工资

c. 欧洲立法规定相对较高的最低工资

d. 欧洲相对较低的福利

8. 美国最常用来衡量通货膨胀的指标是（ ）。

a. 批发价格指数

b. 企业价格指数

c. 消费者价格指数

d. 生产者价格指数

9. 假设在 2004 年你有 10 美元用于购买产品和服务。1960 年的消费者价格指数等于 24.1，2004 年的消费者价格指数等于 160.5。那么在 1960 年购买等量的产品和服务需要（ ）。

a. 1 美元

b. 1.25 美元

c. 1.50 美元

d. 1.75 美元

10. 假定在 1950 年，观看一场棒球比赛的成本是 25 美分。1950 年的消费者价格指数等于 24.1，2006 年的消费者价格指数等于 160.5。2006 年观看一场棒球比赛的成本是多少？（　　）

a. 1.27 美元

b. 1.41 美元

c. 1.53 美元

d. 1.67 美元

■ 问答与应用

1. 假设劳工统计局宣布，所有美国成年人中有 12 900 万人就业，有 700 万人失业，有 300 万人不是劳动力，200 万兼职工人正在寻找全职工作。失业率是多少？

2. 讨论 9% 的年通货膨胀率对下列人员会造成的影响：

a. 承受巨额贷款债务的学生；

b. 享受固定退休金的退休护士；

c. 有支付 4% 利率的固定储蓄的个人；

d. 生活成本调整纳入劳动合同的汽车工人。

3. 如果去年消费者价格指数为 155，今年为 160，求今年的通货膨胀率。

4. 怎样同时实现名义收入增加，而实际收入下降？

5. 假设你的存折储蓄账户的利率是每年 4%，而今年的通货膨胀率是 5%。作为一个储蓄者，这对你是有利还是不利？

6. 假定消费者价格指数在 1960 年等于 50，在 1990 年等于 150。假设 1990 年你有 60 美元购买产品和服务，那么在 1960 年购买等量的产品和服务需要多少钱？

7. 1914 年，亨利·福特付给员工的工资为每天 5 美元。如果消费者价格指数在 1914 年等于 11，在 1997 年等于 161，那么福特所付的薪水在 1997 年价值多少？

8. 如表 11-8 所示，分别计算 2001 年、2002 年、2003 年的通货膨胀率。同时计算每年的实际工资。

表 11-8　　　　　　　　　　　　通货膨胀和实际工资

年度	CPI	通货膨胀率（%）	名义工资（美元）	实际工资（美元）
2000	100		12.00	
2001	106		14.00	
2002	110		15.00	
2003	112		15.50	

9. 假设 CPI 指的是每年的价格水平。如表 11-9 所示，计算 2001 年、2002 年、2003 年的实际利率。

现代经济学原理（第六版）

表 11 - 9　　　　　　　　　　　　名义利率和实际利率

年度	通货膨胀率（%）	名义利率（%）	实际利率（%）
2001	6	8	
2002	3	3	
2003	5	4	

10. 恶性通货膨胀如何导致衰退？

第 12 章

宏观经济不稳定性：
总需求和总供给

本章目标

通过本章的学习，你应该能够：

1. 解释为什么古典经济学家认为经济会自动形成充分就业，以及为什么凯恩斯认为市场经济在本质上是不稳定的。

2. 构建关于总需求和总供给的宏观经济模型，理解短期内价格和产量如何决定。

3. 运用总需求–总供给模型来分析经济衰退和通货膨胀的原因。

4. 区别需求拉动型通货膨胀和供给推动型通货膨胀。

5. 了解政府用来对抗衰退或者通货膨胀的政策。

背景资料

20 世纪 90 年代末美国消费者的状况是最好的：失业率下降，实际工资增长。随着收入的提高，消费者陷入了消费狂欢。

玛丽·安·特恩奎斯特（Mary Ann Turnquist）是一个典型的美国消费者。1999 年，她和她的丈夫弗雷德（Fred）在科罗拉多州博尔德市花费 398 000 美元购买了一个有 4 间卧室的房子。随后，他们花费 3 500 美元用于购买家具，花费 7 000 美元购买新的厨房和洗衣设备。因为玛丽是该州法院职员，弗雷德是卡车机械师，所以他们并不担心他们的工作安全性以及偿还抵押贷款的问题。因 1999 年经济的强劲趋势，他们完全有权利感到安全。大多数其他美国人也是如此。

事实上，消费者有足够的现金用于消费，从而支持他们的消费狂欢。例如，稳定的工资增长促使匹兹堡的帕姆·米勒（Pam Miller）购买新的福特金牛座（Taurus）轿车以代替水星（Mercury Sable）轿车。这款使用了 5 年的水星牌轿车并没有毛病，但是帕姆说他有额外的现金用于购买新车。

在 20 世纪末 21 世纪初，薪水进一步提高，这要归功于处于经济危机的亚洲的廉价

现代经济学原理（第六版）

进口商品所带来的低通货膨胀率。此外，较低的抵押贷款利率使得更多的家庭拥有自己的住房。而且，分期付款消费在实际工资中的比例有所下降，这给消费者更多的自由减少房屋净值贷款，以用于计算机消费、大学学费和假期消费等。另外，股市的"牛市"能够继续增加家庭财富。

然而，依赖于消费者的经济存在一定的风险。如股票价格大幅下降这类突发性冲击可能会导致消费者感觉财富减少并收紧他们的荷包，导致企业库存增多，劳动力过剩。另一个风险是所有消费者会过度购买。过度支出可能导致经济过热，劳动力竞争可能会提高劳动力成本，从而导致通货膨胀。如果这一趋势持续，企业开始提高价格，美联储可能会猛踩货币政策的刹车装置，或许这会推动经济陷入衰退。

事实上，美国经济的增长是不平衡的。在大多数年份，商品和服务的产出上升是资本存量增加、劳动力增加和技术进步的结果。但是，在某些年度，经济增长并不会发生。企业发现无法卖出其生产的商品和服务，因而关闭工厂，解雇工人。其结果是，实际GDP下降。

宏观经济学的核心焦点是什么原因导致经济活动的短期波动，以及如果可以，政府怎么做才可以在不带来通货膨胀的情况下促进充分就业。要回答这些问题，我们需要宏观经济模型。大多数经济学家使用总需求-总供给模型。在本章中，我们将使用总需求-总供给曲线，这将帮助我们分析经济衰退和通货膨胀的问题。

宏观经济的稳定性

宏观经济的稳定性和家庭、企业以及政府密切相关。让我们来看看关于这一主题的古典经济学观点与凯恩斯主义观点。

□ 古典经济学观点

在20世纪30年代的大萧条前，一些被称为**古典经济学家**（classical economists）的经济学家主导着经济思想。根据古典经济学家的观点，市场经济自动调节，以实现充分就业。尽管经济低迷可能会迫使生产者降低产量，解雇工人，但是经济衰退是短暂的。由于古典经济学家认为经济衰退是暂时的，所以他们认为政府不应该干预经济。

古典经济学家的乐观是建立在完全弹性工资和弹性价格的假设之上。这些经济学家认为，在经济衰退期间，如果一些工人失业，他们将会通过降低工资要求以提升对雇主的吸引力。随着工资的不断下降，企业会发现雇用工人更有利可图。其结果是，工资下调将保证每一个想找工作的人都会得到工作。

古典经济学家认为，弹性价格也有利于消除经济衰退。在经济衰退期间，企业的产品需求下降。要清除市场的供给过剩，它们愿意接受降价。如果价格下降得足够多，所有产品都可以售出。因此，消费者需求的下降并不会导致工人失业。

古典经济学家还认为，不可能出现消费者购买不足、生产过剩的情况。这个论点是基于 19 世纪的经济学家让·巴蒂斯特·萨伊（Jean-Baptiste Say）创立的**萨伊定律**（Say's Law）。萨伊定律认为："供给创造自己的需求。"生产（供给）将创造购买产品所必需的收入。因此，总是会有足够的支出来购买充分就业时的产出。所以，根据古典经济学家的观点，生产过剩是不可能发生的。简单地说，古典模型试图解释在长期内推动经济实现充分就业的行为。

□ 大萧条

虽然古典经济学家所倡导的长期失业是不可能的，但是大萧条对他们的理论来说是一个致命的打击。全球经济衰退持续了超过十年。在现代社会中这是经济活动低迷和高失业率出现的最糟糕也是持续时间最长的一段时期，甚至还导致了一些国家更换它们的领导和政府。[①]

大萧条始于 1929 年 10 月，当时美国的股票价格急剧下降。成千上万的股东遭受重大损失，甚至破产。工厂、银行、店面关闭，数百万人失业，身无分文。许多美国人不得不依赖于慈善机构或政府提供的食品和其他必需品。大萧条几乎影响到每一个国家。随着第二次世界大战的开始，美国增加了战争物资输出，大萧条逐渐结束。生产水平的不断提升提供了就业机会，并使大量资金流通。

大萧条是由多种因素造成的。在 20 世纪 20 年代，许多银行倒闭，农民和工人收入也很低，为大萧条设定了基调。低迷的农产品价格沉重打击了农民。尽管工业生产在 1920 年急剧上升，工厂工人的收入增长仍然较慢。因此，工人们购买商品的速度慢于工厂生产的速度。大多数经济学家认为，1929 年的股市崩盘引发了大萧条。大肆炒作促使人们购买股票，预期未来价格上涨以获得更多的利润，进而导致了大萧条。当股票价格在 1929 年显著下降时，很多投资者开始恐慌，亏本卖出巨额股票。

1925 年，全国大约 3％ 的工人失业。失业率在 1930 年上升至 9％，在 1933 上升至 25％。许多美国人不得不接受减薪以维持或找到工作。1932 年，工资平均下调约 18％。包括大学毕业生在内的许多人找到任何工作都会感到幸运。1932 年，纽约市警察局估计，有 8 000 名 17 岁以上市民以卖铅笔或擦皮鞋为生。20 世纪 30 年代的流行歌曲《兄弟，能给我一毛钱吗？》象征着美国人的绝望。

大萧条开始之初，赫伯特·胡佛（Herbert Hoover）担任总统。他认为，如果没有政府监管，企业自己会纠正经济衰退。他否决了几个旨在抑制大萧条的议案，因为他认为这些议案给联邦政府提供了太多的权力。相反，他认为给穷人提供援助是国家的责任。由于大多数美国人认为胡佛没有有效抑制大萧条，富兰克林·罗斯福（Franklin Roosevelt）在 1932 年当选总统。

罗斯福认为，联邦政府对抑制大萧条承担着主要责任。他召开国会特别会议，颁布立法，以帮助有需要的人。罗斯福将此次举动称为新政。新法律给各州分配很多资金以帮助穷人，建设如公路、公园、学校、桥梁和水坝这类公共项目以提供就业机会。联邦

現代經濟學原理（第六版）

---

① John Kenneth Galbraith, *The Great Crash，1929*（New York：Houghton Mifflin，1979）；and Robert Stobel，"The Great Depression," in *World Book Encyclopedia*（Chicago，1988），pp. 363－367.

政府还降低进口商品的关税，其他国家也同意降低对美国的关税，这有助于消费复苏和增加出口。国会还建立相应机构来监督银行，防止不正当劳动行为，防止投资者购买不安全的股票和债券。1935 年，国会通过了《社会保障法》（Social Security Act），为退休和失业人员提供资金。虽然新政并没有结束大萧条，但它确实提供经济救济以及让更多的美国人对联邦政府产生信任。

大萧条改变了许多美国人对企业和联邦政府的观点。大萧条之前，大多数人认为银行家和企业高层管理人员控制了国家领导人。股市震荡以及国家首脑不能促进繁荣之后，许多美国人对他们失去了信任。他们认为，政府而不是企业应承担稳定经济的责任。此时凯恩斯出现，他强调一个积极的政府，从而影响了经济思想和政策制定。

□ 凯恩斯主义的观点

1936 年，大萧条发生期间，英国经济学家**约翰·梅纳德·凯恩斯**（John Maynard Keynes）创立了用于解释经济长时间低迷的理论。[1] 根据凯恩斯和他的追随者们的观点，市场经济本质上是不稳定的，大萧条不是意外：发生在一个经济部门的负面冲击可以迅速影响到其他行业，导致总产出和就业减少。虽然古典经济学家可能已经能够解释长期的经济运行，但是按照凯恩斯的理论，长期可能需要很长时间才能到来。因此，凯恩斯构建了侧重于解释短期经济波动的宏观经济模型。

凯恩斯与古典经济学家的主要分歧是：凯恩斯认为价格和工资没有足够的弹性以保证充分就业。根据凯恩斯的理论，价格和工资下行时更不具备弹性，或者说是"黏性"的。凯恩斯认为，即使需求疲软，强大的工会和大型企业将抵制工资和价格的降低。因此，经济衰退期间产出和就业下滑。

凯恩斯主义经济学的本质很简单：经济活动水平取决于消费者、企业和政府的总支出。如果企业预期是悲观的，投资支出将减少，导致一系列总支出减少。如果发生这种情况，经济可能进入并保持在萧条期。

凯恩斯认为，因为市场经济是不稳定的，积极的政府必须进行干预，以保护就业和收入。为了避免萧条，凯恩斯建议政府增加支出，降低利率，并提供更多的贷款资金。他认为，这些行动会鼓励投资和消费支出，进一步使国内产出、就业和收入大幅增加。简单地说，凯恩斯是现代混合经济的支持者，认为政府在经济低迷时期应该增加支出从而提高需求和就业的整体水平。

凯恩斯的想法改变了许多经济学家的思想，在 20 世纪 40—50 年代被越来越多的学院和政府机构接受。到了 20 世纪 60 年代，大多数经济学派已经认同了他的理论。宏观经济学成了凯恩斯经济学，随后古典模型被大多数经济学教科书淘汰。

但是，凯恩斯经济学的反对者在 20 世纪 70—80 年代出现了。如今，许多经济学家发现不足以解释短期经济波动的古典理论在解释长期经济趋势方面非常有用。凯恩斯主义经济学的政策方针将在第 13 章和第 15 章进一步讨论。

① John Maynard Keynes, *The General Theory of Employment*, *Interest*, *and Money* (New York: Harcourt, Brace, 1936).

1. 为什么古典经济学家认为市场经济会自动形成充分就业？

2. 为什么凯恩斯认为市场经济在本质上是不稳定的，以及为什么说大萧条不是意外？试着进行解释。

3. 根据古典经济学家和凯恩斯主义的观点，分别解释政府在经济中应该承担的责任。

总需求和总供给

让我们根据凯恩斯主义的观点来构建总需求-总供给模型，以了解在短期内产量和价格如何确定。

正如我们用市场需求曲线和市场供给曲线分析单一市场一样，我们用总需求-总供给模型分析总体经济波动。该模型见图 12-1。纵轴是经济的平均价格水平，由消费者价格指数来衡量。横轴是商品和服务的总数量。因为我们加入许多不同种类的商品和服务，就用它们的美元价值来代表图 12-1 中的数量。为了剔除通货膨胀的影响，用实际GDP 来衡量该数量。

图 12-1 中，**总需求曲线**（aggregate demand curve）显示了所有人对一个经济体生产的所有最终商品和服务的总需求。**总供给曲线**（aggregate supply curve）是一个经济体中所有最终商品和服务的总供给。当总需求等于总供给时，经济处于均衡。在图 12-1中，均衡处于两条曲线的交点 A 点。为了理解宏观经济均衡的本质，让我们分别了解一下总需求和总供给曲线。

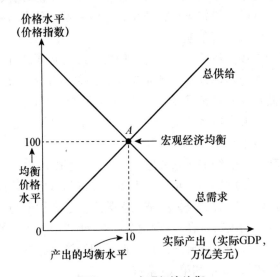

图 12-1 宏观经济均衡

当总需求等于总供给时经济达到均衡状态（即 A 点）。该交点决定了经济的均衡价格和产出。

总需求

总需求曲线表示某一年度内在可供选择的价格水平下买家所购买的最终商品和服务的总金额（实际 GDP）。回想一下，最终商品和服务的总量可分为消费支出、投资支出、政府购买和净出口。**总需求量**（aggregate quantity demanded）是指在给定价格水平下最终产出的购买量。

如图 12-1 所示，总需求曲线可能看起来像一条市场需求曲线，但是两者的真正含义并不相同。市场需求曲线显示的是一种商品（比如摩托车）的价格和需求量之间的关系，总需求曲线反映的是经济的价格水平与所有最终商品和服务的总需求量之间的关系。

□ 沿着总需求曲线移动

如图 12-1 所示，总需求曲线向下倾斜。在其他条件不变的前提下，随着价格水平下降，最终商品和服务的购买总额上升。如何解释这种关系？

价格水平是货币需求的一个决定因素。随着价格水平下降，居民购买他们想要的商品和服务需要的货币量减少。因此，随着价格水平下降，居民将资金借出去，减少其持有的货币。例如，居民可能将其多余的钱存入银行的有息储蓄账户里。储蓄供给的增加推动利率下降，从而鼓励那些希望投资于新住房的居民或希望投资于新厂房和设备的企业借款。简单地说，较低的价格水平使利率降低，这导致对投资的额外支出，从而增加商品和服务的总需求量。①

总需求曲线向下倾斜表明，在其他条件不变的前提下，价格水平的下降导致了商品和服务总需求量的增加。随着经济中价格水平的变化，总需求量沿着总需求曲线移动。

□ 总需求曲线的移动

到目前为止，我们已经发现价格水平变化引起消费者、企业、政府支出水平和净出口的变化。然而，除了价格水平，其他因素也会影响这些部门的支出。如果一个或多个其他因素发生变化，总需求曲线将会发生移动。

总需求的变化显示为总需求曲线向右或向左移动。总需求的增加表示为总需求曲线右移。当总需求增加时，在某一价格水平下商品和服务的需求量较大。相反，总需求的减少表示为总需求曲线左移。

导致总需求曲线发生移动的原因有许多。以下为几个相关示例：

● 由于对于未来经济衰退的预期，美国生产企业认为它们将生产过剩。因此，企业对机器和设备的购买支出减少，总需求曲线向左移动。

● 日本经济疲软减缓其经济增长，随之而来的是日本对美国出口的牛肉、木材和化学品的需求也减少。其结果是美国的总需求曲线左移。

---

① 总需求曲线向下倾斜可解释为利率效应。其他解释包括所谓的真实财富效应和对外贸易效应，在更高级的宏观经济学教材中有论述。

● 由于中东政治局势紧张，美国国会决定增加对新武器系统的采购。随着产品的购买总量增加，总需求曲线向右移动。

● 随着股价和房价上升，居民财富也随之增加。因此，居民随即放弃了一定的退休储蓄转而增加当前的消费。因为在每个可供选择的价格水平下商品和服务的需求量增加，总需求曲线向右移动。经济学家估计，居民财富增加 1 美元，消费就会提高 3～5 美分的水平。[①]

乘数效应

根据凯恩斯主义经济学，如果经济中需求发生一定增长，对国内产出的最终影响将更大。换句话说，产出将会以倍数扩张。这到底是如何发生的？

假设美国政府为军队购买额外的制服。当服装产量增加时，用于生产服装的纺织品需求也上升。提高纺织品生产则增加了对纤维的需求，帮助了化学品生产商、棉农和绵羊牧场主。而当这些生产者能够卖出他们的商品时，生产设备、零部件、燃料和种子供应商也能够卖出他们的商品。此外，商业支持服务也会随之繁荣，如软件专家、工程师、建筑师、银行家、保险公司、卡车司机、铁路公司、公共事业和建筑工人。随后，无数的小企业如汽车经销商、干洗店、理发店和餐馆也会繁荣起来。简单地说，经济的部分增加将会扩展其深度和广度，帮助业主、工人、供应商、分销商、社区，最终将会影响整个国家。换句话说，一个部门的经济活动改善将会以乘数影响整个经济。但是，这也会产生反向的作用：一个部门的紧缩也会导致整体经济数倍下滑。经济学家将这种规律称作**乘数效应**（multiplier effect）。

为了了解乘数效应，可以想象一下有人将一块石头扔到池塘中：最初导致水花飞溅（军队制服支出增加），随后涟漪（花费最初的资金）一圈圈扩散，直到涟漪强度下降（资金到达银行）。

乘数效应认为，所有经济体都会经历由消费、投资、政府购买和净出口自主变化引起的总需求波动。[②] 例如，消费需求增加 1 亿美元将导致消费支出更多地增加。比如国内产出可能会增加 3 亿美元。**乘数**（multiplier）为国内产出变动率和总需求变动率的比值。在本例中，乘数等于 3（300/100＝3）。它表明总需求的变动在多大程度上使产出成倍变动到更高的水平上。乘数效应的机制将在本章最后的"附录 12.1 乘数效应的性质和运行"中讨论。

乘数效应对于经济决策者具有重要意义。为了应对经济疲软，决策者可以通过增加政府支出从而刺激经济增长。这种政策导致总需求增加，从而导致经济的产出、就业和收入的放大增加。事实上，乘数效应是经济决策的一个组成部分，这将在下一章进行讨论。

---

① *Economic Report of the President*，2003，p. 31，参见 http://www.gpoaccess.gov/eop/index.html。

② 自主变量被认为是不取决于经济状况的变量，即当经济变化时，变量不变。

总供给

现在我们转向总供给曲线。总供给曲线表明在某一年度内价格水平和经济生产的最终商品和服务的总量（实际 GDP）之间的关系。**总供给量**（aggregate quantity supplied）是生产者在特定的价格水平下提供最终产出的数量。图 12 - 2 显示了经济的总供给曲线。在绘制总供给曲线时，我们假设所有的资源价格和资源用途是恒定的。我们还假定技术水平在本期保持不变。

□ 沿着总供给曲线移动

如图 12 - 2 所示，总供给曲线由三个部分组成：价格水平为 105 时曲线水平，价格水平为 105～110 时曲线斜率为正，价格水平高于 110 时曲线垂直。

总供给曲线的水平段通常被认为是经济处于衰退中。请注意，充分就业时的实际产出水平是 14 万亿美元，远远超出了总供给曲线水平段的产出水平。回想一下，在严重的经济衰退或萧条时期，存在很多过剩产能和大量失业。因此，生产者愿意以目前的价格出售额外的产出，工人愿意以目前的工资加班。在总供给曲线的水平段，由于产能过剩使得价格和工资失去增长的压力，总需求变化导致实际产出变化，但是并不会导致价格水平发生变化。

在总供给曲线斜率为正的区域，较高的价格水平刺激企业生产和销售更多的实际产出，而较低的价格水平使实际产出减少。因此，价格水平和企业提供销售的产出量之间的关系为正。随着价格水平从 105 上升到 110，企业发现将实际产出从 7 万亿美元增加到 14 万亿美元更加有利可图。随着产量提高，企业雇用更多的工人，这将导致失业率下降。

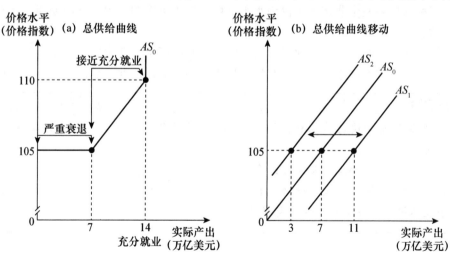

图 12 - 2　总供给曲线

总供给曲线由三个不同部分组成：（1）水平区域被认为是经济处于深度衰退或萧条；（2）向上倾斜区域被认为是经济向充分就业状态趋近；（3）垂直区域被认为是经济处于充分就业状态。总供给增加（减少）可表示为总供给曲线右移（左移）。

但是，某一年度内产出有一个自然极限。一旦经济达到充分就业的产出水平（本例是 14 万亿美元），总供给曲线将会变成垂直。此时不可能雇用劳动力和使用其他的资源以进一步扩大产出。因为经济已经以最大能力运行，价格水平的提高将不会带来任何产出的增加。个别公司可能会试图通过提供更高的工资从其他公司吸引工人来提高产量。这将提高生产成本和最终价格。然而，该公司由此获得的更多的工人和产出被失去工人的其他公司所抵消。因此，当经济处于充分就业状态时，尽管工资水平和价格水平提高，实际产出并不会增加。

□ 总供给曲线的移动

总供给曲线表示企业在可供选择的价格水平下生产和销售的商品和服务的数量。然而，企业的产出并不仅仅依赖于价格水平。许多事件可以引起总供给曲线的移动。

总供给的变化可以由总供给曲线向右或向左移动来表示。如图 12 - 2（b）所示，总供给的增加是由总供给曲线右移表示。当总供给增加时，在每一个可能的价格水平下，产出更多。相反，总供给的减少通过总供给曲线左移表示。

回想一下，总供给曲线是在所有资源的价格、用途和技术不变的假设下得出的。这些因素中一个或多个因素的变动都将导致总供给曲线发生移动。

以下是可导致总供给曲线移动的几个例子：

● 工资和薪水是许多企业的最大开支，一般占总成本的 70％～75％。因此，工资和薪水的增加导致成本显著增加。随着单位成本上升，企业不能以特定的价格生产出尽可能多的产出。因此，工资和薪水增加导致总供给曲线向左移动。其他资源价格的上涨也将导致总供给曲线向左移动。

● 为了鼓励经济体增加其资本存量，现在假设政府减少企业税收负担。因为减税会提高投资的盈利能力，企业购买新的精良设备，生产率会提高。通过减少单位生产成本，生产率的提高使企业在各个价格水平下可以提供更多的产出，从而使得总供给曲线向右移动。

● 假设比尔·盖茨这类企业家开发出能够提高经济生产能力的新技术。这将降低在各个价格水平下生产的单位成本，并生产出更多的产品。因此，总供给曲线向右移动。

知识点回顾

1. 什么因素导致总需求和价格水平的反向关系？什么因素会导致总需求曲线向右或者向左移动？

2. 乘数效应是什么？乘数的影响因素是什么？

3. 为什么总供给曲线会分成三段：水平区域、正斜率区域、垂直区域？什么因素会导致总供给曲线向右或者向左移动？

■ 经济衰退的起因

我们已经介绍了总需求-总供给模型，现在我们有了用来分析经济活动短期波动的工具。我们首先应用总需求-总供给模型解决衰退问题，再解决通货膨胀问题。

□ 总需求降低

如12-3（a）所示，假定经济处于均衡点 A 点，此时价格水平为100，实际产出为12万亿美元。假设出于某种原因，悲观浪潮席卷美国经济。悲观可能来自东亚地区的经济危机、国外战争或者股市崩溃。由于这些干扰，许多美国人失去了对未来的信心，并改变了自己的行为。家庭削减购买洗碗机和家具的支出，企业推迟新设备和机器的采购。

那么这波悲观浪潮是如何影响经济的？答案是：它减少了商品和服务的总需求。这意味着，在任何给定的价格水平下，家庭和企业现在愿意购买的商品和服务的数量减少。随着总需求曲线从图12-3（a）中的 AD_0 移动到 AD_1，经济的均衡点也随之移动到 B 点，此时实际产出下降至9万亿美元，价格水平下降至90。随着实际产出下降，企业裁员，失业率上升。总需求减少导致的实际产出下降表明经济进入收缩状态。因此，在一定程度上，引发总需求减少的悲观情绪是自我实现的：对未来的悲观预期减少了经济活动。

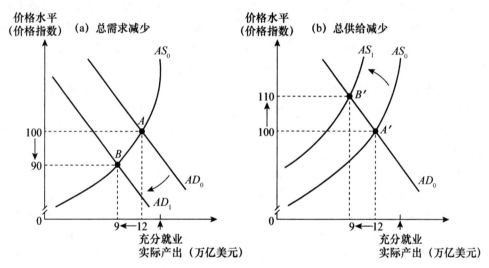

图12-3 衰退的起源

从短期来看，总需求的下降可能会导致经济衰退。政府的决策者可能试图通过增加政府支出以增加总需求，从而抵抗经济衰退。另外一些事件（比如说油价上涨）会引起总供给减少进而导致经济衰退。给定总需求曲线，总供给的下降也可能导致滞胀，即同时存在经济衰退和通货膨胀。

面临这样的经济衰退，决策者该如何行动呢？根据凯恩斯的理论，决策者应该增加政府支出或提供更多的贷款资金。这些行动将导致总需求曲线向右移动，从而导致经济中的产出、就业和收入增加。

2001年的衰退就是困扰美国经济的需求冲击的例子之一。2001年之前，企业急切地投资于开发新技术必需的设备，包括互联网。新企业得以建立并通过互联网销售电子产品、书籍、服装和处方药。它们需要办公场所、资本设备和仓库，这导致投资支出的增加。但是，到了2001年，这种投资受市场需求拖累，投资水平开始下降。2001年9

月 11 日的恐怖袭击事件进一步导致投资减少。此次事件之后，不确定性和恐慌席卷美国，造成喷气式客机、旅馆和其他商品的投资减少。部分是因为 2001 年 6 月实施的 10 年收入所得税削减，虽然消费支出持续增加，但是投资的减少远远抵消了消费支出的增加。这导致总需求的降低。负乘数效应发挥作用，实际 GDP 和就业下降，经济陷入衰退。经济衰退从 2001 年 3 月持续到 11 月。第 13 章和第 15 章将讨论抑制经济衰退的财政政策和货币政策的作用。

▶ **经典案例**   **通货紧缩是好是坏？**

在大萧条期间，美国平均价格水平从 1929 年到 1933 年下跌了 25％。随着价格水平下降，就业也随之下降。价格下降到谷底时，美国 1/4 的劳动力失业。毫无疑问，大萧条时期美国由于价格水平下降产生了很多焦虑。

通货紧缩是价格水平普遍和持续的下降。当年通货膨胀率低于 0 时，负通货膨胀率出现。这不应该与反通货膨胀（即通货膨胀率下降，例如通货膨胀率从 5％ 下降至 4％）混为一谈。

因为生产率的上升、成本的下降，或相对更广泛的经济的需求疲弱，某一特定部门价格水平的下降十分常见。例如，尽管美国经济的整体价格水平从 1998 年到 2008 年提高了约 34％，同期电脑的价格由于生产成本不断降低而下降了近 76％。这种下降对整体经济来说几乎不是问题，这并不构成通货紧缩。价格水平普遍和持续下跌，由此导致的广泛的价格指数如消费者价格指数稳步下降超过一个或两个季度时，就出现了通货紧缩。

通货紧缩的好坏取决于是总供给增加还是总需求减少导致价格水平下降。这两种力量都会导致价格水平下降，但是对经济活动的效果恰恰相反。例如，总供给增加的速度超过总需求，导致 19 世纪末期美国的通货紧缩，使得价格水平下降，同时也使得产出和就业增加。这些积极的供给冲击一般由技术创新、生产率提高或者贸易自由化带来。

相反，大萧条时期美国通货紧缩和 20 世纪 90 年代日本通货紧缩的发生是因为总需求减少，价格水平产生下行压力，同时也减少了产出和就业。这样的负面需求冲击可能是由严重的经济衰退、房市或股市资产价格泡沫破裂或过于紧缩的宏观经济所引发。

负面需求冲击通过以下几种途径导致经济衰退从而引发通货紧缩。首先，价格下跌使消费者预期价格在未来还会进一步下跌，从而延迟购买，这会导致产出和就业下降。其次，价格下跌增加了债务负担，因为借款人必须以购买力更强的美元偿还之前的借款。资本投资、新房购买和其他类型的支出减少加剧了经济衰退。最后，如果产品价格比工资下降得更为迅速，利润率将会下降，企业将会减少生产和工作岗位。

在 2007—2009 年的经济不景气期间，决策者试图弥补负面需求冲击造成的通货紧缩的负面影响。使用的工具包括扩张性财政政策（增加政府支出和减税）和扩张性货币政策（增加货币供应量和降低利率），本书随后的章节中将会讨论。

资料来源：Craig Elwell, *Deflation: Economic Significance, Current Rist, and Policy Responses*, Congressional Research Service, Washington, D. C., April 14, 2009; and Ben Bernanke, *Deflation: Making Sure It Doesn't Happen Here*, Remarks Before the National Economists Club, Washington, D. C., November 21, 2002.

□ 总供给降低

正如总需求的下降可以导致经济陷入衰退，总供给的下降也会引发经济衰退。如图 12-3 (b) 所示，假设经济处于均衡点 A' 点，此时价格水平为 100，实际产出为 12 万亿美元。现在假设企业意识到生产成本的增加。生产成本的增加由工资的增加所导致，而不是关键资源如石油的价格提高所导致，这和生产率提高并不相匹配。

生产成本增加会对宏观经济产生什么样的影响？在任何给定的价格水平下，企业愿意向市场提供较少数量的商品。因此，如图 12-3 (b) 表示，总供给曲线向左移动，即从 AS_0 移至 AS_1。总供给的下降使得经济的均衡点从 A' 点移动到 B' 点。经济的实际产出从 12 万亿美元减少至 9 万亿美元，价格水平从 100 上升到 110。因为这导致产出下降，失业增加，物价上涨，总供给的下降对经济来说尤为不利。这被称为**滞胀** (stagflation)，也就是经济衰退（停滞）和通货膨胀同时存在。

1990—1991 年的经济衰退是供给冲击对美国经济造成负担的一个例子。1990 年，萨达姆和他的伊拉克军队入侵科威特（一个主要的石油生产国）。在 6 小时内，伊拉克军队占领了整个科威特。尽管美国及其盟国能够从科威特驱逐伊拉克军队，但是在冲突期间，科威特和伊拉克生产的石油被世界市场拒之门外。石油供给的减少导致石油价格从每桶 14 美元上升至每桶 27 美元。这和总需求–总供给模型的预测一致，油价上涨导致总供给曲线下降，而总需求曲线保持相对稳定。这导致 1991 年第一季度美国实际 GDP 下降 1.5％且失业率上升。另外，随着经济衰退笼罩全国，消费者价格指数上升更为迅速。

通货膨胀的起因

下面用总需求–总供给模型分析前面章节提到的通货膨胀：需求拉动型通货膨胀和成本推动型通货膨胀。

□ 需求拉动型通货膨胀

回想一下，需求拉动型通货膨胀是过量的总支出（即总需求）造成的平均价格水平的上升。"过多的货币追逐过少的商品"经常被用来描述这种类型的通货膨胀。"过多的货币"表明经济中的总支出过大。"过少的商品"表明经济中商品的总供给相对于总需求来说过少。

当厂商提供的商品和服务不能满足购买者需求时，价格就会上升。平均价格水平随着购买者总支出上升的拉动而上升。货币和信贷在经济中的可获得性普遍上升是需求拉动型通货膨胀的常见原因。

总需求增加拉动价格水平的程度取决于经济与充分就业时的实际产出水平的接近程度。假设某一年度内存在大量的过剩生产力和显著失业。这种情况给企业收取的价格和工人的工资造成了下行压力。在这种情况下，总需求增加的主要影响将是实际产出上升，但是价格水平几乎没有上涨的压力。

现在假设工厂和办公室不是全天候运作，几乎不存在过剩生产力或失业。在这种情况下，总需求上升的主要影响将是价格水平上升，但是对实际产出没有影响。如图

12-4（a）所示，总需求增加使得总需求曲线从 AD_0 移动到 AD_1，使价格水平从 105 上升到 110，增幅巨大。总需求增加引起的价格水平提高属于需求拉动型通货膨胀，因为总需求曲线的移动提升了价格水平。为了产生持续的需求拉动型通货膨胀，总需求曲线将必须继续沿给定的总供给曲线移动。

面临需求拉动型通货膨胀时，决策者应该如何行动呢？为了降低通货膨胀，决策者必须降低总需求的增长，例如，可以通过降低货币供应量的增长速度或减少政府支出。随着总供给的增长，总需求的增长下降，通货膨胀率也随之下降。

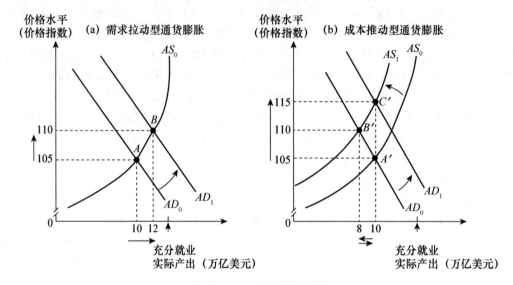

图 12-4 通货膨胀的起因

当总需求超过总供给时，价格水平上升，此时就会发生需求拉动型通货膨胀。需求拉动型通货膨胀往往在经济接近或达到充分就业时发生。当价格上涨是由卖方对市场的压力引起的时候，就会发生成本推动型通货膨胀。成本推动型通货膨胀可能由资源拥有者讨价还价的能力、资源的有限用途、生产力下降或偶然事件造成。

然而，使总需求增长下降的策略不是没有问题的。虽然降低总需求的增长速度降低了通货膨胀率，但是这很可能也导致企业承担支付更高工资的合同责任，从而导致短期内失业率的上升。通货膨胀加速时可能会签订这种合同。随着通货膨胀下降，企业会发现其商品的价格上涨没有那么快。因此，企业可能会裁员以履行对仍然在职的工人的合同义务。这样的裁员导致失业率上升。

失业率的上升往往伴随着通货膨胀的降低。在 20 世纪 70 年代后期，美国的通货膨胀加速，在 1980 年达到 13.5% 的水平。为降低通货膨胀，美联储（见第 15 章）急剧降低 1981 年货币供应量的增长速度。这一政策降低了总需求的增长速度，并导致通货膨胀率大幅下降。到了 1983 年，通货膨胀率只为 3.2%。但是，失业率从 1981 年的 7.6% 上升到 1983 年的 9.6%，给许多家庭带来困难。如果美联储没有在 1981 年推行其反通货膨胀政策，通货膨胀率可能会继续上升。

▶ **经典案例**　　　　**生产率增长抑制通货膨胀**

在 20 世纪 90 年代后期，经济学家仍挣扎于将传统的经济模型应用于美国的情况。

经济增长强劲，股市飙升，就业市场收紧，但是通货膨胀却不明显。随着时间推移，这样的模式仍然存在。然而，经济学家并不能用旧理论对此进行解释。

相反，他们形成了新的观点：美国处于由电脑、互联网、电子商务和库存管理系统等技术驱动下的繁荣热潮之中。而这种繁荣所带来的经济增长要比曾被认为可能发生的没有引发生产率增长，只是出现工资抑制或物价上涨的增长速度快。事实上，失业率保持在29年来的低点，经济扩张强劲，且货币供应量迅速增长。但随着通货膨胀率的保持，不能再以同样的方式解释这些指标。

新观点的关键是相信生产率增长，在20世纪70—80年代经济增长率只有1％，但是企业使用了新技术使其更有效率之后，经济实现了2％的长期跨越式增长。经济学家开始思索采用提高生产率的技术是否已经改变了经济运行的方式。2％的长期增长率对于决策者来说是巨大的。这意味着更强劲的增长并不会伴随令人担心的通货膨胀。

到了2001年，美国经济已经回到了传统的经济规律。投资支出大幅下降导致总需求下降，经济在2001年3月进入衰退。与2001年9月11日恐怖袭击相关的私人支出的减少进一步延长了经济衰退。到2002年，经济衰退已经结束，经济扩张紧随其后。

分析

传统理论认为，经济中的价格水平和实际产出之间的关系是这样的：随着产出增加，越接近充分就业价格水平，增长越快。图12-5显示了这种关系。给定总供给曲线 AS_0，总需求曲线从 AD_0 上升到 AD_1 时，价格水平从100上升到105。假设总需求的增加伴随着生产率的提高。这将导致单位生产成本降低，使得总供给曲线从 AS_0 右移到 AS_1。因此，价格水平从105下降到101。随着总需求和总供给的增加，实际产出增加，价格水平几乎保持不变。简单地说，生产率增长对经济中的通货膨胀率有缓和的作用。

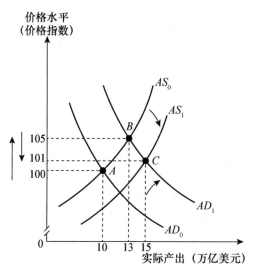

图12-5 通货膨胀的改善以及生产率增长

□ 成本推动型通货膨胀

尽管经济学家普遍认为通货膨胀是由需求拉动造成的，但是另外一些经济学家认为，通货膨胀也可能是市场上的供给活动的结果。回想一下，在每一个价格水平下生产成本增加时，成本推动型通货膨胀就会发生。两个原因会引发成本推动型通货膨胀：职工工资增长以及如能源和原材料价格的非劳动投入价格增长。随着生产成本的增加，总供给曲线向左移动，而总需求曲线保持不变。总供给的减少通常导致价格水平上升，产出水平下降，即如图 12-4（b）所示的滞胀。

如图 12-4（b）所示，我们可以探索成本推动型通货膨胀的性质。假定经济最初位于 A' 点，此时价格水平为 105，实际产出为 10 万亿美元。假设工人能够保证工资增长率超过生产率。随着工资和单位生产成本上升，总供给曲线从 AS_0 向左移动到 AS_1。如图中 B' 点所示，价格水平从 105 上升到 110。

成本推动型通货膨胀使政府决策者进退两难。如果总需求保持在图 12-4（b）中的 AD_0 处不变，总供给曲线左移至新的均衡点 B' 点，实际产出从 10 万亿美元下降至 8 万亿美元。政府可以试图通过制定政策来增加总需求使总需求曲线移动至 AD_1，以抵消实际产出的减少。但是，这种政策会使价格水平从 110 上升到 115（C' 点），将进一步加剧通货膨胀。因此，成本推动型通货膨胀迫使决策者在稳定的价格与高水平的总产出与就业之间做出选择。

知识点回顾

1. 运用总需求-总供给曲线解释经济衰退的起因。

2. 经济学家如何定义"滞胀"？为什么这使得决策者进退两难？

3. 运用总需求-总供给曲线解释通货膨胀的起因。

4. 如果政府制定政策以抑制需求拉动型通货膨胀，请描述并解释该政策导致的副作用。

5. 为什么成本推动型通货膨胀使得决策者进退两难？

■ 本章小结

1. 美国的经济增长是不平衡的。虽然商品和服务的产出在大多数年份增加，但是在一些年份经济增长并不会发生。宏观经济学的核心是什么原因导致经济活动的短期波动，以及政府应该如何行动以在不带来通货膨胀的前提下促进充分就业。

2. 在 20 世纪 30 年代的大萧条前，古典经济学家主导着经济思想。根据古典经济学家的观点，市场经济自动调节，以实现充分就业。古典经济学家的乐观大部分是建立在完全弹性工资和弹性价格的假设之上。

3. 20 世纪 30 年代，大萧条发生期间，英国经济学家凯恩斯创立了解释经济长时间低迷的理论。根据凯恩斯主义经济学，经济活动水平取决于消费者、企业和政府的总支出。如果企业预期是悲观的，投资支出将减少，导致一系列总支出减少。如果发生这种情况，经济可能进入并保持在萧条期。因为市场经济本质上是不稳定的，积极的政府必须进行干预，以保护就业和收入。

4. 总需求-总供给模型可以用来解释在短期内产量和价格如何确定。当经济处于均衡状态时，总需求等于总供给。

5. 总需求曲线表示某一年度内在可供选择的价格条件下买家所购买的最终商品和服务的总金额。

价格水平的变动会导致总需求量沿着总需求曲线移动。其他影响消费支出、投资支出、政府支出、净出口的非价格因素将会导致总需求曲线发生移动。

6. 根据乘数效应理论，总需求（消费、投资、政府支出或净出口）组成成分中的任何一个变化将对国内产出和收入产生放大效应。乘数的大小取决于消费者与企业支出与储蓄的习惯。

7. 总供给曲线表明在某一年度内价格水平和经济生产的最终商品和服务的总量之间的关系。当经济处于深度衰退或萧条时，总供给曲线是水平的；当经济接近充分就业时，总供给曲线向上倾斜；当经济达到充分就业状态时，总供给曲线是垂直的。资源的价格、用途和技术水平的变化将导致总供给曲线发生移动。

8. 总需求-总供给模型可以应用到经济衰退和通货膨胀的问题中。根据这个模型，降低总需求和总供给将导致经济陷入衰退，通货膨胀可能是总需求增加或总供给减少的结果。经济同时存在经济衰退和通货膨胀的情形称作"滞胀"。

关键术语

古典经济学家	萨伊定律
约翰·梅纳德·凯恩斯	总需求曲线
总供给曲线	总需求量
乘数效应	乘数
总供给量	滞胀
边际消费倾向	边际储蓄倾向

自测 （单项选择）

1. 根据萨伊定律，（　　）。
a. 需求创造自己的供给
b. 供给创造自己的需求
c. 价格在向下的方向弹性不足
d. 价格在向上的方向弹性不足

2. 根据古典经济学家，（　　）。
a. 市场经济会自动维持充分就业
b. 经济衰退通常是永久性的，因此，政府需要对经济进行干预
c. 消费需求不足往往会造成劳动者永久失业
d. 商品价格缺乏弹性有助于维持家庭的购买力，有利于消费的最大化和充分就业

3. 在凯恩斯主义的宏观经济模型中，（　　）。
a. 市场经济本质上是不稳定的，失业绝非偶然
b. 劳动市场最终将处于充分就业的均衡状态
c. 弹性价格保证不会发生产品生产过剩
d. 积极的政府干预不能推动经济达到充分就业

4. 如果（　　），总需求曲线就会向左移动。
a. 家庭对未来的收入更为乐观
b. 政府在道路、水坝和桥梁的支出增加

c. 企业更多地投资于工厂和设备

d. 政府增加个人所得税

5. 如果资源的成本下降，（　　　）。

a. 总供给曲线向左移动

b. 总供给曲线向右移动

c. 总需求曲线向左移动

d. 总需求曲线向右移动

6. 给定一条向上倾斜的总供给曲线，增加总需求将会导致（　　　）。

a. 价格水平降低和产出水平降低

b. 价格水平上升和产出水平增加

c. 价格水平降低和产出水平增加

d. 价格水平上升和产出水平降低

7. 根据（　　　），如果政府增加经济中的需求，那么国内产出的最终效果会大得多。

a. 乘数效应

b. 对外贸易效应

c. 利率效应

d. 实际余额效应

8. 边际储蓄倾向（　　　）。

a. 是收入中人们想要储蓄的部分

b. 是额外收入中人们想要储蓄的部分

c. 等于 1 加上边际消费倾向

d. 等于边际消费倾向减去 1

9. 如果边际消费倾向等于 0.9，则收入的增加将导致的消费量增加是（　　　）。

a. 收入增加的 9 倍

b. 收入增加的 10 倍

c. 收入增加的 9/10

d. 收入增加的 1/10

10. 假定经济有过剩产能和不变的价格水平。如果边际消费倾向为 0.8，那么乘数等于（　　　）。

a. 4

b. 5

c. 8

d. 10

问答与应用

1. 解释：根据古典经济学家的观点，弹性价格和弹性工资保证所有的产品可以售出，想找工作的人都可以找到工作。为什么凯恩斯认为价格和工资没有足够的弹性以保证充分就业？

2. 如何解释总需求量和价格水平之间的负相关关系？

3. 总供给曲线形状的影响因素是什么？

4. 解释下列事件将使短期内需求增加、减少还是不变。

a. 美国的价格水平下降使得美国商品对外国买家更具吸引力；

b. 家庭决定消费其收入的更大份额；

c. 日益糟糕的盈利预期导致企业减少对新机器和设备的支出；

d. 由于价格水平下降，货币的购买力提高，美国人增加购买电脑和办公设备；

e. 由于朝鲜政治紧张局势相对缓和，美国国会减少对喷气式战斗机和坦克的采购；

f. 欧洲的经济扩张导致波音客机的欧洲市场需求的增加；

g. 由于担心未来经济不景气，居民决定储蓄更大部分的收入。

5. 假设边际消费倾向为 0.75。假设价格不变，投资支出增加 5 000 万美元对均衡实际 GDP 有什么影响？

6. 假设边际储蓄倾向为 0.1。假设价格不变，净出口减少 2 000 万美元对均衡实际 GDP 有什么影响？

7. 解释下列事件是否会增加、减少总供给，或对短期总供给曲线没有影响。

a. 龙卷风破坏了威斯康星州和明尼苏达州的工厂；

b. 由于对经济繁荣的预期，汽车企业投资于更高效的机械设备；

c. 新技术导致原油价格下跌；

d. 美国钢铁工会赢得了国内钢铁企业的工资大幅增加；

e. 工人参加提高生产率的再培训项目。

8. 表 12-1 展示一个假设的经济体短期总供给和总需求数据，回答下列问题。

表 12-1 　　　　　　　　　　　　总需求和总供给数据

总需求（十亿美元）	价格水平（价格指数）	总供给（十亿美元）
6 000	130	16 000
8 000	120	16 000
10 000	110	14 000
12 000	100	12 000
14 000	90	10 000
16 000	90	8 000

a. 经济中的均衡价格和实际产出是多少？

b. 经济中总供给的充分就业段对应的实际产出水平是多少？

c. 如果经济处于总供给的水平段，增加总需求将会造成什么影响？

d. 给定的初始数据见表格，假设实际产出在每一个价格水平上涨 4 000 美元。新的均衡价格水平和实际产出是多少？

9. 为什么增加总供给"双重有利"，而降低总供给"双重不利"？

10. 运用总需求-总供给模型解释需求拉动型通货膨胀和成本推动型通货膨胀之间的差异。

▋ 附录 12.1　乘数效应的性质和运行

　　根据乘数效应，总需求自动变化将对经济中的收入和产出产生放大效应。为什么会出现乘数效应？如表 12-2 所示，基本的思想很简单。假设通用电气公司在你的城市用 1 亿美元成本建造一座工厂。另外，假设人们将额外收入的 80% 用于消费，而储蓄 20%。根据该表，增加 1 亿美元的投资，这 1 亿美元首先将会成为建筑公司所有者和建造该工厂的工人的收入。假设这些人将收入的 20% 用于储蓄，即 2 000 万美元，并用其余 8 000 万美元购买新的福特汽车。这 8 000 万美元成为福特汽车集团所有者和工人的收入。反过来，这些人将花费 8 000 万美元的 80%（6 400 万美元）购买食物，并储蓄剩余的 1 600 万美元，这 6 400 万美元将转化为食品生产商的收入。这个取得收入并进行消费的过程，也会使得别人获得收入，这个过程一直持续到最初的资金（1亿美元）被不同的人持有并储蓄。此时，不能创造更多的收入。通过这一过程，1亿美元的初始投资最终增加了5亿美元的收入和产出。因此，该案例的乘数等于5。

表 12-2 <center>乘数运行过程</center> <div align="right">单位：百万美元</div>

支出轮数	增加的收入和产出	增加的消费 （消费80%）	增加的储蓄 （储蓄20%）
投资初始增加	100.0	80.0	20.0
第二轮	80.0	64.0	16.0
第三轮	64.0	51.2	12.8
第四轮	51.2	41.0	11.2
⋮	⋮	⋮	⋮
	500.0	400.0	100.0

乘数效应同样也会产生相反的效果。假设消费者变得更加节俭，减少其消费支出。根据乘数效应，相对于消费支出的初始减少，国内产出和收入将会较大幅度地下降。

□ 计算乘数的值

再来看看表 12-2，你会发现乘数的大小取决于经济中个人和企业消费与储蓄的模式。用经济学的术语讲，乘数取决于边际消费倾向和边际储蓄倾向。

边际消费倾向（marginal propensity to consume，*MPC*）是额外的收入中人们用于消费的部分。如表 12-2 所示，我们认为人们消费80%的额外收入。这意味着，$MPC=0.8$。同样，**边际储蓄倾向**（marginal propensity to save，*MPS*）是额外收入中用于储蓄的比例。依表 12-2，我们认为人们储蓄他们额外收入的20%。因此，$MPS=0.2$。请注意，*MPS* 和 *MPC* 加起来总是等于1，因为所有消费者的收入不是被用来消费商品和服务，就是用来储蓄。

乘数的计算公式如下：

$$乘数＝1/(1-MPC)$$

例如，若 $MPC=0.8$，则乘数为 $1/(1-0.8)$，即 5。

因为 $MPC+MPS=1$，则 $MPS=1-MPC$。因此，我们可以列出如下的乘数公式：

$$乘数＝1/MPS$$

再如，若 $MPS=0.2$，则乘数为 $1/0.2=5$。

如果总需求发生变化，均衡收入和产出也将受到乘数的影响从而发生变化。这个过程可以概括为：

$$总需求的变化×乘数＝均衡收入的变化$$

例如，如果投资支出增加1亿美元以及乘数为5，那么均衡产出和收入将增加 5（$1×5=5$）亿美元。

□ 乘数效应的图形说明

图 12-6 显示了投资支出增加1亿美元所导致的乘数效应。

投资支出增加的直接影响是总需求曲线右移，即从 AD_0 移动到 AD_1，总需求增加。此外，人们获得收入并消费所引发的额外消费也会导致总需求曲线右移。这将导致总需求增加4亿美元（再次右移），即从 AD_1 移动到 AD_2。总之，投资支出增加1亿美元使得总需求曲线从 AD_0 移动到 AD_2，导致国内收入增加5亿美元。

现代经济学原理（第六版）

如图 12-6 所示，为了产生全面的乘数效应，经济中必须有一些闲置的资源，并且价格水平不变。如果总需求的增加出现在经济已经或接近充分就业时，消费者和其他人将通过试图购买比经济能够生产出的更多产品来提高价格。这将导致通货膨胀，表明价格水平上升抵消了乘数效应。因此，没有闲置资源和恒定的价格水平，乘数效应将无法实现。简单地说，价格水平的增长削弱了乘数。

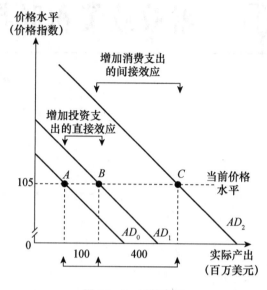

图 12-6　乘数案例

投资支出的增加最初使总需求曲线从 AD_0 右移到 AD_1。人们获得收入并消费所引发的额外消费也会导致总需求曲线右移。由于乘数效应，总需求曲线从 AD_1 移动到 AD_2。

第13章 财政政策和联邦预算

本章目标

通过本章的学习，你应该能够：

1. 了解财政政策的运行和所遇到的问题。
2. 解释相机抉择的财政政策如何试图解决经济衰退和通货膨胀问题。
3. 描述自动稳定器如何帮助处于衰退期间的经济。
4. 理解供给侧财政政策的优缺点。
5. 掌握联邦债务的潜在影响。

背景资料

曾经有段时间，将减税作为减缓经济衰退的措施受到了经济学家们的普遍支持。1964 年，美国国会通过了约翰·肯尼迪（John Kennedy）总统和林登·约翰逊（Lyndon Johnson）总统的减税法案，那时减税的热情正处于高峰期。然而，随着时间的推移，相比于改变税收和支出，美联储更热衷于改变利率。

2001 年，随着美国经济的衰退，一些公司诸如惠普、北电（Nortel）、思科（Cisco）认为，高科技经济是如此糟糕，以至于它们预见这一年不会产生利润。更糟糕的是，将会有数以千计的美国人失业。其结果是，它们游说以减税的形式刺激财政。2002 年，为应对经济疲软，乔治·沃克·布什（George W. Bush）总统实行减税，他认为，因为联邦政府对私人经济征收了太多的税，这成为美国增长的一个阻力。这一减税提案随后于 2003 年实行。

那些认为经济具有内在不稳定性特征的人往往敦促政府进行干预，以保护就业和收入。通过本章可以知道，美国政府可以通过税收政策和支出来稳定经济。

在我们继续分析政府的稳定政策之前，要了解联邦预算由两部分组成：政府支出和税收收入。当政府支出超过当年的税收收入时，预算赤字发生。当预算出现赤字时，联邦政府必须通过发行的证券，如国债、票据、债券来借入资金。如果税收收入超过政府支出，则预算盈余发生。当联邦政府存在预算盈余时，它可以使用多余收入还清一些债务。最终当政府支出等于税收收入时，我们就有了一个平衡的预算。

财政政策

由第 12 章可以知道，凯恩斯认为总需求不足是大萧条的原因。他认为价格和工资在下降方向弹性不足，使得古典经济学家们乐观地认为经济会自动快速移动到充分就业这个观点是不正确的。凯恩斯和他的追随者认为，必须增加总需求以保护就业和收入。换句话说，联邦政府应该实施扩张性的财政政策来稳定经济。

财政政策（fiscal policy）是政府利用支出和税收，来实现宏观经济的一些目标，如充分就业、物价稳定和经济增长。政府支出包括购买商品和服务，如从波音公司采购喷气式飞机，以及转移支付，如失业补偿和食品券。在美国，财政政策由国会和总统制定，因此，它反映了一个集体决策的过程。表 13-1 列出美国以往的财政政策。

财政政策可能是扩张性的也可能是紧缩性的。扩张性的财政政策能够增加产出、就业和收入，可以促使经济走出衰退。而紧缩性的财政政策会降低产出、就业和收入，从而能够抑制通货膨胀。

表 13-1 美国财政政策的例子

时间	经济问题	政策
1964 年	经济衰退	随着经济衰退，美国总统肯尼迪和约翰逊为个人和企业制定了永久性减税计划。个人最高税率由 91% 降至 70%。
1968 年	通货膨胀	为了抑制通货膨胀，约翰逊总统决定临时增税。个人所得税将一次性增加 10%。
1969 年	通货膨胀	面对经济过热，尼克松总统宣布削减政府支出。
1975 年	经济衰退	由于担心石油输出国组织（简称欧佩克，OPEC）的石油价格上涨引起衰退，福特总统宣布 10% 的临时性减税。减税法案由美国国会颁布。
1981 年	经济衰退	为了应对经济不景气，里根总统呼吁大幅度削减个人所得税并且增加国防开支。个人最高税率从 70% 下调至 28%。
1992 年	经济衰退	老布什总统下令降低预扣税税率，以此增加实得工资和消费。
1993 年	经济衰退	为了应对不可接受的高失业率，克林顿总统提出一个 160 亿美元的就业计划，包括增加政府支出和减税，意在增加投资。该提案没有被美国国会通过。
2007—2009 年	经济衰退	小布什总统和奥巴马总统都在试图说服国会采取减税、大幅增加政府开支的措施。

财政政策通过改变经济的总需求曲线和总供给曲线来达到充分就业和物价稳定的目标。让我们来分析这两种可能性，从财政政策引起总需求曲线变化开始。

财政政策与总需求

让我们再次理解第 12 章的内容，通过讨论凯恩斯极力推崇的**相机抉择的财政政策**（discretionary fiscal policy），来帮助稳定经济。当经济体的生产能力固定的时候，相机抉择的财政政策能够通过改变政府支出和税收来影响经济的总需求和经济的短期表现。回想一下，总需求有四个组成部分：消费、投资、政府支出和净出口。从短期来看，财政政策通过改变经济衰退或通货膨胀的程度来影响经济周期。

□ 对抗经济衰退

参见图 13-1，假设经济在衰退中于 A 点实现平衡，则总需求曲线和总供给曲线相交于 A 点。假定最初的经济产出为 7 000 亿美元，低于充分就业时的 9 000 亿美元。这里，经济可以按照凯恩斯主义经济学不断改善。如图所示，总需求曲线从 AD_0 向右移动到 AD_1。这样一来，经济产出从 7 000 亿美元增加到 8 000 亿美元。注意，价格水平由于经济中存在丰富的资源闲置而保持不变。

现代经济学原理（第六版）

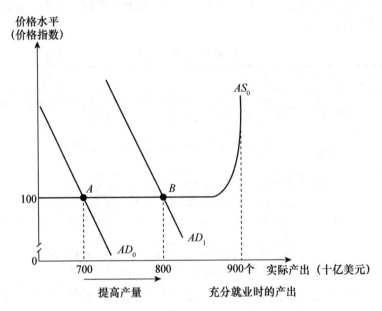

图 13-1 扩张性的财政政策

如果政府希望扩大经济规模，它可以通过增加政府支出或降低税收的方式来实现。无论采取哪种政策，都会使总需求曲线向右移动，从而增加实际产出并且使得价格上涨，随之经济接近充分就业。

政府如何增加总需求？有三个财政政策可以选择：（1）增加政府支出；（2）减税；（3）以某种方式将二者结合起来。如果联邦预算最初是平衡的，为了对抗经济衰退，财政政策转向预算赤字（政府支出超过税收收入）。

加大政府支出。最简单的方法是加大政府支出。如果政府增加对喷气式飞机、高速公路和其他物品的支出，那么增加支出将直接增加总需求。根据第12章讨论得到的乘数效应，总需求增长不仅仅是增加的政府开支引起的。

如果政府采购部门从波音公司采购价值250亿美元的喷气式飞机，则在乘数效应的作用下，政府需求增加的最初作用是刺激就业和增加波音公司的利润。波音公司的工人实现了加薪，而该公司的股东则获得了更高的红利，所以他们会在汽车、家电等商品上增加自己的支出。因此，政府采购波音公司的产品增加了对许多其他公司的产品需求，如福特、惠而浦（Whirlpool）、通用电气等。这些公司会雇用更多的工人来实现更高的利润。较高的收入和利润导致消费者支出再次增加，依此类推。每一轮的支出增加都会使总需求增加。当所有这些结合起来，商品和服务需求的增加所带来的总体影响可能比提高政府支出的初始刺激大得多。如图13-1所示，250亿美元的政府购买使总需求增加了1 000亿美元。请参见本章结尾关于财政政策和乘数效应的额外信息"附录13.1 财政政策与乘数"。

在罗斯福担任美国总统的时间里，联邦政府通过公共工程项目创造就业机会以对抗经济衰退。在20世纪30年代的大萧条时期，罗斯福建立了公共事业振兴署（Works Progress Administration，WPA）。公共事业振兴署提供的就业岗位有建设公路、街道、堤坝、桥梁、学校、法院、公园以及其他旨在发挥工人一技之长的项目。这也为艺术家、作家、演员提供了工作。在1935—1941年，公共事业振兴署每年平均雇用200万工人。罗斯福在1933—1942年还建立了民间资源保护队（Civilian Conservation Corps，CCC）。CCC为250万年轻人提供了工作和培训的机会。它所提供的防洪、林业和土壤方案取得了巨大的成功。这些政府项目花费了大量金钱以至于超过了当时政府所征的税。赤字部分通过提高的税收，部分通过借贷弥补。其结果是国债的发行速度超过以往任何时候。

近年来，联邦政府提供的公共工程开支用于包括轨道交通、公路运输等项目。时任总统的老布什在1991年签署了一项价值1 510亿美元的交通法案。他宣称，该项法案将"通过道路、桥梁以及铁路的建设创造大量工作机会"。

除了提供长期的公共工程项目，联邦政府还实行了公共就业项目。这些计划背后的意图是明确的：如果经济受高失业率影响，为什么不直接创造就业机会？公共就业项目旨在雇用失业工人为公共部门工作特定的时间。在此之后，工人可以在私人部门工作。例如，20世纪70年代，全面的就业和培训措施使得超过70万失业的年轻人能够从事公共服务方面的工作。这些工人从事一切工作，包括在剧院和博物馆工作以及清扫树叶。

减税措施。除了增加消费，政府是否有其他方式能够增加总需求？另一种扩张性的财政政策是政府通过减少税收来增加总需求。

减少个人所得税增加了人们的税后工资。如果税后工资上升，我们可以预期到家庭相对减税之前储蓄更多，消费也更多。在经济运行的过程中，减税引起的初始消费引发乘数效应。新的消费支出使企业所有者和工人有了额外收入，再次，那些使用额外的收入来增加消费的人，会使得总需求的累计增幅超过消费的初始增加。简单地说，乘数效应使得减税方案成为财政政策的有力工具。①

企业所得税税率的降低也往往能够刺激总需求。减税后，企业有更多的资金花费在新的机械设备上，它们还可以给股东发放更多的红利，而这些股东至少会花费一部分额外的红利。

其他类型的减税对企业来说是一种投资税抵免。这样的政策允许企业在特定时期内通过抵免投资的一小部分来降低其纳税义务。假设投资税抵免为10%。如果微软在一年内购买价值100万美元的新设备，则其纳税义务在该年度将减少100万美元。投资税抵免的目的是使企业投资变得更加有利可图，从而促进更多的私人部门进行投资。其结果是，总需求上升，导致实际产出、就业和收入的增加。在20世纪60年代，美国政府通过投资税抵免来刺激低迷的经济。

如表13-2所示，增加政府支出和减税属于扩张性财政政策。无论是政府支出还是税收，都是在短期通过影响对经济中商品和服务的需求来影响产出和就业的。简单地说，扩张性财政政策的目的是通过产生足够的需求以发挥经济的现有生产能力，从而在短期刺激经济。但是什么样的财政政策最有效？

表 13 - 2   **相机抉择的财政政策**

经济问题	经济衰退	通货膨胀
解决方法	扩张性的财政政策 1. 增加政府支出 2. 减税	紧缩性的财政政策 1. 减少政府支出 2. 增税

扩张性财政政策的目的是增加支出，而且财政政策可以在不同程度上诱导消费。通过直接增加政府支出的财政刺激具有相对简单的效果，通过减少个人所得税的财政刺激只能对经济产生较小影响，因为人们只会花费其中的一部分。减税所得份额花费越少，刺激越小。这也有可能是因为消费者不确定以后是否会减税，从而储蓄减税所得的钱。因此，如果要等量刺激经济，减税的额度必须比增加的政府支出大。

□ 对抗通货膨胀

前面的例子展示了扩张性财政政策如何使经济接近充分就业。然而，如果总需求超过了总供给，就造成需求拉动型通货膨胀。紧缩性财政政策可能有助于控制需求拉动型通货膨胀。

参见图13-2，假设股票市场的繁荣增加了家庭财富。这将导致总需求曲线由 AD_0 移动到 AD_1。并且总需求曲线和充分就业时的总供给曲线 AS_0 相较于 B 点。总需求的

---

① 然而，政府支出的乘数效应大于税收的乘数效应。例如，假设经济的边际消费倾向（MPC）是0.75，这表明支出乘数是4：支出乘数=1/(1-MPC) =1/(1-0.75) =4。

假设联邦政府削减250亿美元的个人所得税，则随着可支配收入增加，家庭将增加187.5（250×0.75=187.5）亿美元消费支出和62.5亿美元的储蓄。如果经济中的价格保持不变，总需求将因乘数效应增加750（4×187.5=750）亿美元。

相反，假设政府增加250亿美元的开支。根据乘数效应，总需求将增加1 000（4×250=1 000）亿美元。

比较这些例子，我们看到，相比于减少个人所得税，政府支出增加导致总需求增幅较大，实际产出增加更多。这是因为减税增加了部分储蓄，而不是全部用于消费。

增加使价格水平由 110 上升到 120。但是，我们希望价格稳定。如果政府希望制止这种通货膨胀，它可能会采取紧缩性财政政策来降低总需求。这样做的成本可能会造成实际产出水平较低，失业率较高。

为减少总需求，政府会实施三种财政政策：（1）减少政府支出；（2）增税；（3）减少政府支出和增税。当经济遇到需求拉动型通货膨胀时，财政政策转向预算盈余（政府税收收入大于政府支出）。

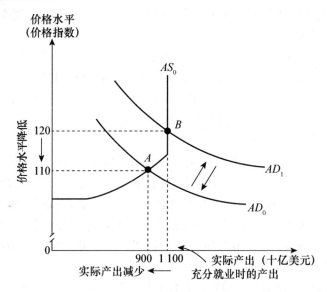

图 13 - 2　紧缩性财政政策

如果政府要减少通货膨胀，它可以通过减少政府支出或增加税收的方式来实现。这项政策使总需求曲线向左移动。尽管通货膨胀可能下降，紧缩性财政政策的结果可能是实际产出下降和失业上升。

财政政策实践

尽管凯恩斯主义财政政策的基本观点在大萧条期间发展起来，但是，它花了很多年才被政治家所接受。特别是，他们担心政府支出的增加和税收的减少可能会造成庞大的预算赤字。

到 20 世纪 60 年代初，凯恩斯主义财政政策已经成为国家公认的对抗经济衰退和通货膨胀的主要武器之一。肯尼迪就任总统时，失业率为 6.7％。不过，分析师预计，失业率在充分就业时是 4％左右。同时，他们指出，1961 年的联邦预算赤字不足国内生产总值的 1％，因此可以忽略不计。在这种情况下，肯尼迪总统提出大幅减税以刺激经济走出低迷。

1962 年，政府颁布了为新设备和新机械提供相当于投资 7％的税收抵免法规，从而加强对企业投资的激励机制。1964 年，政府为个人和企业提供了永久性减税。这次减税使得经济快速增长，失业率从 1964 年的 5.2％下降到了 1965 年的 4.5％。

在此期间，又出现新的动力促使经济发展：越南战争。越南战争在 1965—1967 年升级，导致美国政府国防开支出现 40% 的涨幅。1968 年，与战争相关的支出增加，导致政府支出增长了 15%，这使得失业率下降。到 1969 年，失业率已经下降到 3.5%，经济分析师开始担心经济过热和通货膨胀压力将会随之而来。

为了抑制通货膨胀势头，国会颁布了一个 10% 的一年期的临时附加税，以减少消费支出。然而，附加税并没有如分析师此前预测的那样引起消费支出的大幅下降。由于税收的增加是暂时的，因此民众只受到轻微影响，并继续增加消费支出。其结果是，通货膨胀率从 1965 年的 1.9% 上升到了 1970 年的 5.6%。简单地说，临时附加税在减弱通货膨胀的有效性方面几乎不起作用。

20 世纪 70 年代，出台了很多小的政府支出和税收方面的财政政策，但没有主要的财政政策提案。但是，在 20 世纪 80 年代，迎来了新的财政时代。1981 年，里根总统通过美国国会呼吁大幅减税，大量增加国防开支，减少民用项目的开支等。这些措施促使经济摆脱了 1981—1982 年的严重衰退，使得经济迅速扩张。然而，里根的财政政策导致政府的财政赤字急剧上升。

当克林顿总统于 1993 年就职时，他面临一个重大的难题：政府的赤字仍然很高，但经济停滞不前，并且失业率是令人难以接受的高。总统是否应该通过减少政府支出和提高税收来降低赤字？这意味着紧缩性财政政策。总统是否应该担心紧缩性财政政策可能会引发经济衰退？最后，总统认为解决预算赤字是重中之重。1993 年颁布的财政措施旨在未来 5 年减少赤字 1 500 亿美元。事实证明，经济并未低迷。相反，它继续在整个 20 世纪 90 年代扩张。

2001 年，经济处于衰退。这促使小布什总统签署了 1.35 万亿美元的减税计划来恢复经济。在此之后，2003 年又再次实施减税政策。在 2007—2009 年经济衰退期间，为了刺激经济，小布什总统再次签署了法案来减税。这使得奥巴马执政期政府支出增加（见下面的"经典案例"）。

自动稳定器

回想一下，相机抉择的财政政策旨在改变政府支出和税收以促进充分就业、物价稳定和经济增长。"相机抉择"意味着政府的支出和税率的改变取决于国会和白宫的选择。

与相机抉择的财政政策相比，**自动稳定器**（automatic stabilizers）是指当经济波动时政府支出和税收收入自动改变的机制，能够在经济繁荣时期自动抑制通货膨胀，在经济衰退时期自动减轻萧条，无须政府采取任何行动。自动稳定器只在背后默默发挥作用，并不需要由国会或白宫做出明确的政策变化，意识到这一点相当重要。经济学家认为，自动稳定器可以抵消经济冲击对国内生产总值 8% 的影响。[1]

最重要的自动稳定器是税收制度。个人所得税取决于家庭的收入，企业所得税取决于企业的利润，而社会保障税取决于工人的工资。当经济进入衰退期，收入、利润和工

① Alan J. Auerback and Daniel Feenberg, "The Significance of Federal Taxes as Automatic Stabilizers," National Bureau of Economic Research, Working Paper No. 7662, April 2000, 参见 http://www.nber.org。

资都下降，这就导致政府税收收入的减少。税收下降自动刺激了总需求，降低了经济衰退的严重程度。

政府转移支付也是一种自动稳定器。当经济进入衰退阶段，工人失业，这使得他们有资格获得失业保障金、食品券以及其他福利。这种转移支付自动提升了经济中的消费支出和总需求，有助于抵消经济衰退所造成的影响。尽管美国经济的自动稳定器不足以强大到完全消除经济衰退，然而，它们能够为经济下滑提供一个缓冲。

经济繁荣时期，税收自动上升，转移支付自动下降。当经济扩张时，税收的增加和转移支付的减少延缓了总需求的增长，从而对价格水平上涨有一个延缓作用。在这种方式下，自动稳定器有助于防止经济过热。

1973—1975 年的经济衰退可以作为自动稳定器的一个案例。[①] 在这次危机中实际 GDP 下降 4.9%，失业率由 4.9% 骤升到 8.5%。如表 13-3 所示，在 20 世纪 70 年代，个人所得税和政府转移支付作为自动稳定器的工具发挥着重要作用。1975 年，当经济骤然下滑时，个人所得税也下降数个百分点，政府转移支付提升了十几个百分点。这些工具阻止了经济的进一步下滑。当经济在 1976—1977 年恢复时，个人所得税增长很快，转移支付下降缓慢，因而造成了通货膨胀的压力。

表 13-3　　　　　　　　　1973—1975 年经济衰退期的自动稳定器

	时间	失业率（%）	个人所得税的百分比变化（%）	转移支付的百分比变化（%）
经济衰退期	1974	5.6	14.2	11.8
	1975	8.5	3.9	29.1
	1976	7.1	7.6	17.0
	1977	7.1	21.3	8.3

资料来源：Economic Report of the President，1990.

▶ **经典案例**　　**小布什总统和奥巴马总统制订了应对经济衰退的财政刺激计划**

连续 6 年的扩张之后，美国经济在 2007 年 12 月达到峰顶，此时经济衰退开始，并贯穿了整个 2008 年和 2009 年。2008 年，政策制定者迅速采取行动，以应对经济衰退危机。尽管美联储下调其关键利率以刺激经济，但有人认为，仅依靠货币政策无法提供足够的刺激。过去的扩张性货币政策已经使得利率下降了 1%，这限制了美联储进一步降息的能力。

2008 年 2 月，美国国会通过了小布什总统签署的经济刺激法案。该法案通过提供临时性（一次性）的退税，以刺激低、中等收入的个人和家庭的消费。税额大约为 1 130 亿美元，约占 GDP 的 0.8%。根据该法案，美国财政部寄出价值 300～600 美元的支票，年收入为 3 000 美元（最低收入）的个人收到 300 美元的支票，年收入为 3 000～75 000 美元的个人收到最高为 600 美元的支票。该法案还允许企业在 2008 年所交的税中扣除 50% 的设备投资成本。

---

①　1973—1975 年的衰退是经济自动稳定器发挥作用的一个案例，因为在此期间并没有采取任何增加政府支出或者改变税率的措施。

小布什政府希望减税措施能够使得人们增加消费以刺激总需求。然而，这项措施并没有达到他所期望的效果。结果是只有10%～20%的退税收入被用于消费。大部分的钱被用来储蓄或归还往日的贷款，比如信用卡消费。这些并没有直接刺激经济。简而言之，退税所带来的家庭收入增加中只有大约200亿美元被用于消费支出，这些不足以使经济产生显著的扩张。然而退税计划的代价是联邦政府需要在未来削减开支或增加税收。批评家们认为临时退税不是刺激经济的有效方法。

许多经济学家并不是很认可小布什总统的退税计划，因为它只是临时增加家庭的收入，而不是永久增加家庭收入。然而家庭消费依据的是未来的收入，而不是现在的收入。例如，一个电脑工程专业的准毕业生可能在学校时收入很低，但是在将来他预期会有很高的收入。因此，这个学生可能预支将来的收入来完成他的学业并进行其他消费，而不是因缺钱而无法完成他的学业。消费依据的是将来许多年的收入，而不是时时刻刻都在变化的当前收入。2008年小布什总统所颁布的一次性退税法案，增加的是当前的收入而不是将来的收入。只有永久性的退税才能增加消费者的永久收入。因此，小布什总统的临时退税法案所导致的消费增加少于永久退税所造成的消费增加。然而，国会认为长时间退税是很难办到的，可能这就是小布什总统颁布临时退税法案的原因吧。

当奥巴马在2009年成为总统以后，他也认为经济正在进一步衰退。奥巴马认为消费支出和投资的减少使得经济进一步衰退。因此政府增加支出以恢复经济的措施是很有必要的，就像凯恩斯在20世纪30年代大萧条时期所做的那样。2009年2月，美国国会通过了奥巴马政府的提案，决定进行一项高达7 890亿美元的财政计划，这是自二战以后，在面对经济衰退时数目最大的政府财政计划。该项计划包括5 070亿美元的政府支出和2 820亿美元的税收减免。这项计划的目的是刺激短期总需求：如果更多商品和服务被购买，减税所引起的人们更多地购买用于修建高速公路的水泥，都会使得经济衰退当中更少的人失业，从而避免经济更进一步衰退。

奥巴马政府的财政刺激计划并不好控制。批评家们担心这项计划会导致巨大的财政负担，进而使将来的税收负担更为沉重。他们提出，促使经济恢复的最好的财政政策是永久降低边际税率，这会刺激就业、储蓄和投资的增加，所有这些都可以提高生产率。在这篇文章中，可以预见的是，奥巴马政府的财政刺激计划会发展经济。

资料来源：John Taylor, "Why Permanent Tax Cuts Are the Best Stimulus," *The Wall Street Journal*, November 25, 2008.

知识点回顾

1. 财政政策的工具都有哪些？
2. 相机抉择的财政政策怎样对抗衰退？怎样对抗通货膨胀？
3. 扩张性财政政策对政府的财政预算有着怎样的影响？
4. 自动稳定器如何减轻萧条？试着举一些自动稳定器的例子。

财政政策的问题

　　尽管凯恩斯学派的经济学家认为财政政策可以有力地抵抗萧条和通货膨胀，但另外一些经济学家却担心其自身所存在的缺陷。让我们了解一下他们的一些担忧。

□ 时滞

　　理论上，国会和总统应该一起及时、有效地制定财政政策。但是，现实中需要花费数月甚至是几年的时间才能使财政政策得以实行，并作用于经济。特别是三种因素影响着财政政策的运行。

　　● 认识时滞（recognition lag）。认识时滞指的是通货膨胀或经济衰退的开始与人们认识到其存在之间有一定时间差。例如，如果经济在 3 月暴跌，那么衰退可能在 3～4 个月内情况不明显。一旦政策制定者开始意识到经济出现问题时，他们很少直接制定财政政策。相反，他们要确保这个问题不是一个短期干扰。

　　● 决策时滞（administrative lag）。国会运作的方式使得它很难在财政方面快速制定行动政策。在财政政策改变以前，需要多次讨论。这个过程可能需要几个月的时间。

　　● 生效时滞（operational lag）。一旦制定，财政政策措施的实施也需要时间。虽然税率的变化可以快速实现，但是，公共工程项目建设需要建筑公司投标，进行合同谈判等等，这使得公共支出的增加需要一定的时间。

　　战后，美国大多数经济衰退持续时间很短，平均不到 11 个月。当一项财政计划准备刺激企业和消费者需求时，即一旦政策制定者认识到经济增长已经放缓，提出了财政刺激方案，讨论方案，然后通过，并将其提交给总统签发时，经济可能已经恢复。因此，在近几十年来处理所经历的温和的经济衰退时，美国政府相机抉择的财政政策通常显得过于不灵活。

　　例如，很多证据表明在 2000 年末，美国经济已经下降。2001 年，国会决定制定减税措施，在收到经济放缓的暗示之前，小布什总统就已经将其作为立法议程的一部分了。但是，直到 2002 年 3 月，国会才通过了经济恢复法案以进一步刺激经济。简单地说，对于将财政政策作为稳定经济的工具，特别是通过减税机制，许多经济学家都持怀疑态度。在制定个人减税措施时，决策和管理的滞后性使得制定减税的财政刺激措施可能时机不当。

□ 挤出效应

　　对于扩张性的财政政策来说，另一个潜在的问题是**挤出效应**（crowding-out effect）。挤出效应使得私人支出（消费或投资）因为政府支出和预算赤字的增加而减少。私人支出下滑的原因是预算赤字导致的高利率。

　　例如，假设政府制定一项扩张性的财政政策——增加国防开支。该政策必须通过增加税收或借款融资来弥补扩大的联邦预算赤字。如果政府借入资金弥补赤字，那么市场对资金的总需求量将增加。政府将会与私人部门竞争，以获得资金的有效供给。因此，政府额外的借款增加了对资金的需求，并推高利率。由于利率上升，企业将延迟或取消机械和设备的采购，居民住房建设也会推迟，而消费者将减少用于购买感兴趣的商品的开支，如大型家电和汽车。因为政府借款造成的高利率挤出了私人部门的借款，所以它降低了扩张性财政政策的有效性。

虽然经济学家认可该挤出效应的观点，但是，他们也认识到，政府预算赤字不一定挤出私人支出。衰退期间的主要问题是人们不花费所有的可用资金，通常情况下，消费者的储蓄要远大于企业的投资。这种消费支出不足是政府支出增加的最主要动机。在经济衰退期，政府增加预算赤字的政策并不会挤出私人支出。此外，在开放的国际投资市场，通过利用他国的储蓄，也可以弥补一国的预算赤字。这种外来资金流入本国，弥补自己国家预算赤字的方法不会改变本国利率。这一直是美国所使用的政策，美国从中国、日本等全球投资者手中借入越来越多的资金来弥补其赤字。

财政政策和总供给：长期增长

我们看到，当经济中的生产能力固定时，通过影响总需求曲线，财政政策能够在短期内影响经济周期。从长远来看，通过其对总供给的影响，财政政策也可以改变经济的生产能力。实际产出增加也就是经济增长，依赖于劳动数量、资本数量、技术水平。税收可以通过影响这三个因素，从而影响实际产出的数量。

□ 税收变化导致的供给侧效应

当国会改变税率时，它能够通过工作、储蓄、投资等方面来改变人们的收入，从而在长期改变经济的生产能力。从供给的角度来看，边际税率是至关重要的。回想一下，边际税率是增加一些收入时，增加的这部分收入所对应的应纳税额同纳税收入的比率。当边际税率下降时，从额外的工作、储蓄和投资中所产生的回报增加，因此，边际税率降低代表鼓励人们从事这些活动。[①]

根据供给侧经济的支持者，一项可以降低边际税率的政策能够提升经济的生产能力，因为边际税率的下降可以使人们更努力工作、更长时间工作，增加自己的储蓄和投资。结果是经济中总的劳动和资本供给增加了，导致总供给曲线向右移动，使得实际产出增加。尽管刺激供给对经济长期增长必不可少，但是不能直接解决在短期中利用现有的生产能力生产商品和服务这个问题。

图 13-3 显示了财政政策对总供给可能产生的影响。如图 13-3（a）所示，如果一项扩张性财政政策能够使经济的总供给曲线由 AS_0 移动到 AS_1，那么产品价格会下降，产品数量会上升。政策制定者可以成功地杜绝通货膨胀，提高实际产出并降低失业率。因

---

① 尽管低税率能够促进经济增长，但是，不是所有的税率在促进经济增长方面所起的作用都是一样的。根据美国财政部的经济学家所言，股息和资本所得税减少能够最大程度地促进经济增长。相反，在经济衰退期，当经济需要在短期刺激总需求时，税率减少10%，以及儿童税收抵免和婚姻惩罚方面的减税，只会使得钱最终进入人们的口袋里。这些减税措施很难对长期经济增长起作用。参见美国财政部，*A Dynamic Analysis of Permanent Extension of the President's Tax Relief*，July 25，2006，http://www.treasury.gov。

此，通货膨胀和失业之间的权衡取舍关系将会被打破，这是供给侧政策的目标。

支持者认为供给侧政策对我们的经济问题而言是无痛的补救措施，但是，反对者认为这是一厢情愿的想法。他们第一个反对观点是，供给侧政策过于乐观。减税对工作、储蓄和投资产生的有利影响可能没有供给侧支持者所预期的那么大。仅仅通过降低税率来增加人们从工作中获得的收益，并不意味着人们实际上工作更长时间。当他们意识到税后工资上涨时，他们工作的时间更少，而不是更多。原因是，当税后工资增加时人们工作更少的时间也能使自己的生活保持不变甚至改善。同样，如果降低税率能提高储蓄的收益，人们会发现他们可以通过减少储蓄达到储蓄目标，而且是更轻松地达到。结果是减税使得总供给曲线向右移动很小的幅度。因此供给侧政策只能引起实际产出的微量增长。

第二个反对观点是供给侧支持者低估了减税对总需求的影响。如果个人所得税下降，人们可能会工作更长时间，但是他们肯定会支出更多，从而使得总需求曲线向右移动。特别是在短期，减税对需求的影响大于对供给的影响。

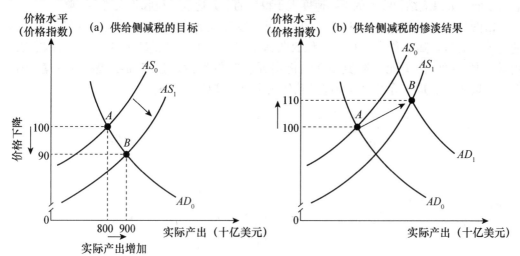

图 13-3　供给侧财政政策

供给侧减税的目标是使总供给曲线向右移动，使产品价格更低，产出更多。然而减税同样使总需求曲线向右移动。如果总需求的变动超过总供给的变动，结果将是更高的产品价格。

图 13-3（b）展示了减税所造成的两方面影响。第一，使得总供给曲线向右移动很小幅度；第二，使得总需求曲线向右移动较大幅度。结果是，由于减税，经济的均衡点由 A 点变成 B 点，价格和产出都上升。这个情况表明供给侧政策对于美国的经济问题而言并不是无痛的补救措施。根据批评家所说，供给侧政策对于短期经济稳定来说并不是很有效，它主要用于促进长期经济增长。

□ 减税导致税收收入增加（减少）？

如果个人所得税降低，税收收入是增加还是减少呢？大多数人认为答案显而易见：减税导致低税收收入。然而，供给侧支持者阿瑟·拉弗（Arthur Laffer）认为答案并非如此。

为了说明税率如何影响税收收入，我们将使用一条简单的曲线——**拉弗曲线**（Laffer curve），该曲线因阿瑟·拉弗（Arthur Laffer）而得名。拉弗曲线显示了政府税收总额和所得税税率之间的关系。政府税收总额取决于税率和应纳税收入：

税收总额＝税率×应纳税收入

拉弗曲线的重要之处在于它说明了高的税率可能会减少税收收入。当税率太高时个人收入会降低，因为此时人们消极地工作、储蓄和投资，从而使得社会总收入下降，导致税收收入下降。

从图 13-4 中的拉弗曲线可知，纵轴代表税收收入，以十亿美元为单位，横轴代表税率，以百分数为单位，从 0 到 100％。有两个税率没有带来税收收入，分别是 0 和 100％。显然，当税率为 0 时没有税收收入，当税率为 100％时，人们赚取收入的积极性消失，税收收入同样为 0。当税率大于 0 时，税收收入随着税率的提高而增加，直到税率达到某点，此后税收收入下降，直至为 0。高税率使人们的工作积极性降低，失业增加，导致应纳税收入很低。如果应纳税收入的下降速度大于税率的上升速度，税收收入将会下降。

由图 13-4 可知，当税率为 48％时，可实现最大的税收收入——3 000 亿美元/年。超过该点之后，随着税率的提高，税收收入下降。例如，当税率为 85％时，税收收入由最大值 3 000 亿美元下降到 2 000 亿美元。简单地说，拉弗曲线提醒了白宫和国会——增税可能是不恰当的，可能导致经济衰退，税收收入下降。

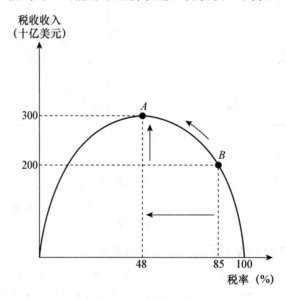

图 13-4　拉弗曲线

拉弗曲线表明了税率和税收收入之间的关系。根据拉弗曲线，如果税率足够高，那么可以通过降低税率提高税收收入。

这种思想为里根的经济政策（1981—1989 年）提供了理论基础。在他执政期间，里根总统大幅度降低个人所得税促进经济增长和税收收入增加。里根的减税法案使得个人所得税税率由 70％下降到 28％。不幸的是，他没有通过减税使税收总额增加。在 1980—1984 年间，即使减税使得个人平均收入（经通货膨胀调整的个人收入）增加了 4％，税收总额因个人所得税（经通货膨胀调整的个人所得税）的减少而下降了9%。因为减税不能产生足够的收入来增加政府开支，所以在里根政府时期，政府出现很大的预算赤字。

联邦预算赤字和联邦债务

我们知道，财政政策的主要机制是联邦政府的预算。就像前面所学过的，联邦税收或支出的变化是使得总需求曲线和总供给曲线移动的工具。使用联邦预算稳定经济表明，预算往往不平衡。为了应对经济衰退，联邦政府必须增加支出或减少税收，这便出现了预算赤字。相反，抵消通货膨胀意味着减少政府支出或增加税收，从而造成预算盈余。从稳定经济的角度来看，预算赤字和盈余是财政政策的共同特点。

如图13-5所示，**联邦赤字**（federal deficit）（盈余，surplus）是一个年度内联邦支出与税收收入的差额，为了弥补这一差额，政府向公众借款。每个年度的赤字增加量相当于公众持有的债务金额。如图13-5所示，我们看到联邦政府的预算普遍出现赤字。此外，**联邦债务**（federal debt）代表历史上公众持有的未偿还的政府债务累积金额。它一直在上升，因为联邦赤字每年都持续发生。

美国联邦债务的主要方式是公众持有债务。这是最常用的，因为它反映了联邦政府为了履行义务吸收了多少国家财富，因而也最能代表过去联邦政府的借款对经济产生的影响。如表13-4所示，2008年，公众持有的债务大约为54 210万亿美元。相反，1940年，联邦债务只有430亿美元。

借款人持有的债务金额并不是债务负担的一个特别好的指标。如果规模是唯一重要的衡量标准，那么一个有较大规模抵押贷款的富人将被认定为比一个有较小规模抵押贷款的人拥有更大的债务负担。换句话说，借款人的收入和财富在评估债务负担中也是很重要的。因此，为了更好地理解联邦债务所代表的负担，评价债务就应该与国家收入相关。国家收入的常用指标是GDP。债务占GDP的比重相较债务的美元价值来说是一个衡量债务负担的更好指标，因为它考虑到了经济的债务承受能力。

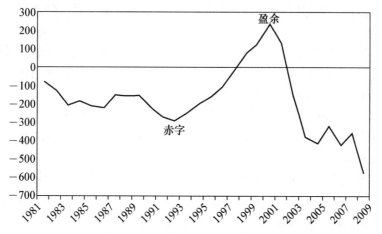

图13-5　1981—2008年美国政府的赤字和盈余

资料来源：*Economic Report of the President*，2009，p. 377.

时间	联邦债务（十亿美元）	联邦债务占 GDP 的比重（%）
1940	43	44
1945	236	106
1955	227	57
1965	261	38
1975	395	25
1985	1 500	36
1995	3 603	49
2000	3 410	35
2005	4 592	37
2008	5 421	38

资料来源：*Economic Report of the President*，2009，p. 377.

截至 2008 年，联邦债务占 GDP 的约 38%。虽然这个水平处于历史较高水平，但它并没有许多其他国家的债务水平高，其他国家的债务可能会占 GDP 的 60% 或更高。过去，美国的债务占 GDP 的比重大幅上升是战争和经济衰退的结果。二战刚结束时美国债务占 GDP 的比重达到峰值，作为战时借款的结果，联邦债务占 GDP 的 106%，这意味着它超过了经济的年产出。战争结束后，由于经济增长和通货膨胀的刺激，在接下来的 30 年中，这一比重在 1974 年下降到 24% 的战后低点。20 世纪 70 年代中期以来，债务占 GDP 的比重已普遍提高。

自 20 世纪 80 年代以来，不只是联邦政府债务增多。个人、企业、州和地方政府的借款都在显著上升，但都没有联邦债务多。

□ 联邦债务的销售和所有权

联邦政府如何借钱？联邦政府主要通过美国财政部发行证券。由公众持有的大部分证券是有市场的，这意味着一旦政府发行证券，持有者可以再次将它们转手出售。这些有价证券包括国债、票据以及从 3 个月至 30 年的多种期限债券。新债发行时不同种类的证券会规律地变化。

证券的搭配很重要，因为它可以对利息支出产生显著的影响。例如，长期国债的利率通常高于短期国债，因为投资者认为长期债券具有较大的风险，比如在未来发生的高通货膨胀。然而，长期债券确定了你在较长一段时期的支出金额。

谁借钱给联邦政府？公众持有的联邦债务归属于不同的投资者。2008 年，联邦债务的 50% 由美国财政部和其他联邦机构包括美联储持有。其中，国内私人投资者持有 24%，国外投资者持有 26%。

任何人都能购买到国债。尽管债务所有权主要集中在企业和其他机构手中，但不少中小投资者也持有国债。例如，谁拥有美国储蓄债券，谁就持有联邦债务的一部分。此外，许多养老基金也持有债券，所以，中小投资者可以间接持有债券。

外国人购买美国国债为美国带来了一定的好处，因为外国投资者对美国的投资填补了一部分美国借款需求，这使得更多的国内储蓄可用于私人投资，并且利率会相对于政府仅从国内融资时要低。然而，为了偿还国外的债务，美国政府必须向国外支付利息，这增加了其他国家公民的收入，而不是美国公民的收入。

美国财政政策：联邦债务是否会欺骗下一代？

随着 2007—2009 年美国金融体系和经济的步履蹒跚，美国政府花费大量的金钱以稳定经济，造成了政府赤字前所未有的增加。许多人认为当代人可能自私地将债务失控问题留给下一代。那么政府债务的经济后果是什么呢？

许多人认为，在某些情况下适当的借款是可以的。例如，有些人认为，在经济衰退期间，自动增加联邦政府的借款，可通过保持收入和支出水平而有利于经济。战时借款也被广泛认为是有益的，因为它使得政府不用通过大幅度提高税率就能增加国防开支，而大幅度增税的方案可能会对经济产生破坏性。此外，联邦借款也可能是适当的投资，比如修建公路、培训工人，或进行科学研究等。如果选定一个好的投资，那么它就可以提高工人的劳动生产率并实现长期的经济增长，产生一个能支付借入资金的利息的更强劲经济。

然而，如果不是出于前面提到的任何目的而进行的联邦借款，许多人认为成本会大于收益。在这种情况下，增加联邦支出的好处可能会集中在短期，而成本主要发生在长期。这个时间差对于不同时代有重要意义。当期借款增加的影响将在未来的工人和纳税人身上体现，他们可能无法享受到由负债所带来的支出增加而产生的全部利益。

赤字在一定程度上会减少国家投资，经济中资本存量下降会降低劳动生产率、经济生产的商品和服务，以及实际工资等。因此，当政府增加其债务时，下一代人可能会出生在一个个人收入较低的时代。此外，当政府的债务和累计利息到期后，这些人将面对税收增加，政府支出减少，或腾出资源来还清债务和累计利息的艰难局面。

联邦借款会减少可用于私人投资的资金，并对利率产生上行压力。由于联邦政府与私人投资者因稀缺资本而竞争，联邦借款会减少可用于其他投资的资金。政府借款可能会对利率的总体水平产生影响，使得贷款买房、买车或上学的个人和家庭的融资成本增加。

20 世纪 70 年代以来，占美国经济一定份额的私人储蓄降低，使得大规模的联邦借款变得艰难。这两种趋势都对经济产生显著的影响：联邦赤字在很大程度上减少了私人储蓄，大幅度减少了可用于私人投资的资金。然而，国民储蓄下降的部分已经被来自外国投资者的借款抵消了。

联邦债务是如何影响联邦预算的？尽管债务使得联邦政府可以提供超过其以往所提供的服务，但是这以未来的债务利息为代价。为了维持这些支出，同时避免大的赤字，政府必须放弃对其他国家事项的投资。这也意味着更少的钱可用于不时之需。

预算平衡修正案是否可取？

虽然联邦预算盈余短暂出现于 20 世纪 90 年代末，但是，怀疑主义者质疑，美国政府具有超额支出的倾向。因此，他们呼吁国会制定法律，迫使联邦政府消除赤字。在美国，49 个州有平衡预算的要求。为什么不要求联邦政府实行大多数州都要求的平衡预算呢？

一种方法是制定平衡预算的宪法修正案。最常提出的规则包括若干条款。每年总统向国会提交一份平衡预算，其中税收收入等于支出。然后国会按预算工作。预算赤字只有在 60％的国会议员表决支持的情况下通过。在战争或国家处于紧急状况时，平衡预算的要求可能会暂停。

平衡预算修正案的支持者们注意到，国会当中缺乏财政紧缩的支持者。虽然在原理上，当经济进入衰退时赤字是说得通的，但现实是，不管潜在经济条件是什么，预算经常出现赤字。从长远来看，只有宪法才可以永久性地使政府量入为出。

然而，这条规则的批评者认为，它会使经济衰退更加频繁和严重。政府平衡预算的要求会使衰退时间更长、更痛苦。首先，它会通过取消在经济衰退期间保护人们的自动稳定器使经济衰退；其次，在经济因缺乏需求而衰退的情况下，通过削减开支或增加税收也会使经济衰退。

平衡预算修正案的批评者还认为，即使颁布了该法案，国会也会找出摆脱该法案限制性规定的方法。例如，国会可能会利用机制，如"预算外"支出和不现实的预算预测避开修正案的规定。

本章讨论了在不稳定的宏观经济中，财政政策是一种可能的解决方案。下一章将探讨货币的作用和经济中的银行系统。

知识点回顾

1. 财政政策的主要缺点是什么？

2. 为什么供给侧财政政策的支持者认为它对于美国的经济问题是个无痛的补救措施？

3. 解释联邦债务的经济收益和成本。

4. 政府的平衡预算修正案的优点和缺点分别是什么？

▌本章小结

1. 财政政策是运用政府支出和税收，来实现宏观经济的一些目标，如充分就业、物价稳定和经济增长。在美国，财政政策由国会和总统制定。扩张性财政政策试图推动经济走出衰退，而紧缩性财政政策试图对抗通货膨胀。

2. 相机抉择的财政政策是有意使用政府支出和税收的变化来影响总需求，并在短期内影响经济的表现。为了应对经济衰退，政府可以通过减税和增加支出以刺激总需求。政府可以通过增加税收和削减支出对抗通货膨胀从而降低总需求。

3. 自动稳定器是政府支出和税收自动随着经济波动而发生变化的机制。自动稳定器能够防止总需求在萧条的时候下降过多，在繁荣的时候上升过多，从而缓解通货膨胀。自动稳定器包括个人所得税、企业所得税和转移支付，如失业保障金、食品券，以及其他福利等。

现代经济学原理（第六版）

4. 尽管凯恩斯学派的经济学家普遍认为财政政策在对抗经济衰退和通货膨胀方面是有效的，但其他人都在担心它的缺陷。相机抉择的财政政策有如下缺陷：时滞、通货膨胀偏差、挤出效应和外贸效应。

5. 除了对总需求的潜在影响，财政政策还可以通过其对总供给的影响来改变经济活动的水平。根据供给侧财政政策，边际税率的降低将导致生产率提高，因为个人会更加努力、更长时间工作，而且增加自己的储蓄和投资。所以，总供给曲线会向右移动，从而导致更高的实际产出。

6. 在 20 世纪 80 年代早期，供给侧经济学家认为，削减税率将刺激就业、储蓄和投资，从而促进经济活动和提高国民收入。从理论上讲，即使税率更低，扩大的收入也将导致总税收收入上升。然而，20 世纪 80 年代的证据并不支持这一论断。

7. 联邦赤字是指某一年联邦支出和税收收入之间的差额。联邦债务代表长期以来对公众的未偿还借款累计金额。联邦政府主要通过美国财政部发行债券借款。

8. 联邦债务有其收益和成本。许多人认为，当联邦债务被用于增加国防开支，用于对公路、水坝、桥梁等的投资支出，通过支持收入和消费水平而有利于经济增长，联邦政府的借款是有利的。联邦政府借款的批评者担心这将减缓下一代人生活水平的提高，减少私人消费和投资支出。结果是批评者倾向于通过政府控制赤字的法律。

▇ 关键术语

财政政策	生效时滞
相机抉择的财政政策	挤出效应
自动稳定器	拉弗曲线
认识时滞	联邦赤字
决策时滞	联邦债务

▇ 自测 （单项选择）

1. （   ）是指利用政府支出、转移支付和税收来促进充分就业、物价稳定和经济增长。

a. 产业政策

b. 商业保险单

c. 货币政策

d. 财政政策

2. 假设经济有闲置资源和恒定的价格水平。同时假设税收是常数，边际消费倾向为 0.75。如果政府支出增加 100 亿美元，实际 GDP 将（   ）。

a. 增加 100 亿美元

b. 增加 200 亿美元

c. 增加 300 亿美元

d. 增加 400 亿美元

3. 当税收收入低于政府支出时，政府必须（   ）。

a. 加大转移支付力度

b. 提高税率

c. 减少开支

d. 借入资金

4. 挤出效应往往发生于当政府（   ）。

a. 限制某些类型的企业投资

b. 提高个人所得税税率

c. 通过印刷新货币为赤字融资

d. 通过借款为赤字融资

5. 以下理由表明公共债务的产生会造成经济负担，除了（   ）。

a. 它导致挤出效应

b. 它主要是由国内投资者，而不是外国人持有

c. 它减少了资本品的供给

d. 它引发了通货膨胀

6. 反周期财政政策可以（   ）。

a. 增加政府支出和提高经济衰退期的税率

b. 增加政府支出和降低经济衰退期的税率

c. 使政府支出减少和经济衰退期的税率提高

d. 使政府支出减少和经济衰退期的税率下降

7. 自动稳定器不包括下列哪一项？（   ）

a. 国防开支

b. 福利支出如食品券

c. 失业保障金

d. 联邦所得税

8. 假设经济的总需求是 4 000 亿美元，低于充分就业产出。如果边际消费倾向为 0.8，政府会支出多少以把总需求推到充分就业的产出？（   ）

a. 400 亿美元

b. 600 亿美元

c. 800 亿美元

d. 1 000 亿美元

9. 在 20 世纪 30 年代的大萧条时期，胡佛总统发起的财政政策导致预算平衡，而不是预算赤字。根据凯恩斯主义经济学，预算平衡在萧条时期是不合适的，因为它会（   ）。

a. 给经济带来更严重的通货膨胀

b. 使经济活动下降，从而增加失业

c. 使经济活动和就业只有轻微增长

d. 降低个人储蓄而不仅是企业投资

10. 反周期财政政策表明政府应该通过下列哪个手段对抗经济衰退？（   ）

a. 实现预算盈余，从而增加总需求

b. 实现预算盈余，从而降低总需求

c. 实现预算赤字，从而增加总需求

d. 实现预算赤字，从而降低总需求

▌ 问答与应用

1. 解释以下财政政策如何影响总需求。

a. 政府增加 100 亿美元对公路和桥梁的支出；

b. 个人所得税税率全面上升 10%；

c. 对食品券的计划支出增加 15%，以帮助穷人；

d. 当和平传遍世界各地时，政府大幅削减国防开支。

2. 在下列情形下，说明相机抉择的财政政策是扩张性的还是紧缩性的。

a. 政府提高了家庭和企业的税率；

b. 政府增加了失业保障金；

c. 政府批准了西北太平洋公路的修建资金；

d. 政府因为增加支出出现赤字。

3. 减税往往会同时影响总需求和总供给。谈谈减税对总需求还是总供给的影响更大，用总需求-总供给模型来解释你的答案。

4. 一些经济学家赞成使用相机抉择的财政政策，以对抗经济衰退和通货膨胀，而有些人反对。讨论使用相机抉择的财政政策来稳定经济的优缺点。

5. 说明政府支出和税收的变化是如何对总需求和实际产出产生乘数效应的。

6. 基于表 13 - 5 回答下面的问题。

表 13 - 5　　　　　　　　　　　　　假想的美国税收数据

税率（%）	税收（十亿美元）
0	0
10	90
15	150
20	180
25	150
30	90
35	0

a. 哪两点表示税收收入为 0？这是如何发生的？

b. 什么税率导致政府有最大税收收入？

c. 假设政府 25% 的所得税税率产生了 1 500 亿美元的税收收入。如果税率上升到 30% 会产生多少税收收入？为什么？

d. 假设政府 10% 的税率产生 900 亿美元的税收收入。如果税率上升到 15% 会产生多少税收收入？为什么？

7. 用总需求-总供给模型描述颁布一项平衡预算的宪法修正案后，财政政策所造成的破坏稳定的影响。

8. 凯恩斯主义经济学家强调财政政策对总需求的影响，而供给侧经济学家注重财政政策对总供给的影响。根据这两种观点，讨论减税如何增加实际产出和就业。如果减税有利于经济，为什么不将政府税收削减为 0？

9. 在对相机抉择的财政政策的优劣进行讨论时，为什么挤出效应是一个重要问题？在经济周期的各个阶段挤出效应发生的可能性相同吗？

10. 如果总需求不足造成经济衰退，政府可能会做什么？如果总需求过度引起通货膨胀，政府会怎么做？

11. 扩张性财政政策可以消除经济衰退，但它通常会导致更高的通货膨胀。这个困境引起了对"供给侧"减税的兴趣。用总需求-总供给模型来解释供给侧经济学的目的，并确定与供给侧减税政策相关的问题。

12. 假设经济的边际消费倾向为 0.8。为了应对经济衰退，假设联邦政府将其支出增加 500 亿美元。如果价格保持不变，这一政策对经济的总需求和实际产出有什么影响？相反，假设价格水平随着经济的总需求增加而上升。这对你的答案有什么影响？

13. 假设经济的边际消费倾向为 0.67。为了应对经济衰退，假设联邦政府正在考虑是否将个人所得税降低 400 亿美元或将政府支出增加 400 亿美元。假设经济有一个恒定的价格水平，这些政策对总需求和实际产出有什么影响？这一政策是扩张性的吗？为什么？

▮ 附录 13.1　财政政策与乘数

回忆一下第 12 章，乘数公式为 $1/(1-MPC)$，其中 MPC 是经济的边际消费倾向。如果 $MPC=0.75$，那么乘数的值是 4，即 $1/(1-0.75)=4$。在扩张性财政政策的例子中，我们假设政府购买增加 250 亿美元。通过乘数效应，总需求曲线将通过政府购买的初始 250 亿美元向右移动 4 倍的距离。事实上，乘数使政府支出成了刺激产出和生产的非常有力的政策工具。

请参考图 13-6，来说明这一乘数效应的效果。政府购买增加的直接效果是增加的 250 亿美元使总需求曲线向右移动，从 AD_0 移动到 AD_2。根据乘数作用，增加消费支出的间接效果是总需求曲线向右移动，增加了 750 亿美元，从 AD_2 移动到 AD_1。总之，增加政府购买 250 亿美元导致总需求增加 1 000 亿美元，由 AD_0 移动到 AD_1。这表明相比于政府支出的增加，乘数效应所导致的总需求的增加是政府支出的 4 倍。

请注意，这一特殊的增加发生在总供给曲线的水平区域，此时经济的价格水平不变。因此，实际产出将按乘数效应增长。此外，失业率将下降，因为企业会雇用在经济衰退期失业的工人。

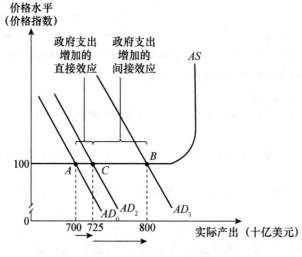

图 13-6　财政政策及乘数效应

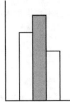

第14章

货币和银行系统

本章目标

通过本章的学习，你应该能够：

1. 定义货币并确定货币的职能。
2. 描述支票的一个托收过程。
3. 描述美国经济的主要存款机构。
4. 说明银行如何为它们的股东赚取利润。
5. 讨论银行系统创造货币的过程。
6. 了解联邦存款保险公司（FDIC）的目的。

背景资料

2000 年，美国铸币局（U. S. Mint）发行了第八套美元硬币。黄金美元硬币，以萨卡加维亚（Sacagawea）（刘易斯和克拉克探险队唯一的女性形象）为背景，被人们所熟知。美元硬币的支持者指出，它的广泛使用将会为政府节省大量开支。平均而言，与具有约 18 个月使用寿命的 1 美元纸币相比，硬币有 30 年的使用寿命。相比于生产成本为 13 美分的美元硬币而言，虽然纸币生产成本仅为约 4 美分，但是纸币的寿命比较短，使得它们从长远来看成本更高。

然而，硬币从来没在美国的日常交易中被广泛使用。原因很简单，人们发现相对于纸币，硬币使用不方便。只有在人们没有选择的时候，硬币才会取代纸币。尽管广告活动花费达到 4 500 万美元，但是，首次发行了硬币后，大约有一半的新币每年留在联邦储备银行（Federal Reserve Bank）和美国铸币局的金库中。另一半"流通"到外界。然而，这些硬币显然是囤积的，因为它们中只有极少一部分用于每天的日常交易。

货币使世界运转。早在公元前 300 年，亚里士多德就认为，一切都必须用金钱来评

297

估，因为金钱使得人们交换他们的服务，使社会成为可能。事实上，钱是我们日常生活中不可或缺的一部分。

本章中，我们将研究货币以及它在经济中扮演的角色。我们将集中研究货币的本质，银行系统的运行及其创造货币的过程。

本章中，我们将讨论美国的中央银行体系——联邦储备系统。美国联邦储备的职能有：给银行①提供货币，执行支票在全国范围内的清算机制，作为陷入困境的商业银行的最后贷款人，负责监督和检查银行的安全性与稳健性，为美国财政部提供支票账户，发行和赎回政府证券，实行全国性的货币政策。我们将在下一章中更加充分地讨论联邦储备系统的性质和运作。

货币的本质

当你去必胜客购买晚餐的时候，你会得到比萨和软饮料等有价值的东西。为了支付这些东西，你可能会给服务员一些现金或个人支票。该餐厅是乐于接受这两种纸张的，尽管纸本身毫无价值。但是，它们却被认为是货币。

我们从一个简单的问题开始：什么是货币？**货币**（money）是经济中人们经常用于向其他人购买商品和服务的一组资产。金银曾经是货币最常见的形式。但今天，货币主要包括纸币、由各种金属铸成的硬币和支票账户存款。

每个国家都有自己的货币制度。例如，在美国，基本货币单位是美元。加拿大使用加元，墨西哥使用比索，日本用日元等等。我们把一个国家中正在流通使用的货币称作**通货**（currency）。

货币在经济活动中有三大职能：流通手段、价值尺度和贮藏手段。货币的这些职能使它与其他资产如股票、债券和房地产区分开来。

☐ 流通手段

货币的第一个职能是**流通手段**（medium of exchange）。货币是人们愿意接受的支付商品和服务的媒介。在美国，1美分、10美分、25美分和1美元纸币都是交换媒介，因为人们愿意在支付中接受这些东西，并且意识到它们可以用于其他购买。货币从买方到卖方的转让使得交易产生。

如果没有交换媒介，人们为了获得其他商品和服务将不得不直接交易他们的商品和服务。例如，如果你想要一辆摩托车，你就必须找到一个愿意交易摩托车的车主。假设摩托车主想用摩托车来换取电脑，而你没有电脑，那么你就必须找到电脑主人想要交易的东西，并和电脑的主人交易，然后把电脑交付给摩托车的车主来交换摩托车。

这样的交易叫物物交换，是非常低效的。因为你可能花几天跑来跑去寻找拥有你所

---

① 美国经济中有一大批银行机构，包括商业银行、储蓄和贷款协会、互助储蓄银行和信用社。我们把这些机构叫作存款机构：接受来自存款人的存款，并提供作为货币供应一部分的支票账户。

现代经济学原理（第六版）

需商品的人，并且要了解这个人希望拥有什么。此外，如动物之类的物品，根本就不可分，因此必须在交易过程中承受不平等的交易。结果，物物交换限制了生产能力。随着社会变得更加复杂和生产产品的范围更大，物物交换相对而言过于复杂。然而，货币作为交换的媒介，解决了物物交换的问题。交易双方的需求不必一致，因为每个人都愿意接受货币来换取商品和服务。

□ 价值尺度

货币的第二个职能是它的**价值尺度**（unit of account）。人们用货币注明商品和服务的价格。在美国，人们用美元来制定价格。当你去购物时，你可能会观察到一条裤子售价为 40 美元，12 瓶百事可乐的售价为 4 美元。货币的价值尺度职能使得我们能够比较商品的相对价值。如果一条裤子售价为 40 美元并且 12 瓶百事可乐的售价为 4 美元，那么一条裤子的价值等于 120（40/4×12＝120）瓶百事可乐的价值。简单地说，人用货币来制定价格，就像用千米来衡量距离或用小时来表示时间。

□ 贮藏手段

货币的第三个职能是它的**贮藏手段**（store of value）。人们可以储蓄，然后将它用于将来的消费。当然，货币不是经济中唯一作为贮藏手段的载体，贮藏手段还包括黄金、房地产、画作、珠宝甚至棒球卡。然而，货币具有可以立即使用以履行金融义务的优点。

货币的储藏手段职能帮助我们明白长期的、严重的通货膨胀是如何削弱经济的。随着通货膨胀的发生，货币作为贮藏手段的能力下降。因此，人们可能不愿意储蓄，因为价格提高使得他们的未来购买力削弱。此外，如果贷款人预计贷款的购买力下降，则借钱用于生产性投资的积极性会受阻。

充当流通手段、价值尺度、贮藏手段的任何物体或物质可被认为是货币。但是，货币应该具有其他几个特性。它应该是可携带的，使人们可以携带足够的钱购买他们需要的东西。它应该是标准价值不变的，每次使用时，不用被测量或称重。它应该是耐用的，经得起时间的考验。它应该可分割成更小的单位，使人们可以使用小额货币购买。

□ 信用卡是货币吗？

大多数人把如"万事达卡"和"维萨卡"等信用卡称作"塑料货币"。毕竟，信用卡为融资交易提供了便利的形式。

信用卡可以作为货币吗？绝对不行！尽管万事达卡可以像货币一样被接受，但商人之所以认可它们，原因是他们知道货币会由发卡的金融机构支付。最终，你必须通过签发支票给你的发卡金融机构来支付账单。然而，当你的支票账户中没有足够的资金时，发卡的金融机构通过有你签名的信用卡收据将很快发现这种情况，此时信用卡是毫无价值的。简单地说，如果你用你的信用卡进行消费，你将获得由发卡的金融机构提供的短期贷款，从而得到一个在短时间内推迟付款的方法。

通常情况下，信用卡比用支票或现金付款更方便。拥有信用卡的人可以在月底统一而不是零星支付他们在这一个月的所有账单。因此，拥有信用卡的人比没有信用卡的人更倾向于持有较少的现金。因此，使用的信用卡数量的增加可能降低人们希望持有的货币的金额。

购物用途的信用卡

这一年，你可能会收到办理信用卡的邀请。信用卡公司每年主动给美国家庭发送数十亿封关于信用卡办理的邮件，并拨打数以千万计的电话来推销自己的卡片。如今，一些大的发行商，如美国第一银行（First USA Bank），仅以自己名字流通的信用卡就有1 200万张。信用卡是其主要的业务，只要持卡人长期负债，它就可获得高额利润。如今，一般的美国成年人拥有的信用卡额度超过1 800美元。表14－1提供了可供选择的银行信用卡之间的比较。发行万事达卡和维萨卡等卡片的信用卡加盟机构与向消费者提供信用卡的银行签约，而发行诸如发现卡（Discover）和美国运通卡（American Express）等卡片的公司则是直接面对消费者。你的收费单最后如何变成了你的月结单，以及它是以怎样的方式支付的呢？

表14－1 2008年7月信用卡之间的比较

发卡机构	年利率（%）	利率形式	宽限期（天）	年费（美元）
阿迪朗达克信托公司（维萨卡）	15.0	固定	25	15
第一资本银行（维萨卡）	19.6	可变	25	无
圣路易斯第一国民银行（万事达卡）	17.4	固定	25	无
田纳西州联邦银行（维萨卡）	12.8	固定	25	15
硅谷国家银行（万事达卡）	16.8	固定	25	无

资料来源：Federal Reserve Board, *Survey of Credit Card Plans*, July 31, 2008，参见 http://www.federalreserve.gov，调查每6个月更新一次。

假设你使用维萨卡去沃尔玛购买CD播放机。收银员会先通过电子审批机看看该卡是否有效，以及是否有足够的信用购买产品。你在收据上签字，证明你同意偿还信用卡。在5个工作日内，沃尔玛将收据发送到维萨卡发行公司，该发行公司是所有销售收入数据的信息交换中心。信用卡发行公司联系沃尔玛的分店，向该分店支付店面销售价格减去一定费用后的余额，费用一般在3%左右，这取决于店面月销量等其他方面。商家不能通过提高价格向消费者收取银行费用，但他们可以为用现金或支票支付的客户提供折扣。然后，维萨卡发行公司通过向发卡银行收费将其数据库中的收据清除。你的发卡银行会立即向沃尔玛分店支付全部金额。你的发卡银行会在给你的邮件中声明购物所花费的金额，以及你在此期间的任何其他消费。

没有信用卡能满足每个消费者的所有使用需求。如果你想更好地使用它们，就必须做一些功课。例如，在信用卡发卡机构提供的披露信息中，最应该考虑的是年利率（annual percentage rate，APR）。如果你每月都有信用卡欠款，那么低年利率和高年利率有很大的区别。不幸的是，低年利率（10%左右）信用卡发卡机构发卡非常谨慎，它们可能会拒绝信用卡债务规模大的人，这些人可能从较低的利率中获益。

宽限期同样重要，它指的是从你使用信用卡消费到偿还信用卡的最长期限，你必须牢记消费和还款之间的时间，以避免超出还款时间被收取额外的费用。还要记住，如果超出信用额度，银行可能会收取额外费用，比方说，15美元的超限费。如果你的最低还款逾期，经常会有滞纳金。此外，多数银行还收取从自动取款机取款产生的预借现金手续费。不要忘了，你取完现金之后就要立即开始支付预借现金利息——没有宽限期。

怎么使你的信用卡提升到更高的额度等级呢？听起来似乎很疯狂，但是专家认为消费者可以拥有一个更高的信用额度。过去的经验和对消费者的研究表明，为了防止客户投入竞争对手的怀抱，发卡机构往往愿意与它们最好的客户进行洽谈。作为一个忠告，如果你对一个银行说你已经在其他银行拥有了更高额度的信用卡，那么你就要为发行机构打电话给你做准备。到目前为止，使用信用卡的最明智方法是每月还清你的债务，避免高利息成本。可考虑将它作为顶级金融优先权。

> **知识点回顾**
>
> 1. 什么是货币？
> 2. 货币的职能有哪些？
> 3. 为什么不把信用卡作为货币的一种形式？
> 4. 作为消费者，你在选择信用卡时需衡量的因素有什么？

■ 美国的货币供应量

货币是在商品或服务的支付中被普遍接受的任何东西。金银曾经是最常见的货币。然而，今天的货币主要是通货和支票账户存款。首先，让我们来看看美国的通货。

美国通货包括硬币和纸币。根据联邦法律，只有联邦储备系统可以发行纸币，只有美国财政部可以发行硬币。联邦储备系统发行的纸币被称作联邦储备券。美国的所有通货上面都印有国家口号"In God We Trust"，意为"我们信仰上帝"。

□ 硬币

美国硬币有6种面值：便士（1美分）、镍币（5美分）、10美分、1/4美元（25美分）、半美元（50美分）和1美元。

美国铸币局设在费城、丹佛、西点和旧金山这些地方，铸造市场上流通的硬币。所有的硬币通常含有铸造标识以显示哪些地方生产了它们。费城所铸硬币含有P标识或没有标识；丹佛铸造的硬币含有D标识；旧金山所铸硬币含有一个S；西点所铸硬币含一个W。目前所有铸造的硬币都在上面铸有过去的美国总统的头像。现在所有美国硬币上面都印有口号"我们信仰上帝"，其他国家的货币也会印有国家的宣言或口号。

所有硬币都是由合金（金属的混合物）制成。1美分的硬币是用铜含量不足3％的铜合金制造，外层涂一层锌。5美分的硬币是由铜和镍的混合物铸造的。10美分、25美分、50美分和1美元的硬币都是由三种金属制成，它们的核心是纯铜，外面涂有一层铜镍合金。联邦法律规定，硬币应注明它的生产日期。硬币还必须铸有liberty这个单词（意为"解放"），以及拉丁格言e pluribus unum（意为"合众为一"）。这个格言暗示美国是由原来的 13 个殖民地合并而成。

生产硬币时，美国铸币局将金属合金锭压成适当厚度的平板。然后将金属板冲压形成坯件并与废料分开。经过软化和洗涤后，坯件被放入一台机器，以压制成使它们的边缘凸起，坯件需要在冲压前检查、称重。在压力超过 40 吨的情况下，正面和背面同时形成花纹。最后，硬币被称重、计数，运送到联邦储备银行发行。

为什么硬币会有脊呢？当硬币由黄金和白银铸成时，偷工减料经常发生。人们会在使用硬币之前将它们的边缘打磨掉，然后收集足够钱屑作为货币。磨边和做脊就是被设计出来以阻止这些现象发生的。今天，不再用黄金和白银来制作硬币，但款式仍然留存下来。硬币有脊还能帮助视障人士识别特定的货币。例如，10 美分硬币的脊和 1 美分硬币的脊有明显的区别，10 美分的脊比较平滑。

□ 纸币

今天在美国发行的联邦储备券共同构成了美国的纸币。[①] 美国纸币有 7 种面值：1 美元、2 美元、5 美元、10 美元、20 美元、50 美元和 100 美元。纸币由联邦储备系统下属的 12 个联邦储备银行发行。每张纸币都有字母、数字和印章来标识其所发行的银行。此外，每张纸币都印有"Federal Reserve Note"和绿色的财政部印章。纸币的成本大约 4 美分。

华盛顿特区的印钞局负责设计和打印纸币样式，也有部分纸币在得克萨斯州沃思堡的分部制造。所有纸币都在右上角序列号的下方标注有"Washington D. C."。沃思堡印刷的纸币也显示字母"FW"，它在右下角序列号的左侧。新纸币被运送到 12 个联邦储备银行，然后交给商业银行、储蓄和贷款协会以及其他存款机构使用。这些机构的客户根据需要提取现金。一旦人们在杂货店、百货商店等地方花钱，这些钱就会再次回到存款机构手中。当纸币磨损、变脏或损坏时，存款类金融机构将纸币存入 12 个联邦储备银行。

纸币在搬运过程中会磨损，并且有时会意外损坏或毁坏。例如，1 美元纸币的平均寿命约 18 个月。对于 5 美元的纸币来说，平均寿命为 15 个月；对于 20 美元的纸币来说，平均寿命为 2 年。10 美元纸币平均寿命和 1 美元纸币平均寿命相同。面值较大的纸币如 50 美元和 100 美元，比小面值的纸币能够使用更长的时间，因为它们不经常流通。50 美元的纸币，通常寿命是 5 年，100 美元的纸币通长寿命是 8.5 年。

商业银行用旧的、磨损、破裂或变脏的纸币换取联邦储备银行的新纸币。联邦储备银行把从商业银行获得的纸币进行归整，以确定它是否"合格"。合格的货币（可重复使用）存放在金库，并通过商业银行系统再次将其流转出去。联邦储备银行用粉碎机销毁破旧的纸币，将损坏和磨损的硬币返还给美国财政部。

不小心撕坏的纸币或部分损坏的纸币也可以全额兑换。任何有严重污损、变脏、损坏、撕裂或磨损等现象的纸币，如果有一半以上是完好无损的，人们可以在商业银行进行兑换，商业银行按联邦储备银行处理纸币的说明进行兑换。损坏得更严重的纸币，如

---

① 纸币的另一小部分由美国票据组成，这些票据仍在流通，但不再发行。这些票据以 100 美元的面值发行，是美国内战时期美钞的衍生物。

现代经济学原理（第六版）

果损坏部分超过原始纸币一半以上，或者需要特别检查以确定其价值时，必须向美国财政部申请兑换。

□ 支票账户

在美国经济中，货币供应量不只包括纸币和硬币。许多人选择使用支票而不是通货来购买商品。"货币余额"指的是你在银行所开的活期储蓄账户中所拥有的能够用来购买商品和服务、偿还债务或者未来消费的货币数额。因为支票和通货所起的作用相同，所以我们在考虑货币时也要考虑支票账户余额。

如果拥有支票账户，你就可以使用支票从该账户中提取资金。因此，如果有需要，你可以快速、方便，而且频繁地使用你的资金。通常情况下，可以把存款转入支票账户供你随时使用。许多机构允许你在自动取款机（ATM）提取或存入资金，并使用 ATM 卡在商店购物。

一些支票账户支付利息，其他的则不支付利息。普通支票账户经常被称为**活期存款账户**（demand deposit account），不支付利息。账户持有人可以"根据需要"做出取出或转移账户中资金的行为。另一种类型的支票账户是**可转让支付命令账户**（negotiable order of withdrawal，NOW），该账户支付利息，但它通常需要一个更高的最低余额。信用社提供类似于支票账户的账户，但名称不同。信用社成员使用股金提款单账户，而不是支票账户。

除了核对你的订单收取费用之外，机构可能对支票账户收取费用。机构之间存在费用差异。一些机构收取一定的维护费或月租费，而不考虑你的账户余额多少。而有些机构是当你的账户余额低于一定数量时，才会每月收取费用。还有一些机构对每笔交易收取费用，如你所写的每张支票或你每次在 ATM 机上取款。许多机构收取的费用是这些费用的组合。

虽然付息的活期存款账户可能比不付息的账户更有吸引力，但是还要区别存款机构收费的类型，这对于一些人而言是非常重要的。通常情况下，支付高利息的支票账户收取的费用高于普通支票账户，所以可能最终的费用支出比你的利息收入高。

▶ **经典案例**　　　　　**1 美元纸币**

你有没有停下来检查过纸币的特征，是不是如图 14-1 所示的呢？它不仅仅是印有绿色和黑色墨水的纸。仔细观察 1 美元的纸币，它可能是联邦储备券。位于乔治·华盛顿头像左边的是联邦储备银行的印章。印章上有银行的名字和代码字母。你手中的通货是哪个联邦储备银行发行的呢？在 1 美元纸币的右边是财政部印章，印在每张纸币的正面。每张纸币上都有美国国库司库和财政部部长的签名，以及印有表达"可以合法偿付任何公共及私人债务"含义的一句话。

序列号出现在纸币的右上角和左下角。任何两张美元纸币都不会有相同的序列号。当它们拥有相同序列号的时候，造假者往往会被逮捕。企业和银行可能知道某些具有特定序列号的假美元纸币名单。

1782 年通过的美国国徽出现在 1 美元纸币的背面。国徽正面图案印在纸币的右侧，印有张开翅膀和爪子的美国白头海雕。海雕上方代表"荣耀"，包含13颗星，代表原来的13个殖民地。海雕的右爪持有带有13片叶子的橄榄枝，象征和平，左爪持有13支箭，象征战争。

海雕的头部朝向橄榄枝，表明对和平的渴望。在海雕胸口处的盾牌（13条杠）象征一个统一的国家。盾牌最顶部代表美国国会；海雕头代表行政部门；9片尾羽代表最高法院。在海雕的喙中所叼的丝带上面印有拉丁格言"e pluribus unum"（13个字母），意思是"合众为一"。

美元纸币背面的左侧，绘制了一个金字塔，是物质力量和耐力的象征。金字塔是未完成的，象征着国家为发展和完善而奋斗。金字塔上方代表荣耀，在金字塔上方的三角形中，包含一个全视之眼的图案，这象征上帝将精神置于物质之上。在上边缘有13个字母组成的拉丁格言"annuit coeptis"，意思是"上帝看好我们的事业"。金字塔的底部铭刻了用罗马数字所写的1776年。金字塔下方的格言"novus ordo seclorum"意为"时代的新秩序"。

图 14-1　1 美元纸币

下次你写支票的时候，请密切关注一下那个出现在支票正面的电子代码。你知道这些数字代表什么吗？图 14-2 给出了答案。

□ 支票的特殊类型

对于大多数的个人金融交易而言，基于个人支票账户的支票支付是可以接受的。尽管如此，在某些情况下可能需要附带较大付款保证的特殊支票。

如房地产或汽车销售协议等合法合同经常要求使用**保付支票**（certified check）。保付支票被认为比个人支票风险小，因为开具支票的银行可向收款人证明资金的存在性。为了对支票进行认证，银行使用以下步骤：首先，银行工作人员或其他被授权的员工验证支票开出方的签名，并确定在活期账户中有足够的资金用于支付。其次，被授权的员工签署支票，并通过冲压或穿孔，以使它不可能被改变，从而认证支票。通过认证支票，银行担保支付，支票开出方将无权再使用这笔资金。

一种较为便宜的可供选择的保付支票是**银行本票**（cashier's check）。银行本票的购买者并不需要拥有支票账户。他或她只是去银行申请一定金额的银行本票，并向银行支付一定的金额和服务费即可。对于某些金融交易，收款人可能更喜欢银行本票而不是个人支票。由于银行为付款人，银行本票有一个更好的付款保证。

对于不想拥有支票账户或不想用现金支付的人来说，**汇票**（money order）能够像个人支票一样提供相同的功能。汇票可以在银行、部分零售店和美国邮政署购买。它们通常发行量较小并且比银行本票便宜。通常情况下，汇票签发时才填写金额。只有当付款人的姓名、日期和买方的签名栏都被填写时，对买方而言汇票才和现金支付一样有风险。出于这个原因，一些银行要求在汇票签发时就把空白栏写全。

支票结算过程是自动化的，高速运转的机器能够快速阅读支票底部的排序指示来辨识支票，它1小时能够识别100 000张支票

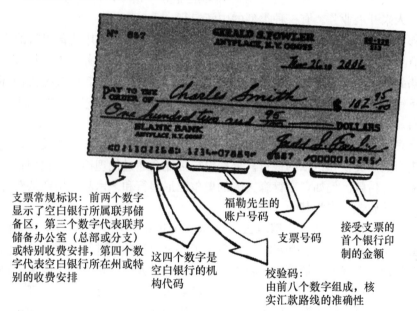

支票常规标识：前两个数字显示了空白银行所属联邦储备区，第三个数字代表联邦储备办公室（总部或分支）或特别收费安排，第四个数字代表空白银行所在州或特别的收费安排

这四个数字是空白银行的机构代码

福勒先生的账户号码

支票号码

校验码：由前八个数字组成，核实汇款路线的准确性

接受支票的首个银行印制的金额

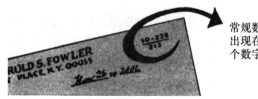

常规数字以不同形式重复出现在支票的右上方，这个数字要手写

图14-2　支票上的电子代码

资料来源：Federal Reserve Bank of New York，*The Story of Checks and Electronic Payment*，1983，p. 15.

害怕自己的钱遗失或被盗的游客，可以通过银行和旅游公司购买**旅行支票**（traveler's checks）。旅行支票通常有20、50、100和500美元的面值。其成本占支票面值的很小比例。无论是在美国还是在海外旅行，旅行支票都被广泛接受，这使得它几乎可以当现金使用。旅行支票的购买者在购买时签名一次，当它被兑现时再次签名。这种

做法既保护了使用者又保护了兑现方。发行公司将更换遗失或失窃的旅行支票。

□ 支票的结算和托收

每年美国开出超过 2 700 亿美元支票，这意味着，每一个工作日产生超过 2.7 亿支票。如图 14-3 所示，假设亨德森夫人住在纽约州的奥尔巴尼，并与奥尔巴尼银行有业务往来。假设她从加利福尼亚州萨克拉门托市的艺术品经销商手里买了一幅画。支票去的第一个地方是艺术品经销商的开户银行，并存放在那里。资金不会立即结算给艺术品经销商，除非亨德森夫人和艺术品经销商使用同一家银行，在该银行的内部结算。实际上，大约 30% 的支票会在同一银行内部结算。

然而，内部结算支票并不适用于我们的例子。相反，艺术品经销商所开户的萨克拉门托银行在它将支票兑换成现金之前，希望与亨德森夫人的奥尔巴尼银行——付款银行核实支票。然而，银行一般不直接与对方开展业务，相反，它们通过一个"中间银行"作为中间人来开展业务。有三种类型的中间银行：

联邦储备银行（Federal Reserve）是美国的中央银行。联邦储备银行的区域分支机构对持有其账户的银行办理支票业务，并收取服务费。这些服务有支票托收、通过航空运输支票到联邦储备银行和向付款银行交付支票。所有接受存款的金融机构都可以购买联邦储备银行的支票托收、代付服务。联邦储备银行办理的支票占美国所有支票的 27% 左右。

● **代理银行**（correspondent banks）是与其他银行达成合作伙伴关系，直接绕过联邦储备进行支票交换和付款的银行。外部银行可能会通过代理银行与代理银行的合作伙伴交换支票并付款。例如，亨德森夫人的奥尔巴尼银行和艺术品经销商的萨克拉门托银行可将纽约花旗银行作为其代理行。

● 各代理银行组建了一个**清算公司**（clearinghouse corporation），从而使各成员行之间能够集中处理支票交易和清算，这避免了每个银行独立进行支票结算时只需处理上千张支票的低效率局面。清算公司将以成员行为付款人的支票在一天内集中进行交易处理。这些支票的净额结算一般通过联邦资金转账系统进行，该系统是处理美国银行之间的大规模支票结算的电子资金转账系统。代理银行和清算公司是美国私营支票结算部门的组成部分，它们一起处理约 43% 的美国支票。①

回到我们上面的支票结算案例中。例如，假设艺术品经销商的萨克拉门托银行使用联邦储备银行的支票结算服务。萨克拉门托银行将亨德森夫人的支票存入旧金山联邦储备银行的账户中。旧金山联邦储备银行寄送支票给纽约联邦储备银行。纽约联邦储备银行将亨德森夫人的支票寄送给奥尔巴尼银行，从她的账户中扣除支票金额。奥尔巴尼银行告知纽约联邦储备银行从其账户扣除支票金额。纽约联邦储备银行从它位于华盛顿特区的联邦储备区际结算资金中支付同样的金额给旧金山联邦储备银行，旧金山联邦储备银行则增加萨克拉门托银行账户的金额，随即艺术品经销商的账户金额增加。这些都是通过联邦储备系统运行的，并总结在图 14-3 中。

---

① *When I pay for My Groceries by Check*，*Where Does That Check Go*？How Stuff Works，Inc.，2001，参见 http://www.money.howstuffworks.com。

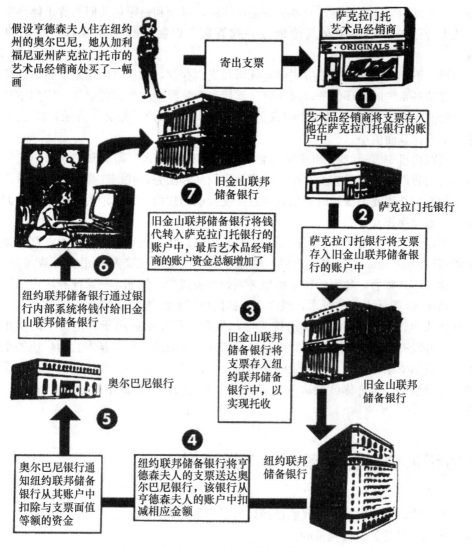

假设亨德森夫人住在纽约州的奥尔巴尼，她从加利福尼亚州萨克拉门托市的艺术品经销商处买了一幅画

寄出支票

萨克拉门托艺术品经销商
·ORIGINALS·

① 艺术品经销商将支票存入他在萨克拉门托银行的账户中

萨克拉门托银行

② 萨克拉门托银行将支票存入旧金山联邦储备银行的账户中

③ 旧金山联邦储备银行将支票存入纽约联邦储备银行中，以实现托收

旧金山联邦储备银行

旧金山联邦储备银行

⑦ 旧金山联邦储备银行将钱代转入萨克拉门托银行的账户中，最后艺术品经销商的账户资金总额增加了

⑥ 纽约联邦储备银行通过银行内部系统将钱付给旧金山联邦储备银行

奥尔巴尼银行

⑤ 奥尔巴尼银行通知纽约联邦储备银行从其账户中扣除与支票面值等额的资金

④ 纽约联邦储备银行将亨德森夫人的支票送达奥尔巴尼银行，该银行从亨德森夫人的账户中扣减相应金额

纽约联邦储备银行

图 14 - 3　支付系统的运行

　　人们和组织使用商业银行等存款机构进行资产转移，以作为转账系统。反过来，存款机构利用清算公司、代理银行或联邦储备银行作为其转账系统。联邦储备银行使用在华盛顿特区的区际结算资金作为其转账系统。资金结算净额是联邦储备银行每日应付的。我们通过联邦储备系统的结算和托收机制追踪一张支票，看看美联储如何运行支付系统。

　　资料来源：Federal Reserve Bank of New York, *The Story of Checks and Electronic Payments*, 1983, p. 13.

　　虽然美联储是支票的主要处理者，但是自 20 世纪 90 年代中期以来它所处理的支票数量一直呈下降趋势。这是因为使用了自动取款机和电子支付方式，如资金转账和借记卡，从而减少了签发支票的需要。今后，使用支票的机会可能会减少，因为电子支付方式对于消费者来说变得更便宜、更方便和更熟悉。

🔳 货币供应的后盾是什么？

　　如果你问你的朋友"什么为我们的货币供应提供了支持？"你可能会得到像"金银

支撑了货币供应"这类答案，但事实不是这样的，黄金和白银从我们的货币体系中消失已经几十年了。我们必须从其他地方寻找答案，以明白什么支撑起了我们的货币供应。

回想一下，我们的货币供应主要是纸币和支票存款，它们可以用来支付或还债。纸币是联邦储备系统的循环债务，而支票存款代表存款类金融机构的债务。它们本身并没有内在价值。一张 20 美元的纸币仅仅是一张纸，支票账户只是会计分录，25 美分硬币的金属价值比其面值小。

支票账户里 10 美元或 500 美元余额的价值基础是什么？通货和支票账户被认为是货币，因为我们广泛接受它们并用它们来换取商品和服务。我们在交换中接受货币，是因为我们有信心当我们支付时，别人愿意接受我们的货币。简单地说，货币是我们通常接受的一般交换媒介。

法律增强了我们对通货的可接受性。所有美国通货，包括纸币和硬币，都被指定为**法定货币**（legal tender）。也就是说，联邦政府强制要求在交易时用美元或美分支付。然而，这并不意味着，通货的特定类型必须始终被接受。例如，一家便利店可以依法拒绝接受超过 20 美元面额的纸币，或汽车经销商可以拒绝用美分付款。

虽然法律要求加强通货的普遍接受性，但是，它并不适用于其他类型的货币。例如，政府并没有将支票作为法定货币。尽管如此，支票账户仍是基本货币供应的重要组成部分。虽然支票是一种普遍接受的交换媒介，但是，我们拒绝用来支付商品和服务的支票也是合法的。也许你试图从一个加油站购买汽油，但加油站的标志上写着："不收支票！"

货币供应量的测量： M1 货币供应量

在本章中，到目前为止，我们已经讨论了货币的多种形式。现在让我们考虑一下在美国货币供应量是如何被测量的。

有两种方法来界定和测量货币：狭义的货币供应量强调货币作为流通手段的职能，广义的货币供应量强调其短期的贮藏手段职能。

如表 14-2 所示，根据其最狭义的定义，美国货币供应的组成部分为**M1 货币供应量**（Ml money supply）。这种货币供应量包括大众手中的通货、活期存款、其他支票存款（可转让支付命令账户和股金提款单账户）和旅行支票。M1 由下式表示：

$$M1 = 大众手中的通货 + 活期存款 + 其他支票存款 + 旅行支票$$

在我们对货币的定义中，货币中的通货只为公众手中的通货。一些现金保存在银行金库，只有当客户从金库提取时才发行。另外的现金储存在联邦储备银行以备将来使用。在发行之前现金由银行或联邦储备银行保存，所以不考虑将现金作为货币供应的一部分。

请注意，M1 指的是可用于融资交易，流动性强（立即可支配）的货币。硬币和纸币是流动性最强的货币。支票账户呢？银行在法律上有义务把钱存入支票账户来满足你的需求。旅行支票也能够直接成为可支配的货币，我们广泛地用它来支付商品和服务。①

表 14 - 2　　　　　　　　　　　　　　2009 年美国 M1 货币供应量

组成部分	数量（十亿美元）	所占份额（%）
通货	824.1	51
活期存款	435.6	28
其他支票存款	309.8	20
旅行支票	5.5	1
总计	1 575.0	100

资料来源：Federal Reserve Board，Money Stock Measures，January 26，2009，参见 http://www.federalreserve.gov。

如表 14 - 2 所示，2009 年，M1 货币供应量数额达到 15 750 亿美元，51% 是由美国财政部和联邦储备银行发行的硬币和纸币，48% 是银行系统中的支票账户（活期存款和其他支票存款），1% 是旅行支票。简单地说，支票账户是 M1 货币供应量的重要组成部分。

为什么支票账户被如此广泛地使用呢？首先，大额支付使用支票非常便利。想象一下，你得使用多少 20 美元的纸币才能购买一所新房子！其次，因为支票提供付款记录，所以没有必要保留商品和服务的购买收据。最后，支票账户提供了安全的保证。如果你丢失了钱包，你可以通知银行停止那些记在你的账户中的任何未来的支票付款。

知识点回顾

1. 在美国，谁生产硬币？谁生产纸币？
2. 支票是如何从一个银行到另一个银行的？
3. 什么支撑了美国的货币供应？
4. 从 M1 货币供应量中确定美国货币供应量的组成部分。

如何使你的钱随时间增长：　复利

1624 年，美国原住民将曼哈顿岛出售给荷兰西印度公司的经理彼得·米纽伊特（Peter Minuit），他为此付出了总计价值为 24 美元的珠子、布和小装饰品。如果在 1624 年底，美国原住民以 8% 的利率将 24 美元投资，然后再投资本金及累计利息，最初的 24 美元会在 376 年后的 2000 年价值超过 89 万亿美元。有 89 万亿美元存入银行，美国原住民购回曼哈顿岛之后（它的价格在 850 亿美元到 900 亿美元之间）仍然有大量剩余。这个例子说明了**复利**（compound interest）不可思议的力量。

当你在银行开通你的储蓄账户时，你会收到本金以及利息。如果今天没有花掉 1 美元而是储存起来，你在未来获得的将比 1 美元更多。利率表示一定时期内利息与本金的比值。

---

① 经济学家使用广义的货币供应来说明其他金融资产。M2 货币供应量包括所有 M1 的组成部分，以及（小面额）定期存款、货币市场存款账户和货币市场共同基金。M3 货币供应量是货币供应的更广泛的范围，包括所有 M2 的组成部分，以及不容易转化为可支配的钱的大额定期存款。

简单地说，利率是对储蓄的回报。作为储蓄者，利息是否复利以及它是如何复利至关重要。

假如你刚刚在抽奖中赢得 10 000 美元。你希望将奖金存起来，以便你最终可以购买住房。你把奖金存入银行的储蓄账户，每年给你提供 5％的利息。1 年后，你将总计获得 10 500 美元，即 10 000 美元本金加上 500 美元利息（10 000×1.05＝10 500）。

如果把你的储蓄存款在银行中放置两年会发生什么？如果利率维持 5％不变，通过再投资本金及累计利息，你每年赚取的利息是积蓄的 5％。在本金及利息之上赚取利息的过程，通常被称为复利。两年后，你将有 11 025（10 500×1.05＝11 025）美元。请注意，第 2 年你的利息增加至 525（11 025－10 500＝525）美元，这比你第 1 年赚取的 500 美元利息多了 25 美元。为什么你在第 2 年赚取的利息比第 1 年更多呢？那是因为你现在可以获得的利息是基于你在第一年赚取的利息和本金的总和。你现在正在赚取利息的利息，这就是复利的概念。

使用复利的概念能够很容易地计算你在任意年份储蓄的价值。如图 14-4 所示，在第 3 年结束时，你的储蓄的价值将增长到 11 576 美元；在第 4 年结束时，你储蓄的价值

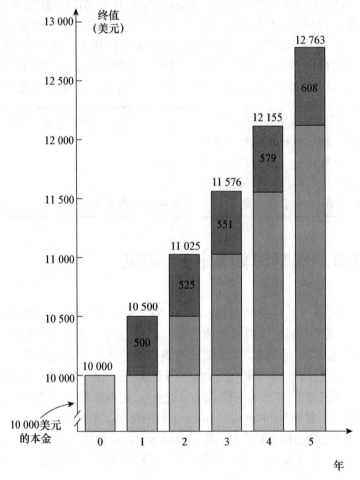

图 14-4 10 000 美元在 5％的利率下以复利计算的终值

　　根据复利的概念，储蓄存款通过"利滚利"的方式增加金额。这意味着，在较早时期用获得的利息再投资，使其在未来期间赚取利息。通过这种方式，你赚取的利息金额增长。从图中可以看出，每年以 5％的利率复利，10 000美元的储蓄存款将在第 5 年年末变为 12 763 美元。

将增长到 12 155 美元；在第 5 年结束时，你的储蓄的价值将增长到 12 763 美元。事实上，复利确实有作用。

到现在为止，我们一直假定复利的周期是一年。然而，银行有时会在一个季度或一天的基础上进行复利。当你的复利周期不到一年时，你的存款会发生什么？你赚钱的速度快多了。你的利息给得越早，你就越早开始赚取利息的利息，你就越早意识到复利的好处。例如，如果银行决定从每年支付利息转向每天支付利息，那么年复利周期从 1 期增加到了 365 期。随着复利周期的增加，你的资金增长更快。对于给定的利率和相同的储蓄期来说，复利越频繁，货币的终值就越大。这解释了为什么银行喜欢宣传每日复利，而不是每年或每季度复利。此外，它不仅提高了货币的终值，也提高了利率。显然，较高的利率将为你赚得更多的钱。

让我们重新考虑美国原住民销售的曼哈顿岛。如果美国原住民于 1624 年底曾以每年 10％ 的利率投资 24 美元，他们将在 2004 年底有大约 129 000 万亿美元，如果他们以略低一点的利率，比如 8％ 的利率投资 24 美元，他们在 2004 年底只有 121 万亿美元。

▍ 银行业务

商业银行是旨在使其股东盈利的公司。银行如何运作？要更加清晰地了解银行业务，我们可以利用会计师常用的工具——银行的资产负债表。

□ 银行的资产负债表

资产负债表（balance sheet）是一个两列的表，给出了银行在某一特定时期的财务状况。它显示了银行持有（资产）的价值、债务（负债），以及投资者在银行的金额（净资产）。银行的资产与负债之间的差额是净资产。一家银行成立时，它的拥有者必须将自己的资金投入银行。这些资金是银行的初始净资产。如果银行盈利，其净资产将上升。如果银行亏损，其净资产将下降。

表 14-3 所示为 2008 年美国所有商业银行的合并资产负债表。我们通过整个银行系统获得信息——商业银行做什么，以及资产和负债对一家普通或典型商业银行的重要性。

让我们考虑一下在表 14-3 左侧看到的商业银行系统的资产。首先是银行的准备金，其总额为 8 720 亿美元。**准备金**（reserves）是银行已收到但尚未借出的存款。准备金作为库存现金或作为存款存入联邦储备银行，是不为银行赚取利息的。

既然准备金没有利息，为什么银行保有准备金呢？为什么旨在盈利的银行不将其持有的大部分资产转换成贷款和证券来获取利息收入呢？其中的一个原因是，在某一天，银行的一些客户可能想提取比其他客户在当天存入的更多的现金。银行必须随时能够满足提款的需要，因此它必须持有现金。此外，法律要求银行持有支票存款的一部分作为准备金，这将在稍后讨论。

商业银行系统持有 72 040 亿美元的贷款和 27 100 亿美元的证券。贷款是家庭和企业之间的借据，例如，商业和工业贷款、房地产贷款，以及汽车和其他耐用品消费贷款。证券是政府机构或公司借钱时发行的借据。贷款和证券为银行提供利息收入。银行还持有"其他"资产，比如办公楼和设备。

资产负债表的右侧是银行的负债。主要的负债是存款，为 71 120 亿美元，包括支票存款、各种储蓄存款和定期存款。存款为什么被认为是负债？因为银行客户有随时收回他们存款账户资金的权利。直到他们取回存款之前，银行欠储户资金。另一种负债是银行借款。在特定时间点，银行可能会发现，它的准备金不足以满足客户的取款需求，因此，它们需要借入准备金。某一银行可以从其他银行或联邦储备银行借入准备金。

表 14 - 3 　　　　　　2008 年 9 月所有美国商业银行的资产负债表 　　　　单位：十亿美元

资产		负债和净资产	
现金资产（准备金）	872	存款	7 112
贷款	7 204	支票存款	695
商业/工业	1 600	储蓄/定期存款	6 417
房地产	3 822	借款	2 624
消费	878	其他所有负债	1 204
其他	904	总负债	10 940
证券	2 710	净资产（资产—负债）	1 193
其他所有资产	1 347		
总资产	12 133		

资料来源：Federal Reserve, *Assets and Liabilities of Commercial Banks in the U.S.*, March 13, 2009, 参见 http://www.federalreserve.gov。

同样位于资产负债表右侧的是银行 11 930 亿美元的净资产，它是总资产（121 330 亿美元）和负债（109 400 亿美元）之间的差额。如果银行破产，出售其全部资产，并利用所得收益偿还所有负债后的余额就被银行的股东所拥有。

□ 存款准备金

根据法律规定，所有银行都必须持有一定比例的存款准备金，无论是以库存现金的形式还是美联储存款的形式。银行并不乐意这样做，因为持有的库存现金和在美联储的存款并不产生利息。

法定准备金（required reserves）代表了银行必须保有的库存现金和在美联储中存款的最低金额。**实际准备金**（actual reserves）是银行的实际持有量。如果一家银行持有的准备金超过了法律规定，它就拥有了**超额准备金**（excess reserves），超额准备金可用于发放贷款或购买政府债券。因此，实际准备金是银行的法定准备金和超额准备金之和，计算公式如下：

　　　实际准备金＝法定准备金＋超额准备金

例如，美国银行（U.S. Bank）可能有 8 000 万美元的实际准备金，其中 800 万美元必须作为法定准备金。其余 7 200 万美元则是银行的超额准备金。

法定准备金率（required reserve ratio）是支票存款必须以库存现金或在美联储的存

款形式存在的支票存款的具体比例。它由美联储建立，并直接限制银行发放贷款的能力。例如，10%法定准备金率的支票存款意味着，银行必须有等于支票存款价值10%的准备金。例如，如果美国大通银行（Chase Manhattan Bank）在支票账户中有5 000万美元，法定准备金率为10%，那么它必须持有至少500万（500×0.1＝500）美元的实际准备金。

货币创造的过程

如果你要问你的朋友货币从何而来，他们可能会给出一个简单的答案："政府发行的。"他们甚至可能参观了在费城和丹佛的美国铸币局，看到便士和镍币被铸造，或者他们可能走访了位于华盛顿特区的印钞局，看到正在印刷的美元纸币。但是，据了解，我们大部分货币并非来自政府，而是来自银行管理的支票账户。

假设你走进富国银行（Wells Fargo Bank），并将1 000美元现金存入到你的支票账户。存入的现金以银行库存的形式存在，这减少了1 000美元的货币供应量（前面提到过由银行持有的通货不是经济中货币供应量的一部分）。然而，因为存入1 000美元，货币供应量中支票账户的数额提高。因此，货币的总供给不会改变。然而，富国银行不会保留所有它接收的现金。它希望发放贷款给公众以赚取利润。

让我们假设法定准备金率是10%，这表明银行必须保持其支票存款的10%作为准备金。因此，富国银行将持有100（1 000×0.10＝100）美元法定准备金和900美元贷款。当富国银行发放贷款时货币供给将会增加。为什么？作为储户，你的支票账户中仍然有1 000美元，但现在借款人的支票账户持有900美元。因此，货币供应量等于1 900美元。图14-5（a）表示发放贷款后富国银行资产负债表的变化。

(a) 富国银行

资产	负债
法定准备金＝100 美元 贷款　　　＝900 美元	支票存款＝1 000 美元

(b) 美国银行

资产	负债
法定准备金＝90 美元 贷款　　　＝810 美元	支票存款＝900 美元

(c) 雷尼尔银行

资产	负债
法定准备金＝81 美元 贷款　　　＝729 美元	支票存款＝810 美元

图 14-5　货币的创造过程

假设富国银行给一家想要购买设备的电脑软件公司发放贷款。该公司从另一家公司购买价值900美元的设备，后者将其存入美国银行的支票账户中。图14-5（b）显示美国银行的资产负债表会发生什么变化。它的支票存款增加 900 美元。美国银行必须保持 90 美元作为法定准备金，它可以借出 810 美元。假设美国银行将 810 美元贷放给咖啡厅的所有者并且为他开设一个支票账户。以这种方式，美国银行创造了额外的 810 美元货币。该咖啡厅所有者再向批发商采购物资，然后批发商在她设立在雷尼尔银行的账户中存入 810 美元，这可以进一步分为 81（810×0.10 ＝ 81）美元准备金和 729 美元贷款。图 14-5（c）显示了雷尼尔银行的资产负债表发生了什么变化。

这一过程一直持续下去。每次我们将钱存入支票账户后银行就会贷款，这使得更多的货币被创造出来。我们可以确定银行系统最终创造多少货币，它是每家银行所创造的货币的总和：

原始支票存款＝1 000 美元

富国银行贷款＝900 美元

美国银行贷款＝810 美元

雷尼尔银行贷款＝729 美元

⋮

总货币供应量＝10 000 美元

货币创造过程可以永远持续下去。如果上面的例子为无限序列，我们发现，结果是原始支票存款 1 000 美元最后变成了 10 000 美元的货币供应量。简单地说，银行系统的货币供应量可以以原始支票存款的倍数增加。①

我们将银行系统每一美元的准备金产生的最大货币量称为**货币乘数**（money multiplier）。在我们的例子中，初始的 1 000 美元支票存款使得货币供应量增加至 10 000 美元，因此货币乘数是 10。

是什么决定了货币乘数的大小？货币乘数为法定准备金率的倒数，计算公式如下：

货币乘数＝1/法定准备金率

在我们的例子中，法定准备金率是 10%，因此货币乘数为 10（1/0.10＝10）。如果法定准备金率是 20%，货币乘数为 5（1/0.20＝5）。

请注意，该公式告诉我们的是银行系统每一美元的准备金创造的最高货币数额。然而，在现实世界，银行系统创造货币的能力比上式表明的小得多。主要的原因是，该公式假设所有贷款直接进入支票账户。而现实中，人们可能持有其贷款的一部分作为通货。现金或保险箱中的通货处于银行系统之外，不能由银行持有作为准备金，并以此为基础发放贷款。通货持有量越大，货币乘数越小。

用 M1 衡量货币供应量，美国的实际货币乘数大约为 1.9。这比上述例子中所述的货币乘数小得多。实际货币乘数很小是因为人们持有相当大额的现金：流通的 1 美元通货不像 1 美元的银行准备金那样，前者不能创造数美元的货币供应。

---

① M1 是公众持有的通货加上银行开立的支票存款的总和。因此，货币供应量的变化等于公众持有通货的变化加上支票存款的变化。在我们的货币创造的例子中，支票存款增加 10 000 美元，公众持有的通货减少 1 000 美元，因为公众将其存入银行，货币供应量因此增加了 9 000（10 000－1 000＝9 000）美元。

联邦存款保险公司

事实上，银行可以通过自己创造货币的能力来影响经济。因此，银行系统的稳定性备受关注。如果许多储户失去了对银行财务状况的信心，他们可能会试图从银行迅速收回资金。人们对银行系统的信心来源之一是美国联邦存款保险公司。

联邦存款保险公司（Federal Deposit Insurance Corporation，FDIC）自 1933 年以来一直为存款提供保险并促进银行业务的安全和稳健。全国各地已投保金融机构的 FDIC 标志已经成为信心的象征。我们首先考虑联邦存款保险公司成立的情况。

20 世纪 30 年代的大萧条引发了美国的金融混乱。总统富兰克林·罗斯福上任时，有超过 9 000 家银行在 1929 年 10 月到 1933 年 3 月的股市崩盘期关闭。实际上，国家银行系统甚至已经在富兰克林·罗斯福（就职后不到 48 小时）宣布进入"银行假日"前崩溃，所有银行活动暂停，直到稳定性得到恢复。国会采取的行动是在 1933 年 6 月设立了联邦存款保险公司。这个组织为存款提供一个联邦政府的保证，使客户的资金在一定限度内是安全的，并满足客户的资金需求。美国联邦存款保险公司成立后，银行倒闭的数量急剧下降。由于联邦存款保险公司的成立，没有一个存款人因银行倒闭而损失存放在银行的资金。

银行审查是联邦存款保险公司努力促进和维护银行业的安全性和稳健性的第一条防线。通过银行审查，联邦存款保险公司决定每家银行的资质，并对为该银行的存款提供保险所产生的风险有更深入的了解。

联邦存款保险公司还提供国家存款保险制度。直到 2008 年，各类银行存款的保险上限为 10 万美元，此限额在 2008—2010 年金融危机期间临时提高，直到 2013 年 12 月 31 日，保险限额增加到 25 万美元。为了在银行倒闭时保护储户，联邦存款保险公司为存款支付高达 25 万美元的保险限额，并从破产银行的资产，主要是贷款、房地产和证券中收回尽可能多的资金。为了防止银行破产，联邦存款保险公司有时会安排一个稳健的银行兼并破产银行。这使得银行能够继续开门营业，从而保持公众对银行业的信心。

本章考察货币的本质和银行系统的运作。下一章将考察美联储及其货币政策，从而拓宽我们对这些主题的理解。

> **知识点回顾**
>
> 1. 确定商业银行资产和负债的来源。
> 2. 银行如何创造货币？为什么银行系统拥有一个货币乘数？
> 3. 联邦存款保险公司是如何保持银行系统的稳定性的？

本章小结

1. 货币是在经济中人们经常用于向其他人购买商品和服务的一组资产。货币在经济中最主要的三大功能：流通手段、价值尺度、贮藏手段。这些职能将货币与其他资产如股票、债券和房地产区分开来。

2. 信用卡是货币吗？绝对不是！当你使用信用卡购物时，你将获得由信用卡发行机构提供的短期贷款。信用卡是暂时推迟付款的方法。在刷卡购物时，要考虑很多，如年利率、宽限期、费用（如超限费或滞纳金以及年费），这是很重要的。

3. 美国的基础货币供应量（M1）包括硬币、纸币、支票存款和旅行支票。根据联邦法律，只有联邦储备银行可以发行纸币，只有美国财政部可以发行硬币。支票存款类货币是通过银行系统创造的。

4. 美国的支票托收系统是高效的，但支票托收过程可能较为复杂。支票结算系统由当地的清算公司、代理行和联邦储备系统的支票托收网络执行。

5. 美国经济中存在一系列银行，包括商业银行、储蓄和贷款协会、互助储蓄银行和信用社。因为它们接受来自人们的存款，所以我们称这些机构为存款机构，它们提供的支票存款是货币供应量的一部分。

6. 如果你在银行存钱，你可以选择支票存款，如货币市场存款账户、储蓄账户和大额存单。在选择存款时，重要的是看利率、利息计算方法、年度收益率、利息支付时间和费用等。

7. 商业银行是旨在使其股东盈利的公司。银行最重要的资产是它的准备金、贷款和政府证券。接受存款和发放贷款是银行的主要责任。

8. 我们大部分的货币来自银行的支票存款，而不是通货。通过借出准备金，银行创造货币。货币乘数可用于计算银行系统的每一美元准备金可以创造的最高货币额。货币乘数是法定准备金率的倒数。

9. 自 1933 年以来，联邦存款保险公司一直在为存款提供保险并促进银行业的安全性和稳定性。FDIC 对存款的保险限额高达 250 000 美元。自 FDIC 成立以来，没有一个存款人因银行的倒闭受到损失。

关键术语

货币	清算公司
通货	法定货币
流通手段	M1 货币供应量
价值尺度	复利
贮藏手段	资产负债表
活期存款账户	准备金
可转让支付命令账户	法定准备金
保付支票	实际准备金
银行本票	超额准备金
汇票	法定准备金率
旅行支票	货币乘数
联邦储备银行	联邦存款保险公司（FDIC）
代理银行	

自测 （单项选择）

1. 货币的职能不包括（　　）。

a. 流通手段

b. 贮藏手段

c. 价值尺度

d. 衡量生产率

2. 以下哪个不是基本货币供应量（M1）的组成部分？（　　）

a. 硬币

b. 纸币

c. 活期存款

d. 储蓄存款

3. 哪种类型的支票存款向持有人提供利息收入？（　　）

a. 可转让支付命令账户

b. 定期存款

c. 存单

d. 活期存款

4. 下列哪种支票通常被认为有支付的最低保障？（　　）

a. 个人支票

b. 保付支票

c. 汇票

d. 旅行支票

5. 商业银行的资产负债表，不包括以下哪种资产？（　　）

a. 政府证券

b. 企业和家庭的贷款

c. 库存现金和在美联储的存款

d. 支票账户和储蓄存款

6. 复利以下列哪种方式为基础时，你的储蓄账户提供最高利息收入？（　　）

a. 每天一次

b. 每星期一次

c. 每月一次

d. 每年一次

7. 如果汤姆和雅各布在富国银行有个人储蓄账户和共同储蓄账户，他们能获得 FDIC 提供的最高保险金额为（　　）。

a. 300 000 美元

b. 500 000 美元

c. 750 000 美元

d. 950 000 美元

8. 如果美联储设定 20% 的法定准备金率，货币乘数是（　　）。

a. 0.2

b. 5

c. 10

d. 20

9. M1 货币供应量强调货币作为（　　）。

a. 流通手段的职能

b. 贮藏手段的职能

c. 债务的标准

d. 通货膨胀的衡量指标

10. 美国银行系统不包括（　　）。

a. 雅吉瓦联邦储蓄和贷款协会

b. 中央华盛顿大学信用社

c. 美国国家银行

d. 纽约证券交易所

问答与应用

1. 分析以下每项资产在流通手段、价值尺度和贮藏手段方面的潜在用途。每种资产最适合哪种用途？

a. 维萨信用卡；

b. 美联储发行的 20 美元纸币；

c. 10 只微软公司的股票；

d. 90 天期限的国债；

e. 商业银行的存单；

f. 储蓄和贷款协会的活期存款；

g. 价值 20 美元的硬币。

2. 表 14-4 所示为假设的美国货币供应数据。计算基础 M1 货币供应量。

表 14-4	假设的货币供应数据	单位：十亿美元
货币市场存款账户		20
支票存款		150
硬币		10
纸币		90
存单		25
旅行支票		5
共同基金		15

3. 对于商业银行，以下哪些项目代表资产，哪些代表负债？

a. 定期存单；

b. 向联邦储备银行借款；

c. 银行办公设备；

d. 企业和家庭的贷款；

e. 持有政府证券；

f. 支票存款；

g. 联邦储备银行存款。

4. 如果借款人以现金形式持有一部分贷款而不是支票存款，商业银行系统的货币乘数会发生什么变化？

5. 如果珍妮弗把 100 美元存入她的支票账户中，而银行的法定准备金率为 5%，银行的法定准备金会增加多少？超额准备金会发生什么变化？

现代经济学原理（第六版）

6. 假设美联储设定的法定准备金率为15%。如果银行系统的超额准备金为1 000万美元，可以创造出多少支票存款量？

7. 美国国民银行有100 000美元准备金和500 000美元支票存款。法定准备金率是20%。假设家庭向美国国民银行存入50 000美元，美国国民银行会增加多少准备金？这家银行现在有多少超额准备金？

8. 假设银行系统准备金共计500亿美元。此外，假设法定准备金是支票存款的25%，银行没有超额准备金，家庭没有持有现金。货币乘数是多少？

9. 假设你持有2 000美元现金并将它存入你的银行支票账户。如果这2 000美元留在银行系统作为准备金，或者银行持有的准备金等于支票存款的20%，银行系统的支票存款总额分别会增加多少？

10. 表14-5所示为假设的俄亥俄州银行资产负债表。假设支票存款的法定准备金率是10%，请在以下空格处填写答案：

a. 俄亥俄州银行必须持有的法定准备金是（　　　）。

b. 俄亥俄州银行的超额准备金为（　　　）。

c. 俄亥俄州银行通过贷款可以增加的最大的货币供应量是（　　　）。如果俄亥俄州银行实际上借出它能够借出的最大金额，它的超额准备金会发生什么变化？

d. 假设资产负债表扩及整个商业银行系统。银行系统通过贷款可以增加的最大的货币供应量是（　　　）。

表 14-5　　　　　　　　　**俄亥俄州银行资产负债表**　　　　　　　　单位：美元

资产		负债	
准备金	55 000	支票存款	110 000
贷款	90 000	储蓄存款	75 000
证券	28 000	来自其他银行的借款	8 000
其他	20 000		

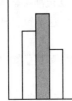

第 15 章

美联储和货币政策

本章目标

通过本章的学习，你应该能够：

1. 描述美联储的结构和运作方式。
2. 了解美联储针对美国经济所提供的服务。
3. 解释货币政策的目的和运行方式。
4. 评估货币政策的优点和缺点。
5. 评价国会是否应降低美联储的独立性。

背景资料

　　2008—2009年，阴暗沉重和令人窒息的愁云飘浮在美国经济的上方。在衰退的经济中，大约占据美国所有经济70％的消费者，其财富因股票价值下跌遭受了巨大的损失。雪上加霜的是，消费者减少消费，使得商品消费量和商业利润下降。经济学家担心受到侵蚀的预期利润会抑制资本支出。除此之外，大多数国家经济增速放缓，美国学者对于未来持悲观态度。

　　为了减缓美国经济的衰退，美联储将利率下调。它的这种行为旨在帮助像吉姆·赖利（Jim Riley）这样的美国人，他在科罗拉多的柯林斯堡拥有一个小建筑公司。赖利先生试图从事一项旨在抵御寒冬的建筑生意。他设想使用一种室内设施来建造新房子，之后新房子在任何季节都可以被运送到建筑工地上。然而到2009年，他的热情随着经济的衰退下降。

　　实际上，很少有经济政策能够像货币政策那样对经济发挥如此大的作用。批评家们认为被称作美联储的联邦储备系统有时会使经济处于通货膨胀或衰退当中。然而它的支持者们认为它对经济的稳定起着巨大的作用。他们认为严重的经济冲击，如股市崩盘、战争、石油价格上升以及国外竞争都会使得经济不稳定，而美联储能够最大程度维持经济稳定。

在本章中，我们会弄清楚美联储的本质及其运作方式。首先需弄清楚它的结构以及它是怎样通过控制货币供应和利率来使经济稳定的。

联邦储备系统

联邦储备系统（Federal Reserve System）又称美联储（Fed），是美国的中央银行。它由美国国会立法，由当时的总统托马斯·伍德罗·威尔逊（Thomas Woodrow Wilson）签署生效。其目的是使美国拥有一个更安全、更灵活、更稳定的货币和金融体系。大部分国家都有中央银行，其职能和美联储相似。这些中央银行包括：英格兰银行、加拿大银行、日本银行。

在美联储建立之前，周期性的金融恐慌威胁着美国。这些恐慌使得美国的许多银行倒闭，实体经济破产，经济衰退。特别是 1907 年的严重危机促使美国政府在 1913 年最终通过了《联邦储备法》（Federal Reserve Act）。

□ 美联储的结构

美联储的结构由国会设计，这使其能对国家各个组成部分的经济和经济活动有更广阔的视野。美联储的正式领导机构是位于华盛顿的理事会。12 个地区的联邦储备银行组成了美联储下一级机构。美联储还包括联邦公开市场委员会和 3 个咨询委员会。这些机构和其他决策委员会为区域和私人部门参与美联储的活动提供了额外的渠道。

理事会。 理事会（Board of Governors）管理着美联储。理事会拥有 7 名成员，他们由总统提名，经参议院批准后上任，任期 14 年。成员一般只任职完整一期，但个别成员可能是接续他人未完成的任期而任命，这些人能被提名再任完整一期。这么长的任期有助于理事会的决策不受日常政治压力干扰。由总统签署，经参议院批准的两名理事会成员担任主席和副主席，他们任期四年。其中一名理事会成员可能来自 12 个联邦储备区。在提名时总统根据法律选出金融、农业、工业和商业利益以及国家地理分区的代表。

美联储主席需要向国会报告美联储的政策，以及美联储对经济、金融发展以及其他方面的观点。主席还不时与美国总统会面，并经常与财政部长和白宫经济顾问委员会（Council of Economic Advisers）主席会面。

理事会成员每周会面多次。为了履行他们的职责，理事会成员定期与其他政府机构的官员、银行业代表、其他国家的中央银行官员、国会成员，以及经济学院士沟通。

联邦公开市场委员会。联邦公开市场委员会（Federal Open Market Committee，FOMC）是美联储控制货币供应增长的重要政策制定部门。这种性质决定了联邦公开市场委员会需要监督美国政府债券的购买与出售。这由纽约联邦储备银行执行，它作为联邦公开市场委员会的代理人。联邦公开市场委员会成员包括理事会的 7 名成员、纽约联邦储备银行行长和其他 4 名联邦储备银行行长，后 5 名成员的任期通常为 1 年。

联邦储备银行。美联储的日常职能由 12 个联邦储备银行执行。每个联邦储备银行服务美国的某一地区并根据其总部的位置命名——亚特兰大、波士顿、芝加哥、克利夫兰、达拉斯、堪萨斯城、明尼阿波利斯、纽约、费城、里士满、旧金山和圣路易斯。此外，全国还分布有 25 个联邦储备银行分行。

尽管联邦储备银行不以营利为目的，但它们实施货币政策的时候，即美联储在持有政府证券的过程中确实获得了可观的收入。而且，联邦储备银行为金融机构提供支票托收和其他服务时收取费用。它们的大多数收入移交给美国财政部。更重要的是，美联储不能从美国政府那里获得资金。

联邦储备银行为美联储的成员行所拥有。也就是说，这些银行是美联储的股东。每个联邦储备银行都有自己的董事会，由银行外的 9 名董事组成。

美联储组织结构的基础是美国的银行系统包括商业银行、互助储蓄银行、储蓄和贷款协会、信用社。

□ 美联储的独立性

国会规定美联储独立于美国政府。这意味着尽管它向美国国会负责，但是它免受日常的政治压力。这反映了一个信念——控制美国货币政策的机构应该独立于可决定政府支出的人。在全球大部分地区，关于中央银行独立性地位的多数研究显示：美联储是世界上独立性最强的中央银行。三个机构特征使得美联储保持独立，它们分别是理事会成员的任命程序、联邦储备银行主席的任命程序以及资金的来源。

▶ **经典案例**   **本·伯南克：美联储主席**

2006 年，伯南克接任格林斯潘出任美联储主席。他的父母分别是药剂师和教师，本·伯南克（Ben Bernanke）于 1953 年出生于美国佐治亚州的奥古斯塔并成为一个学术明星。小学六年级时他就在南卡罗来纳州拼写比赛中取得名次，如果不是拼错"edel-weiss"（高山火绒草）一词，他将会赢得冠军。在高中时代，他自学微积分，大学入学考试成绩高达 1 590 分，离满分仅差 10 分。

在大学暑假期间，伯南克在名叫"南部边境"的餐厅做服务员。伯南克在哈佛大学获得经济学最优等成绩，毕业后继续在麻省理工学院深造，并于 1979 年获得博士学位。之后伯南克在斯坦福大学担任经济学教授并且出任普林斯顿大学经济系主任。伯南克后来成为美联储理事会正式成员，之后又担任白宫经济顾问委员会主席，最后成为美联储主席。

伯南克在宏观经济以及货币政策方面发表了许多文章，出版了大量书籍。他是通货膨胀目标的支持者，通货膨胀目标指的是中央银行对通货膨胀设置一个目标区间，通货膨胀在这个目标区间范围内上下波动。伯南克也认为在诸如房子价格暴涨、紧急事件等经济波动中，中央银行很难避免资产泡沫。

伯南克被认为是一个机智、冷静的人。他是波士顿红袜队（Boston Red Sox）的粉丝，而后成为他的家乡队华盛顿国民队（Washington Nationals）的粉丝。他和西班牙语教师安娜·伯南克（Anna Bernanke）结婚，并生育了两个孩子。

美联储理事会的 7 名成员由美国总统提名并由参议院批准。美联储的独立性来自几个因素：首先，任命时间是错开的，以减少一个美国总统可以任命多个理事会成员的机会；其次，成员的任期是 14 年，比美国总统的任期长太多了。

其次，每家联邦储备银行董事会选举的联邦储备银行行长的任期是 5 年，但须经理事会最后批准。这个程序增强了美联储的独立性，因为其董事不是由政治家选出，而是由包括银行、企业、劳动力和公众在内的利益群体选出的。

最后，美联储能够自给自足，即它的运作费用主要来自其持有的政府证券的利息收入。因此，它独立于国会的拨款。

虽然美联储独立于国会拨款和行政控制，但是它必须向国会负责并接受政府的审计和检查。美联储主席、其他理事会成员以及联邦储备银行行长需要向国会汇报货币政策、常规政策，并且需要和政府部门讨论联邦储备委员会和联邦政府的经济计划。

□ 美联储的职能

美联储作为国家货币体系的监督者，有着很多重要的职能。这些重要的职能包括：

- 通过政策控制货币供应量，影响银行用于贷款的准备金数量。
- 作为银行的最后贷款人，以防止金融恐慌。
- 监管银行，以履行金融职责。
- 向银行提供支票结算和资金的电子转账服务。
- 向政府提供服务，如货币运输、发行和赎回国债，并维护财政部的支票账户。

虽然它的一些职能是常规的活动或服务方面的活动，但是，它最重要的任务是管理国家货币以使经济稳定。让我们思考一下货币政策的职能和本质。

知识点回顾

1. 美联储是什么机构？为什么建立美联储？
2. 描述美联储的组织结构。
3. 在控制货币供应量增长的过程中，哪个部门是美联储重要的政策制定实体？
4. 美联储的主要职能是什么？

货币政策

货币政策（monetary policy）通过改变经济中的货币供应量来使得经济实现最大产出、充分就业、物价稳定。为了执行货币政策，美联储需要扮演经济中的"货币管理者"。它试图在货币的流动与经济的信贷需求间寻求平衡。经济中货币过多会导致通货膨胀，货币太少会扼杀经济活动。美联储试图在两者中间寻找一个平衡。

为了使货币流动保持平稳，美联储影响银行通过贷款进行货币创造的能力。这可以通过增加或减少银行准备金来实现。我们知道，通过增加银行准备金的数量，美联储可以增加货币供应量；通过减少银行准备金的数量，美联储可以减少货币供应量。

美联储通过几项重要的政策工具来影响银行准备金量和货币供应量：公开市场业

务、贴现率和法定准备金。让我们检验一下这些政策工具。

□ 公开市场业务

公开市场业务（open market operations）是美联储最有用、最重要的政策工具，主要涉及美联储有价证券业务。当美联储使用公开市场业务时，它会和银行、其他企业或个人进行交易。但是，它并不直接和联邦政府进行交易。

美联储买卖有价证券可以直接影响银行系统的准备金量，并且在这个过程中，经济是作为一个整体的。当美联储想要增加货币流动量和贷款时，它会向银行和商业机构购买有价证券；当它想要减少货币流动量和贷款时，它会出售有价证券。

公开市场业务主要是通过拍卖实现，美联储要求证券交易商对其打算出售或购买的不同类型和不同期限的证券竞标，以实现目的。经销商购买或出售的有价证券的数量取决于价格，美联储根据出价或要价按顺序进行交易，选择最高报价出售证券，选择最低报价购买证券，直到实现整个交易的预期规模。

美联储购买证券可以通过资产负债表来说明。由图15-1可知，假设美联储从美国银行那里购买1 000万美元的有价证券。美联储通过增加美国银行在美联储中的1 000万美元准备金进行支付。在整个交易过程中美国银行增加了自己的超额准备金。[1] 伴随着更多的超额准备金，它可以发放更多贷款，支票存款也增加了。

这个过程并没有在此结束。随着存款持有人花费他们新获得的资金，存款转移到其他银行。这些机构将它们的一部分新资金作为准备金来支持它们的新存款，并且将剩余的资金贷出。由此产生的贷款创造了额外的新存款，其中一部分转移到其他存款机构，并以同样的方式扩大贷款和存款。在该过程结束时，支票存款通常会上升到在美联储原操作下产生的准备金的几倍。简单地说，美联储购买证券使得货币供应量增加了几倍。

美联储		美国银行	
资产	负债	资产	负债
政府债券　1 000万美元	美国银行存款　1 000万美元	美联储准备金　1 000万美元	
		政府债券　−1 000万美元	

图15-1　美联储从商业银行处直接购买证券

当美联储从商业银行处购买证券时，它通过增加该银行在美联储的准备金数量进行支付。银行的超额准备金在整个交易过程中增加了，使得银行可以发放更多的贷款和增加支票存款。

在第14章，我们知道银行准备金的改变可以导致货币供应量数倍的改变。如果法定准备金率是20%，那么从商业银行购买1 000万美元的有价证券，可以使货币供应量增加5 000万美元。如果美联储从企业或个人那里购买证券，几乎可以产生相同的结果，因为这些卖家通常将从证券出售收到的钱存入银行。相反，如果美联储想减少货币供应量，它会向银行、企业或个人出售证券。

公开市场业务的主要优点是它的灵活性：美联储能够以任何规模出售或购买有价证

---

[1] 由于该交易不影响美国银行的支票存款，因此不会改变其法定准备金。结果是，银行的总准备金和超额准备金发生同样的变化。

券。而且，公开市场业务能够迅速地影响银行的准备金。因此，公开市场业务成了货币政策的主要工具。

我们知道，联邦公开市场委员会监督美联储出售或购买有价证券。大约每 6 周，联邦公开市场委员会召开一次会议以制定政策，如果有需要，会议召开可能更频繁。会议内容一般由四部分组成：美联储账户的管理者对最近行动的总结，讨论一般经济状况，讨论财政状况和货币政策的替代办法，联邦公开市场委员会成员对货币政策进行投票。讨论相当自由，并且经常有不同的意见。根据法律，联邦公开市场委员会每年两次设定货币政策的长期目标并向国会报告。

会议期间，联邦公开市场委员会的各成员通过信件和电子邮件保持联系。而且，联邦公开市场委员会成员每天与纽约联邦储备银行保持联系，因为该银行负责政府债券的买卖。如果有必要，联邦公开市场委员会的全体电话会议可能会在即时通知之后召开。在任何时候，任何一个成员可以自由反对纽约联邦储备银行执行联邦公开市场委员会指示的方式。

▶ **经典案例**　　　　　　　**联邦基金利率**

像美国银行等银行之间积极地交易它们在美联储的准备金。这个准备金交易市场被称作**联邦基金市场**（federal funds market）。有剩余准备金的银行将它们的准备金转移给有准备金需求的银行。

通常，联邦基金交易会以隔夜拆借的方式进行。贷款银行和借款银行之间的一些协定在电话中商议完毕，之后在邮件中确定。实际的交易通常是借款银行向美联储打电话说明，告知美联储从贷款银行的准备金中转移借贷双方达成一致的资金数额到借款银行账户中。通常，美联储会在第二天转移资金数额。

美联储重点关注货币政策对利率的影响，该利率就是**联邦基金利率**（federal funds rate）。美联储通过控制联邦基金市场的准备金供应量来制定联邦基金利率。例如，联邦基金市场准备金供应量的增加会导致利率下降；联邦基金市场准备金供应量的减少会导致利率上升。实际上，联邦基金利率紧密地反映了市场中能够被货币政策影响的银行准备金的基本供给和需求条件。因此，分析师们将注意力紧紧放在联邦基金利率作为货币政策改变的标志性信号上。

□ **贴现率**

美联储货币政策的另一个工具是**贴现率**（discount rate）——政府通过贴现率控制银行的负债情况。美联储的一个重要目的是作为"最后贷款人"给有需要的银行发放贷款。通过**贴现窗口**（discount window）放贷给银行，美联储可以保护美国金融体系的安全和声誉。①

---

① 银行曾经将证券和其他资产文件带到柜台或"窗口"以向联邦储备银行借款。借出的金额等于证券的面值减去"折扣"。今天，银行仍然向联邦储备银行借款。然而，"贴现窗口"一词只是美联储贷款的表达方式，到期时再支付利息偿还，通过电话安排并登记抵押品（如美国政府债券）。

财务稳健的银行可以从美联储处获得限制相对较少的贷款。这类贷款通常发放给面临挤兑或贷款需求高峰的银行。不过，美联储并不希望银行依赖贴现窗口作为其资金的常规来源。贴现窗口贷款也可以帮助陷入破产边缘的银行。美联储密切监控这类贷款，陷入困境的银行必须证明它们符合美联储的监管要求。

贴现率的变动是由各个联邦储备银行提出的，但是必须经过理事会批准。这种协调通常会导致 12 个联邦储备银行的贴现率几乎同时变化。

贴现率的变动对银行的贷款条件具有重要作用。例如贴现率的提高使得银行从联邦储备银行借款的成本变得更加高昂。较高的成本可能鼓励银行通过出售政府债券，而不是通过贴现窗口获得资金。此外，它可能迫使银行更仔细地筛选客户的贷款申请，并减缓其贷款的增长。因此，如果美联储提高贴现率，银行借款就会下降，因为借款变得更加昂贵。反之，降低贴现率的政策会导致银行额外增加借款。

原则上，美联储可以使用贴现率作为货币政策的一个工具。降低贴现率，以增加银行准备金和货币供应量；提高贴现率，以减少银行准备金和货币供应量。实际上，贴现率变动对银行借款和货币供应量的影响很小。这是因为美联储认为银行不应依赖贴现窗口作为资金的常规来源。

□ 法定准备金

改变法定准备金也能影响银行的贷款和货币供应量。回想一下，银行要保留一小部分支票存款作为准备金，无论是作为它们的库存现金还是作为在美联储的存款。这部分在存款中所占的比率被称为法定准备金率，它以银行的总支票存款负债为依据，确定其必须持有的准备金数额。例如，如果法定准备金率为 10%，一家银行的支票账户存款有 1 亿美元，则该银行需要持有的库存现金加上在美联储的准备金总计应为 1 000 万美元。

表 15-1 所示为 2009 年银行的法定准备金率。请注意，法定准备金率对小型银行的影响小于对大型银行的影响。为了使银行具备满足准备金要求的灵活性，美联储规定，银行只需在两周内的平均准备金率达标即可，无须做到每天的存款准备金都达到法定比率。此外，法定准备金率只涉及支票存款，而不涉及定期存款。

正如我们在第 14 章中了解到的一样，银行系统创造支票存款的能力依赖于法定准备金率。10% 的法定准备金率要求银行收到 100 美元的存款时，必须保留 10 美元存款准备金，因此收到该笔存款的银行只能贷出 90 美元。如果贷款者给某人开出了一张支票，而此人又把 90 美元存入银行，那收到这笔存款的银行就又能贷出去 81 美元。随着这一过程的继续，银行系统将最初的 100 美元存款扩大到 1 000（100＋90＋81＋72.9＋…＝1 000）美元。如果法定准备金率为 20%，那么银行系统将最初的 100 美元存款扩大到 500（100＋80＋64＋51.20＋…＝500）美元。因此，较低的法定准备金率应该导致货币供应量增加得更多；较高的法定准备金率应该导致货币供应量增加得更少。

原则上，法定准备金率的变化是货币政策的有用工具。然而，法定准备金率目前在美国的货币创造中发挥一个相对有限的作用。为什么？即使是很小的变化，法定准备金

表 15 - 1　　　　　　　　　　　　　　　　美联储法定准备金率

存款形式	法定准备金率（%）
支票存款	
0～1 030 万美元	0
780 万～4 440 万美元	3
超过 4 440 万美元	10
定期存款	无法定准备金率

资料来源：Federal Reserve Board，Reserve Requirements，January 2009，参见 http://www.federalreserve.gov.

率可以显著影响法定准备金，调整法定准备金率不太适合日常的货币政策。同时，由于法定准备金率是银行业务核算的一个重要因素，其频繁变化会使这些机构的金融规划不必要地复杂化。因此，美联储只是偶尔改变法定准备金率。

□ 期限拍卖便利

美联储另一个改变银行准备金的工具是**期限拍卖便利**（term auction facility，TAF）。该工具是在 2007 年 12 月应对全球金融危机时推出的。传统的货币政策工具无力平息金融市场，这造成了美联储通过期限拍卖便利等来弥补公开市场业务和贴现窗口方面的差距。

在正常的市场条件下，美联储不鼓励银行将贴现窗口作为常规借款方式，认为银行应该向联邦基金市场中的其他银行借款来满足它们的正常准备金需要。从美联储借款被银行的股东和贷款人视为资金不足的迹象。资金不足对一家银行的声誉可能是非常有害的，可能引发信任危机，有可能导致银行挤兑情况的发生。在 2007—2009 年的金融危机中，美联储处理流动性问题时，发现贴现窗口是一个相对无效的方法，因为许多银行不愿意向美联储借钱。

在期限拍卖便利下，美联储的拍卖每月两次，一般情况下，财务状况良好的银行可以竞标 28 天的借款权利。与美联储的贴现窗口相反，在期限拍卖便利下，可用准备金总额是由美联储预先确定和公布的，利率是由符合条件的银行竞标确定的，所以出最高利率的银行得到资金。因此，借款的利率因拍卖而异，取决于相对于拍卖金额的总准备金需求。每次拍卖的出价以最低出价利率为准，该最低出价利率等于市场对该月平均联邦基金利率的预期。此外，对特定银行的投标可以在拍卖中对其可用准备金的数额施加限制，以确保准备金分布在多个机构。

拍卖的优点之一是银行是集体地而不是单独地向美联储借入资金。由于相对于传统的贴现窗口借款，通过拍卖的方式银行会暴露较少的财务问题，所以银行更愿意在财政吃紧的状态下向美联储寻求帮助。在这种方式下，期限拍卖便利在经济不景气时更有利于财务健康的银行借款以提高货币的流动性。

期限拍卖便利计划被宣布为一项临时方案，没有固定的到期日，也可能经评估后变成永久性方案。它是否成为美联储的长期方案，还有待观察。

■ 改变总需求

现在让我们来看看货币政策的经济效应。短期内，当价格暂时固定时，美联储具有影响经济中利率的能力。当美联储增加货币供应量时，利率降低，总需求增加，导致产出和就业增加。相反，当货币供应量减少时，利率提高，总需求下降，导致产出和就业的减少。从长远来看，美联储货币供应量的改变只影响价格，而不是产出和就业水平。利用图 15 - 2，我们研究美联储的货币政策对经济的影响。

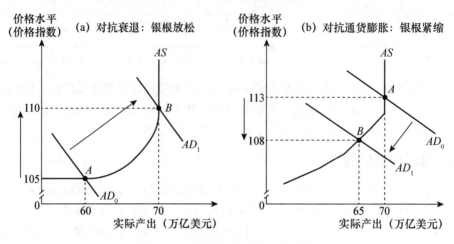

图 15 - 2　货币政策对经济的影响

　　为了应对经济衰退，美联储可以在公开市场上购买更多的政府债券，降低贴现率，或降低法定准备金要求。这导致银行准备金增加。银行将尝试使用额外的准备金，发放更多的贷款给企业和家庭，从而增加总需求和经济活动。

□ 扩张性货币政策

　　假设经济处于衰退，产出比充分就业时小。这种情况可参见图 15 - 2 (a)，其中均衡产出为 60 万亿美元。在这种情况下，美联储的目标是刺激经济，将产出水平提高到 70 万亿美元。

　　我们在第 13 章了解到，财政政策可以促进经济发展。如果政府减少税收，家庭将有更多的收入花在消费方面，总需求曲线将向右移动。同样地，增加政府支出也将使总需求曲线向右移动。

　　货币政策也可以改变总需求。为了应对经济衰退，美联储采取扩张性货币政策（放松银根），在公开市场上购买更多的政府债券，降低贴现率，或降低法定准备金率。这样一来，银行准备金将增加。银行会尝试使用额外的准备金，发放更多的贷款。通过提供较低的利率，银行可以鼓励人们借款，购买那些利息敏感性的商品，如住房、汽车和大型家用电器。低利率也将刺激企业对设备和厂房的投资需求。在这种方式下，扩张性货币政策导致总需求曲线右移。在图 15 - 2 (a) 中，总需求曲线从 AD_0 向右移动至 AD_1，总需求增加，达到充分就业时的水平。表 15 - 2 为美联储使用货币政策工具对抗经济衰退（通货膨胀）的策略。

　　尽管扩张性货币政策的短期效果是刺激产出和就业，对于长期也会产生重要影响。从长远来看，扩张性货币政策可能会增加通货膨胀的预期，导致较高的长期利率，以及货币供应增长加速所引起的较高通货膨胀率。这些效应可能会持续多年，并可能比美联储政策的初始效应对经济的影响更大。

表 15 - 2 利用货币政策对抗衰退和通货膨胀

经济问题/政策	公开市场业务	贴现率	法定准备金
衰退（放松银根）	购买证券	下降	下降
通货膨胀（紧缩银根）	出售证券	上升	上升

□ 紧缩性货币政策

货币政策还可以用来对抗需求拉动型通货膨胀。回想一下，当买方对商品和服务的需求超过卖方的供给能力时，需求拉动型通货膨胀产生，从而迫使可用的商品和服务的价格上升。

在经济处于通货膨胀的情况下，货币政策的目标是降低总需求。因此，美联储将实施紧缩性货币政策（紧缩银根），在公开市场上出售政府债券，提高贴现率，或提高法定准备金率。所有这些行动将减少银行的准备金，从而带动利率上升。可贷资金的减少以及利率的上升使得消费和投资支出减少。如图 15 - 2（b）所示，总需求曲线向左移动，减少了多余的支出并解决了需求拉动型通货膨胀问题。①

当美联储降低货币供应量的增长速度时，预期结果是价格稳定在一个长期水平上。然而，这一行动会在短期造成什么后果呢？

从短期来看，货币供应量增长速度的下降会导致总需求的下降，因而产出和就业下降。这就是为什么美联储试图用它对抗通货膨胀时遭受到严厉批评：没有人希望实施紧缩性货币政策的结果是生意受阻或放弃工作。然而随着时间的推移，价格的稳定有利于降低利率，增加消费者、储蓄者和投资者的信心，因此它会扩大经济规模。因此，美联储必须考虑对付通货膨胀的短期负面影响是否超过价格稳定带来的长期利益。

▶ **经典案例**　　　　**利率下降 0.25 个百分点意味着什么**

2001—2002 年，美联储为了恢复疲软的经济 12 次下调利率。利率每次下调 0.25 个百分点到 0.5 个百分点。利率下降 0.25 个百分点是怎样促进经济发展的呢？

经济建立在信用之上，借贷成本的下降可以有立竿见影和显著的经济效果，房地产就是一个例证，因为它可以快速地被利率的变化所影响。人们用抵押贷款得来的钱建造房屋。因此，房屋的销售依赖于借贷资金的价格和可获得性。

美国大约有三分之二的家庭拥有自己的住房。具有固定利率抵押贷款的家庭，在 2002 年占总数的 70% 左右，他们不会受到利率下降的影响。然而，其余 30% 的家庭受到抵押贷款浮动利率的影响。美联储利率的小幅下降可以使得许多抵押贷款的浮动利率减少 0.25 个百分点。对于一些人而言，较低的利率可能在美联储利率变动后的几周内开始。

10 万美元的可调节抵押贷款利率下降 0.25 个百分点可能使利率从 6.5% 降至 6.25%，月还款额将减少 25 美元，即每年减少 300 美元。对于 15 万美元的抵押贷款，

---

① 在现实世界，紧缩银根的目的是防止通货膨胀，也就是说，抑制物价水平进一步上涨。

成本每年约减少 450 美元。这笔钱可以花费在其他商品和服务上，如电子产品、服装、运输等。

因为资金的成本和可获得性，利率的下降对房地产建设的影响也可能是即时的，这就促使建筑商提高他们的信用。此外，房主可能会增加他们的重建和修复次数，2002 年此项工程大约价值 1 150 亿美元。由于房价较低，全国房地产经纪人协会（National Association of Realtors）估计，在美联储采取行动后的 18 个月内，可能会增加 50 000 套房屋的销售量。2002 年房屋平均价格为 145 000 美元，销售额增加约为 70 亿美元。它对独立住宅销售所产生的影响是相当或更大的。假设独立住宅销售 50 000 套，2002 年的平均新房价格约为 26 万美元，这意味着交易额将额外增加 130 亿美元。

除了增加独立住宅销售，利率的下降也刺激了一些经济部门的业务。例如，住房建设是每年创造 2 750 亿美元的产业，国家建筑商协会（National Association of Home Builders）将其称为"地方、州和国家经济的重要部门，它会创造就业机会，产生税收和工资"。根据估计，建设 50 000 套独立住房将在建筑业和建筑业相关行业创造 122 400 个就业岗位、40 亿美元的工资，以及 8 亿美元的联邦、州和地方税收收入和费用。此外，协会宣称，在购买新建住宅后的头 12 个月，业主平均花费 7 500 美元用于家具和房屋的装修。现有住宅的买家在此项目上花费 2 500 美元。

影响从当地的泥瓦匠、水电工、木匠到零售商、分销商、制造商和原材料供应商广泛传播到遥远的木材生产商和油漆生产商，以及电线、地毯和板材的生产商。事实上，利率的适度下降可对经济产生显著的影响。

资料来源：National Association of Home Builders, *Economic and Housing Data*，参见 http://www.nahb.com/facts/，也可见 National Association of Realtors，参见 http://www.realtor.org。

例如，在 20 世纪 80 年代初，美联储成功地使用一种紧缩性货币政策打击了两位数的通货膨胀。美联储在公开市场上出售证券，以减少银行系统的准备金，从而提高利率，减缓贷款和消费的增长。结果是，短期利率飙升至 16% 左右。紧缩性货币政策有助于降低通货膨胀，它使得通货膨胀率从 1980 年的 13.5% 降至 3 年后的 3.2%，从而建立美联储作为通货膨胀斗士的信誉。但降低通货膨胀率并不是没有消极的影响。通过减少货币供应，美联储应对 1981—1982 年的经济衰退负责，在此期间，失业率上升至 9.7%，是大萧条以来的最高水平。事实上，经济走向价格稳定的过程导致数百万美国人遭受失业的痛苦。

美联储和经济稳定

经济学家普遍认为，无论是针对经济衰退还是通货膨胀，货币政策都是作为防御经济不稳定的第一线。这是因为美联储可以在经济发生变化时很快改变货币政策。由于大多数经济衰退只持续几个季度，货币政策的及时性就显得至关重要了。然而，在某些情况下，货币政策可能不足以稳定经济，因此存在使用财政政策的必要性。让我们了解一些美联储试图稳定经济的例子。

□ 2007—2009 年的经济衰退

随着美国经济连续 6 年的不断扩张，它在 2007 年底陷入衰退。经济衰退的直接原因是，住房周期下行和拖欠的抵押贷款上升导致许多银行产生重大损失，金融体系崩溃。贷款条例和监管的崩溃，对在压力下表现脆弱的复杂金融工具依赖的增加，加上购房者和银行贷款人承担的过度风险，最终导致了金融危机。此外，美联储可能早已发现问题。从 2001 年开始，美联储降息以刺激经济增长。由于利率如此之低，许多人认为贷款是负担得起的，所以急于贷款购买他们以前买不起的房子。美联储从来没有认为住房市场存在一个被高估的资产泡沫，因此没有采取任何行动。由于许多银行也对抵押贷款的价值做出危险的判断，其资产流失的程度接近破产，所以人们不再信任银行。这进一步损害了经济，因为它减少了可用的信贷，关于严重衰退和利润下降的预期导致股市崩溃。对经济失去信心造成消费和投资下降，使得总需求下降和经济收缩。简单来说，决策者面临两个主要的经济问题：金融体系崩溃和整个经济衰退。

随着 2008—2009 年危机恶化，美联储采取了不同寻常的措施以稳定经济。例如，美联储向银行系统注入了数千亿美元的新流动资金，以防止几个大型的相互关联的银行倒闭。为了向企业和家庭提供流动资金，美联储采取了降低利率的措施，以便人们负担得起抵押贷款和商业投资。此外，美国联邦存款保险公司的存款保险金限额临时从 100 000 美元增加到 250 000 美元，以提升人们对银行系统的信心。

图 15 - 3 说明了这种情况。在 2008 年，经济均衡点位于 A 点，产出为 92 万亿美元。美联储担心，如果它不采取行动，消费和投资将会下降，导致总需求曲线从 AD_0 移动到 AD_2，经济均衡点变为 C 点，此时经济中的产出为 88 万亿美元。当美联储实施扩张性货币政策的时候，总需求曲线下降到 AD_1，产出下降较小。虽然美联储制定的积

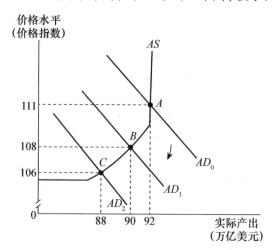

图 15 - 3　2007—2009 年美联储及经济衰退情况

为了应对经济衰退，美联储开始使用扩张性货币政策。虽然政策不能消除经济衰退，但是，它使经济衰退不那么严重。由于扩张性政策，经济均衡点从 A 点移动到 B 点，而不是 C 点，并且产量下降的幅度较小。

极的货币政策不能完全抵消经济衰退，却降低了经济衰退的程度。然而，政策制定者认为自身的货币政策不足以防止经济发生相当大的萎缩。因此，需要配合实施如增加政府支出和减税等财政政策，以弥补货币政策的不足，加强总需求。

但是，美联储的行动对价格水平的影响是什么？在这里，我们必须认识到，图 15-3 显示的情况与现实之间存在差异。根据以往的估计，随着总需求下降，价格水平应该下降，但是，在 2007—2009 年的经济衰退中，价格实际却上涨了。其原因在于通货膨胀的惯性：通货膨胀在一段时间内以某个速率上升，然后，它会继续以相同的速率上升。尽管 2007—2009 年价格上升，但正如总需求-总供给模型表明的，总需求的减少减慢了价格的增长率。

□ 2001 年的美国袭击事件

除了对抗经济衰退和通货膨胀，美联储还试图在国家处于紧急状态时稳定经济。在 2001 年对美国的恐怖袭击中，美联储是如何捍卫美国金融体系的？

这在美国历史上从未发生过。2001 年 9 月 11 日，标志着美国经济衰退的开始，甚至一切皆有可能的经济繁荣的毁灭。毁灭性的恐怖袭击事件直击该国的经济和军事实力的心脏：纽约华尔街附近的世界贸易中心和华盛顿特区的五角大楼，距离白宫仅几英里。

除了导致成千上万人丧失生命以外，这次袭击直接改变了全国开展业务的方式。旅游暂停、体育赛事取消、营业厅关门以及金融市场关闭。因此销售一落千丈，美国联合航空公司和波音公司等公司宣布裁员数千名。实际上，这次袭击严重地打击了美国政府的信心，经济学家们担忧这会使得美国处于绝望当中并引发经济衰退。

美联储官员意识到，未来经济的前景取决于美国消费者和企业的行为。通常情况下，消费者应对危机时会停止支出，对未来的决定被搁置。如果恐惧和不确定性占上风，人们怎么会消费和对未来进行投资呢？如果劫机者可以劫走商用喷气式飞机，并令它们撞上高调的建筑，如何让人感到飞行或在摩天大楼工作的安全呢？

努力抢救袭击中的受害者，美联储当时的任务是明确的：它必须解决这一全国性的危机，并尽快恢复信心。国家的灾难消息传开后，银行的现金需求激增，因为紧张的储户开始取出账户中的资金。美联储很快宣布将对任何有需要的银行开放贴现窗口。

9 月 11 日之后提供的流动资金是美联储历史上前所未有的。9 月 12 日，金融机构的贴现窗口借款超过 450 亿美元，而通常情况下仅为 1 亿美元。同日，美联储通过公开市场操作注入了 380 亿美元，而不是日常的 35 亿美元。美联储还扩大与欧洲央行、英国央行和加拿大央行的信贷互换额度，在国际市场中试图提供流动资金。简单地说，美联储发出了明确的信号：将会为金融市场提供足够的流动资金，使其以一种有序的方式运行。

随着对金融体系的信心恢复，美联储转而关注灾难对经济的影响。美联储迅速将联邦基金利率（短期利率的目标）降低 0.5 个百分点。一些美国大型商业银行通过降低对企业和家庭的贷款利率来回应美联储。

随着情况的缓解，美联储依旧保持金融体系现金充裕，但相对之前有所下降。虽然美国遭受了重大打击，但其金融体系被证明具有相当大的弹性，市场和企业的运作也比人们期望的更好。

货币政策： 优点与缺点

大多数经济学家认为，货币政策是稳定经济的重要工具。让我们来评估一下货币政策的运行效果。

□ 货币政策的优点

货币政策的优点之一是它很少干扰市场的自由运转，尽管有时候市场不完善会加大它对特定经济部门的影响。紧缩性货币政策会降低总支出的增长率，但是，它没有规定哪些特定的支出是必须减缓或减少的。

如果一项紧缩性货币政策使得利率从 6％ 上升到 8％，假如你是典型的消费者，你仍然可以选择借钱购买新的房屋、汽车或大家电。为了应对更高的借款成本而削减的支出是具有最低优先级的支出。同样，扩张性货币政策刺激总支出，但市场也决定其形式。

另一个优点是货币政策是灵活的。美国联邦公开市场委员会通常每 6 周召开一次会议，做出决定，并立即采取行动。此外，如果经济需要，联邦公开市场委员会还可以召集特别会议。相反，财政政策的实施可能会因国会审议而推迟数月。

最后，最重要的是国会已经将美联储与日常的政治压力隔绝，以便它可以出于经济的最大利益行事。结果是，美联储可以几乎完全从经济角度考虑，而不是出于政治考虑来采取行动。这使得美联储采取可能不受欢迎，但对于经济的长期健康是必要的政策。当然，尽管有其他压力，美国国会也授权美联储制定正确的政策。

▶ **经典案例**　　　**经济学家呼吁国会保持美联储的独立地位**

2007—2009 年经济衰退期间，美国国会议员对美联储的货币政策越来越不满，认为它们不足以应对经济恶化。一些国会议员建议扩大政府问责办公室（Government Accountability Office，执行国会的监督权力）的权威，以审计美联储的货币政策。其他人对 12 个联邦储备银行的管理是否适当表示异议，这些银行受到商业银行选举产生的董事会的监督。

2009 年，为了回应这一质疑，超过 250 位知名经济学家签署了一份请愿书，指出美联储的批评者将货币政策的独立性置于危险之中。他们劝告国会不要抨击美联储的政策，因为这种抨击打击了它抗击衰退或通货膨胀的能力。

请愿书反映了经济学教授、美联储前官员和一些投资者越来越担心美国国会对美联储管理经济危机的强烈批评意味着它在必要时准备减少美联储改变利率的自由。请愿书指出成功的货币政策需要向前看，以便美联储可以在经济繁荣或陷入衰退之前调整政策。简单来说，如果货币政策的灵活性因政治原因而被扼杀，那代价可能非常沉重。

经济学家认为，美联储的独立性对于对抗衰退或通货膨胀是必要的，经济学家敦促国会不要干预美联储实施货币政策的决定。经济学家指出，当美联储决定开始改变货币状况时，国会必须允许其这样做而不进行干预。

资料来源：David Wessell, "Expert Tell Congress to Lay Off the Fed," *The Wall Street Journal*, July 16, 2009, p. A-3.

□ 货币政策的缺点

制定货币政策是一项艰巨的任务，而且政策有明显的局限性。促进经济稳定不仅需要明智的货币政策，还需要健全的财政政策。它要求整个经济充分竞争，以便个别价格可以自由地上升和下降。显然，这会遇到一定的问题，所以难以实现完美的稳定性。

政策权衡对美联储来说是另一个问题。美联储有一个基础的政策工具：货币供应量。这是否意味着美联储可以追求的目标只有一个？考虑一下关于物价稳定和充分就业的目标。据了解，对抗通货膨胀需要美联储降低货币供应量。然而，货币供应量的减少也会导致经济衰退和失业率上升。相反，解决失业问题需要增加货币供应量，这可能会加剧通货膨胀。事实上，物价稳定和充分就业之间的短期权衡使美联储制定政策变得困难。[1]

除此之外，关于货币政策可以在多大程度上恢复经济的争论已经持续很长一段时间了。一些经济学家认为，货币政策在很大程度上对低迷后重振经济活动是无能为力的。回想一下，在经济低迷时期，美联储实施增加银行的超额准备金的扩张性货币政策。但是，这并不能保证银行发放贷款。如果企业对未来的利润处于悲观状态，它们可能不愿意借出超额准备金，从而使得扩张性货币政策无法发挥作用。[2]

□ 自由裁量权或规则：固定货币规则或通胀目标？

货币政策的缺点使得有关货币政策行为被广泛讨论。美联储是应该有自由裁量权来稳定经济，还是应该遵守一些规则？如果美联储应该遵守规则，那么它应该遵守什么样的规则？

实行自由货币政策的理由是经济受到衰退或通货膨胀的持续影响。如果没有基于美联储对当前经济需求判断的积极货币政策，经济将会出现令人无法接受的大幅波动。政策支持者认为，为了减少这种不稳定性，美联储可以在经济萧条时刺激经济，或者在经济过热时抑制经济。

---

[1] 美国政府在制定财政政策时面临类似的政策冲突。

[2] 美联储的经济学家通过估计联邦基金利率变化1%后两年产出的累积反应来研究货币政策的影响。他们发现，联邦基金利率上升1%，将使接下来两年的产出增长率下降1.2%。然而，当利率下降1%时，产出只有0.5%的增长。显然，紧缩性货币政策对产出的影响比扩张性货币政策更大。参见 "Pushing on a String," *Monetary Trends*, Federal Reserve Bank of St. Louis, March 2003, 参见 http://www.stlouisfed.org。

然而，批评人士说，货币供应量的任意变化实际上可能破坏经济的稳定。他们注意到，由于数据公布的滞后性和信息的有限性，美联储没有关于经济状况和价格的最新的可靠信息。此外，美联储对经济的运行方式理解不透彻，包括政策何时以及在多大程度上影响总需求。这些限制增加了政策进程中的不确定性，并使确定货币政策工具的适当设置变得更加困难。

美联储不使用自己的自由裁量权来执行货币政策，而是可能采用独立于经济状况之外的固定规则货币政策。美联储实行的固定规则货币政策使得货币数量拥有与经济中生产量的平均增长一致的恒定年增长率。美联储的唯一目的是使用其货币工具，以确保货币供应稳步增长，例如每年 3％。支持者认为，这种方法将减少不适当的货币政策作为宏观经济不稳定根源的可能性。然而，批评者认为，这类政策将限制美联储应对非常情况的灵活性，例如 2001 年 9 月 11 日的恐怖袭击。他们还指出，很难衡量经济中的货币数量，它与推动价格上涨或下跌的总支出的关系可能会发生变化。

一些赞成采用固定规则货币政策的经济学家呼吁美联储确定通货膨胀的目标，加拿大、澳大利亚、新西兰和英国正在使用这项政策。根据这项政策，美联储需要宣布一个通货膨胀率的目标范围，例如未来两年内通货膨胀率的变动范围。然后，使用货币政策工具将通货膨胀率保持在该范围内。如果美联储未能实现其目标，它必须解释什么地方出了问题。因此，通货膨胀目标将使货币政策变得更加可预测和对公众负责。支持者认为，这项政策将使美联储能够专注于其主要任务——控制通货膨胀。他们还指出，最佳通货膨胀率不仅可以保证价格稳定，而且能为稳健的经济，包括充分就业和经济增长奠定基础。然而，批评人士认为，通货膨胀目标会限制美联储在调节经济活动的波动性和应对不寻常情况（例如 1987 年股市崩盘）方面的灵活性。

国会应该降低美联储的独立性吗？

回想一下，美联储成立后，国会小心地将其与日常的政治压力隔离开来，以便它能够为国家的最大利益行事。美联储对自己负责，而不是对总统或权力政党负责。美联储是政府的，但它在政府内部是独立的。

保持美联储独立的主要论点是能够影响通货膨胀、就业和经济增长的货币政策过于重要，不能由政治家决定。由于换届频率较高，政治家可能更关心短期利益，而不是其经济政策的长期成本。简单来说，政治家在其决策中将能否连任而不是经济的长期稳健放在首位。

经济中短期和长期利益冲突最敏感的方面就是通货膨胀。坚持美联储独立性的人认为，如果把货币政策的决策权留给只具有短期视野的决策者，那么货币政策就会过于膨胀，从而加剧通货膨胀压力。然而，美联储不能假设政客的目标反映的是公众的情绪。公众可能更喜欢美联储官员，而不是政治家制定的货币政策。

然而，对美联储保持独立地位进行批评的人认为，在民主制度下，民选官员应该制定公共政策。由公众投票选出的官员应该对他们的经济政策负责，总统和国会应该对货币政策实施更多的控制。此外，批评者认为，将美联储置于民选官员的控制之下，可以通过协调货币政策与政府的财政政策来获得利益。批评者还认为，美联储并不总是很好地利用其独立性。例如，他们注意到货币政策在 20 世纪 70 年代的通货膨胀时期过于扩张，在 90 年代初的衰退时期过于紧缩。

本章介绍了美联储和货币政策以及它们作为宏观经济不稳定的可能解决方案。下一章将通过讨论世界经济中的美国来进一步扩展我们的视野。

知识点回顾

1. 确认货币政策的优缺点。

2. 为什么许多经济学家认为应当让货币供应量保持一个稳定的增长速度而不是严格控制货币供应量来调整经济？

3. 为什么美联储被设计为高度独立于联邦政府？讨论美联储独立性的优缺点。

本章小结

1. 美国联邦储备系统通常简称为美联储，是美国的中央银行。它由国会立法，并于 1913 年由总统托马斯·伍德罗·威尔逊签署生效，目的是为国家提供一个更安全、更灵活和更稳定的货币和金融体系。

2. 美联储的结构是由国会制定的，以使其对经济有广阔的视野。美联储的正式领导机构是理事会。12 个联邦储备银行构成了美联储的下一级机构。美联储还包括联邦公开市场委员会和三个咨询委员会。美联储的股东是作为美联储成员的商业银行。

3. 美联储作为国家货币体系的监督者，有许多重要的职能：充当最后贷款人、监管银行、向银行和政府提供服务、开展外汇业务以及控制货币供应量和利率。

4. 美联储的主要职责是制定和实施货币政策，包括操作经济中的货币供应量，以帮助经济实现最大产出和充分就业以及价格稳定。美联储使用三种货币政策工具来影响货币供应：公开市场业务、贴现率和法定准备金。

5. 短期来看，当价格暂时固定时，美联储有能力影响经济中的利率。当美联储增加货币供应量以降低利率时，总需求增加，从而导致产出和就业增加。相反，货币供应量的减少会提高利率，这将降低总需求、产出和就业。从长远来看，美联储货币供应量的变化只影响价格，而不影响产出和就业水平。

6. 货币政策的优点之一是它很少干扰市场的自由运转。货币政策也是灵活的，可以根据不断变化的经济环境迅速实施。美联储不受日常政治压力影响，因此它可以为经济的最佳利益行事。这使得美联储可以采取可能不受欢迎但对经济的长期稳健必要的政策。

7. 美联储的批评者认为，货币供应的变化破坏了经济的稳定。他们注意到，美联储没有关于经济状况和价格最新的可靠信息。时间滞后也限制了货币政策的有效性。因此，批评者呼吁消除货币政策中的行动主义，转而支持每年货币固定增长的法规。

关键术语

联邦储备系统　　　　　　　贴现率

理事会　　　　　　　　　　　　　　贴现窗口

联邦公开市场委员会（FOMC）　　　期限拍卖便利（TAF）

货币政策　　　　　　　　　　　　　联邦基金市场

公开市场业务　　　　　　　　　　　联邦基金利率

自测 （单项选择）

1. 美国联邦储备系统的主要决策机构是（　　　）。

a. 联邦咨询委员会

b. 白宫经济顾问委员会

c. 理事会

d. 联邦公开市场委员会

2. 美国联邦储备系统的职能不包括（　　　）。

a. 控制货币供应量

b. 监管银行

c. 为银行提供支票结算服务

d. 为银行发放存款保险

3. 美联储最重要的货币政策工具是（　　　）。

a. 公开市场业务

b. 法定准备金

c. 贴现率

d. 保证金要求

4. 在美联储的账户中有盈余的商业银行通常向准备金不足的银行提供银行间隔夜拆借。与这些贷款有关的利率是（　　　）。

a. 再贴现率

b. 基本利率

c. 联邦基金利率

d. 商业贷款利率

5. 为了应对经济衰退，美联储会采取（　　　）。

a. 紧缩性货币政策使总需求曲线向右移动

b. 紧缩性货币政策使总需求曲线向左移动

c. 扩张性货币政策使总需求曲线向右移动

d. 扩张性货币政策使总需求曲线向左移动

6. 为了抵消需求拉动型通货膨胀，美联储将（　　　）。

a. 降低贴现率，降低法定准备金率，并在公开市场上购买证券

b. 降低贴现率，降低法定准备金率，并在公开市场上出售证券

c. 上调贴现率，提高法定准备金率，并在公开市场上购买证券

d. 上调贴现率，提高法定准备金率，并在公开市场上出售证券

7. 如果美联储降低法定准备金率，以下哪种情况不会发生？（　　　）

a. 总准备金量将保持不变

b. 法定准备金将下降，超额准备金将上升

c. 货币乘数会提高

d. 联邦基金利率将提高

8. 如果美联储法定准备金率从 25％降低到 20％，货币乘数（　　）。

a. 将从 4 提高至 5

b. 将从 5 提高至 6

c. 将由 5 降低至 4

d. 将由 6 降低至 5

9. 为了避免美联储受到政治压力的影响，理事会成员需要（　　）。

a. 终身任用

b. 由美联储的股东选举产生

c. 任期为 14 年

d. 由公众选举产生

10. 考虑货币政策的短期效应，货币供应量的增加通过降低（　　）来发挥作用。

a. 导致额外投资的利率，并增加总供给

b. 导致额外投资的利率，并增加总需求

c. 导致消费减少的货币购买力，并减少总需求

d. 导致消费减少的货币购买力，并减少总供给

■ 问答与应用

1. 谁是美联储理事会现任主席？为什么理事会主席被称为在总统之后，在华盛顿特区第二有权力的人？

2. 如果美联储的独立性受到限制，并成为总统和国会的附属机构，这会影响货币政策抵御衰退或通货膨胀的能力吗？

3. 当美联储从商业银行、企业或个人那里购买有价证券时，国家的货币供应量增加。解释这一过程是如何进行的。

4. 什么是贴现率？美联储如何使用贴现率来影响国家的货币供应量？

5. 为什么美联储规定的法定准备金的减少会导致货币供应量的增加？

6. 美联储最常用的货币政策工具是什么？为什么它是美联储最常用的货币政策工具？

7. 如果美联储想增加美元相对于外币的价值，应该怎么办？如果美联储想要降低美元的外汇价值，应该做什么？

8. 假设经济正遭受长期且严重的衰退。美联储会如何利用公开市场业务、贴现率和法定准备金进行干预？解释每个货币政策工具的变化将如何影响银行准备金、货币供应量、利率和总需求。

9. 假设美联储采取紧缩性货币政策，以对抗需求拉动型通货膨胀。假设在国际贸易封闭的经济体中，使用总需求-总供给模型来分析美联储政策的影响。假设在国际贸易开放的经济体中，美元的国际价值变化将如何影响经济表现？现在，假设美联储采取扩张性货币政策来对抗衰退，请回答同样的问题。

10. 为什么一些经济学家认为美联储的积极货币政策会适得其反？

11. 解释美联储如何使得其内外组织机构相互制衡。

12. 为什么批评者认为美联储加剧了贫富之间的收入差距？

13. 假设法定准备金率为 15％，美联储从商业银行系统购买了 1 000 万美元的美国证券。请问：银行系统可创造的最大货币供应量是多少？

14. 先锋银行拥有支票存款 1 000 万美元，总准备金 750 万美元，法定准备金率为 10％。如果美

联储向该银行出售150万美元的政府债券，其总准备金和超额准备金如何变化？

15. 表15-3显示了商业银行系统的资产负债表。根据此信息回答以下问题。

a. 如果美联储将法定准备金率设定为10%，银行就需要法定准备金（ ）和超额准备金（ ）；货币乘数将等于（ ），银行系统可以创造的最大货币供应量将等于（ ）。

b. 如果美联储将法定准备金率降低到5%，银行就会有超额储备金（ ）；货币乘数等于（ ），银行系统可以创造的最大货币供应量等于（ ）。

表15-3　　　　　　　　　　**所有商业银行的合并资产负债表**　　　　　　　单位：十亿美元

资产		负债	
库存现金	300	支票存款	3 600
准备金	150	对其他银行和美联储的负债	850
贷款	3 000		
政府债券	1 000		

16. 表15-4给出了威斯康星国民银行的资产负债表。假设美联储所设定的法定准备金率为10%。

表15-4　　　　　　　　　　**威斯康星国民银行资产负债表**　　　　　　　单位：十亿美元

资产		负债	
准备金	90	支票存款	120
贷款	10		
政府债券	20		

a. 依照规定，威斯康星国民银行的法定准备金为（ ），超额准备金为（ ）。银行所创造的最大货币供应量是（ ）。

b. 假设美联储向威斯康星国民银行出售1 000万美元的政府债券。交易过后该银行拥有法定准备金（ ）和超额准备金（ ）。交易的结果是威斯康星国民银行所创造的货币会增加（减少）（ ）。

c. 相反，假设美联储向威斯康星国民银行购买1 000万美元的政府债券，结果是，威斯康星国民银行创造的货币会增加（减少）（ ）。

第四部分

国际经济学

第16章

美国经济与世界经济

本章目标

通过本章的学习，你应该能够：

1. 阐述美国在哪些方面被称为开放经济体。
2. 讨论专业化和贸易的优势。
3. 解释自由贸易存有争议的原因。
4. 分析进口关税的效果以及支持贸易限制的原因。
5. 对世界贸易组织和《北美自由贸易协定》的优势与劣势进行评判。

背景资料

美国羊肉生产商们一直都依赖于政府。他们不仅有较高的生产成本与低效率，而且在国内还面临着来自牛肉、鸡肉和猪肉的竞争。于是新千年伊始，羊肉生产商试图向美国政府申请进口管制以限制外国竞争。

新西兰和澳大利亚生产商与美国生产商进行激烈的竞争，使得美国羊肉几乎全部从这两个国家进口。这些生产商在新技术和营销战略方面投入了大量的资源，这使他们成为全球最高效的生产商之一。而节省下来的成本最终使得他能够向美国消费者提供一种更低价的羊肉产品。

随着进口羊肉数量不断增加，国内生产者的利益受到来自国外竞争者的严重威胁，美国羊肉业协会（American Sheep Industry Association）对此颇有怨言。因此，美国政府决定对羊肉实行进口管制。但这一政策激怒了澳大利亚和新西兰的农民，因为他们需要向美国出口羊肉以维持生计。除此之外，美国消费者抱怨贸易限制阻碍他们购买低价羊肉。

简单地说，消费者认为实行羊肉的进口管制会导致他们"挨宰"。

在促进经济快速增长与保持繁荣方面，美国已普遍认识到开放的国内市场和开放的全球贸易体系优于贸易保护主义和孤立主义。几十年来，开放经济以一种强劲的增长势头给美国人民带来巨大利润，同时还增加了就业机会。从国外购买商品和服务的机遇鼓励生产者保持竞争力，同时作为消费者也能提高生活水平。

尽管大多数人受益于一个开放的全球贸易体系，但是还有一些人的利益受到损害。在一个开放的全球体系中，为了减少利益和负担的不平等分配，一些国家对国际贸易实施限制。

在本章中，我们将探讨一个开放的贸易体系的收益与成本，特别地，将考虑它对消费者、出口行业生产者和进口竞争行业生产者的影响。

美国的开放经济

近几十年来，美国经济日益融入世界经济，也就是说，它已成为一个开放的经济体。这种融入涉及商品和服务贸易、金融市场、劳动力、生产设备所有权以及对进口原材料的依赖性。

通过确定这个国家的出口额以及进口额占其国内生产总值（GDP）的比重，我们可以大致衡量国际贸易在一个国家经济中的重要性。2006年，美国的出口额占其GDP的10%，进口额占其GDP的16%，因此美国经济的贸易开放度等于26%。在过去的100年间，在美国经济中，国际贸易的相对重要性增加了大约50%。

美国出口各种商品，包括粮食、化工产品、科研设备、机械、汽车、电脑、商用飞机，同时还进口许多商品，如钢铁、石油、汽车、纺织品、鞋、橡胶，以及如香蕉、茶叶、咖啡等食品。美国最大的贸易伙伴包括加拿大、日本、墨西哥和中国。其他主要贸易伙伴包括德国、英国、韩国、新加坡、比利时和卢森堡等。

当考虑特定的产品时，国际贸易对美国经济的重要性更明显。例如，如果没有进口零部件，美国人拥有的私人电脑将会更少；如果没有进口铝土矿，铝这种金属将会更少；如果没有进口锡，锡罐将会更少；如果没有进口铬，汽车保险杠也会更少。如果没有从国外进口的咖啡和茶叶，上午8点上经济学这门课的学生可能会睡一整节课。此外，美国人从外国人那里购买的许多产品，比国内生产的产品更昂贵。想象一下暖房中种植咖啡的成本（咖啡只能在热带地区种植）！表16-1给出了美国进口水果的实例。

表16-1   **水果的自由贸易：全球水果篮子**

进入一家杂货店，消费者将看到来自全世界的水果			
水果	产地	水果	产地
苹果	新西兰	酸橙	萨尔瓦多
杏	中国	橙子	澳大利亚
香蕉	厄瓜多尔	梨	韩国
黑莓	加拿大	菠萝	哥斯达黎加

蓝莓	智利	李子	危地马拉
椰子	菲律宾	树莓	墨西哥
葡萄柚	巴哈马群岛	草莓	波兰
葡萄	秘鲁	橘子	南非

资料来源：Federal Reserve Bank of Dallas，*The Fruits of Free Trade*，2002 Annual Report，p. 3，参见 http://www.dallasfed.org。

专业化与贸易的优势

自给自足的想法可能会很吸引人。你甚至可能会希望自己生活在一个独立区域，如北爱达荷或英属哥伦比亚。你以自己的方式生活，只消耗自己生产的东西。自己制作食物、自己缝纫衬衫和裤子、自己建造房子，所有东西都与你现在能买到的有所不同。你也无法获得如电脑、电话、电视、汽车和药物等许多物品。因而由于自给自足的局限性，大多数人选择专业化和贸易。

专业化和贸易不仅适用于个人，同样也适用于国家。如果本国人想要自给自足，并拒绝与其他地区的人进行贸易，想象一下将会发生什么。例如，爱达荷州的居民能够自己生产苹果和小麦，但是他们应该从哪里获取橘子和石油？设想他们能够种植温室橘子和勘探石油，那么同时也将付出巨大的代价。因此，50 个州全部自给自足一点儿都不现实。美国的创建者们正是意识到这一点，才禁止实施州际贸易壁垒。国家之间也是如此。国家专业化和国际贸易可能会使世界资源的利用更有效率。

专业化从以下几个方面来提高生产率，首先，专业化将会节省时间，因为只有这样，工人才会专注于一项任务而不是经常换工作。其次，专业化可以更加清晰地划分生产过程，在生产过程中工人可以使用掌握的具体技能并使之臻于完美，这个过程称为**劳动分工**（division of labor）。如果一个人反复进行例如打棒球或打字等某项实践活动，会比不进行相应实践的人更优秀。同样也可以说，一个专业化生产机床的国家在机床制造方面的效率会更高。最后，劳动分工促进发明和创新。如果一个工人非常了解她的工作，那么她可能会发明新机器或创新工作流程，从而找出更好的工作方法。因此专业化和发明相辅相成。然而，专业化的性质也可能会限制其优点，因为重复性工作可能会导致工人感觉枯燥和无效率。

事实上，专业化程度会受到市场规模的限制。例如许多大规模生产项目，面向全球市场时的专业化程度会大于面向国内市场时的专业化程度。波音公司就是这样一个例子：近年来它向海外售出了约 70% 的飞机。如果没有出口，波音公司将很难支付得起大型喷气式飞机的设计和制造成本，甚至可能根本就无法生产飞机。

惠普笔记本电脑的生产说明了一个专业化生产过程。当一位美国客户在网上订购一台惠普笔记本电脑时，这张订单就会传送给位于中国台湾的广达电脑公司（Quanta Computer）。为了降低劳动力成本，该公司将生产外包给位于中国上海的工人。这些工人将来自全球各地的电脑部件组装成一台笔记本电脑，再将之空运到美国，然后寄给客户。约 95% 的惠普笔记本电脑的生产都外包给其他国家或地区。其他美国电脑生产商，包括捷威（Gateway）、苹果、戴尔同样如此。表16-2显示了组装一台惠普笔记本电脑所需要的部件及其原产地。

自由贸易的支持者认为，与本国独立生产相比，如果每个国家都尽力发展自己的优势产业，并允许国际贸易，从长期来看，所有国家都将享受低成本与低价格，以及高产出、高收入和高消费。在一个动态的世界里，由于技术、投入产出比、工资、消费者品位与偏好的改变，市场力量也随之不断变化。自由市场会迫使公司进行调整。例如，如果铝行业的生产效率低于其他经济领域，那么资源将流向其他生产率较高的行业。

表 16-2　　　　　　　　**惠普 Pavilion ZD8000 笔记本电脑生产流程**

部件	主要制造地
微处理器	美国
图形处理器	美国和加拿大共同设计，中国台湾制造
镁套管	中国
硬盘驱动	新加坡，中国，日本，美国
电源	中国
内存芯片	德国，中国台湾，韩国，美国
液晶显示器	日本，中国台湾，韩国，中国

资料来源：Christopher Koch，"Outsourcing：Innovation Ships Out，" *CIO Magazine*，January 15，2005，pp.18-21；and "The Laptop Trail，" *The Wall Street Journal*，June 9，2005，pp. B-1 and B-8.

▶ **经典案例**　　　　　　　**贝比·鲁斯和比较优势原理**

贝比·鲁斯（Babe Ruth）是棒球历史上第一位伟大的本垒击球手。无论在哪里击球，他的击球天赋和活泼个性都会吸引很多人的目光。他打出的本垒打能使一场普通的比赛高潮迭起。鲁斯创造出许多大型比赛的纪录，在72场比赛中，鲁斯共实现2 056次四环上垒和每场至少两支全垒打。他在整个职业生涯中打出了0.342的击球率和714支本垒打。

乔治·赫尔曼·鲁斯（George Herman Ruth, Jr.，1895—1948，即贝比·鲁斯），出生于马里兰州巴尔的摩。鲁斯起初在小联盟赛中打棒球，从1914年开始效力于波士顿红袜队，这是他作为左利手投手的大联盟生涯的开始。在波士顿红袜队的158场比赛中，他创造了89胜46负的投手纪录，其中包括在1916年两季的20胜和23胜以及1917年的24胜。作为纽约扬基队的投手，他最终帮助球队取得了5场胜利，以2.28的防御率结束了他的投球生涯。在世界大赛上鲁斯也创造了3：0的纪录，包括一局连续29-2/3无失分。鲁斯是美国职业棒球联盟中最好的左利手投手。

鲁斯不仅在投球方面有绝对优势，在其他方面甚至拥有更大的天赋。简单地说，鲁斯的比较优势是击球。作为一个投手，鲁斯不得不在两场比赛之间放松一下手臂，因此他不可能出席每一场比赛。为保证每天都能出场，鲁斯放弃投球，而作为外野手。

在鲁斯为扬基队效力的15年间，他主导了整个职业棒球事业。他与卢·格里克（Lou Gehrig）的成套打棒球组合非常厉害。1927年，鲁斯就是扬基队的核心，一些棒球专家认为1927年的扬基队是史上最棒的棒球队。在那一年，一个赛季只有154场比赛,而鲁斯创造了击出60支本垒打的纪录,而现在一个赛季有162场比赛。他拥有众多粉丝,1923年投入使用的扬基体育场(Yankee Stadium)有一个绰号叫"鲁斯建造的房子"。1934年赛季后扬基队与鲁斯解除合同,之后他开始效力于波士顿勇士队(Boston Braves),1935年他结束了自己的职业生涯。在波士顿勇士队的最后一场比赛中,鲁斯打出了3支本垒打。

从投手转为击球手之后,鲁斯充分发挥了自身优势。在鲁斯的合同期内,扬基队不仅赢得四次世界大赛,而且成为最著名的特许经营棒球队。1936年,鲁斯入选纽约库珀斯敦棒球名人堂。

资料来源:Edward Scahill,"Did Babe Ruth Have a Comparative Advantage as a Pitcher?" *Journal of Economics Education*,Vol. 21,1990. See also Paul Rosenthal,*America at Bat*:*Baseball Stuff and Stories*(Washington,DC:National Geographic,2002);Geoffrey C,Ward and Ken Burns,*Baseball*:*An Illustrated History*(New York:Alfred A. Knopf,1994);and Keith Brandt,*Babe Ruth*:*Home Run Hero*(Mahwah,NJ:Troll,1986).

比较优势与国际贸易

为了说明专业化和贸易的优势,我们考虑仅仅包含美国和法国这两个国家的世界——每个国家仅生产汽车和电脑两种产品。另外,假设每个国家都同样拥有适合生产汽车或电脑的资源。因此,每个国家的生产可能性曲线为一条直线,如图16-1所示。[①]

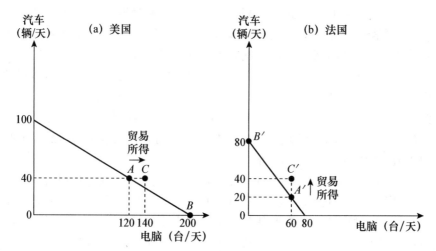

图16-1 比较优势与国际贸易

根据比较优势原理,每个国家应该专门生产其相对更有效率的商品。这样的专业化会使国家实现生产和消费的增长。

比较这两个国家的生产可能性曲线,我们看到,与法国相比,美国能够生产更多的

---

① 这意味着在第1章中讨论的成本递增规律不再适用,取而代之的是成本不变假设。

汽车和电脑。如果美国将所有资源投入汽车生产，它一天可以生产 100 辆汽车。而相较于美国高效率的汽车生产技术，法国每天最多可以生产 80 辆汽车。同样，投入所有资源来生产电脑，美国一天最多能生产 200 台电脑，而法国一天只能生产 80 台电脑。由于其先进的电脑生产技术，美国再一次超过法国。

□ 没有专业化与贸易的生产和消费

如果没有贸易，每个国家的生产可能性曲线限定了生产两种可用于消费的商品的最大数量。换句话说，一个没有贸易的国家只能使用自己生产的产品。在没有贸易的情况下，假设美国决定生产和消费 120 台电脑和 40 辆汽车，如图 16-1(a) 中 A 点所示。同时假设法国决定生产和消费 60 台电脑和 20 辆汽车，如图 16-1(b) 中 A' 点所示。因为我们假设世界上只有美国和法国两个国家，所以这两种商品的全球产量为 180(120＋60＝180) 台电脑和 60(40＋20＝60) 辆汽车。

□ 有专业化与贸易的生产和消费

现在，假设美国专门从事电脑的生产，法国专门从事汽车的生产。如图 16-1(a) 所示，美国沿着它的生产可能性曲线向下移动直至生产 200 台电脑，如 B 点所示。同样，如图 16-1(b) 中所示，法国沿着生产可能性曲线向上移动直至生产 80 汽车，如 B' 点所示。我们可以看到，与之前的世界总产量相比，专业化使产出增加 20 台电脑 (200－180＝20) 和 20 辆汽车（80－60＝20）。显然，专业化非常可取，因为它可以实现资源的有效配置。

由于专业化可实现高效生产，所以两国可以实现最大化产出。如图 16-1(a)，假设在 B 点，美国专门从事电脑的生产，并同意用 60 台电脑换取法国的 40 辆汽车。这样的贸易有利于美国消费者吗？答案是肯定的。在 B 点，美国生产 200 台电脑，减去出口给法国的 60 台电脑，还剩 140 台电脑；同时美国从法国进口 40 辆汽车。美国的最终消费点位于图中 C 点。比较 A 点和 C 点，我们可以看到，通过贸易，美国可以得到相同数量的汽车，外加多出来的 20 台电脑。显然，贸易将有利于美国消费者。

法国也从贸易中获利。如图 16-1(b) 所示，用 40 辆汽车换取 60 台电脑后，法国的最终消费点从 A' 点移动到 C' 点。法国消费者因此拥有相同数量的电脑，但是与不进行贸易时的情况相比多出了 20 辆汽车。

美国和法国开展贸易形成共赢，因为两国可以达到的消费品数量组合超越了其生产可能性曲线的限制。[①] 国际分工与贸易的作用就相当于拥有更多更好的资源或发现先进的生产技术。通过重新分配生产任务，法国以少生产 60 台电脑为代价多生产 60 辆汽车，同时美国以少生产 40 辆汽车为代价多生产 80 台电脑，这样世界汽车总产量增加 20(60－40＝20) 辆，世界电脑总产量增加 20（80－60＝20）台，两国双赢。

---

① 每个国家从贸易中的获利取决于汽车换取电脑的比率。当给定数量的电脑能够换取更多数量的汽车时，美国获益更多。相比之下，当给定数量的汽车能够换取更多数量的电脑时，法国获益更多。两国的需求曲线和供给曲线确定交换比率和两国的贸易收益分布。

现代经济学原理（第六版）

□ 比较优势

在我们所举的贸易例子中，我们假设美国生产电脑和汽车的效率比法国更高。像这样具备卓越的生产技术叫作具有**绝对优势**。如果美国在两种商品的生产上都有绝对优势，那为什么要专业化生产电脑？法国在这两种商品的生产上都具备绝对劣势，那为什么要专门从事汽车的生产？答案在于**比较优势**（comparative advantage）原理，即个人和国家应该专业化生产某种具有相对优势而不是绝对优势的商品，这样会更有效率。换句话说，如果一个国家生产一种产品的机会成本低于其他国家生产该产品的机会成本，则这个国家在生产该产品上拥有比较优势。

让我们回到图 16-1 所举的例子，计算美国和法国生产电脑和汽车的机会成本。在美国，工人每天能生产 200 台电脑或 100 辆汽车，所以 1 台电脑的机会成本是 0.5（100/200＝0.5）辆汽车。在法国，工人每天可以生产 80 台电脑或 80 辆汽车，所以 1 台电脑的机会成本是 1（80/80＝1）辆汽车。故美国工人生产电脑的机会成本低于法国工人生产电脑的机会成本。因此，美国生产电脑具备比较优势，因为电脑的机会成本较低，生产电脑的"成本"比汽车更低。同样，法国在汽车生产行业具有比较优势，因为它生产汽车的机会成本较低。

根据比较优势原理，两国之间的互利贸易可能发生在一个国家在生产某种商品上比另一个国家更有优势时。"相对较好"表明，一个国家可以以较低的机会成本生产商品，也就是说，需要放弃的其他商品较少。

关于比较优势的例子有很多。例如，巴西是咖啡的一个主要出口国，因为它的土壤和气候比较适合种植咖啡作物。中国拥有大量的低技能劳动力，而衬衫的生产需要人工，因此在衬衫生产上具有比较优势。沙特阿拉伯在石油生产上具有比较优势，因为它可以以低成本获得大量石油储备。加拿大是木材的一个主要出口国，因为所拥有的林地不适合种植非林地作物，反而适合种植林地作物。表 16-3 提供了比较优势的一些例子。

表 16-3	国际贸易中的比较优势例子
国家	产品
加拿大	木材
以色列	柑橘
意大利	葡萄酒
墨西哥	土豆
沙特阿拉伯	石油
中国	纺织品
日本	汽车
韩国	钢铁，船舶
英国	金融服务

但是自然资源禀赋不是比较优势的唯一来源。例如，日本自然资源稀少，但它是汽车、钢材和电子产品的一个主要出口国。日本进口汽车生产所需的基本原材料，如铁矿

石。通过储蓄、积累资本与建立高效的工厂，日本的汽车行业突显了比较优势的重要性。此外，一些商品的生产需要具备专业技能的劳动力，一国可以将资源投入教育中去，从这类商品的生产中获得比较优势，例如科学仪器。

高级知识也能带来比较优势。许多年前，瑞士利用并发展手表行业的比较优势，原因在于这个国家的人民在手表制造方面具备超凡见解和专业技能。同样，半导体设备是美国的出口产品，因为制造半导体设备是英特尔（Intel）这类公司的技术专长。

知识点回顾

1. 专业化如何促进生产率的提高？
2. 怎么用比较优势原理解释世界贸易模式？
3. 什么决定了比较优势？
4. 进行有关自由贸易的讨论。

为什么自由贸易和全球化存在争议？

既然所有国家都可以受益于专业化和贸易，那么为什么有些人反对自由贸易？答案并不难找。尽管整体经济可以获益，但是一些国家可能会因自由贸易而受损，而其他国家则获益较多。因此，开放贸易会创造经济中的赢家和输家，见表16-4。

显然，生产本国具有比较优势的商品的工厂将会从自由贸易中获益。例如，当国外航空公司的订单增加时，波音客机的生产规模扩张。波音公司的工人同时发现，劳动力需求以及生产水平也会随之增加。此外，一些供应用于生产波音客机的发动机、起落架和其他投入品的公司，也随之实现了销售增长和就业增加。事实上，华盛顿州有大量劳动力在生产波音客机，这使得华盛顿州的居民从国际贸易中获益。

消费者是自由贸易的另一个受益者。我们已经认识到，公司之间的竞争会导致产出增加和价格降低。该规律也适用于本国公司与外国公司之间的竞争。因为国际贸易能够阻止一个或几个国内公司控制市场，那么市场将会存在更多的竞争。这就迫使国内公司制定较低的价格，生产高质量商品，这两者都是消费者重视的因素。显然，当波音公司和空客公司为飞机销售而竞争时，美国航空公司和乘客获益更多。另外，贸易可以为消费者增加产品多样性。例如，美国汽车买家在购买汽车时可以选择福特（Ford）、雪佛兰（Chevy）和克莱斯勒（Chrysler），当然也可以选择丰田（Toyota）、本田（Honda）和三菱（Mitsubishi）。

表16-4　　　　　　　　　　全球化和自由贸易的优点与缺点

优点	缺点
当国家生产具有比较优势的商品和服务时，生产率会加速提高。生活水平将会迅速提升。	大量进口外国产品会造成数百万美国人失业。大多数失业者只能找到薪酬较少的工作。
全球竞争和低价进口商品制约价格水平，因此通货膨胀不大可能对经济发展造成不利影响。	另有数百万美国人害怕自己被解雇，尤其是在进口竞争行业工作的美国人。

现代经济学原理（第六版）

优点	缺点
开放经济通过吸收国外新观念促进技术开发与创新。	工人将面临雇主要求降低工资，这可能会使工作向海外转移。
出口行业的工资往往比进口竞争行业的工资高15%。	除蓝领工人外，服务工作和白领工作逐渐面临向海外转移的风险。
资本自由流动给美国带来外国投资，同时能够保持低利率水平。	当公司在低工资水平的国家建立高技术工厂，使其生产率水平达到美国本土工厂的生产率水平时，美国工人可能会失去竞争优势。

然而，并不是每个人都能从减少贸易限制中获益。当进口商品取代国内商品时，进口竞争行业的公司和工人会面临销售额、利润和就业率下降。许多进口竞争行业工人失业，他们很难找到和他们所掌握的技能匹配的工作，而且重新入职后的工资水平也可能无法与原有的工资水平相比。同时，外国竞争将会使供应投入品的上游企业和工人陷入困境。这些行业的管理层和工人可能会反对自由贸易，并寻求政府帮助以限制进口。保护主义支持者往往是夕阳产业中建立已久的公司，因为它们已经失去了比较优势。缺乏现代科技、管理低效、工作规则过时或国内工人工资较高，这些都将导致高成本。在美国，寻求贸易保护主义的行业主要包括鞋、纺织、钢铁、石油和汽车行业。

在制定国际贸易政策的过程中，政府部门必须平衡消费者、企业、出口行业工人和进口竞争行业工人四者之间对立的利益。

限制外国竞争措施之一：关税

几个世纪以来，政府利用关税增加收入，同时保护国内生产商免受外国竞争带来的危害。**关税**（tariff）是对进口商品征的税。例如，美国对汽车征收2.9%的关税。如果一辆外国汽车的成本是30 000美元，关税等于870（30 000×0.029＝870）美元，那么国内价格将包含关税，即为30 870美元。[①]

我们可以利用供给和需求分析解释关税的经济效应。图16-2显示了美国钢铁市场的情况。国内钢铁供给和需求曲线分别由$S_{U.S.}$曲线和$D_{U.S.}$曲线表示。如果没有国际贸易，钢铁仅由美国生产，钢铁的均衡价格是500美元/吨，钢铁产量是1 000万吨，钢铁需求量也是1 000万吨。

假设美国同意进行国际贸易，同时世界上其他国家在钢铁行业具有比较优势。假设钢铁的世界价格是每吨250美元。为了简单起见，我们同样认为美国可以接受每吨250美元钢铁的世界价格。[②] 当价格为每吨250美元时，国内消费1 500万吨，国内产量为500万吨。美国需要进口钢铁1 000万吨，这反映了当价格为250美元时，美国需求曲

---

① 限制外国竞争的另一种方式是实施**配额**（quota）。配额是每年对贸易商品的数量施加的实物限制。例如，一项配额可能要求每年进口的奶酪不能超过100万千克，或每年进口的冰激凌不能超过200万千克。

② 这个假设表示美国与除美国之外的世界相比是一个小型经济，虽然在分析国际贸易的影响时没有必要假设美国是小型经济，但是它极大地简化了分析。

线和供给曲线之间的水平差异。

　　自由贸易使国内钢铁价格从 500 美元下降到 250 美元。因此，消费者的购买量从 1 000 万吨增加到 1 500 万吨。显然，国内消费者效用增加，因为他们可以以更低的价格购买更多的钢铁。然而，现在国内钢铁生产商却以一个较低的价格出售低于以往贸易数量的钢铁。当国内钢铁企业的产量从 1 000 万吨降至 500 万吨后，国内钢铁工人收入下降，失业率上升。

　　为回应国内钢铁行业提出的限制进口请求，假设美国政府对进口钢铁征收每吨 150 美元的关税，这就使钢铁价格从每吨 250 美元增加至 400 美元。因此，国内消费从自由贸易均衡的 1 500 万吨下降至缴纳关税后的 1 200 万吨。同时，国内产量从 500 万吨增加至 800 万吨，进口数量从 1 000 万吨下降至 400 万吨。因此，关税会提高价格，降低消费量和进口量，并增加国内产量。

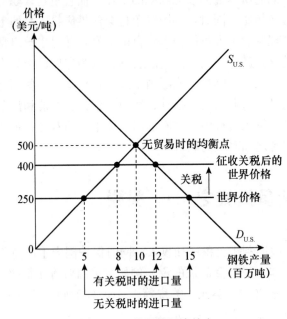

图 16-2　关税的经济效应

通过提高价格，进口商品的关税成本转移到国内消费者身上。因此，进口规模比征税前低。这种下降将会带来国内消费水平下降和国内生产水平提高。关税的这种影响保护国内生产商免受外国竞争。

　　显然，关税以牺牲国内消费者利益为代价使国内钢铁企业和工人获益。因为对进口钢铁征收关税，消费者将花费更多的钱用于购买农场设备、冰箱和其他钢铁制品，如福特和卡特彼勒等公司将因关税而达到更高的成本和更低的销售量。随着产量下降，它们会解雇一些员工。

　　关税的另一个作用是提高政府收入。在我们所举的示例中，假设每吨钢铁进口关税为 150 美元，这个数字乘以进口量即 400 万吨，关税收入将达到 6 亿美元。政府的关税收入是美国钢铁消费者向美国政府转移的收入。

　　关税也会对出口商造成间接阻碍。因为关税导致美国进口钢铁销量下降，所以世界其他国家将用更少的美元购买美国出口的计算机、化工产品和小麦。这样，美国具有比较优势的出口行业会因而降低产量。同样，美国征收进口关税会招致外国报复，外国也会对从美国进口的产品征收关税，因此美国出口行业将受到影响。简单地说，关税促进不具有比较优势的低效产业的增长，造成具有比较优势的高效产业的衰落。通过使资源从高效产业流向低效产业，关税降低了人们的生活水平。

例如，美国政府通过关税限制钢铁进口。20世纪50年代，美国钢铁生产商主导世界市场，其产量占全球钢铁产量的一半。然而，自20世纪60年代以来，大量外国钢铁生产商进军美国市场，使得美国成为一个钢铁净进口国。为了保护国内生产商，美国政府通过实施征收关税、配额以及其他贸易壁垒，限制钢铁进口。例如，2002年，小布什总统宣布对部分进口钢铁征8%到30%不等的关税，期限为2年。小布什希望关税壁垒可以为本国钢铁公司赢得降低劳动力成本、升级设备的时间，使本国钢铁公司最终能够与其他国家钢铁制造商竞争。然而，批评者指出，这种行业保护的做法会对汽车制造、挖掘设备生产等行业造成沉重的负担。虽然征收关税可以暂时保护大约6 000个工作岗位，但是消费者和钢铁使用企业为保护其中一个工作岗位所付出的成本在80万美元到110万美元之间。此外，为了保留钢铁行业的一个工作岗位，钢铁关税将使钢铁使用行业丧失13个工作岗位。[①]

▶ 经典案例　　　　　　　　美国关税的累退性

美国关税负担会以相同方式转嫁到所有消费者身上吗？答案是否定的。经济学家指出，总体来说，美国关税是一种累退税，它会提高低收入者所购买商品的相对价格，而且提高的幅度不成比例。同时，政府对鞋类、纺织品和服装等一些消费品征收高额关税。

关税以两种方式对穷人产生重大影响。一方面，对许多在低收入家庭支出中占高比例的产品征收了最高的关税。鞋子和服装等主要消费品面临超过30%的进口税，这是美国关税表中最高的关税。鞋子支出占低收入家庭支出的1.3%，相比之下，仅占高收入家庭支出的0.5%。另一方面，对低档产品征收的关税通常比高档产品关税高。例如，低档运动鞋（3～6美元/双）的关税税率为32%，而高档运动鞋，比如100美元的跑鞋，关税税率为20%。

政府官员担忧，关税成本是否由所有国人共同承担，还是部分收入群体承担不成比例的成本，这种担忧是可以理解的。更严重的是，穷人往往承担不起关税成本。

资料来源：*Economic Report of the President*，2006，p. 157，参见 http://www. gpoaccess. gov/eop/index. html。

支持贸易限制

尽管自由贸易观点非常有说服力，但是几乎所有国家都限制国际贸易。让我们列举

[①] Robert Carbaugh and John Olienyk，"U. S. Steelmakers in Continuing Crisis," *Challenge*，47，no. 1 （January-February 2004）. pp. 86-106.

支持贸易限制的主要观点。

□ 工作保护

在激励政府部门对进口商品实施贸易限制方面，就业问题一直是一个主要因素。在经济衰退时期，很多人尤其是工人指出，低价的外国商品会削弱国内生产，导致国内工作岗位因外国劳动者而减少。所谓因外国竞争而造成的失业历来是大多数美国工会领袖反对自由贸易政策所持有的一种主要观点。

然而，这种观点有一个严重的缺陷：它不承认国际贸易的二重性。一个国家商品和服务进口的变化与出口密切相关。国家出口产品是因为它们希望从其他国家进口产品。当美国从国外进口商品时，外国人得到以美元表示的购买力，最终会用于购买美国商品、服务或金融资产。然后美国出口行业实现销售与就业增长，而相反的情况也将会发生在美国进口竞争行业。产品进口往往会增加某些行业的就业机会，同时减少其他行业的就业机会，而不能说进口只会提高整体失业率。公众通常会看到因外国竞争而造成的失业，却往往忽视因实行自由贸易政策而产生的就业增长。突出的失业现象使许多美国进口竞争行业的商界和工会领袖共同反对进口。

□ 限制雇用国外廉价劳动力

证明贸易限制合理最常见的一个观点是关税可以保护国内的工作岗位不受国外廉价劳动力的影响。如表 16-5 所示，以美元为单位，奥地利和美国等国工人工资更高，而墨西哥和捷克共和国等国工人工资较低。因此，国外低工资使美国生产者难以与使用外国廉价劳动力的生产者竞争，除非禁止进口以保护国内生产者，否则国内产出和就业水平会降低。

事实上，存在这样一种人们普遍接受的观点，来自低工资国家的产品竞争对美国工人不公平，甚至对他们有害。并且，不该允许那些为了充分利用国外廉价劳动力而在国外设立工厂的公司决定美国工人的工资。一种解决方案是：征收进口关税，以弥补同一行业外国工人和美国工人之间的工资差异。毕竟，竞争是基于优质产品，而不是最低工资。因此，如果 CK 公司（Calvin Klein）想在巴基斯坦生产运动衫，巴基斯坦政府将会对其征收关税，税额等于巴基斯坦服装工人与美国服装工人之间的收入差距。

尽管这种观点可能会得到广泛认同，但是它不能辨别效率、工资、劳动之间的关系。每单位产出的劳动力成本不仅反映了劳动报酬，也反映其生产力。可以说，如果国内工资是外国工资的两倍，同时国内生产率是国外生产率的两倍多，那么相比之下，国内单位产出的劳动力成本较低。

表 16-5　　　　　　　　　　2007 年以美元计价的制造业工人小时工资

国家	小时工资（美元/小时）
奥地利	43.17
澳大利亚	34.75
加拿大	31.91
美国	30.56

续表

国家	小时工资（美元/小时）
日本	23.95
捷克共和国	9.67
巴西	7.13
墨西哥	3.91

资料来源：U. S. Department of Labor，Bureau of Labor Statistics，*International Comparisons of Hourly Compensation Costs for All Employees in Manufacturing in 2007*，March 26，2009，参见 http://www.bls.gov/。

例如，2000 年，马来西亚工资大约是美国工资的 10%。但是，马来西亚劳动生产率是美国劳动生产率水平的 10%左右。这意味着马来西亚和美国的单位产出劳动力成本大致相同，因为生产率差异几乎完全抵消了两国之间的工资差异。

□ 贸易公平：公平竞争环境

贸易公平是保护主义的另一个理由。国内公司及其工人通常认为，与本国政府相比，外国政府制定不同的规则，将给予外国公司竞争优势，这对国内公司来说相当不公平。国内生产者认为进口限制可以抵消外国优势，从而创造一个**公平竞争环境**（level playing field），使得所有生产商都可以平等竞争。

经常有一些美国公司声称，外国公司可以不像美国公司一样遵守与污染控制和员工安全有关的法规，它们不受美国政府监管，尤其是在许多发展中国家（墨西哥等），在污染处理方面政府执法不严。此外，外国公司可能不需要缴纳企业所得税，也不需要遵守如平权法案、最低工资、加班工资等就业法规。还有，外国政府可能建立严格的贸易壁垒，关闭其国内市场，它们也可能会补贴生产者以提高其生产者在全球市场的竞争力。

□ 幼稚产业论

一般来说，接受关税保护的又一个理由是**幼稚产业论**（infant industry argument）。这个观点并不否认自由贸易的有效性。然而，它认为，为使自由贸易有意义，贸易国就应该暂时保护新的发展中工业，使它们免受外国竞争。否则，成熟高效的外资企业，可能会迫使新企业退出国内市场。在新企业成为高效生产商之后，应该取消关税壁垒，进行自由贸易。

尽管这么说也有些道理，但是必须要清楚以下几点。第一，一旦开始征收保护性关税，那么就很难停征，即使一个行业达到了饱和状态。特殊利益集团往往可以让决策者相信，进一步保护是有道理的。第二，很难确定哪些产业能够实现比较优势，因而值得保护。第三，对于发达的工业化国家如美国、德国和日本来说，幼稚产业论通常是无效的。

□ 非经济价值论

非经济价值论可以解释保护主义。这种观点的第一种考虑是国家安全论，认为如果一个国家在很大程度上依赖于外国供应商，那么在发生国际危机或战争的情况下就可能使整个国家陷入危险境地。即使国内生产商可能并不能进行高效生产，关税也应该保护它们以确保它们能够继续生存。这个理论适用于依赖石油进口的国家，因为在 1973 年中东冲突期间为了打击以色列及其支持者，阿拉伯石油生产国共同停止向西方国家输出石油。然而，问题是"重要行业"的构成要素有哪些。如果这个词是广义的，那么很多行业可以赢得进口保护，那么这种观点也失去了意义。

另一个非经济价值论基于文化因素。新英格兰可能希望保护小规模渔业；西弗吉尼亚可能主张对人工吹制的玻璃器皿征收关税，理由是这些技能能延长织物的使用年限；有时人们不希望市场上存在某种商品，如毒品，所以限制或禁止这些商品的进口。这些观点构成正当理由，不能忽视这些观点。

推行贸易自由化

自二战以来，发达国家大幅减少贸易限制。这类贸易自由化主要有两种方式。

第一种是在非歧视的基础上减少彼此间的贸易壁垒。拥有 153*个成员的**世界贸易组织**（World Trade Organization，WTO）承认，任意两国间签署的关税减让协议将会扩展到其他所有成员。这一方式鼓励全球逐步放松关税。

第二种是，通常一个地理区域内的少数经济体之间实行贸易自由化，形成区域贸易协定。依照这个协定，成员同意减少集团内部各成员之间的贸易壁垒。**《北美自由贸易协定》**（North American Free Fade Agreement，NAFTA）是区域贸易协定的一个例子。

区域贸易协定的支持者认为，追求相似利益的少数经济体的贸易自由化程度可能会比利益不一致的多成员集团的贸易自由化程度高。然而，批评者认为，区域贸易协定的成员可能对全球贸易自由化没有多大兴趣，只对成员内部的贸易自由化感兴趣。让我们看一下世界贸易组织和《北美自由贸易协定》这两种贸易安排。

□ 世界贸易组织

世界贸易组织（简称世贸组织）成立于 1995 年，总部设在瑞士日内瓦。世贸组织的主要目的是促进国际贸易自由，主要通过执行国际贸易协定，进行贸易谈判降低关税和配额，解决贸易争端，为发展中国家提供技术援助和培训等方式实现这一目的。世贸组织不是政府，各个成员可以自由设定环境、劳动、健康和安全保护水平。

世贸组织最主要的作用是裁定贸易争端。世贸组织争端解决机制规定每个争端相应成立一个解决小组，并为每个阶段设置时间限制。被告方可以就委员会决定提起上诉，但不能阻止最终裁决。

例如，20 世纪 90 年代，美国投诉欧洲政府禁止美国生产商在欧洲出售美国牛肉。咨询专家后，世贸组织发现这是一种不公平贸易。因此，欧洲国家要么停止这一做法，要么面临来自美国的报复。随后，为了向欧洲施压，美国对部分欧洲商品征收 100％的进口关税。

---

* 原书如此，目前世界贸易组织成员已超过 160 个。——译者注

现代经济学原理（第六版）

尽管世贸组织尽力促进国际贸易更加自由，但它依旧成为反对全球化的贸易保护主义者和评论家的批评对象。包括美国钢铁产业工人在内的贸易保护主义者抱怨说，世贸组织的自由贸易政策促使低价的俄罗斯钢铁涌入美国市场，造成美国大量钢铁产业工人失业。自由贸易批评者也非常愤怒，随着经济越来越紧密地交织在一起，贸易政策对社会正义、产品安全、环境等敏感问题的影响日益加深。

　　例如，20世纪90年代，世贸组织对美国的两项禁令做出裁定，反对美国禁止进口捕捞时可能会伤害海龟的马来西亚虾，也反对美国禁止进口捕捞时可能会误伤海豚的墨西哥金枪鱼，美国环境保护者对此表示极其愤怒。同时，美国工会坚持认为如果印度尼西亚公司想要向美国出口货物，必须支付足够工资，并改善"血汗工厂"的工作条件。一些教会领袖宣称，应该解除贫穷国家的国际债务。

　　尽管面临改革压力，但世贸组织一直是世界贸易体系的中心。世贸组织一直基于一种观点实行政策，即如果国家之间可以自由贸易，不存在征收进口关税或其他保护本国市场免于竞争的措施，那么世界经济将不断增长，每个人都会获利。

　　然而，自由贸易可以将成本强加给进口竞争行业的公司和工人。世贸组织反对者提醒人们，世贸组织的政策必须在更广泛的国际社会环境和社会公正的情况下被衡量，而不是仅考虑其促进经济增长的作用。

□ 从《北美自由贸易协定》到《中美洲自由贸易协定》

　　自由贸易区这一概念在美国、加拿大和墨西哥有悠久的历史。20世纪早期，这三个国家对自由贸易进行过多次讨论。然而，出于对国家建设的紧迫性和政治主权的考虑，三个国家都保持限制主义者的立场。

　　20世纪90年代，这个看法发生改变。1993年，《北美自由贸易协定》获得美国、墨西哥和加拿大三国政府批准，于1994年生效。通过解除贸易限制，成员国希望能更容易地进入对方市场，获得技术、劳动力和专业知识。墨西哥和美国可以在很多行业实现双赢：美国将获得墨西哥的高效廉价劳动力，而墨西哥也将获得美国的投资和专业知识。此外，美国和加拿大之间的贸易也将因自由贸易而增加。

　　签署《北美自由贸易协定》以来，支持者认为该协定通过扩大贸易机会，降低价格，增加竞争，提高美国企业生产能力，实现经济规模化生产，使美国获益。美国得到大量的实物资本和高技能的劳动力，从而生产出更多的商品，包括化学品、塑料、水泥以及先进的电子产品。此外，《北美自由贸易协定》允许美国和墨西哥形成更紧密的政治联系。

　　但大多数分析师承认，《北美自由贸易协定》对美国经济存在某些负面影响。站在商业的角度来讲，柑橘种植和制糖行业等一直是弱势行业，因为这些行业依赖于设置贸易壁垒来限制墨西哥低价商品的进口。其他主要弱势群体是非技术工人，比如服装行业工人，其工作最容易受到来自国外低薪劳工的竞争。此外，批评者尤其担心墨西哥的低工资规模和宽松的环境法规将鼓励美国公司将工厂设立在墨西哥，这将会导致美国的失业率上升。简单地说，尽管《北美自由贸易协定》对于参与国来说提升了一定的经济效益，但也存在合理的担忧。

　　《北美自由贸易协定》的成功刺激了美国追求其他贸易协定的欲望。2003年，美国和智利签署了自由贸易协定，2005 年，美国和美洲中部的五个国家签署了《中美洲自由贸易协定》(Central American Free Trade Agreement，CAFTA)。美国认为，加强与南部邻国的经济联系将有助于促进政治进步和社会改革。美国还提出，北美和南美是否同意组建美洲自由贸易区的进程还有待观察。

知识点回顾

1. 关税为什么会增加国内生产者的利润以及增加国内消费者的成本？
2. 贸易限制的主要观点是什么？解释每种观点的缺陷。
3. 世贸组织如何提高世界贸易体系的效率？
4. 《北美自由贸易协定》对美国人民有利吗？对墨西哥和加拿大人民来说呢？

本章将美国视为一个开放经济体，讨论了国际贸易的重要性。下一章将讨论美国国际收支和美国外汇市场。

■ 本章小结

1. 近几十年来，美国经济日益融入世界经济。这种融入涉及商品和服务贸易、金融市场、劳动力、生产设备的所有权，以及对进口原材料的依赖。

2. 专业化和贸易不仅适用于个人，同样也适用于组织。通过提高生产率，专业化可以促进资源的有效利用，提高产量。然而，专业化的性质可能会制约其优点，因为重复性工作可能会导致工人感觉枯燥和无效率。

3. 自由贸易的支持者认为，如果每个国家都尽力完成本职工作，并允许贸易，从长期看，所有国家都将享受更低的成本和价格，以及高水平产出、收入和消费，而且这些可以同时实现。自由市场迫使公司及其工人适应某些力量，如技术的改变、投入产出比的改变、消费者品位和偏好的改变。

4. 比较优势原理是全球贸易的基础。这一原理指出，国家应该专业化生产具有相对优势而不是绝对优势的商品。换句话说，如果一个国家生产一种产品的机会成本低于其他国家生产该产品的机会成本，则这个国家在生产该种产品上就拥有比较优势。产生比较优势的因素主要是因为自然资源禀赋、熟练劳动力以及优越的知识。

5. 虽然经济可以受益于专业化和自由贸易，但是有些人反对自由贸易。这是因为整体经济中某些国家因自由贸易而受损，而其他国家因此受益。消费者和生产本国具有比较优势商品的公司和工人从自由贸易中获益。然而，处于进口竞争行业的公司和工人将会受到负面影响。当制定一项国际贸易政策时，政府官员必须考虑这些群体的对立利益。

6. 为了保护公司和工人免受外国竞争，政府可以征收关税以及实施其他贸易限制。然而，这些措施往往会促进不具有比较优势的低效产业增长，致使具有比较优势的高效产业衰落，从而降低国民生活水平。

7. 贸易限制的争论主要是围绕工作保护、限制雇用国外廉价劳动力、公平贸易、幼稚产业、国家安全以及文化保护。

8. 自二战以来，发达国家大幅降低了贸易壁垒。这样的贸易自由化也源于世界贸易组织和地区贸易安排，如《北美自由贸易协定》。

现代经济学原理（第六版）

▌关键术语

劳动分工	公平竞争环境
比较优势	幼稚产业论
关税	世界贸易组织（WTO）
配额	《北美自由贸易协定》（NAFTA）

▌自测 （单项选择）

1. 具有比较优势的国家比没有比较优势的国家拥有（　　　）。

a. 更多的商品和服务

b. 更高的生产成本和运输成本

c. 可供选择的产品质量更低

d. 更低水平的劳动生产率

2. 比较优势的主要来源包括以下所有，除（　　　）。

a. 国民收入

b. 气候

c. 劳动力技能

d. 人均资本

3. 自由贸易和专业化往往导致（　　　）。

a. 进口竞争行业工人更高的工资

b. 国内消费者购买的产品价格上涨

c. 国内消费者购买产品时选择范围变小

d. 出口行业公司的利润增加

4. 国与国之间的贸易导致（　　　）。

a. 较低的生活水平

b. 更高的产品价格

c. 提高专业化水平

d. 更高水平的自给自足

5. 下面哪个不是贸易限制？（　　　）

a. 允许幼稚行业发展和富有竞争力

b. 增加进口竞争行业工人的工作

c. 保持自给自足的国家军队

d. 基于比较优势原理发展专业化

6. 以下所有除了（　　　）都能引起美国的保护主义压力。

a. 美国贸易平衡中的赤字

b. 美国工人失业

c. 发展中国家的国民收入上升

d. 美国制造商的利润下降

7. 征收钢铁进口关税最不可能导致（　　　）。

a. 钢铁行业生产成本的增加

b. 钢铁进口的数量减少

c. 国内钢铁价格的提升

d. 提高国内钢铁行业的生产率

8. 自由贸易主张开放型经济有利，因为它拥有以下所有的优势，除了（　　　）。

a. 加剧世界生产商的竞争

b. 消费者选择产品的范围更广

c. 高效生产方式的利用

d. 国内工人工资水平相对较高

9. 突然从进口关税转向自由贸易可能在（　　　）诱发短期失业。

a. 进口竞争行业

b. 出口行业

c. 国内销售和出口兼有的行业

d. 既不出口也不进口的行业

10. 最近的经济研究支持行业生产率（　　　）。

a. 与产业全球化正相关

b. 与产业全球化负相关

c. 与产业全球化无关

d. 以上都不是

问答与应用

1. 表 16－6 显示了日本和韩国假设的生产可能性表。使用此信息来回答下列问题。

a. 日本和韩国生产电视机的机会成本是什么？

b. 哪个国家有生产电视机的比较优势？

c. 在缺乏贸易和专业化的条件下，假设日本以组合 B 进行生产和消费，韩国以组合 E 进行生产和消费。如果这两个国家根据比较优势原理进行专业化生产，总产量增加多少？

d. 计算每个国家的消费者在专业化生产所导致的总产出中分享的收益。

表 16－6　　　　　　　　　　　　　日本和韩国的生产可能性表

	日本			韩国	
	电视机	DVD 播放机		电视机	DVD 播放机
A	0	80	A$'$	0	120
B	8	64	B$'$	6	96
C	16	48	C$'$	12	72
D	24	32	D$'$	18	48
E	32	16	E$'$	24	24
F	40	0	F$'$	30	0

2. 美国往往具有生产高科技产品的比较优势。这种优势可能来源于什么？

3. 哪些人可能从纺织品进口关税中获益？哪些人会受到损失？

4. 为什么经济学家认为贸易壁垒导致世界经济资源分配不合理？

5. 人们可以在爱达荷州种植葡萄柚，他们为什么还从加利福尼亚州和佛罗里达州购买大部分的葡萄柚？

6. 假设美国政府对从欧洲进口的奶酪实行配额，这种做法可能会让谁受益？让谁受损？

7. 《北美自由贸易协定》是什么？迄今为止它发挥了什么作用？

8. 解释美国与低工资国家进行贸易对美国劳动市场的影响。美国应该如何在向员工支付比其他国家更高工资的同时，仍然保持国外市场竞争力？

9. 假设加拿大利用所有的资源可以生产 160 台机床，利用所有的资源可以生产 120 个计算器。而巴西可以生产 120 台机床或 120 个计算器。根据比较优势原理，两国应该专业生产什么？

10. 画一个美国的汽车供需图，美国生产汽车具有比较劣势。表示日本进口商品对美国国内价格和数量的影响。现在在确定关税时汽车进口水平降低一半。计算关税对美国生产者和消费者的影响。

11. 表 16-7 显示了澳大利亚的电脑供需水平。根据这些信息，回答下列问题：

a. 在没有贸易的情况下，澳大利亚电脑的均衡价格和数量是多少？

b. 假设电脑的世界价格是 1 500 美元，澳大利亚接受该价格。澳大利亚将生产、消费和进口多少台电脑？

c. 为保护澳大利亚生产商，假设澳大利亚政府对进口电脑征收 500 美元的关税。关税该如何影响澳大利亚电脑的价格、澳大利亚生产商提供的电脑数量、澳大利亚消费者的电脑需求量和进口量？澳大利亚政府因为关税将获得多少收入？

表 16-7 澳大利亚电脑市场

计算机价格（美元）	需求量	供给量
4 000	10	40
3 500	15	35
3 000	20	30
2 500	25	25
2 000	30	20
1 500	35	15
1 000	40	10

第 17 章

国际金融

本章目标

通过本章的学习，你应该能够：

1. 解释经常账户赤字或盈余意味着什么。
2. 理解主流报纸中提供的外汇牌价。
3. 识别美元汇率的决定因素。
4. 讨论主要汇率制度的特性。

背景资料

21世纪初，美国国际收支（经常账户）赤字屡创纪录，这引起人们担忧美元外逃给经济繁荣带来不良后果。一个国家出现赤字从本质上说并没有什么问题。但在过去的20年里美国遭遇连续赤字，而且现如今外国人持有史上最多的美国金融债权。未来的某一时间，外国人可能不愿持有这些美元，开始实行一系列经济调整措施，这将导致利率大幅上升，造成美国经济衰退。

尽管国际贸易是全球经济的一个重要组成部分，但它仅仅是其中的一部分。而国际金融则是另一部分。国际金融的一个重要部分就是国际收支，它为国际贸易提供资金。

这一章我们将研究美国国际收支和美国外汇市场。此外，我们还将通过分析各种汇率制度的优缺点扩展对外汇市场的了解。

国际收支

每年，美国人与外国人进行大量交易。例子如下：

- 从香港进口西尔斯（Sears）衬衫。
- 向巴西出口通用汽车多功能汽车。
- 旧金山假日酒店向德国游客提供住宿。
- 斯坦福大学学生若小泽收到日本家人寄到美国的礼物。
- 美国投资者收到他们向德国投资所得的分红。
- 墨西哥居民埃德加·瓦尔迪兹购买美国国债。
- 费城居民乔治·托马斯购买日本索尼公司（Sony）的股票。

美国政府编制记录这些以及其他事务的统计报表。这种报表称为国际收支平衡表。**国际收支**（balance of payments）是记录一个国家国际贸易、借款和贷款的报表。国际收支平衡表中，资金从外国流入美国视为收入，用加号表示。资金从美国流出视为支出，用负号表示。国际收支通常分为经常账户、资本与金融账户，我们将研究这两个账户。

□ 经常账户

国际收支第一个组成部分是**经常账户**（current account），代表美国现货交易产生的美元价值，包括货物、服务、收入和单项转移。

经常账户最受关注的组成部分是**贸易差额**（balance of trade），也称为**贸易余额**（trade balance）。这种余额包括美国所有进出口商品：农产品、机械设备、汽车、石油、电子产品、计算机软件、喷气式飞机、纺织品等。商品进出口贸易结合在一起共同构成贸易余额。当出口大于进口时，出现贸易盈余；当进口大于出口时，产生贸易赤字。

经常账户的另一个组成部分是**服务**（services）。国际贸易中的服务包括旅游、航空和航运交通、建设、建筑、工程、咨询、信息管理、银行、保险、医疗和法律。当出口大于进口时，服务贸易盈余；进口大于出口时，服务贸易赤字。

扩大经常账户范围，**收入**（income）也包括在其中。这个项目包括了美国海外投资净收益（分红和利息），即用美国海外投资收益减去支付给外国投资者的部分。它还包括职工净补贴。

经常账户还包括**单方面转移**（unilateral transfers），也称为经常转移。单方面转移项目包括美国向世界其他国家单向无偿转移货物、服务和资金，可以将这些视为赠送而不是交易。私人转移的例子有很多，比如说美国人送给在欧洲居住的家人的礼物，在日本的家人为在美国上大学的儿女准备的生活费。美国政府提供给其他国家政府的经济和军事援助也是一项政府单方面转移。

经常账户余额（current account balance）是净出口、净投资收入和净经常转移的总和。如果这些账户的货币流入超过货币流出，那么经常账户盈余。但如果这些账户的货币流出超过货币流入，那么经常账户赤字。

□ 资本与金融账户

国际收支的第二部分是**资本与金融账户**（capital and financial account）。国际收支中资本和金融交易记录国家间买卖的所有资产，比如房地产、公司股票和债券以及政府债券。资本与金融账户还包括各国政府和中央银行持有的外国资产的变化。

当美国人向日本投资者出售资产（如高尔夫球场、股票或债券）时，资金流入美国，在资本与金融账户中记为资金流入。当美国人购买一栋位于瑞士的摩天大楼时，资金从美国流出，资本与金融账户记为资金流出。

资本与金融账户余额（capital and financial account balance）等于资金流入量与流出量的差额。如果美国人向外国人出售的资产更多，资本与金融账户盈余。如果外国人向美国人出售的资产更多，资本与金融账户赤字。

□ 经常账户赤字（盈余）是什么意思？

经常账户和资本与金融账户之间并不是没有关系；从本质上说，它们相互反映。前面提到过，每一笔国际交易都代表着商品、服务以及家庭、企业或政府之间的资产交换。因此，交易双方必须保持平衡。这意味着，在忽略误差的情况下，经常账户余额等于资本与金融账户余额，见以下公式：

$$经常账户余额＝资本与金融账户余额$$

这样一来，经常账户赤字必须等于资本与金融账户盈余。反之，经常账户盈余必须等于资本与金融账户赤字。

为了更好地理解这个概念，假设某一年，你的支出大于收入。那么你该如何弥补你的预算赤字呢？或许，你可以借款或出售一些资产。你可以变卖一些实物资产（例如出售个人电脑）或者金融资产（出售政府债券）。与之类似，当该国出现经常账户赤字时，在用投资收入或来自国外的赠与进行抵补后，购买外国商品和服务的支出大于向外国销售商品和服务所得的收入。一个国家必须以某种方式为其经常账户赤字融资。那么该如何融资呢？答案是通过借款或出售资产。换句话说，一个国家的经常账户赤字实质上是通过资本与金融账户的资本净流入融资。相反，一个国家的经常账户盈余是通过资本与金融账户的资本净流出平衡。

尽管经常账户余额总是等于资本与金融账户余额，但在国际贸易中数据并不是100％准确与完整。因此，测量误差即**统计误差**（statistical discrepancy）的调整，是国际收支中资本与金融账户的组成部分。经济学家普遍认为，统计误差主要是规模较大的隐藏的资本和金融流动的结果（例如，来自世界其他国家的未被发现的贷款或逃税），所以统计误差被列入资本与金融账户中。

▇ 美国国际收支

表 17-1 显示了 1980—2008 年美国的国际收支。在经常账户和资本与金融账户中，从外国流向美国的资金流表示为正的，从美国流向其他国家的资金流表示为负的。

让我们看一下 2008 年美国的国际收支。如表所示，因为美国进出口之间存在差额，导致美国拥有 8 208 亿美元的商品贸易赤字。因此美国是商品净进口国。表 17-1 还显示，自 1980 年以来，美国一直存在商品贸易赤字。

年份	商品	服务	净收入	净单方面转移	经常账户	资本与金融账户
1980	−25.5	6.1	30.1	−8.3	2.4	−2.4
1984	−112.5	3.3	30.0	−20.6	−99.8	99.8
1988	−127.0	12.2	11.6	−25.0	−128.2	128.2
1992	−96.1	55.7	4.5	−32.0	−67.9	67.9
1996	−191.4	82.8	14.2	−40.5	−134.9	134.9
2000	−449.9	81.0	−13.3	−53.2	−435.5	435.4
2004	−665.5	48.4	24.1	−72.9	−665.9	665.9
2008	−820.8	139.7	127.5	−119.7	−673.3	673.3

资料来源：U. S. Department of Commerce, *Survey of Current Business*, *various issues*. U. S. Department of Commerce, Bureau of Economic Analysis, 参见 http://www.bea.doc.gov.

美国在商品贸易方面的竞争力往往给人一种印象，即相对于其他国家而言美国一直表现不佳。然而，商品贸易赤字只是一个狭义概念，因为商品贸易只是世界贸易的一部分。另一部分是服务贸易。表 17-1 显示，2008 年，美国实现对外服务贸易盈余 1 397 亿美元。如表所示，近几十年来，美国服务贸易账户持续盈余。美国在运输、建筑、工程、金融和某些医疗保健服务等行业一直保持强劲的竞争力。

接下来，对于净收入流（1 275 亿美元）和净单方面转移余额（−1 197 亿美元），我们调整商品贸易余额和服务贸易余额，调整后经常账户平衡。如表 17-1 所示，2008 年美国经常账户赤字，规模为 6 733 亿美元。因为入不敷出，我们要么向外国人借贷，要么出售公司股票、高尔夫球场、房地产和摩天大楼等资产来弥补差额。资本与金融账户将告诉我们借入并卖出了多少。2008 年，美国净借款与资产出售达 6 733 亿美元。自 1982 年以来，美国长期存在经常账户赤字。

事实上，我们进口比出口多。因此，外国人借给我们资金来弥补进出口之间的缺口。毫不夸张地说，为了给美国的经常账户赤字融资，我们向国外进行了相当大规模的借款，以至可以说是将美国的一部分以房地产和公司股票为主要形式卖掉了。而外国人则以购买政府、公司债券和其他债务工具等形式每年借给我们数十亿美元。

□ 美国经常账户赤字带来的都是坏处吗？

在媒体和普通民众眼里，经常账户赤字往往被丑化，认为这要归咎于美国贸易伙伴的不公平行为，或者美国在世界市场缺乏竞争力。甚至一些人认为，数额不断增长的经常账户赤字最终会影响美国经济的扩张。

当一个国家存在经常账户赤字时，该国就成为世界上其他国家的净借款人。这对于一个国家来说是问题吗？不一定。经常账户赤字的优点是它可以促进当前支出超过当前产出。然而，这样做的成本是必须向世界其他国家借款，并支付相关费用。

一个国家负债是好是坏？显然，答案取决该国如何运用这笔资金。是否用于促进更多消费或投资以提高未来的收入和生活水平，这非常重要。一方面，如果是专门用于为额外的国内投资融资，负担会小一些。我们都知道，投资支出会增加一国的资本存量，并提高生产商品和服务的能力。这个额外值可能足以支付外国债权人并增加国内消费。

在这种情况下，因为不需要减少未来的消费，所以并没有真正的经济负担。另一方面，如果外国借款用于增加国内消费（私人或公共消费）或为其融资，则不能推动生产力发展。因此，为了承担债务费用，必须减少未来的消费。这种减少代表了借款的负担。这并不一定是坏事；因为它取决于当前和未来的消费价值观。

在过去的 20 年里，美国连续存在经常账户赤字。美国可以无限期存在赤字吗？出现经常账户赤字主要是因为外国人具有购买美国资产的欲望，但是美国并没有赤字持续存在的经济原因。只要投资机会足够多，为外国投资者提供有竞争力的报酬，外国人将愿意继续向美国投资。

然而，经常账户赤字导致外国人拥有越来越多的美国资本存量，并且造成美国收入中支付给外国人的利息和分红的比例上升。我们可以预测到，未来美国能否维持经常账户赤字取决于外国人是否愿意对美国资产追加投资。经常账户赤字将美国经济的命运部分地交到了外国投资者手中。

最后，美国经常账户赤字对其就业有影响吗？纽约联邦储备银行的经济学家认为，美国经常账户赤字并不威胁整体就业。[1] 数额庞大的经常账户赤字可能会对特定公司和行业的就业工人产生负面影响。然而，在整个经济层面，外国资本流入与经常账户赤字数目相等，外国资本流入将会保持维持就业的投资支出水平，如果没有外国资本流入，投资支出水平将很难维持。将经常账户赤字视为外国投资资本的净流入时，它会直接促进投资导向型行业的就业，并且间接提高投资支出水平。将经常账户赤字视为资本流入有助于消除经济全球化对国内就业产生负面影响的误解。

知识点回顾

1. 国际收支平衡表是什么？
2. 国际收支平衡表包括经常账户和资本与金融账户。描述两个账户各自的组成部分。
3. 经常账户赤字是什么意思？经常账户盈余呢？
4. 美国经常账户赤字的优缺点有哪些？

外汇市场

既然我们已经了解了关于出口、进口、投资和收入的国际流动，那么让我们思考一下如何为这些交易筹措资金。筹措资金涉及外汇买卖，如买卖墨西哥比索和日元。

在大多数情况下，需要在**外汇市场**（foreign exchange market）上买卖货币。大多数发达国家和发展中国家在外汇市场上进行货币交易。通过在外汇市场上进行交易，不需要将数额巨大的一国货币寄到另一国。通常，交易通过电子结算系统进行。美国或其他国家以美元计价的电子结算系统，与世界上其他国家以日元、英镑、瑞士法郎或者其

---

[1]　Matthew Higgins and Thomas Klitgaard, "Viewing the Current Account Deficit as a Capital Inflow," *Current Issues in Economics and Finance*, Federal Reserve Bank of New York, December 1999, pp. 1–6, 参见 http://www.by.frb.org。

他常见货币计价的电子结算系统之间进行贸易。简而言之，交易"货币"时，纸和金属是不常使用的媒介。外汇主要存在于网络世界。

大多数日报公布主要货币汇率。**汇率**（exchange rate）是以一种货币表示的另一种货币的价格。例如，购买1英镑所需要的美元数量。例如，英镑的美元价格是2美元＝1英镑。汇率也可以定义为购买1单位本国货币所需要的外汇数量。例如，美元的英镑价格可能0.5英镑＝1美元。当然，美元的英镑价格与英镑的美元价格互为倒数，计算如下所示：

美元的英镑价格＝1/英镑的美元价格

0.5＝1/2

因此，如果购买1英镑需要2美元，那么购买1美元需要0.5英镑。

表17-2显示了2009年3月11日星期三的汇率。表中第2列和第3列，列出了外币的美元售价。同时也可以从表1看出购买1单位外币需要多少美元。例如，星期三欧元报价是1.2848。这意味着购买1欧元需要1.2848美元。第4列和第5列（每一美元对应的货币）给出了从相反的角度观察外汇汇率，即购买1美元需要多少单位的外国货币。星期三这天，购买1美元需要0.7783欧元。

自由市场上汇率通常在小范围内波动。当英镑的美元价格上涨时，例如从2美元＝1英镑上涨到2.01美元＝1英镑时，意味着美元相对于英镑贬值。本币**贬值**（depreciation）表示购买1单位外国货币需要更多单位的本国货币。因此，对国内消费者来说，外国商品价格上升，进口减少。相反，当英镑的美元价格下降时，例如价格从2美元＝1英镑下降到1.99美元＝1英镑，意味着美元相对于英镑升值。本币**升值**（appreciation）表示购买1单位外国货币需要更少单位的本国货币。因为对于国内消费者来说，外国商品更有吸引力，进口增加。

表 17-2　　　　　　　　　　　　　　外汇报价

国家	汇率（2009年3月11日星期三）			
	以美元计价		每一美元对应的外币	
	星期三	星期二	星期三	星期二
加拿大（加元）	0.7766	0.7780	1.2860	1.2853
中国（人民币）	0.1462	0.1462	6.8404	6.8404
日本（日元）	0.010289	0.010130	97.19	98.72
墨西哥（比索）	0.0663	0.0656	15.0807	15.2486
俄罗斯（卢布）	0.02859	0.02852	34.977	35.063
英国（英镑）	1.3869	1.3747	0.7210	0.7274
欧洲（欧元）	1.2848	1.2675	0.7783	0.7890

资料来源：Reuters, *Currency Calculator*，参见 http://www.reuters.com。See also Federal Reserve Bank of New York, "Foreign Exchange Rates," 参见 http://www.newyorkfed.org/markets/fxrates/ten.Am.cfm.

观察表17-2的第2列和第3列。依次观察星期二（3月10日）和星期三（3月11日）两天的汇率，我们看到，1墨西哥比索的美元价格从0.0656美元上升到0.0663美元，因此美元贬值。这意味着比索相对于美元升值。为了验证这一结论，参考表中第4

列和第 5 列（每一美元对应的外币）。依次观察星期二和星期三的汇率，我们看到汇率从 15.248 6 比索/美元下降至 15.080 7 比索/美元。当然，我们也可以看到，从星期二到星期三，汇率从 0.778 0 美元/加元下降至 0.776 6 美元/加元，美元升值；汇率从 1.285 3 加元/美元上升至 1.286 0 加元/美元，加元贬值。

□ 美元疲软是欧洲游客的福音

币值变化不仅影响进出口商和投资者，也影响游客。思考一下美元贬值对欧洲游客的影响。

杰基·墨菲想给丈夫爱德华买一双白色跑鞋，她在堆满鞋盒的耐克商店货架前仔细查看。当看到价格标签时，她笑了。

"这双鞋只要 55 美元！"来自伦敦的游客墨菲说。"你喜欢它们吗？试一下吧。"

墨菲是一位有经验的购物者，购物是她下班回家后最喜欢的消遣之一。但是她仍然震惊于 2005 年自己在奥兰多度假时的购买力。购买力剧增主要是因为 1 英镑大约兑换 2 美元的汇率。在伦敦销售电子产品的爱德华说："汇率非常奇妙。""我们原本不可能将假期安排得更好。"2005 年，美元兑欧元汇率创造纪录低点，是 11 年以来美元兑英镑的最低水平。

很多欧洲和加拿大游客就像墨菲一样，因为美元便宜而大肆购买。美国旅游业高兴于这种情况。因为美元便宜，游客可以停留更长时间，住更好、更昂贵的酒店，旅游时间延长，在更贵的餐馆吃饭，大肆购物。来往美国的机票价格下降也是欧洲人的福音。

例如，15 岁的莫莉·桑德斯住在英格兰利物浦，在奥兰多旅游时因美元贬值而购买了六件重金属 T 恤，她的父母认为他们支付得起去迈阿密度假的费用。他们在美国预订酒店，购买主题公园门票，而不在英国做这些事情。当他们去公园游玩时用美元购买门票，这使得他们每天节省 21 美元。美元贬值也让莫莉在迈阿密只需花费 1.80 美元就可以买到大杯的星巴克咖啡，而在伦敦同样的咖啡则需 2.80 美元。同样，在迈阿密 iPod 售价是 300 美元，但在伦敦售价是 425 美元。

汇率也导致英国维珍假期旅游公司（Virgin Holidays）与美国汽车租赁公司以及合作的酒店重新进行价格谈判。最新的价格允许该公司以 399 英镑的价格提供奥兰多往返机票、7 个晚上的住宿以及租车的费用，比之前的价格便宜了 130 英镑。在目前的汇率水平，折扣价格等于 718 美元，节省约 234 美元。[①]

汇率决定理论

一种货币的均衡汇率由什么决定？让我们站在美国的立场上考虑汇率，即每单位外国货币能兑换多少美元。如其他价格一样，自由市场上的汇率由供给和需求决定。

---

① "Coming to America: Exchange Rate Attracts Foreign Visitors," *Yakima Herald Republic*, March 18, 2004, p. 6-A; and "As Dollar Declines, Europeans See U. S. as Big Half-Off Sale," *The Wall Street Journal*, December 6, 2004, p. A1.

图 17-1 给出了英镑市场情况。由于美国人愿意购买英国的商品、服务和资产，英镑需求曲线为 D_0。就像大多数需求曲线一样，美国对英镑的需求与其价格成反比。随着英镑的美元价格上升，对美国人来说英国商品变得更加昂贵，从而降低购买量。因此，外汇市场上的英镑需求减少。

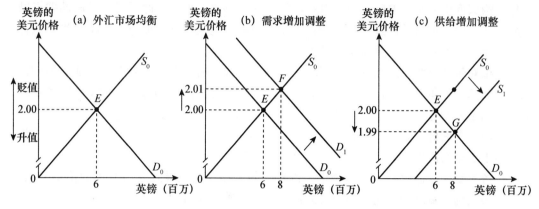

图 17-1　汇率决定

自由市场的均衡汇率是由供给和需求共同决定的。如图所示，市场均衡发生在 S_0 曲线和 D_0 曲线的交点 E 点处，在其他条件保持不变的情况下，外汇需求增加导致美元贬值，外汇供给增加导致美元升值。

如图 17-1 所示，英镑供给曲线 S_0 显示了市场上汇率不同时英镑的供给量。英国向市场提供英镑是为了购买美国的商品、服务和资产。随着英镑的美元价格上升即美元的英镑价格下跌，对英国人来说美国商品变得更便宜，这会诱导消费者购买额外的商品。因此，在外汇市场需要更多的英镑购买美元以支付给美国出口商。

只要中央银行不试图影响汇率，**均衡汇率**（equilibrium exchange）由市场供给和市场需求决定。在图 17-1（a），外汇市场均衡发生在 S_0 和 D_0 的交点 E 点，以每英镑 2 美元的价格进行共计 600 万英镑的交易。外汇市场实现出清，既不出现英镑供给过剩，也不出现英镑需求过剩。

当英镑的需求曲线和供给曲线给定时，汇率不可能偏离均衡水平。而实际上，均衡汇率不太可能长期保持同一水平。这是因为需求曲线和供给曲线的位置经常变化，导致均衡汇率不断变化。

如图 17-1（b）所示，假设美国人对英国商品的需求量增加导致对英镑的需求增加，因此英镑的美元价格上涨，这意味着美元兑英镑贬值。相反，英镑需求下降将会导致美元升值。

现在我们将考虑英镑供给变化如何影响均衡汇率。如图 17-1（c）所示，假设美国对英国的出口增加导致在外汇市场上英镑供给增加。这会造成英镑的美元价格下降，即美元兑英镑升值。相反，英镑的供给减少则会导致美元贬值。

我们已经知道，一种货币供需曲线的变化将导致货币均衡价格的变化。那么什么因素导致这些曲线的变化，进而造成货币贬值或升值？让我们分别分析短期汇率和长期汇率。

□ 汇率的长期决定因素

汇率的长期变化（1年、2年，甚至 5 年）归因于外汇市场上交易商对四个关键因素的反应，这四个关键因素分别是相对价格水平、相对生产率水平、消费者对国内外商品的偏好以及贸易壁垒。注意，这些因素构成国内外商品交易的基础，从而发生进出口需求的变化。

● **相对价格。**假设墨西哥的价格水平迅速增长但美国价格水平不变。墨西哥的消费者想要购买低价的戴尔电脑和捷威电脑，因此比索供给增加。与此同时，美国消费者减少购买从墨西哥进口的西红柿，因此比索需求下降。比索供给增加与需求减少将导致比索的美元价格下降，美元兑比索将升值。

● **相对生产率水平。**如果德国 CD 制造商比加拿大制造商生产力更高，那么他们比他们的加拿大竞争对手制作 CD 的成本更低。因此，德国出口到加拿大的 CD 数量将增加，从加拿大的进口量将减少。这导致德国欧元兑加元升值。

● **消费者偏好。**如果美国人改变偏好，更偏好瑞士手表，那么美国进口更多瑞士手表，瑞士法郎的需求将增加，引发美元兑瑞士法郎贬值。

● **贸易壁垒。**假设美国政府对丰田汽车征收关税。关税导致丰田汽车的价格升高，使得美国人购买量减少。这会导致日元需求下降，美元兑日元升值。

□ 汇率的短期决定因素

经济学家认为，汇率波动的短期（几周甚至几天）因素和长期（1 年及以上）因素并不相同。因此，当我们分析汇率时首先分析短期汇率。在短期内，利率差异和对未来汇率预期的改变会使人们转移投资基金（银行存款和国债），这种转移主导外汇交易。这样的交易对短期汇率会产生重大影响。

● **相对利率。**利率相对较高的一个国家往往会发现本国货币升值。之前已经说过，利率上升使资产如国债吸引更多的投资者。假设紧缩性货币政策会导致美国利率升高，而扩张性货币政策会导致瑞士利率降低。因此，瑞士投资者会发现美国国债非常有吸引力。美国国债需求增加导致瑞士法郎供给增加，从而降低瑞士法郎的美元价格。美元兑瑞士法郎因此升值。

● **对未来汇率的预期。**假设未预料到的美国货币供应量增长率上升可以被视为美国通货膨胀率上升的信号，通货膨胀率上升可能造成美元贬值。这种预期导致打算在瑞典购物的美国人在美元预期贬值之前将美元兑换成瑞典克朗（瑞典克朗将比美元更具保值功能）。因此，外汇市场上瑞典克朗需求增加。瑞典克朗需求增加导致美元贬值。[①]

▊ 汇率制度

我们已经了解到，汇率取决于外汇市场上投资者、进出口商以及游客的行为。然而，政府也会影响汇率。政府参与外汇市场的程度和性质决定各种汇率制度。这些制度包括浮动汇率制和固定汇率制。

---

① 同时，瑞典人不愿意放弃瑞典克朗，因为他们预期兑换成美元之后，美元价值很快就会降低。因此，外汇市场的瑞典克朗供给减少。瑞典克朗的需求增加和供给减少导致美元贬值。这样，货币贬值的未来预期将会自我实现。

□ 浮动汇率制

实行**浮动汇率制**（floating exchange rate system）时，政府和中央银行不参与外汇市场，货币价值取决于每日外汇市场的供需状况。由于汇率自由浮动，均衡汇率取决于国内货币的供需状况。理想情况下，汇率改变将纠正进出口货物、服务和资本变化引起的资金失衡。汇率取决于两国的相对收入、相对利率、相对价格等等。

浮动汇率的一个优点是可迅速调整。浮动汇率可以快速响应不断变化的供需状况，出清给定货币的市场。因此，政府不需要苦恼于调整财政政策和货币政策来恢复国际收支平衡。相反，它们可以运用这些政策应对国内失业率和通货膨胀。

虽然有强有力的证据支持浮动汇率制，但是该制度被认为对银行家和商人具有有限的作用。浮动汇率批评者认为，市场不受管制可能会导致货币价值剧烈波动，造成对外贸易和投资减少。此外，自由浮动汇率制将会使国内政策制定者更倾向于超支，这将导致通货膨胀。

□ 固定汇率制

政府有时不允许任由市场力量决定汇率，政府会试图保持完全固定的汇率。[①] 今天，发展中国家主要使用**固定汇率**（fixed exchange rates），与关键货币如美元相关联。关键货币在世界货币市场上广泛交易，随着时间的推移表现出一个相对稳定的价值，成为国际结算的一种工具。当一群国家组成一个经济区时，如本章后面讨论的欧洲货币联盟，往往使用固定汇率。

国家选择将本国货币与一种关键货币相挂钩有很多原因，其中之一是关键货币是国际结算的一种工具。思考一下，假设委内瑞拉一个进口商明年希望从阿根廷购买牛肉。如果阿根廷出口商不能确定一年之后委内瑞拉玻利瓦尔的价值，他可能拒绝以玻利瓦尔结算。同样，委内瑞拉进口商可能怀疑阿根廷比索的价值。为解决这个问题，合同可以规定一种关键货币，如美元。

与关键货币相挂钩可以给发展中国家带来一些好处。第一，许多发展中国家的贸易商品价格主要由工业化国家的市场决定，如美国市场。通过将其货币与美元挂钩，这些国家可以稳定进出口商品的本国货币价格。第二，许多高通货膨胀的发展中国家通过本币与美元（美国的通货膨胀率相对较低）挂钩来限制国内价格、降低通货膨胀率。政府承诺稳定本币兑美元的汇率，希望民众相信其愿意采取必要可靠的货币政策来实现低通货膨胀。

美国汇率制度是固定汇率制和浮动汇率制的组合，被称为**管理浮动汇率**（managed floating exchange rates），该制度允许美元在外汇市场根据市场供求力量上下波动。但是，当外汇市场变得混乱，国际贸易和投资被破坏时，为稳定美元价值，政府可以干预外汇市场。

---

① 中央银行如何试图保持固定汇率？例如，为了防止美元兑欧元贬值，美联储可以利用其持有的欧元，在外汇市场上购买美元。这样美元需求增加，从而提高美元兑欧元的汇率。相反，美联储可能采取紧缩性的货币政策，提高国内利率，吸引欧洲人购买美国证券。随着欧洲人需要越来越多的美元，美元兑欧元汇率将会上升。

欧洲和美国的货币一体化

经济全球化给国际货币体系带来了机遇和挑战。让我们来认识新世纪两个很重要的挑战。

□ 欧元：欧洲共同货币

国际货币体系的一个重要挑战是欧盟的发展。**欧盟**（European Union，EU）是由25个欧洲国家组成的一个区域性经济集团。欧盟的主要目标是创建一个成员国之间可以自由贸易的经济集团。从20世纪50年代到20世纪90年代，欧盟成功消除成员国之间的贸易限制，允许其联盟内的劳动力和资本自由流动，并采用共同的竞争政策和农业政策。

1991年，欧盟同意1999年实现成员国之间的货币统一。参与货币统一的国家需要实现与通货膨胀、公共财政、利率和汇率相关的经济目标。参与国将会使用共同货币、单一汇率、单一货币政策，并且货币政策由同一个中央银行制定。

2002年，11个欧洲国家联合形成了**欧洲货币联盟**（European Monetary Union，EMU），用单一货币**欧元**（euro）取代了它们各自的本国货币，如德国马克、法国法郎。在此基础上，欧元成为整个货币联盟的单一货币。如果根据货币联盟扩张计划，在20～30年之后，欧元将在欧洲西部和中部大部分地区使用。欧元很有可能取代美元作为全球金融体系的关键货币。金融市场将以欧元进行交易，各国央行将希望持有欧元作为储备货币。

欧洲货币联盟还建立了一个新的**欧洲中央银行**（European Central Bank），用以控制各成员国的货币政策和汇率政策。该央行独立控制欧元的供应量，制定欧元利率，并保持永久固定汇率。在一个共同的中央银行下，每个参与国的中央银行运作类似于美国的12家地区联邦储备银行。

对美国人来说，很容易理解共同货币带来的好处。美国人很清楚，在美国的任何地方，他们都可以用自己钱包或皮夹中的美元从麦当劳和汉堡王店中买到一个汉堡。但是采用欧元之前，这种情形不可能发生在欧洲国家之间。每个国家都有自己的货币，如果德国马克与法国法郎不能交换，一个法国人在德国店里买不到东西。这就像圣路易斯的某个人每次去芝加哥时，她都必须用密苏里州的货币换取伊利诺伊州的货币。更糟的是，因为德国马克和法国法郎之间的汇率在一定范围内浮动，意味着法国游客每天换取的货币数量可能都不一样。由于汇率的不确定性，游客在兑换货币时相当于支付一笔费用，这使得跨国旅行花销更大。虽然个人承担的成本有限，因为涉及的货币数额小，但是公司承担更大的成本。而欧洲货币联盟通过利用单一货币欧元取代各种欧洲货币避免了这样的成本。

然而实行共同货币也有缺点，如汇率缺乏灵活性、各国不能调整货币政策，这些都可能延长区域经济衰退期。一个国家在衰退时不能调低利率，也许会延长局部衰退，除非其他国家一致认为调低利率这种政策很好。例如，1986年油价崩溃使得经济陷入衰退时，得克萨斯州不能调低利率，这加深了其经济衰退的程度。

事实上，欧洲货币联盟是一个开创性的货币政策尝试。在这之前，从未有过任何一个货币独立且拥有自己中央银行的政治独立的国家愿意放弃其货币独立性，自愿组建一个共同的中央银行并采用同一种货币。欧洲货币联盟是否成功，还有待观察。

□ 美元： 美洲共同货币？

国际货币体系的另一个挑战是美元融入北美和南美其他国家的货币制度中。

许多发展中经济体，如厄瓜多尔，其政府为弥补高额的政府开支而增加货币供应量，这时国家就会经历不稳定的高通货膨胀率。不稳定的高通货膨胀率将导致投资环境更不稳定，经济增长率降低。当人们对本国货币失去信心时，另一种货币就会被用于国内交易，这种情况十分常见。因为美元的相对稳定性以及其国际货币地位，因此美元经常被用于这一目的。当美元取代一国国内货币作为官方的交换媒介之时**美元化**（dollarization）就发生了。

美元化的倡导者认为，发展中经济体用美元取代它们较不稳定本国货币时，将拥有更稳定的低通货膨胀率。反过来，更稳定的低通货膨胀率预计将导致更高的投资，加快经济增长速度。当国内货币当局在此之前不能保持稳定的国内货币供应量时，效果将会更好。

美元化的反对者指出，在此政策下，国内货币当局无法控制国内货币供应。美元化国家的政府不能运用可自由支配的货币政策来应对国内宏观经济问题。如果美元化国家经济经历一个与美国经济周期密切联系的经济周期，这可能不是什么问题，因为美联储可能会采取合适的货币政策。即使可以相信美联储能采取"适当"的政策，许多国家仍然不愿意放弃控制国内宏观经济政策的权力。一国用美元取代本国货币，也相应地失去了政府发行货币所得的利润（硬币和纸币的购买力超过制造通货的成本时存在利润）。

许多美国政策制定者认为，美元化表明了近年来美联储采用高利率取得的维持货币稳定的成功。不过人们还是存在一些担忧，外国政府会试图施加政治压力，促使美联储采取不符合美国货币政策目标的货币政策。未来在美国以及经历货币不稳定的国家，美元化的争论可能是一个重大政策问题。

本章研究了美国的国际收支以及美国人用美元兑换其他货币的市场。下一章通过研究可供选择的经济体制和发展中国家的经济问题，加深我们对全球化的理解。

知识点回顾

1. 外汇汇率是什么？外汇市场上货币贬值（升值）是什么意思？
2. 分析长期和短期内决定美元汇率的主要因素。
3. 讨论浮动汇率制和固定汇率制的主要特征。
4. 欧洲货币联盟采用欧元的优点与缺点有哪些？

■ 本章小结

1. 国际收支平衡表是一个国家进行国际贸易以及借贷的记录。在国际收支平衡表中，从外国流入美国的资金作为收入；从美国流到外国的资金作为支出。

2. 国际收支平衡表有两个组成部分，经常账户以及资本与金融账户。经常账户是当期生产的商品和服务，投资收入和单项转移的美元交易价值。如果这些账户的货币流入大于（小于）货币流出，那么经常账户盈余（赤字）。国际收支的第二个组成部分资本与金融账户，包括国际购买或销售的资产，比如房地产、公司股票和债券以及政府债券。如果相对于购买外国人的资产，国内居民将更多（更少）资产出售给外国人，资本与金融账户出现盈余（赤字）。因为经常账户余额以及资本与金融账户余额总是相等，任何经常账户赤字（盈余）必须等于资本与金融账户盈余（赤字）。

3. 在过去的二十年里，美国连续出现经常账户赤字。因此，外国人借给我们资金来弥补我们进出口之间的缺口。毫不夸张地说，为弥补美国经常账户赤字，我们的负债几乎相当于卖掉了美国的一部分。这部分主要由房地产和公司股票组成。不仅如此，外国人也会以购买政府和公司债券以及其他债务工具的方式每年借给我们数十亿美元。

4. 买卖货币通常发生在外汇市场。在这个市场交易时不需要将数量巨大的货币从一个国家寄到另一个国家。通常，这涉及电子结算系统。在美国，电子结算以美元计价，其他国家电子结算是以日元、英镑、法郎等计价。简而言之，当进行货币交易时，纸和金属是不常见的媒介。

5. 大多数日报公布主要货币的汇率。汇率是以一种货币计价的另一种货币的价格。本币贬值（升值）意味着购买1单位的外国货币需要更多（更少）单位本国货币。自由市场上决定均衡汇率的主要因素，包括相对价格、相对生产率、消费者偏好、贸易壁垒、相对利率和对未来汇率的预期。

6. 虽然汇率是由供给和需求决定的，政府有时也会影响汇率。政府参与外汇市场的程度和性质决定各种汇率制度。这些制度包括浮动汇率制和固定汇率制。

7. 作为形成一个区域性经济集团策略的一部分，欧盟奉行货币一体化。对参与国而言，货币一体化意味着使用共同货币、同一汇率、单一货币政策，并且货币政策由同一个中央银行制定。

▍关键术语

国际收支平衡表	贬值
经常账户	升值
贸易差额（贸易余额）	均衡汇率
服务	浮动汇率制
收入	固定汇率
单方面转移	管理浮动汇率
经常账户余额	欧盟（EU）
资本与金融账户	欧洲货币联盟（EMU）
资本与金融账户余额	欧元
统计误差	欧洲中央银行
外汇市场	美元化
汇率	

▍自测 （单项选择）

1. 国际收支的经常账户包括以下所有，除了（　　）。

a. 国际投资的流动

b. 单方面转移

c. 商品贸易

d. 服务贸易

2. 经常账户盈余（　　）。

a. 导致资本与金融账户的顺差

b. 导致资本与金融账户的赤字

c. 与资本与金融账户没有关系

d. 以上都不是

3. 下面哪个不会增加外汇市场对美元的需求？（　　）

a. 波音飞机出口到中国

b. 瑞士游客在美国旅行

c. 德国投资者购买美国国债的愿望

d. 从日本进口本田雅阁

4. 如果相比于购买来自外国人的资产，美国将更多资产卖给外国人，那么美国（　　）。

a. 资本与金融账户余额将显示盈余

b. 服务余额将显示赤字

c. 经常账户余额将显示盈余

d. 单方面转移余额将显示赤字

5. 在墨西哥的美国游客更喜欢（　　）。

a. 美元兑比索贬值

b. 美元兑比索升值

c. 美元兑比索的汇率没有变化

d. 以上都不是

6. 在浮动汇率制度下，当发生（　　）情况时美元贬值。

a. 美国经济增长速度低于世界其他地区

b. 美国消费者对国外商品的需求减少

c. 美国通货膨胀率高于世界其他地区

d. 美国有比世界其他地区更高的利率

7. 最广泛的国际收支账户是（　　）。

a. 经常转移账户

b. 经常账户

c. 商品贸易账户

d. 投资收入账户

8. 下面哪个会导致资金从外国流向美国？（　　）

a. 西尔斯购买中国台湾制造商生产的衬衫

b. 法国投资者收取其持有的美国国债利息

c. 一个德国学生在波士顿大学读书一年

d. 汤姆·沙利文给他在爱尔兰的亲属汇款

9. 如果在日本丰田汽车的成本是 400 万日元，且 133.33 日元＝1 美元，以美元计价的丰田汽车成本是（　　）。

a. 25 000 美元

b. 30 000 美元

c. 35 000 美元

d. 40 000 美元

10. 从短期来看，美元的交换价值是由（　　　）决定的。

a. 关税和配额

b. 生产力水平

c. 消费者对国内外商品的偏好

d. 相对利率

问答与应用

1. 指出以下事项是否代表美国国际收支中货币流入或流出：

a. 美国进口商购买一船法国葡萄酒；

b. 一家日本汽车公司在肯塔基州建立一个组装工厂；

c. 在一艘美国船上，英国向中国台湾出口机械；

d. 一个美国大学生在瑞士学习一年；

e. 美国慈善机构捐献食物给非洲干旱地区的人民；

f. 日本投资者收取所持有的美国政府债券利息收入；

g. 德国居民寄钱给她在美国的亲戚；

h. 伦敦劳合社将保险卖给一家美国公司；

i. 瑞士居民收到 IBM 公司股票的股息。

2. 一个国家国际收支的经常账户什么时候盈余（赤字）？经常账户盈余（赤字）对资本与金融账户有什么影响？经常账户赤字一定是坏事吗？

3. 为什么一些经济学家担心美国对外负债太多？

4. 表 17-3 汇总了给定一年内可能发生的交易项目，以十亿美元为单位。

a. 计算美国商品贸易和经常账户余额。

b. 这些余额中哪些属于美国借款（贷款）净额？你会如何描述借款（贷款）净额？

表 17-3   **美国的国际交易**

美国资本流入	100
商品出口	375
服务进口	−20
国外收入	35
统计误差	30
商品进口	−450
净经常转移	−45
服务出口	55
付往国外的收入	−25
美国资本流出	−55

5. 表 17-4 显示了英镑的供需情况。假设汇率灵活波动。

a. 均衡汇率等于（　　　）。在这个汇率水平下，可以购买多少英镑，需要花费多少美元？

b. 假设汇率是每英镑 2 美元。在这个汇率水平下，英镑（供过于求/供不应求）。这种不平衡造成英镑的美元价格（上升/下降），导致英镑的供给量（　　　），英镑的需求量（　　　）。

表 17 - 4　　　　　　　　　　　　　　英镑供需表

英镑供给量	美元/英镑	英镑需求量
50	2.50	10
40	2.00	20
30	1.50	30
20	1.00	40
10	0.50	50

　　c. 假设汇率是 1 美元/英镑。在这个汇率水平下，英镑（供过于求/供不应求）。这种不平衡造成英镑的价格（上升/下降），导致英镑的供给量（　　），英镑的需求量（　　）。

　　6. 如果汇率从 1.70 美元＝1 英镑变化到 1.68 美元＝1 英镑，这对美元来说意味着什么？对英镑呢？如果汇率从 1.70 美元＝1 英镑变化到 1.72 美元＝1 英镑呢？

　　7. 表 17 - 5 表示 2003 年 5 月 1 日星期三存在一个假设的美元/瑞士法郎汇率值。

　　a. 在表格最后两列填写以瑞士法郎表示的美元交换价格。

　　b. 星期三，两种货币的价格是每瑞士法郎（　　）美元，或者每美元（　　）瑞士法郎。

　　c. 从星期二到星期三，美元兑瑞士法郎（升值/贬值），瑞士法郎兑美元（升值/贬值）。

　　d. 星期三，购买 100 瑞士法郎需要（　　）美元，购买 100 美元需要（　　）瑞士法郎。

表 17 - 5　　　　　　　　　　　　　　美元/法郎汇率值

	以美元计价		货币/美元	
	星期三	星期二	星期三	星期二
瑞士（法郎）	0.720 7	0.722 5		

　　8. 假设汇率由市场决定，用供需表来分析美元和英镑之间的汇率（美元/磅）对以下事项的影响：

　　a. 选民民意调查显示英国的保守党政府将被那些承诺将所有外资资产国有化的激进分子取代；

　　b. 英国经济和美国经济陷入衰退，但英国经济衰退不如美国经济衰退严重；

　　c. 美联储采取紧缩性货币政策，这将会大幅提高美国利率；

　　d. 英国遭遇严重的通货膨胀，而美国价格稳定；

　　e. 英国人因担忧恐怖主义而减少去美国旅游；

　　f. 英国政府邀请美国公司在英国石油领域投资；

　　g. 英国生产率增长速度急剧下降；

　　h. 英国经济繁荣，导致英国购买更多美国汽车、卡车和电脑；

　　i. 英国和美国都经历 10% 的通货膨胀。

　　9. 解释一下你同意或不同意以下说法的原因：

　　a. 如果一国通货膨胀率小于其贸易伙伴，该国货币将会贬值；

　　b. 一个国家的利率下降速度快于其他国家，可以预期该种货币将会贬值；

　　c. 一个国家的经济增长速度慢于其主要贸易伙伴，可以预期货币将会升值；

　　d. 如果一个国家相对于贸易伙伴提高其利率水平，其收入水平低于其贸易伙伴，那么该国货币将会升值。

　　10. 假设美国实行管理浮动汇率制度。为防止美元贬值到低于可接受的水平，美联储可能会实行什么政策？为防止其升值到超过可接受的水平时又将会怎么做？这些政策的缺点是什么？

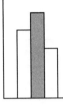

第 18 章　经济体制与发展中国家

本章目标

通过本章的学习，你应该能够：

1. 讨论市场经济如何影响整体经济，以及混合经济如何解决所谓的基本经济问题。
2. 解释 20 世纪 90 年代以后转型经济体朝着资本主义发展的原因。
3. 讨论发展中国家面临的经济增长障碍。
4. 认识发展中国家的援助来源。

背景资料

如果沉睡了 30 多年的里普·万·温克尔（Rip Van Winkle）在 2007 年醒来，他会惊讶于这个世界的改变。

苏联已经解体，德国实现统一，中国已经改革开放，而且增长惊人。拉丁美洲、东欧和东亚的许多发展中国家引进大量外资。尽管发生了这些变化，但是约占世界人口一半的 30 亿人每天仅可以消费 2 美元，甚至更少。

在这一章，我们将讨论各国更愿意实施的经济体制，以及影响它们选择经济体制的因素。我们还将研究国家贫富差距的原因，思考阻碍贫穷国家发展的因素，并确定有效政策以提高增长率。

经济体制和基本经济问题

每个社会，无论财富和能力如何，都必须决定其商品和服务的生产与分配：（1）生产什么，生产多少？（2）如何生产？（3）为谁生产？这三个问题被称为**基本经济问题**（fundamental economic questions）。

第一个经济问题，即决定生产什么，会受到资源短缺的限制，这意味着一个社会不可能生产所有想要生产的商品。生产一种商品的数量越多，那么生产另一种商品的数量就越少。在美国，生产的大多数商品是消费品，同时生产少量军用物资。苏联将大部分资源用于生产军用物资，导致苏联消费者仅能购买少量商品。日本致力于用于生产汽车和电子产品等工厂和设备的投资，而军用物资的产量微不足道。

决定生产什么之后，一个社会必须决定如何利用稀缺资源和技术来生产这些产品。例如，生产鞋子要么需要手工（劳动力），要么需要机器（资本），要么部分需要手工、部分需要机器。哪种生产方法能够最有效使用社会稀缺资源？应该由教授（高技能劳动力）给一个大班的大学生上课，还是由研究生助教（低技能劳动力）给一个小班的大学生上课？

第二个经济问题涉及生产区域。全球经济增长，再加上技术进步，使得许多公司将工厂分散在世界各地。例如，丰田汽车集团将其汽车组装工厂在日本和美国之间转移以应对不断变化的市场环境。凯洛格公司（Kellogg Company）的总部位于密歇根州巴特尔克里克，但是它的早餐麦片在 20 多个国家生产，向 150 多个国家销售。美国公司多年来一直都没有生产电视。天顶公司（Zenith）是美国最后一个电视生产商，20 世纪 80 年代，它将电视组装线转移到墨西哥以降低劳动力成本。天顶公司决定关闭其美国工厂，承认美国制造的电视机不可能与国外低成本竞争对手竞争。

第三个经济问题，即为谁生产，将最终决定社会产出在不同群体间的分配情况。谁应该购买本国生产的电脑、录像机、汽车和其他产品？一个家庭应该根据自己的能力决定购买商品和服务的比例吗？例如，在找工作时，工程专业学生的工资一般比教育和社会学专业学生的工资高。因此，工程师能够比老师购买更多的商品和服务，因为老师的工资较低。虽然会有例外，但是白人往往比其他人赚得更多；男性可能比女性赚得更多；大学毕业生往往比高中毕业生挣得更多。此外，美国人通常比非洲人和亚洲人赚得多。全球收入不平等导致生活水平大大不同。分配商品是否需要一个更好的标准，而不是仅仅基于支付能力？

这些决策的决定方式取决于社会经济体制。世界上有三大类型经济体制：市场经济、计划经济和混合经济。让我们思考一下每种经济体制的主要特征。

□ 市场经济

市场经济（market economy），是植根于私有财产和市场的自由企业制度。个人和企业可以自由选择购买和处理商品、服务和生产资料。市场上同时存在买家和卖家。买家用不同的价格来表达购买商品、服务和生产资料的欲望。卖家用不同的价格表达供应商品、服务和生产资料的欲望。通过这种方式，买卖双方可以自由协商商品的交换价格。

因为市场体系可以提高生产效率、增加就业以及促进经济增长，所以支持者认为，政府调控的必要性很小。一个市场经济的极端例子——政府几乎不参与其中的经济，称为**自由放任经济**（laissez faire economy）；在这种情况下，政府的主要目的是保护私有财产，并维护自由市场法律体系。

在市场经济中，市场由大量卖家和买家组成，他们生产或提供商品、服务和生产资料，彼此之间存在着激烈的竞争。这意味着经济权力因广泛分布而分散。市场价格导致发生利润和损失，这将决定生产什么、如何生产以及为谁生产。因为供应商是自私的，为追求利润最大化，他们倾向于把资源以最低的成本生产商品或服务。供应商也根据消费者的需求来做出生产决策。商品和服务被分配给有能力购买的消费者。相对于个人来说，家庭的收入更多，他们可以购买更多的商品和服务，因为他们拥有更多有价值的资源。

虽然市场经济支持经济自由和以人为先，但它并非没有问题。例如，生产者都企图以最低成本生产商品，但是这可能导致企业制定生产决策时忽视工人安全或环境质量。公司为了降低成本，可能采用不安全的工作程序，或者倾倒危险废品。同时，如果少数企业占据市场，个人消费者决定生产什么的能力将会受到限制。此外，市场经济并不能保证充分就业或没有贫困，也并不能保证企业将提供安全商品供消费者使用。

▶ **经典案例**   谁自由，谁不自由？

世界上哪个国家的经济自由化程度最高？每年，美国传统基金会（Heritage Foundation）发布经济自由指数，根据10项数据对经济体进行排名：银行、金融、投资、贸易政策、工资、物价、政府干预经济、产权、监管和黑市。表18-1根据2008年的经济自由化指数给出了具体例子。中国香港和新加坡的经济自由化程度最高，北美和欧洲的经济自由化程度较强，伊朗和朝鲜的经济自由化程度最低。

理解指标影响比较好的方法就是对人均收入进行比较。2009年，当一个普通人生活在一个几乎没有经济自由的国家，他将会过着贫困的生活，每年只能花费约3 000美元。而与之相比，在繁荣的自由经济体，居民的人均收入大约为28 000美元——是其9倍多。简单地说，根据美国传统基金会所得结论，经济自由会对贫困或繁荣产生重大影响。

表 18-1   经济自由化指数

完全自由	自由化程度高	自由化程度低	不自由
中国香港	捷克	黎巴嫩	尼日利亚
新加坡	比利时	尼加拉瓜	老挝
爱尔兰	立陶宛	巴西	古巴
卢森堡	日本	中国	委内瑞拉
英国	希腊	俄罗斯	利比亚
冰岛	墨西哥	印度尼西亚	津巴布韦
丹麦	秘鲁	埃及	伊朗
美国	马来西亚	塞拉利昂	朝鲜

资料来源：The Heritage Foundation，*2008 Index of Economic Freedom*，参见 http://www.index.heritage.org。

□ 计划经济

相比之下，**计划经济**（command economy）由政府决定生产和分配。在计划经济时期，政府拥有几乎所有的生产资料，包括土地和资本。企业也归政府所有。组织生产、使用资源、商品和服务的价格由政府规划者决定。各个生产单位接收详细计划和订单，并且不能违反。政府还确定产出组成和分配，以及工资水平。简而言之，计划经济时期，政府通过控制资源和取得决策执行权力，以回答生产什么、如何生产、为谁生产三大基本经济问题。

计划经济是苏联、东欧其他国家，以及20世纪80年代实行市场经济之前的中国所采用的主要方法。到了20世纪90年代，计划经济迅速消失。然而，古巴和朝鲜还完全实行计划经济。

计划经济的倡导者认为，该系统优于市场经济是因为它能实现收入分配公平。因为政府拥有生产资料，少部分人无法从国家财富中获得多余财富。他们同时认为，计划经济通过将额外劳动力投入生产过程，可以降低失业率。例如，农业可以使用手工具，或者使用资本设备如拖拉机。如果规划者希望农民这种职业不消失，他们会将更少的设备和更多的劳动力用于农业。另外，他们认为少数规划者制定国家目标十分容易。

然而，批评者认为计划经济不存在经济自由，它会建立一个政府官僚精英阶层。执行计划经济也有可能因生产过剩导致商品减产。这是因为规划者决定的产品种类和规模可能不符合消费者偏好。此外，缺乏创新和企业家精神的追逐利润行为可能导致产品质量降低，生产效率低下，降低经济增长速度。另外，在一个经济体中，规划者长期远离实际生产，可能发生环境破坏。东欧严重的水污染和空气污染就是规划者决策失败的结果，他们在做出决策时并未考虑到对环境的影响。

□ 混合经济

现代经济中不存在纯粹的市场经济和纯粹的计划经济。相反，任何经济都是**混合经济**（mixed economy），都存在市场经济和计划经济的元素。

在混合经济中，最重要的决策机制是由市场回答生产什么、如何生产和为谁生产。然而，政府在改变市场运作方面发挥了重要的作用。政府建立法律法规，规范经济行为，提供教育、国防、污染控制和产品安全等公共服务，降低失业率和通货膨胀，改变收入分配，等等。简而言之，混合经济的目标是市场经济正常运行时市场发挥主要作用，但当市场经济不能正常运行时，政府进行干预。

的确，混合经济是由市场和计划混合而成的。今天，虽然政府经常干预市场，但美国大多数经济决策由市场决定。然而，相对于美国而言，瑞典和丹麦政府更积极干预经济。

社会主义者认为，一个国家的资源应该根据整体经济计划进行分配，而这个经济计划应该由制造商、农民、工人和政府官员共同制定。通过这样一项计划，社会主义者希望根据需求调整生产。虽然根据社会主义者的经济计划，供求力量可能会影响生产和价格，但是许多涉及产量和价格的决策是由政治当局决定的。许多社会主义者还呼吁通过税收实现收入再分配。他们支持通过法律手段帮助老年人、失业者、残疾人和其他需要帮助的人。此外，许多社会主义者认为政府应该提供免费教育和医疗服务，应该帮助所有公民获得安全整洁并且支付得起的住房。事实上，混合经济要实现社会主义目标必须依靠政府的积极干预。

转型经济体

20世纪90年代，苏联计划经济失败，东欧剧变，由此开始转向市场经济。同时，中国和印度经济也转向市场经济。让我们共同了解一些国家采取引入市场经济体制的改革。

□ 东欧

1989年，东欧许多国家走向民主且实行经济改革之后实现了前所未有的发展。匈牙利、波兰、捷克斯洛伐克和苏联等国，放弃集中控制国家经济，转而允许私有财产权成为主流，通过市场对大多数资源进行分配。

例如，1990年，苏联人均实际收入还不到美国的1/10。另一个例子是民主德国和联邦德国的情况。二战结束后两国的发展起点相同，文化背景也相同，民主德国和联邦德国走向了两条不同的道路。民主德国的工业荒地遍布，工厂纷纷废弃，环境污染严重，而联邦德国则成为世界上生活水平最高的国家之一。

东欧剧变的基本原因是实行的经济体制不能为人民提供较高的生活水平。这些国家的经济政策达不到预期效果，因为它们无法激励生产者以一个有效的方式提供消费者所需要的足够的商品和服务。价格管制的广泛使用，对低效率公共企业的依赖性，与世界其他地区的诸多竞争壁垒，生产和投资受到的政府监管，这些都阻碍了市场的正常运行。缺乏可行的产权保护措施也限制企业家发挥才能。随着时间的推移，东欧政治和经济体制的弱点，以及与成功的市场经济的鲜明对比逐渐显露。这促使东欧的崩溃速度加快。

经济学家普遍认为，东欧转向一个健康的市场经济需要对经济进行重大重组：必须建立稳健的财政和货币政策；必须取消国内价格管制；必须开放国际市场；必须设立私有财产权并建立法律体系来保护这些权利；必须促进国内竞争；减少政府干预经济。

□ 中国

中国长期实行闭关锁国政策，导致经济落后于发达国家。1978年，中国实行改革开放，从世界上最贫穷的国家之一转变成增长最快的国家之一。这种转变说明了什么？

中华人民共和国成立于1949年，中国共产党成为执政党。中国共产党执政后不久，中国实行了苏联式的计划经济，重点是加快经济增长，尤其是工业增长。国家接管城市制造业，促进农业集体化，消除家庭式农业，产出强制配额。

到了20世纪70年代，中国看到曾经贫穷的邻国日本、新加坡、韩国都实现了快速增长和繁荣。这促使中国为了将经济混乱和政治反对最小化，开始一步一步温和地进行经济的"市场化"改革。在农业和工业方面，改革可以增加产量，激励个体，并减弱国家规划者的作用。大多数商品的售价由市场决定，而不是由政府决定。新企业之间、新企业与国有企业之间允许存在更激烈的竞争；到 2000 年为止，非政府企业占中国工业产值的 75％左右。此外，中国对外开放经济，允许外资和合资企业进入中国。中国政府垄断对外贸易也不复存在；取而代之的是建立了经济特区，经济特区的企业可以保留外汇收入，自由雇用和解雇工人。

到 21 世纪初，中国已经在经济转型上进行了大量的简单调整：允许农民向外国投资者和销售人员出售农产品。然而，其他改革问题仍需解决：（1）持续亏损的国有企业需要大规模重组；（2）社会保障制度需要健全。如果中国关闭亏损企业，大量工人将被解雇，失业工人可能会造成社会不稳定。此外，如果国有企业破产数量不断增加，银行借给国有企业的资金可能会变为呆账。这种贷款会使中央银行的货币政策无效，加剧通货膨胀。

□ 印度

另一个例子是印度经济，印度更开放的市场促进了其经济发展。印度的行业范围很广，包括制造业、农业、手工艺品以及诸多服务业。数字时代已经到来，大量年轻且受过教育的印度人可以熟练地运用英语，将印度变成全球客户服务和技术支持外包的主要目的地。

印度和中国的发展途径不同。中国曾遵循韩国和日本等国的传统发展路线，成为低工资的制造业中心。印度明白其制造业竞争不过中国，认为出口服务是最佳机遇，这体现出印度受过高等教育的工人的充裕。

1947 年从英国独立后，印度实行计划经济，为保护新兴产业，采取关税和配额，并且制定禁止外国投资的法律以限制竞争，严格控制私营企业和金融市场，拥有一个庞大的政府部门和国家计划。这导致 20 世纪 50—80 年代，印度关闭面向世界市场的大门。在此期间，印度只实现了经济适度增长，贫困人口遍布全国。越来越多的印度人意识到印度不能实行公共部门政策。

1991 年，印度政府官员明白其监管体制和保护主义阻碍了经济增长，这种情况亟须改变。最后印度政府决定实行以市场为基础的经济政策。这种经济政策包括取消工业投资支出，取消进口配额，削减出口补贴，进口关税从 1989 年的平均 88％减少到 1995 年的 32％。此外，印度企业也可以从全球市场借入资金。这些改革帮助印度从一个以农业为基础的封闭经济体发展成一个更加开放和进步的经济体，促进外国投资，强调工业和服务业。这使得印度的贫困率显著降低。

尽管实现了这些成就，印度经济仍受制于贸易和外国投资限制。例如禁止外国投资于食品零售业。截至 2007 年，食品零售业劳动生产率只是美国劳动生产率水平的 5％。这种差异在很大程度上是由于大多数印度食品零售商是小商店，而不是现代超市。在不久的将来，印度有望成为世界上人口最多的国家。印度的人口高速增长使得该国具有充足劳动力供应的优势和强大的消费需求。然而，印度也了解到投资教育、医疗和创造足够就业机会的必要性。印度政府、私人部门和社会是否会为了实现政治理想以协同工作，并且帮助印度人民提高生活水平，这还有待观察。

发展中国家经济

我们已经知道一种经济体制不可能满足所有国家的目标。因此，不同的国家可能采用不同的经济体制。同样，不是所有的国家都利用同一策略来促进经济发展。因此，一些国家，如美国，经济水平和生活水平都较高。然而，其他发展中国家如孟加拉国、埃塞俄比亚，却依然贫穷。产生这些差异的原因是什么呢？

根据实际收入可将所有国家分为发达国家和发展中国家。**发达国家**（advanced nations）分布在北美和西欧，再加上澳大利亚、新西兰和日本。世界大多数国家是发展中国家或欠发达国家。**发展中国家**（developing nations）包括非洲、亚洲、拉丁美洲和中东大部分国家。表 18-2 中数据为 2005 年部分国家的经济和社会指标。一般来说，发达国家的人均国内生产总值相对较高，人们的预期寿命长，文化程度高。今天，世界上最富有的 20% 人口取得超过世界 80% 的收入，这表明不同国家之间的收入分配严重不平等。

阻碍经济发展的因素

对于发展中国家和发达国家来说，经济发展标准是相同的。所有国家都必须更有效地利用现有资源，增加可用资源的供应。尽管所有发展中国家都意识到这些经济发展标准，那么为什么有一些国家实现了经济增长，而其他国家却远远落后？经济、制度和文化背景不同是这些国家经济增长速度不同的原因。

表 18-2　　　　　　**2005 年部分国家基本经济与社会指标**

	人均国民收入*（美元）	预期寿命（年）	成人文盲率（%）
美国	41 950	78	<5
瑞士	37 080	70	<5
日本	31 410	80	<5
墨西哥	10 030	72	10
印度	3 460	65	21
几内亚	2 240	46	76
乍得	1 470	48	52
莫桑比克	1 270	46	59

＊遵循购买力平价。

资料来源：World Bank Group, Country Data，参见 http://www.worldbank.org/data/，点击 "Data"，"Quick Reference Tables" 和 "GNI Per Capita (PPP)"。

现代经济学原理（第六版）

请思考以下阻碍经济发展的因素：

● 许多发展中国家拥有的自然资源不足，如矿藏、耕地和能源。

● 发展中国家的人力资源存在问题。发展中国家往往存在人口过剩和高人口增长问题。这些不断增长的人口降低了发展中国家储蓄、投资和提高生产的能力。发展中国家经常经历高水平失业率和就业不足。

● 发展中国家通常存在资本品短缺问题，例如公共设施、机械设备和工厂等。这些短缺是因为国家太穷，缺少储蓄和投资。主要资本品不足导致劳动生产率较低。此外，发展中国家的技术进步非常缓慢，也阻碍经济发展。

● 许多发展中国家的经济单一，强调生产初级产品，如铝土矿、铜和农产品。发展中国家通常会倾向于通过促进制造业发展多元化经济。

● 除了经济因素，制度和文化因素也会阻碍经济发展。例如，政治腐败和贿赂在许多发展中国家是很常见的现象。同时，经济增长在一定程度上取决于发展欲望。发展中国家的人民愿意为了促进经济增长而改变他们的做事方式吗？

发展中国家存在的另一个问题是有限地进入外国市场。如果我们观察发展中国家之间贸易的特点，我们就会发现发展中国家高度依赖于发达国家。大多数发展中国家向发达国家出口商品，从发达国家进口商品。而发展中国家之间的贸易相对较少。

尽管在过去20年中，从整体上看发展中国家促进了世界市场融合，但是全球贸易保护主义一直阻碍它们进入世界市场，尤其是农业产品和劳动密集型工业制成品，例如布料、纺织品。这些产品对穷人非常重要，因为它们代表低收入国家半数以上的出口和最不发达国家大约70%的出口收入。

▶ 经典案例　　　　　公平贸易运动可以帮助贫困农民吗？

下次你喝咖啡的时候，你可以思考一下咖啡是否为"公平贸易"咖啡。咖啡公平贸易运动开始于20世纪90年代的欧洲，现在逐渐扩散到美国。它旨在通过执行一项措施来增加发展中国家贫困农民的收入，即农民可以绕过自己国家的中间商，直接向烘焙商和零售商出售咖啡豆。这种措施使得每卖出一磅咖啡豆，农民可得高达1.26美元，而不实行这种措施的话，他们只能从中间人那里得到0.40美元。公平贸易咖啡具有非常鲜明的特征。

在公平贸易制度下，农民合作社成员多达2 500名，他们共同制定价格，安排向经销公司和其他分销商直接出口。尼加拉瓜的中间商被称为"土狼"，他们非常谨慎地对待这个角色。然而，这些运动在拉丁美洲的一些地方经常会诱发暴力事件，主要原因往往是中间商被忽略了。

在欧洲，公平贸易运动取得了很大的成功，35 000家门店销售公平贸易咖啡，每年销售额达2.5亿美元。在一些国家，如荷兰和瑞士，公平贸易咖啡销售额占咖啡销售的5%。但公平贸易运动人士承认，向美国人出售带有社会主题性质的咖啡会比向欧洲人出售同样的咖啡更具有挑战性。他们指出，美国人往往比欧洲人更少关注发展中国家的社会问题。然而，一些连锁超市，如西夫韦超市（Safeway），可以将公平贸易咖啡卖给它们的美国客户。

批评人士的质疑实际上有助于咖啡公平贸易运动的进行。他们指出，咖啡公平贸易运动最大的赢家并不是农民，而是咖啡零售商，这些零售商有时以法人身份获取暴利。由于消费者们通常很难得到来自农民的价格信息，零售商们因此从中侥幸获利。

资料来源："A Global Effort for Poor Coffee Farmers," *The Wall Street Journal*，November 23，1999，pp. A2 and A4；and "At Some Retailers, Fair Trade Carries a Very High Cost," *The Wall Street Journal*，June 8，2004，pp. A-1 and A-10.

然而，发展中国家的一些行为有助于这个问题的解决。如表 18-3 所示，发展中国家征收关税普遍要比发达国家高得多。

除了使用关税保护国内商品生产者，发达国家支持发展中国家实行补贴，尤其是农产品补贴。农业的非经济效益补贴往往十分合理，如粮食安全和维护农村社区。通过鼓励生产农产品，补贴将会抑制农产品进口，因而发达国家会减少对发展中国家农产品的进口。美国补贴糖生产商的事例说明了支持发展中国家出口商所带来的不利影响。此外，政府支持导致的不必要的农产品过剩因出口补贴大量涌入全球市场。这降低了许多农业大宗商品的价格，减少发展中国家的出口收入。

简单地说，发展中国家经历了**贫困的恶性循环**（vicious circle of poverty）。因为贫穷，它们储蓄少，实物资本和人力资本的投资较少，这使得它们的人均产出仍然很低，它们仍然贫穷。即使打破这种恶性循环，快速增长的人口也将使生活水平保持不变。

表 18-3　　　　　　　　部分发展中经济体和发达经济体的关税情况

	平均税率（%）
发展中经济体	
埃及	36.8
阿根廷	31.9
刚果共和国	27.3
马来西亚	24.5
蒙古	17.6
中国	10.0
发达经济体	
加拿大	6.5
欧盟	5.4
日本	5.1
美国	3.5

资料来源：World Trade Organization，*World Tariff Profiles*，2008，参见 http://www.intracen.org。

发展中国家和发达国家之间的紧张关系

尽管发展中国家经济发展遇到诸多问题，但大多数学者和政策制定者认为现在对于贫穷国家来说，最好的策略是利用国际贸易发展自身。在过去的 20 年里，许多发展中国家已经看到这种策略取得的成果，并放开市场进行国际贸易和外国投资。然而，具有讽刺意味的是，尽管发达国家学者们支持这种改变，但是发达国家有时会增加针对发展中国家的进口壁垒。为什么？

让我们将世界经济想象成一把梯子。梯子底层是发展中国家，主要生产纺织品和其他低技术含量的产品。梯子顶部是美国、日本和其他工业化国家，生产复杂的软件、电子产品和药品。其他国家都在梯子中部，生产的产品包括内存芯片、汽车、钢材。从这个角度看，经济发展其实很简单：每个人都试图向上爬到更高一级。如果发达国家可以进行产业和产品创新，这样就会增加另一把梯子。这些创新可以促进原有产业向海外转移，并增加就业。但是如果创新停滞在最高一级，那么美国人将会得到一个坏消息，他们必须与发展中国家的低工资劳动力竞争。

发展中国家面临这样一个困境：为了实现发展，它们必须与发达国家开展竞争，尽管发达国家并不具备相应的比较优势。例如，如果赞比亚生产纺织品和服装，就必须与美国和欧洲的制造商竞争。当发达国家的生产者因进口竞争受损时，他们会倾向于寻求贸易保护。这种保护不允许发展中国家进入重要市场，阻挠发展中国家发展。因此，发达国家对迎头赶上的发展中国家存在偏见。

与发展中国家竞争的发达国家往往包括那些收入排名倒数的先进国家。很多人在劳动密集型产业工作，技能有限，工资较低。在进行收入再分配时，这些人应该得到援助，而不应该受到损害。有时，发达国家需要面临是帮助本国贫困人口还是帮助外国贫困人口的选择。但是，批评人士指出，世界上所有国家作为一个整体，需要把世界上所有的穷人视为本国人民，国际机构的目的就是这样。例如，世界贸易组织（WTO）的责任是阻止发达国家的贸易政策过于倾斜以支持本国人民。这就是为什么世界贸易组织会议充满了贫穷国家与富裕国家之间的紧张关系。

然而，提供给发展中国家更多进入发达国家市场的机会并不能解决所有问题。发展中国家还面临着经济结构性弱点，这主要是因为相应的监管部门和法律政策尚不存在或尚不完善，这种情况同样出现在可持续的宏观经济管理和公共服务等方面。

经济增长战略

贫穷国家为了实现其经济发展，一般会采取两种竞争策略。下面我们来观察这些策略。

20 世纪 50—60 年代，**进口替代**（import substitution）发展战略在许多发展中国家如阿根廷、巴西和墨西哥流行；今天一些国家仍在使用。进口替代政策包括广泛使用贸易壁垒来保护本国产业免受进口竞争。例如，如果一个国家进口肥料，进口替代政策将呼吁发展国内化肥行业生产化肥以替代进口。在极端情况下，进口替代政策可能导致完全自给自足。

我们可以从发展中国家看待贸易的角度考察进口替代的合理性。许多发展中国家认为它们的制成品不能出口，因为它们竞争不过工业化国家的公司，尤其是考虑到这些国家的贸易壁垒。鉴于经济增长和发展的必要性，发展中国家别无选择，只能自己生产一些进口货物。发展中国家利用关税和进口配额限制，在国内为本国制造商留下一些市场。保护新兴产业是为了让其发展到可以与发达国家竞争的规模。

另一个发展战略是**出口拉动型增长**（export-led growth）。该战略面向外国，因为它将国内经济与世界经济结合到一起。与进口替代战略通过保护面临比较劣势的国内企业来促进经济增长不同，这种策略是通过出口制成品促进经济增长的。这种政策要求不存在贸易管制或者管制非常宽松，这样看来，任何进口壁垒导致的出口减少可以被出口补贴抵消。工业化被视为发展的自然结果，而不是以经济效率为代价所追求的目标。到了 20 世纪 70 年代，许多发展中国家放弃进口替代战略，采取出口拉动型增长战略。受益于出口拉动型增长的国家包括韩国、马来西亚和中国。

这两种增长战略为什么会导致不同的结果？研究人员发现，一般来说，实施出口拉动型增长政策的国家经济表现优于那些使用进口替代政策的国家。[①] 这是因为出口拉动型增长政策将国际竞争引入国内市场，鼓励公司提高效率，减少效率低下问题。这些政策通过创建一个更具竞争性的环境，提高了生产率，从而加快经济增长。与之相反的是，进口替代政策依靠贸易保护，提高对国内产品的需求。这样的话，进口原材料成本增加会导致国内投入成本增加，出口价格会提高，出口将会减少。

对发展中国家的援助

发展中国家不满意它们的经济发展状况，认为许多问题是现有国际贸易体系缺陷造成的，所以发展中国家共同要求发达国家建立相应机构、制定政策，以改善国际贸易体系中的经济发展环境。为支持发展中国家发展，各国共同建立世界银行、国际货币基金组织，实行普遍优惠制。

□ 世界银行

20 世纪 40 年代，为了使经济可以从战争时期平稳过渡到和平时期，避免类似经济大萧条时期的剧烈经济波动复发，两个国际机构相继建立。1944 年 7 月，在新罕布什尔州的布雷顿森林，联合国货币金融会议召开，会议决定成立世界银行和国际货币基金组织。发展中国家认为建立这些机构可以增加它们的资金来源，促进经济发展和金融稳定。

世界银行（World Bank）是一个向发展中国家提供贷款的国际组织，目的是扶贫并发展经济。世界银行总部位于华盛顿特区，它可以为成员国政府及其机构和成员国的私人公司提供贷款。世界银行并不是一个传统意义上的"银行"。它由 184[*] 个成员国组成，是联合国的一个专门机构。这些国家共同管理融资机构，决定资金用途。

当成员国中的一些发展中国家不能以合理的条件从其他来源获得资金时，世界银行

---

① David Dollar and Art Kraay, *Trade*, *Growth*, *and Poverty*（Washington，DC：World Bank Development Research Group 2001）.

* 原书如此。——译者注

现代经济学原理（第六版）

将会向这些国家提供贷款。这些贷款都要被用于具体开发项目，如医院、学校、高速公路、水坝。提高几内亚艾滋病防范意识，支持孟加拉国女孩教育，改善墨西哥卫生保健条件，帮助印度毁灭性地震后的重建等各种项目，世界银行都参与其中。世界银行向很少或根本没有市场借贷能力的发展中国家提供低息贷款，甚至在某些情况下提供无息贷款。

近年来，世界银行已经资助一些债务负担最重的发展中国家。世界银行鼓励私人投资。世界银行大部分资金由发达国家提供。

来自世界各国的大约 10 000 名专家在华盛顿特区的世界银行总部和位于 130 多个国家的办事处工作。他们可以为成员国提供许多技术援助服务。

□ 国际货币基金组织

发展中国家（有时也包括发达国家）的另一个资金援助来源是**国际货币基金组织**（International Monetary Fund，IMF），总部位于华盛顿特区。国际货币基金组织拥有184 * 个成员，可以将其视为一个由成员中央银行组成的银行。在给定时间段内，一些国家将面临国际收支盈余，其他国家将面临赤字。面临赤字的国家最初依靠美元等可以支付给其他国家的外币储备减少赤字。但是，有时它们并没有足够数量的外币。这时，其他国家可以通过国际货币基金组织向这些国家提供帮助。通过将货币提供给国际货币基金组织，盈余国家向短期赤字国家输送资金。从长期来看，赤字必须被弥补，国际货币基金组织试图确保这种调整尽可能及时、有序。

国际货币基金组织有两种主要资金来源：份额和贷款。成员认缴的份额是国际货币基金组织大多数资金的来源。成员认缴的份额取决于其在世界经济和金融中的重要性，经济地位越重要，需要缴纳的会员费越多。份额定期增加，形成国际货币基金组织的资金。另外，国际货币基金组织也通过向成员借款获得资金。国际货币基金组织对主要工业化国家有一定的信贷额度，包括沙特阿拉伯。

国际货币基金组织贷款会受到一定程度的制约。这意味着，为了获得贷款，赤字国家必须同意实施国际货币基金组织规定的经济和金融政策。这些政策旨在纠正成员的国际收支赤字和促进无通胀经济增长。然而，IMF 贷款附加条件经常遭到赤字国家的强烈反对。国际货币基金组织有时要求赤字国家实行紧缩计划，包括大幅度削减公共支出、私人消费和进口等量入为出。

批评者指出，IMF 救助可能导致所谓的道德风险，即当一切顺利时，一国意识到其决策带来的好处，而当遇到困难时它们也会受到保护。如果国家不用承担错误决策造成的成本，那么在未来它们难道不会去做其他糟糕的决定吗？另一个值得关注的领域是国际货币基金组织的货币政策和财政政策限制性条件的紧缩效应。这样的条件会不会导致企业和银行倒闭，引发更深的衰退，并限制政府扶贫支出？许多学者认为答案是肯定的。

---

* 原书如此。——译者注

□ 普遍优惠制

由于发展中国家有时不能进入发达国家市场，所以它们敦促发达国家降低关税壁垒。许多工业化国家为帮助发展中国家加强其国际竞争力，扩大工业基础，已经延长发展中国家的单向出口关税优惠时间。在这种**普遍优惠制**（Generalized System of Perferences，GSP）下，主要工业化国家暂时对指定从发展中国家进口的产品实行减税，关税水平比从其他工业化国家进口产品关税要低。GSP不是一个统一的制度，但是它包含许多条例，包括规定不同类型的产品覆盖和关税的降低程度。简单地说，GSP试图通过增加贸易促进发展中国家的经济发展，而不是借助外国援助。

工业化国家自愿实行贸易优惠政策。这些不是世界贸易组织（WTO）的义务。给惠国确定合格标准，产品覆盖率，优惠差额和优惠的持续时间。事实上，工业化国家政府很少对发展中国家拥有巨大出口潜力的行业实行贸易优惠。因此，发展中国家往往只在具有比较优势的行业获得有限的贸易优惠。它们之所以得到有限的贸易优惠，是因为在某些领域，工业化国家国内强烈反对自由化。

知识点回顾

1. 分析贫穷国家面临的发展障碍。
2. 描述"经济发展阶梯"。
3. 关于经济增长战略，进口替代和出口拉动型增长是什么意思？
4. 什么政策和机构是为援助发展中国家而创造的？

本章小结

1. 每一个社会必须做出商品和服务的生产与分配决定：（1）生产什么，生产多少？（2）如何生产？（3）为谁生产？这些问题被称为基本经济问题。

2. 如何回答基本经济问题取决于社会经济体制。世界上有三大类型的经济体制：市场经济、计划经济和混合经济。美国是混合经济。

3. 20世纪90年代，苏联的计划经济崩塌，东欧分裂，由此开始转向市场经济。此外，中国经济也转向市场经济。这些国家被称为转型经济体。

4. 发达国家是位于北美和西欧的国家，再加上澳大利亚、新西兰和日本。世界大多数国家被列为发展中国家。这些国家大部分位于非洲、亚洲、拉丁美洲和中东。与发达国家相比，发展中国家实际人均GDP水平较低，预期寿命较短，成人文化水平较低。

5. 对于发展中国家来说，经济增长障碍包括自然资源不足，储蓄和投资水平较低，资本品短缺，生产力水平低，技术进步缓慢，以及缺乏进入发达国家市场的机会。许多发展中国家经历贫困的恶性循环：它们贫穷，储蓄少，因此实物资本和人力资本的投资较少，投资较少导致人均产出很低，因此它们依然贫穷。

6. 贫穷国家为了实现经济发展，实行两种竞争策略：进口替代和出口拉动型增长。研究人员发现，发展中国家最受益于出口拉动型增长战略。

7. 为支持发展中国家发展，世界银行、国际货币基金组织成立并实行普遍优惠制。

关键术语

基本经济问题　　　　　　　　　　发展中国家
市场经济　　　　　　　　　　　　贫困的恶性循环
自由放任经济　　　　　　　　　　进口替代
计划经济　　　　　　　　　　　　出口拉动型增长
混合经济　　　　　　　　　　　　世界银行
发达国家　　　　　　　　　　　　国际货币基金组织（IMF）
普遍优惠制（GSP）

自测 （单项选择）

1. 在中国和苏联转向市场经济之前，其经济中最主要的制度是（　　）。

a. 政府计划经济

b. 私有财产权

c. 按支付能力分配商品

d. 价格和工资灵活

2. 对于大多数发展中国家，占国内产量最大份额的是（　　）。

a. 钢铁和汽车

b. 银行和金融服务

c. 石油和天然气

d. 农产品和原材料

3. 在市场经济中，（　　）用来形容政府作用最恰当。

a. 作用有限

b. 作用无限大

c. 没有作用

d. 意义重大

4. 发展中国家经济增长障碍包括以下所有，除了（　　）。

a. 资本品供应不足

b. 低出生率

c. 强大工会的发展

d. 高效率产业工人

5. 哪个机构的主要目的是向发展中国家提供低息贷款，帮助它们建立医院、学校、道路和桥梁？（　　）

a. 世界银行

b. 石油输出国组织

c. 美国银行

d. 欧盟

6. 大多数发展中国家（　　）。

a. 国内工人的生产率高

b. 成人识字率很高

b. 储蓄和投资率很低

d. 技术进步普遍存在

7. 发达国家包括以下所有，除了（　　　）。

a. 日本

b. 瑞典

c. 美国

d. 莫桑比克

8. 市场经济包括以下所有，除了（　　　）。

a. 基于供需的定价体系

b. 私有财产制度

c. 家庭和企业家的利己主义

d. 经济与业务部门相分离

9. （　　　）描述美国的经济体制最恰当。

a. 计划经济

b. 社会主义经济

c. 资本主义经济

d. 混合经济

10. 发展中国家的援助来源包括以下所有，除了（　　　）。

a. 普遍优惠制

b. 发达国家的进口关税

c. 世界银行

d. 国际货币基金组织

问答与应用

1. 为什么实行计划经济会出现激励和协调问题？市场经济是如何解决这些问题的？

2. 为什么相对于市场经济，瑞典和挪威等国更喜欢计划经济？

3. 评估进行市场经济转型后的中国和东欧经济前景。

4. 为什么国家之间存在贫富差距？

5. 发达国家如何帮助发展中国家发展？

6. 假设你是一个汽车组装厂的经理。分别解释在计划经济体制和市场经济体制下如何实现生产目标。

7. 描述进口替代与出口拉动型增长作为经济发展策略的优点。

经济科学译丛

序号	书名	作者	Author	单价	出版年份	ISBN
1	货币金融学(第十二版)	弗雷德里克·S.米什金	Frederic S. Mishkin	98.00	2021	978 - 7 - 300 - 29134 - 5
2	现代经济学原理(第六版)	罗伯特·J.凯伯	Robert J. Carbaugh	72.00	2021	978 - 7 - 300 - 25126 - 4
3	现代劳动经济学:理论与公共政策(第十三版)	罗纳德·G.伊兰伯格等	Ronald G. Ehrenberg	99.00	2021	978 - 7 - 300 - 29116 - 1
4	国际贸易(第十一版)	保罗·R.克鲁格曼等	Paul R. Krugman	52.00	2021	978 - 7 - 300 - 29058 - 4
5	国际金融(第十一版)	保罗·R.克鲁格曼等	Paul R. Krugman	59.00	2021	978 - 7 - 300 - 29057 - 7
6	国际经济学:理论与政策(第十一版)	保罗·R.克鲁格曼等	Paul R. Krugman	98.00	2021	978 - 7 - 300 - 28805 - 5
7	财政学(第五版)	乔纳森·格鲁伯	Jonathan Gruber	118.00	2021	978 - 7 - 300 - 28892 - 5
8	面板数据分析(第三版)	萧政	Cheng Hsiao	69.00	2021	978 - 7 - 300 - 28646 - 4
9	宏观经济学(第十三版)	鲁迪格·多恩布什等	Rudiger Dornbusch	89.00	2021	978 - 7 - 300 - 28853 - 6
10	曼昆版《宏观经济学》(第十版)课后题解答与题库	N.格里高利·曼昆	N. Gregory Mankiw	62.00	2021	978 - 7 - 300 - 28855 - 0
11	共谋理论和竞争政策	小约瑟夫·E.哈林顿	Joseph E. Harrington,Jr.	39.00	2021	978 - 7 - 300 - 28804 - 8
12	离散时间的经济动力学	苗建军	Jianjun Miao	108.00	2020	978 - 7 - 300 - 28814 - 7
13	微观经济学(第四版)	戴维·A.贝赞可	David A. Besanko	125.00	2020	978 - 7 - 300 - 28647 - 1
14	经济建模:目的与局限	劳伦斯·A.博兰德	Lawrence A. Boland	49.00	2020	978 - 7 - 300 - 28532 - 0
15	计量经济分析(第八版)(上下册)	威廉·H.格林	William H. Greene	158.00	2020	978 - 7 - 300 - 27645 - 8
16	微观经济学(第四版)	保罗·克鲁格曼等	Paul Krugman	86.00	2020	978 - 7 - 300 - 28321 - 0
17	发展宏观经济学(第四版)	皮埃尔·理查德·阿诺诺等	Pierre−Richard Agenor	79.00	2020	978 - 7 - 300 - 27425 - 6
18	平狄克《微观经济学》(第九版)学习指导	乔纳森·汉密尔顿等	Jonathan Hamilton	42.00	2020	978 - 7 - 300 - 28281 - 7
19	经济地理学:区域和国家一体化	皮埃尔-菲利普·库姆斯等	Pierre−Philippe Combes	56.00	2020	978 - 7 - 300 - 28276 - 3
20	公共部门经济学(第四版)	约瑟夫·E.斯蒂格利茨等	Joseph E. Stiglitz	96.00	2020	978 - 7 - 300 - 28218 - 3
21	递归宏观经济理论(第三版)	拉尔斯·扬奎斯特等	Lars Ljungqvist	128.00	2020	978 - 7 - 300 - 28058 - 5
22	策略博弈(第四版)	阿维纳什·迪克西特等	Avinash Dixit	85.00	2020	978 - 7 - 300 - 28005 - 9
23	劳动关系(第10版)	小威廉·H.霍利等	William H. Holley,Jr.	83.00	2020	978 - 7 - 300 - 25582 - 8
24	微观经济学(第九版)	罗伯特·S.平狄克等	Robert S. Pindyck	93.00	2020	978 - 7 - 300 - 26640 - 4
25	宏观经济学(第十版)	N.格里高利·曼昆	N. Gregory Mankiw	79.00	2020	978 - 7 - 300 - 27631 - 1
26	宏观经济学(第九版)	安德鲁·B.亚伯等	Andrew B. Abel	95.00	2020	978 - 7 - 300 - 27382 - 2
27	商务经济学(第二版)	克里斯·马尔赫恩等	Chris Mulhearn	56.00	2019	978 - 7 - 300 - 24491 - 4
28	管理经济学:基于战略的视角(第二版)	蒂莫西·费希尔等	Timothy Fisher	58.00	2019	978 - 7 - 300 - 23886 - 9
29	投入产出分析:基础与扩展(第二版)	罗纳德·E.米勒等	Ronald E. Miller	98.00	2019	978 - 7 - 300 - 26845 - 3
30	宏观经济学:政策与实践(第二版)	弗雷德里克·S.米什金	Frederic S. Mishkin	89.00	2019	978 - 7 - 300 - 26809 - 5
31	国际商务:亚洲视角	查尔斯·W.L.希尔等	Charles W. L. Hill	108.00	2019	978 - 7 - 300 - 26791 - 3
32	统计学:在经济和管理中的应用(第10版)	杰拉德·凯勒	Gerald Keller	158.00	2019	978 - 7 - 300 - 26771 - 5
33	经济学精要(第五版)	R.格伦·哈伯德等	R. Glenn Hubbard	99.00	2019	978 - 7 - 300 - 26561 - 2
34	环境经济学(第七版)	埃班·古德斯坦等	Eban Goodstein	78.00	2019	978 - 7 - 300 - 23867 - 8
35	管理者微观经济学	戴维·M.克雷普斯	David M. Kreps	88.00	2019	978 - 7 - 300 - 22914 - 0
36	税收与企业经营战略:筹划方法(第五版)	迈伦·S.斯科尔斯等	Myron S. Scholes	78.00	2018	978 - 7 - 300 - 25999 - 4
37	美国经济史(第12版)	加里·M.沃尔顿等	Gary M. Walton	98.00	2018	978 - 7 - 300 - 26473 - 8
38	组织经济学:经济学分析方法在组织管理上的应用(第五版)	塞特斯·杜玛等	Sytse Douma	62.00	2018	978 - 7 - 300 - 25545 - 3
39	经济理论的回顾(第五版)	马克·布劳格	Mark Blaug	88.00	2018	978 - 7 - 300 - 26252 - 9
40	实地实验:设计、分析与解释	艾伦·伯格等	Alan S. Gerber	69.80	2018	978 - 7 - 300 - 26319 - 9
41	金融学(第二版)	兹维·博迪等	Zvi Bodie	75.00	2018	978 - 7 - 300 - 26134 - 8
42	空间数据分析:模型、方法与技术	曼弗雷德·M.费希尔等	Manfred M. Fischer	36.00	2018	978 - 7 - 300 - 25304 - 6
43	《宏观经济学》(第十二版)学习指导书	鲁迪格·多恩布什等	Rudiger Dornbusch	38.00	2018	978 - 7 - 300 - 26063 - 1
44	宏观经济学(第四版)	保罗·克鲁格曼等	Paul Krugman	68.00	2018	978 - 7 - 300 - 26068 - 6
45	计量经济学导论:现代观点(第六版)	杰弗里·M.伍德里奇	Jeffrey M. Wooldridge	109.00	2018	978 - 7 - 300 - 25914 - 7
46	经济思想史:伦敦经济学院讲演录	莱昂内尔·罗宾斯	Lionel Robbins	59.80	2018	978 - 7 - 300 - 25258 - 2
47	空间计量经济学入门——在R中的应用	朱塞佩·阿尔比亚	Giuseppe Arbia	45.00	2018	978 - 7 - 300 - 25458 - 6
48	克鲁格曼经济学原理(第四版)	保罗·克鲁格曼等	Paul Krugman	88.00	2018	978 - 7 - 300 - 25639 - 9
49	发展经济学(第七版)	德怀特·H.波金斯等	Dwight H. Perkins	98.00	2018	978 - 7 - 300 - 25506 - 4
50	线性与非线性规划(第四版)	戴维·G.卢恩伯格等	David G. Luenberger	79.80	2018	978 - 7 - 300 - 25391 - 6
51	产业组织理论	让·梯若尔	Jean Tirole	110.00	2018	978 - 7 - 300 - 25170 - 7
52	经济学精要(第六版)	巴德,帕金	Bade,Parkin	89.00	2018	978 - 7 - 300 - 24749 - 6
53	空间计量经济学——空间数据的分位数回归	丹尼尔·P.麦克米伦	Daniel P. McMillen	30.00	2018	978 - 7 - 300 - 23949 - 1
54	高级宏观经济学基础(第二版)	本·J.海德拉	Ben J. Heijdra	88.00	2018	978 - 7 - 300 - 25147 - 9

经济科学译丛

序号	书名	作者	Author	单价	出版年份	ISBN
55	税收经济学(第二版)	伯纳德·萨拉尼耶	Bernard Salanié	42.00	2018	978-7-300-23866-1
56	国际贸易(第三版)	罗伯特·C. 芬斯特拉	Robert C. Feenstra	73.00	2017	978-7-300-25327-5
57	国际宏观经济学(第三版)	罗伯特·C. 芬斯特拉	Robert C. Feenstra	79.00	2017	978-7-300-25326-8
58	公司治理(第五版)	罗伯特·A.G. 蒙克斯	Robert A. G. Monks	69.80	2017	978-7-300-24972-4
59	国际经济学(第15版)	罗伯特·J. 凯伯	Robert J. Carbaugh	78.00	2017	978-7-300-24844-8
60	经济理论和方法史(第五版)	小罗伯特·B. 埃克伦德等	Robert B. Ekelund. Jr.	88.00	2017	978-7-300-22497-8
61	经济地理学	威廉·P. 安德森	William P. Anderson	59.80	2017	978-7-300-24544-7
62	博弈与信息:博弈论概论(第四版)	艾里克·拉斯穆森	Eric Rasmusen	79.80	2017	978-7-300-24546-1
63	MBA宏观经济学	莫里斯·A. 戴维斯	Morris A. Davis	38.00	2017	978-7-300-24268-2
64	经济学基础(第十六版)	弗兰克·V. 马斯特纳	Frank V. Mastrianna	42.00	2017	978-7-300-22607-1
65	高级微观经济学:选择与竞争性市场	戴维·M. 克雷普斯	David M. Kreps	79.80	2017	978-7-300-23674-2
66	博弈论与机制设计	Y. 内拉哈里	Y. Narahari	69.80	2017	978-7-300-24209-5
67	宏观经济学(第十二版)	鲁迪格·多恩布什等	Rudiger Dornbusch	69.00	2017	978-7-300-23772-5
68	国际金融与开放宏观经济学:理论、历史与政策	亨德里克·范登伯格	Hendrik Van den Berg	68.00	2016	978-7-300-23380-2
69	经济学(微观部分)	达龙·阿西莫格鲁等	Daron Acemoglu	59.00	2016	978-7-300-21786-4
70	经济学(宏观部分)	达龙·阿西莫格鲁等	Daron Acemoglu	45.00	2016	978-7-300-21886-1
71	中级微观经济学——直觉思维与数理方法(上下册)	托马斯·J. 内契巴	Thomas J. Nechyba	128.00	2016	978-7-300-22363-6
72	环境与自然资源经济学(第十版)	汤姆·蒂坦伯格等	Tom Tietenberg	72.00	2016	978-7-300-22900-3
73	动态优化——经济学和管理学中的变分法和最优控制(第二版)	莫顿·I. 凯曼等	Morton I. Kamien	48.00	2016	978-7-300-23167-9
74	投资学精要(第九版)	兹维·博迪等	Zvi Bodie	108.00	2016	978-7-300-22236-3
75	环境经济学(第二版)	查尔斯·D. 科尔斯塔德	Charles D. Kolstad	68.00	2016	978-7-300-22255-4
76	MWG《微观经济理论》习题解答	原千晶等	Chiaki Hara	75.00	2016	978-7-300-22306-3
77	横截面与面板数据的计量经济分析(第二版)	杰弗里·M. 伍德里奇	Jeffrey M. Wooldridge	128.00	2016	978-7-300-21938-7
78	宏观经济学(第十二版)	罗伯特·J. 戈登	Robert J. Gordon	75.00	2016	978-7-300-21978-3
79	动态最优化基础	蒋中一	Alpha C. Chiang	42.00	2015	978-7-300-22068-0
80	管理经济学:理论、应用与案例(第八版)	布鲁斯·艾伦等	Bruce Allen	79.80	2015	978-7-300-21991-2
81	微观经济分析(第三版)	哈尔·R. 范里安	Hal R. Varian	68.00	2015	978-7-300-21536-5
82	财政学(第十版)	哈维·S. 罗森等	Harvey S. Rosen	68.00	2015	978-7-300-21754-3
83	经济数学(第三版)	迈克尔·霍伊等	Michael Hoy	88.00	2015	978-7-300-21674-4
84	发展经济学(第九版)	A.P. 瑟尔沃	A. P. Thirlwall	69.80	2015	978-7-300-21193-0
85	宏观经济学(第五版)	斯蒂芬·D. 威廉森	Stephen D. Williamson	69.00	2015	978-7-300-21169-5
86	现代时间序列分析导论(第二版)	约根·沃特斯等	Jürgen Wolters	39.80	2015	978-7-300-20625-7
87	空间计量经济学——从横截面数据到空间面板	J. 保罗·埃尔霍斯特	J. Paul Elhorst	32.00	2015	978-7-300-21024-7
88	战略经济学(第五版)	戴维·贝赞可等	David Besanko	78.00	2015	978-7-300-20679-0
89	博弈论导论	史蒂文·泰迪里斯	Steven Tadelis	58.00	2015	978-7-300-19993-1
90	社会问题经济学(第二十版)	安塞尔·M. 夏普等	Ansel M. Sharp	49.00	2015	978-7-300-20279-2
91	时间序列分析	詹姆斯·D. 汉密尔顿	James D. Hamilton	118.00	2015	978-7-300-20213-6
92	微观经济理论	安德鲁·马斯-克莱尔等	Andreu Mas-Collel	148.00	2014	978-7-300-19986-3
93	产业组织:理论与实践(第四版)	唐·E. 瓦尔德曼等	Don E. Waldman	75.00	2014	978-7-300-19722-7
94	公司金融理论	让·梯若尔	Jean Tirole	128.00	2014	978-7-300-20178-8
95	公共部门经济学	理查德·W. 特里西	Richard W. Tresch	49.00	2014	978-7-300-18442-5
96	计量经济学导论(第三版)	詹姆斯·H. 斯托克等	James H. Stock	69.00	2014	978-7-300-18467-8
97	中级微观经济学(第六版)	杰弗里·M. 佩罗夫	Jeffrey M. Perloff	89.00	2014	978-7-300-18441-8
98	计量经济学原理与实践	达摩达尔·N. 古扎拉蒂	Damodar N. Gujarati	49.80	2013	978-7-300-18169-1
99	经济学简史——处理沉闷科学的巧妙方法(第二版)	E. 雷·坎特伯里	E. Ray Canterbery	58.00	2013	978-7-300-17571-3

经济科学译丛

序号	书名	作者	Author	单价	出版年份	ISBN
100	环境经济学	彼得·伯克等	Peter Berck	55.00	2013	978-7-300-16538-7
101	高级微观经济理论	杰弗里·杰里	Geoffrey A. Jehle	69.00	2012	978-7-300-16613-1
102	高级宏观经济学导论:增长与经济周期(第二版)	彼得·伯奇·索伦森等	Peter Birch Sørensen	95.00	2012	978-7-300-15871-6
103	卫生经济学(第六版)	舍曼·富兰德等	Sherman Folland	79.00	2011	978-7-300-14645-4
104	计量经济学基础(第五版)(上下册)	达摩达尔·N. 古扎拉蒂	Damodar N. Gujarati	99.00	2011	978-7-300-13693-6
105	《计量经济学基础》(第五版)学习习题解答手册	达摩达尔·N. 古扎拉蒂等	Damodar N. Gujarati	23.00	2012	978-7-300-15080-8

金融学译丛

序号	书名	作者	Author	单价	出版年份	ISBN
1	货币金融学(第三版)	R. 格伦·哈伯德等	R. Glenn Hubbard	96.00	2021	978-7-300-28819-2
2	房地产金融与投资(第十五版)	威廉·B. 布鲁格曼等	William B. Brueggeman	118.00	2021	978-7-300-28473-6
3	金融工程学原理(第三版)	罗伯特·L. 科索斯基等	Robert L. Kosowski	109.00	2020	978-7-300-28541-2
4	金融市场与金融机构(第12版)	杰夫·马杜拉	Jeff Madura	99.00	2020	978-7-300-27836-0
5	个人理财(第11版)	E. 托马斯·加曼等	E. Thomas Garman	108.00	2020	978-7-300-25653-5
6	银行学(第二版)	芭芭拉·卡苏等	Barbara Casu	99.00	2020	978-7-300-28034-9
7	金融衍生工具与风险管理(第十版)	唐·M. 钱斯	Don M. Chance	98.00	2020	978-7-300-27651-9
8	投资学导论(第十二版)	赫伯特·B. 梅奥	Herbert B. Mayo	89.00	2020	978-7-300-27653-3
9	金融几何学	阿尔文·库鲁克	Alvin Kuruc	58.00	2020	978-7-300-14104-6
10	银行风险管理(第四版)	若埃尔·贝西	Joël Bessis	56.00	2019	978-7-300-26496-7
11	金融学原理(第八版)	阿瑟·J. 基翁等	Arthur J. Keown	79.00	2018	978-7-300-25638-2
12	财务管理基础(第七版)	劳伦斯·J. 吉特曼等	Lawrence J. Gitman	89.00	2018	978-7-300-25339-8
13	利率互换及其他衍生品	霍华德·科伯	Howard Corb	69.00	2018	978-7-300-25294-0
14	固定收益证券手册(第八版)	弗兰克·J. 法博齐	Frank J. Fabozzi	228.00	2017	978-7-300-24227-9
15	金融市场与金融机构(第8版)	弗雷德里克·S. 米什金等	Frederic S. Mishkin	86.00	2017	978-7-300-24731-1
16	兼并、收购和公司重组(第六版)	帕特里克·A. 高根	Patrick A. Gaughan	89.00	2017	978-7-300-24231-6
17	债券市场:分析与策略(第九版)	弗兰克·J. 法博齐	Frank J. Fabozzi	98.00	2016	978-7-300-23495-3
18	财务报表分析(第四版)	马丁·弗里德森	Martin Fridson	46.00	2016	978-7-300-23037-5
19	国际金融学	约瑟夫·P. 丹尼尔斯等	Joseph P. Daniels	65.00	2016	978-7-300-23037-1
20	国际金融	阿德里安·巴克利	Adrian Buckley	88.00	2016	978-7-300-22668-2
21	个人理财(第六版)	阿瑟·J. 基翁	Arthur J. Keown	85.00	2016	978-7-300-22711-5
22	投资学基础(第三版)	戈登·J. 亚历山大等	Gordon J. Alexander	79.00	2015	978-7-300-20274-7
23	金融风险管理(第二版)	彼德·F. 克里斯托弗森	Peter F. Christoffersen	46.00	2015	978-7-300-21210-4
24	风险管理与保险管理(第十二版)	乔治·E. 瑞达等	George E. Rejda	95.00	2015	978-7-300-21486-3
25	个人理财(第五版)	杰夫·马杜拉	Jeff Madura	69.00	2015	978-7-300-20583-0
26	企业价值评估	罗伯特·A. G. 蒙克斯等	Robert A. G. Monks	58.00	2015	978-7-300-20582-3
27	基于Excel的金融学原理(第二版)	西蒙·本尼卡	Simon Benninga	79.00	2014	978-7-300-18899-7
28	金融工程学原理(第二版)	萨利赫·N. 内夫特奇	Salih N. Neftci	88.00	2014	978-7-300-19348-9
29	国际金融市场导论(第六版)	斯蒂芬·瓦尔德斯等	Stephen Valdez	59.80	2014	978-7-300-18896-6
30	金融数学:金融工程引论(第二版)	马雷克·凯宾斯基等	Marek Capinski	42.00	2014	978-7-300-17650-5
31	财务管理(第二版)	雷蒙德·布鲁克斯	Raymond Brooks	69.00	2014	978-7-300-19085-3
32	期货与期权市场导论(第七版)	约翰·C. 赫尔	John C. Hull	69.00	2014	978-7-300-18994-2
33	国际金融:理论与实务	皮特·塞尔居	Piet Sercu	88.00	2014	978-7-300-18413-5
34	货币、银行和金融体系	R. 格伦·哈伯德等	R. Glenn Hubbard	75.00	2013	978-7-300-17856-1
35	并购创造价值(第二版)	萨德·苏达斯纳	Sudi Sudarsanam	89.00	2013	978-7-300-17473-0
36	个人理财——理财技能培养方法(第三版)	杰克·R. 卡普尔等	Jack R. Kapoor	66.00	2013	978-7-300-16687-2
37	国际财务管理	吉尔特·贝克特	Geert Bekaert	95.00	2012	978-7-300-16031-3
38	应用公司财务(第三版)	阿斯沃思·达摩达兰	Aswath Damodaran	88.00	2012	978-7-300-16034-4
39	资本市场:机构与工具(第四版)	弗兰克·J. 法博齐	Frank J. Fabozzi	85.00	2011	978-7-300-13828-2

图书在版编目（CIP）数据

现代经济学原理：第六版/（美）罗伯特·J. 凯伯
著；郝延伟译. --北京：中国人民大学出版社，
2021.5

（经济科学译丛）

ISBN 978-7-300-25126-4

Ⅰ. ①现… Ⅱ. ①罗… ②郝… Ⅲ. ①经济学 Ⅳ.
①F0

中国版本图书馆 CIP 数据核字（2017）第 272407 号

"十三五"国家重点出版物出版规划项目

经济科学译丛

现代经济学原理（第六版）

罗伯特·J. 凯伯　著

郝延伟　译

Xiandai Jingjixue Yuanli

出版发行	中国人民大学出版社				
社　　址	北京中关村大街 31 号		邮政编码	100080	
电　　话	010 - 62511242（总编室）		010 - 62511770（质管部）		
	010 - 82501766（邮购部）		010 - 62514148（门市部）		
	010 - 62515195（发行公司）		010 - 62515275（盗版举报）		
网　　址	http://www.crup.com.cn				
经　　销	新华书店				
印　　刷	北京昌联印刷有限公司				
规　　格	185mm×260mm 16 开本		版　　次	2021 年 5 月第 1 版	
印　　张	26 插页 2		印　　次	2021 年 5 月第 1 次印刷	
字　　数	585 000		定　　价	72.00 元